Oliver Gausmann

Kundenindividuelle Wertschöpfungsnetze

GABLER EDITION WISSENSCHAFT

Oliver Gausmann

Kundenindividuelle Wertschöpfungsnetze

Gestaltungsempfehlungen unter Berücksichtigung einer auftragsorientierten Produktindividualisierung

Mit einem Geleitwort von Prof. Dr. Klaus Turowski

GABLER EDITION WISSENSCHAFT

Bibliografische Information der Deutschen Nationalbibliothek
Die Deutsche Nationalbibliothek verzeichnet diese Publikation in der Deutschen Nationalbibliografie; detaillierte bibliografische Daten sind im Internet über <http://dnb.d-nb.de> abrufbar.

Dissertation Universität Augsburg, 2008

1. Auflage 2008

Lektorat: Frauke Schindler / Sabine Schöller

Gabler ist Teil der Fachverlagsgruppe Springer Science+Business Media.
www.gabler.de

Umschlaggestaltung: Regine Zimmer, Dipl.-Designerin, Frankfurt/Main
Gedruckt auf säurefreiem und chlorfrei gebleichtem Papier
Printed in Germany

ISBN 978-3-8349-1339-5

Geleitwort

Wertschöpfung findet in (Unternehmens-)Netzen statt. Dies ist heute wahrer, und aus der Sicht der informationstechnischen Unterstützung betrieblicher Aufgaben wichtiger denn je. Stand in den 1990er Jahren noch die unternehmensinterne Integration von Anwendungssystemen und die damit in der Regel einhergehende Verbesserung der Geschäftsprozesse im Vordergrund der Anstrengungen zur Schaffung einer schlagkräftigen Informationsinfrastruktur, so hat die überwiegende Mehrheit der großen und großen mittleren Unternehmen diesen Schritt durch die Einführung von ERP-Systemen mittlerweile lange vollzogen.

Um darüber hinaus weiteres Kostensenkungs- und Qualitätssteigerungspotential durch den zielgerichteten Einsatz von Informationstechnik zu schaffen, bedarf es daher neuer Lösungen, die insbesondere im Bereich der unternehmensübergreifenden Integration, und damit in dem Einsatz von Interorganisationssystemen, zu suchen sind. Analog zu der Situation in den 1990er Jahren stehen hierbei jedoch nicht allein die Einführung neuer Anwendungssysteme im Vordergrund, sondern auch organisatorische Fragen, die neben der Modularisierung von Leistungserstellungsprozessen insbesondere die Rekonfiguration (überbetrieblicher) Wertschöpfungsnetze bei gleichzeitiger Verfolgung von Mass-Customization-Strategien betreffen.

Vor diesen Hintergrund setzt Herr Gausmann an, indem er die mit den Gestaltungsentscheidungen bei kundenauftragsindividuellen Wertschöpfungsnetzen einhergehenden Auswirkungen im Rahmen seiner Arbeit untersucht. Er adressiert damit einen für die Wirtschaft äußerst bedeutenden Themenbereich und entwickelt mit sehr großem Erfolg einen wissenschaftlich fundierten und zugleich praxistauglichen Gestaltungsansatz für situative Wertschöpfungsnetze unter Berücksichtigung zwischenbetrieblicher Individualisierungskonzepte. So gelingt es ihm innerhalb der Wirtschaftsinformatik einen bedeutenden, konstruktiv orientierten wissenschaftlichen Beitrag für den Bereich interorganisationaler Anwendungssysteme zu leisten, der darüber hinaus auch – insbesondere dann, wenn man die anhaltende Tendenz zur kundenorientierten Produktindividualisierung in den reicheren Industrienationen berücksichtigt – in höchstem Maße praxisrelevant ist.

Prof. Dr. Klaus Turowski

Vorwort

Während der Auseinandersetzung mit der vorliegenden Thematik ist eine Tatsache besonders deutlich geworden: moderne Unternehmen können nicht isoliert am Markt agieren, sondern sind auf die Kooperation mit kunden- und lieferantenseitigen Wertschöpfungspartnern, weit über die eigenen Unternehmensgrenzen hinaus, angewiesen.

Was für Unternehmensnetzwerke richtig ist, gilt auch für die Erstellung dieser Arbeit: die Unterstützung einer Vielzahl an Personen hat wesentlich zur erfolgreichen Fertigstellung der während meiner Tätigkeit am Lehrstuhl für Wirtschaftsinformatik und Systems Engineering der Universität Augsburg entstandenen Arbeit beigetragen. Ich freue mich daher, an dieser Stelle all den Personen danken zu können, die zum erfolgreichen Gelingen meiner Promotion beigetragen haben.

An erster Stelle danke ich Herrn Prof. Dr. Klaus Turowski für die Möglichkeit an seinem Lehrstuhl zu promovieren und für die langjährige, vertrauensvolle Zusammenarbeit. Herrn Prof. Dr. Axel Tuma danke ich herzlich für die Übernahme des Zweitgutachtens und Herrn Prof. Dr. Bernhard Fleischmann für den Vorsitz bei der mündlichen Prüfung.

Ich habe an der Universität Augsburg weit über den eigenen Lehrstuhl hinaus große Unterstützung erfahren und möchte mich daher an dieser Stelle bei allen Kolleginnen und Kollegen der Universität für die außergewöhnliche Zusammenarbeit bedanken. Hervorheben möchte ich an dieser Stelle Dr. Bettina Fricke, die als Kollegin am Lehrstuhl und Geschäftspartnerin mehr als einmal moralischen und fachlichen Beistand geleistet hat sowie Karin Gall und Cornelia Noglinski für ihre langjährige Unterstützung und herzliche Kollegialität. Bei Claudia Karisch, Dr. Marcus Kaiser und Thorsten Krull bedanke ich mich für die freundschaftliche und kollegiale Zusammenarbeit. Dem Team des Lehrstuhls danke ich für viele anregende fachliche Diskussionen.

Ganz besonderer Dank gilt an dieser Stelle meiner Familie, die mir immer den notwendigen Rückhalt gegeben hat. Meine Eltern Bärbel und Ernst-Bernd Gausmann und meine Geschwister Christina und Thomas waren eine unverzichtbare Unterstützung und boten mir stets die richtige Motivation zur rechten Zeit, um dieses Projekt erfolgreich zu beenden. Schließich wäre die Erstellung dieser Arbeit nicht ohne die bedingungslose Unterstützung meiner Freundin Daniela möglich gewesen. Ihr Einfühlungsvermögen und ihre Geduld waren grenzenlos. Ohne euch wäre diese Arbeit nie entstanden.

Oliver Gausmann

Inhaltsverzeichnis

Abkürzungsverzeichnis

API	Application Programming Interface
APS	Advanced Planning and Scheduling
CDSN	Customer Driven Supply Net
CMMI	Capability Maturity Model Integration
CRM	Customer Relationship Management
EDI	Electronic Data Interchange
ERP	Enterprise Resource Planning
FIFO	First In First Out
IKS	Informations- und Kommunikationssysteme
IKT	Informations- und Kommunikationstechnik
IOS	Interorganisationssystem
IS	Informationssystem
IT	Informationstechnologie
ITIL	IT Infrastructure Library
IuK	Information- und Kommunikation
KEP	Kundenentkopplungspunkt
KMU	Kleine und mittlere Unternehmen
MCIS	Mass Customization Information System
OEM	Original Equipment Manufacturer
PPS	Produktionsplanung und Steuerung
SC	Supply Chain
SCC	Supply Chain Council
SCM	Supply Chain Management
SCOR	Supply Chain Operation Reference
SCRM	Supply Chain Relationship Management
SNM	Supplier Network Management
SOAP	Simple Object Access Protocol
W3C	World Wide Web Consortium
WI	Wirtschaftsinformatik
WKWI	Wissenschaftliche Kommission für Wirtschaftsinformatik
XML	Xtensible Markup Language

Abbildungsverzeichnis

Tabellenverzeichnis

1 Einleitung

1.1 Kontext

Im Wettbewerb um die Kunden sind immer individuellere Produkte erforderlich. Diese müssen sich vom Massengeschäft abheben, einen hohen Innovationsgrad aufweisen und mit gleichbleibend hoher Qualität bei geringstmöglichen Preisen geliefert werden. Die zunehmend heterogenen Kundenbedürfnisse sind schwerer prognostizierbar; von den Anbietern einer Leistung müssen immer differenziertere Absatzmärkte bedient werden. Indizien für diese Veränderung sind eine ständige Verkürzung der Time-to-Customer oder eine kontinuierlich steigende Variantenanzahl (vgl. [RDHS1999, S. 20]). Gleichzeitig ist die Einschätzbarkeit der Marktsituation deutlich zurückgegangen, da die Geschwindigkeit sowie der Grad der Veränderung des unternehmerischen Umfeldes zugenommen haben (vgl. [RDHS1999, S. 14], [Warn1999, S. 7]).

Um diesen Herausforderungen zu begegnen haben sich in den vergangenen Jahren Konzepte etabliert, die sich im Kern auf zwei grundlegende Strategiebewegungen beziehen: Die Konzentration auf die eigenen Kernkompetenzen durch Auslagerung von Unternehmensteilen sowie die damit einhergehende, verstärkte Kooperation zwischen Unternehmen. Die Folge ist ein wachsender Trend zu reduzierter Leistungstiefe und eine erhebliche Zunahme der Bedeutung von Lieferanten [McHM1997, S. 166]. Baugruppen und Komponenten werden in immer stärkerem Maße von Zulieferern bezogen, wodurch die Wertschöpfung auf eine Vielzahl verschiedener Unternehmen verteilt wird (vgl. [Balt2000, S. 82]). Durch unternehmensübergreifende Kooperationen kann auf die Ressourcen anderer Unternehmen zugegriffen werden. Die eigene Wettbewerbsfähigkeit kann hierdurch entscheidend beeinflusst werden, da neue Technologien kundenorientiert, zeitgerecht und kostengünstig kombiniert werden können (vgl. [Bull1999, S. 83], [MeRS1996, S. 117]).

Wurden in der Vergangenheit Unternehmen als nach außen klar abgegrenzte Gebilde und die „Wirtschaftslandschaft" als Ansammlung einer Zahl von Unternehmen, die nur durch „reine" Marktbeziehungen (Kauf/Verkaufsbeziehungen) verbunden sind, gekennzeichnet, beginnen heute die klassischen Grenzen der Unternehmung zu verschwimmen, sich nach innen wie außen zu verändern, teilweise sich aufzulösen. Der Alternativenraum des klassischen betriebswirtschaftlichen Entscheidungsproblems wird durch Berücksichtigung unternehmensübergreifender Kooperationsbeziehungen von „Make or Buy" zu „Make, Buy or Ally" erweitert (vgl. [PiRW1998, S. 12]). Zahlreiche Autoren betonen daher die Bedeutung unternehmensübergreifender Kooperationen als Grundlage einer wettbewerbsfähigen Individualisierung (vgl. bspw. [Bell1999, S. 212f.], [KaBl1999, S. 272], [West1997, S. 282]).

Gemeinsam betrachtet führen zunehmende Individualisierung auf Kundenseite und zunehmende Kooperation auf Anbieterseite dazu, dass sich die betroffenen Unternehmen in einem schwer zu beherrschenden Spannungsfeld bewegen. Auf der einen Seite existiert ein globales Netzwerk aus Vertriebsorganisation und Abnehmern, auf der anderen Seite ein ebenso globales Netzwerk aus Lieferanten und Produzenten. Beispiele der Vergangenheit, über zum Teil spektakuläre und zudem für die betroffenen Unternehmen kostspielige Zwischenfälle in der unternehmensübergreifenden Zusammenarbeit beweisen, dass der auf diese Weise veränderte Blickwinkel auf die Koordination vieler Unternehmen mit heterogenen Strukturen und die Abstimmung von Material, Wissens- und Informationsflüssen über Unternehmensgrenzen hinweg, erhebliche Schwierigkeiten birgt (vgl. hierzu bspw. [FAZ2005]).

Um aus dieser Entwicklung die im Wettbewerb notwendigen Kostensenkungs- und Qualitätssteigerungspotenziale ableiten zu können, sind viele Fragen noch unbeantwortet. So stellen zahlreiche Autoren fest, dass innerhalb des Spannungsfeldes zwischen Kooperation und individualisierter Leistungserstellung insbesondere Fragen der typspezifischen Ausgestaltung der zugrunde liegenden Kennzahlensystematik und der Gestaltung von Modellen der Zusammenarbeit noch zu klären sind (vgl. hierzu bspw. [Wild2005a], [Pill2006], [Wild2005b, S. 521]).

1.2 Problemstellung und Motivation

Die Leistungserstellung über Wertschöpfungsnetzstrukturen ist in vielen Bereichen schon Realität geworden. Aus einer ursprünglich pyramidenförmigen Struktur der Wertschöpfungskette bilden sich seit Mitte der 90er Jahre verstärkt Abnehmer-Zulieferer-Netzwerke, in denen Zulieferern immer mehr Wertschöpfungsaufgaben, insbesondere Fertigungs- und Entwicklungsaufgaben, übertragen werden. Wurde in der Vergangenheit auf die Verbesserung unternehmensinterner Faktoren zur Leistungserstellung fokussiert, rückt heute der Betrachtungsfokus auf die unternehmensübergreifende Planung, Steuerung und Optimierung ganzer Wertschöpfungsnetze. Dabei ist nicht mehr ausschließlich die Beziehung zu den direkten Wertschöpfungspartnern von Interesse, sondern das Gesamte, sich aus allen Beziehung zwischen Netzwerkteilnehmern ergebende Beziehungsgeflecht. Ausdruck findet diese Entwicklung in der Verteilung der Wertschöpfungsanteile zwischen OEM und Zulieferern: Untersuchungen gehen von einer Zunahme des Lieferantenanteils von derzeit etwa 65 % auf ca. 75 % im Jahr 2010 bzw. 77 % im Jahr 2015 aus (vgl. [McKi2003, S. 5ff.]).

Die verstärkte Ausrichtung auf zunehmend kundenindividuellere Leistungen (im Extremfall mit Losgröße eins) wird ebenfalls deutlich. Schon heute bieten viele Unternehmen ihren Kunden Produkte an, die entweder schon vor der Fertigung nach individuellen Bedürfnissen konfiguriert werden können oder eine solche Individualisierungsoption als wettbewerbsdifferenzierendes Merkmal integriert haben. Die sich daraus ergebenden Herausforderungen manifestieren sich bspw. auf fertigungstechnischer Seite durch eine in den letzten Jahren stetig steigende Variantenanzahl. Das Fraunhofer-Institut für System- und Innovationsforschung (Fraunhofer-ISI) bspw. konnte in über 90 % der befragten Unternehmen[1] eine deutliche Zunahme der Variantenanzahl feststellen, wobei nach dieser Studie die Automobilindustrie als der am stärksten betroffene Bereich identifiziert werden konnte (vgl. [Kink2005, S. 3]).

Zugleich wirkt sich die zunehmend individuelle Leistungserstellung auf die Struktur und Organisation der Wertschöpfungsnetze aus. Während bei einem fest geplanten Produktionsprogramm benötigte Vorleistungen frühzeitig geplant und beschafft werden können, führt eine zunehmende Integration des Kunden in die Wertschöpfungskette zu einer sich erschwerenden Planbarkeit von Bedarfen. Dieser Effekt wird durch zunehmende Varietät des Produktprogramms sowie sinkender Losgröße verstärkt.

[1] Stichprobengröße n = 1118

In diesem Zusammenhang gewinnt die Leistungsfähigkeit der zulieferseitigen Wertschöpfungsnetzstruktur erheblich an Bedeutung, da die interne Komplexität zu einem Teil an die Wertschöpfungspartner weitergegeben wird (vgl. bspw. [BeHi1996, S. 49], [CzRe1998, S. 245]). Daraus resultiert nicht nur das quantitative Problem einer zunehmenden Anzahl von Leistungsaustauschbeziehungen zwischen Wertschöpfungspartnern im Netzwerk sondern auch eine zunehmende Komplexität und Dynamik unternehmensübergreifender Prozesse (vgl. hierzu bspw. auch [ZiBM2007, S. 79f.]). In der durch diese Faktoren gekennzeichneten Wettbewerbsumgebung wird von den Partnern eines Wertschöpfungsnetzes ein zunehmendes Maß an Flexibilität gefordert.

Die Gestaltung geeigneter Wertschöpfungsnetzmodelle kann als Hauptaufgabe zur Beherrschung des formulierten Spannungsfeldes zwischen Stabilität und Flexibilität genannt werden. Ein solches Modell muss die steigenden Anforderungen an externe Variabilität der Leistungserstellung durch eine den jeweiligen Anforderungen angepasste Flexibilität der Wertschöpfungsnetzstrukturen befriedigen. Bestehende Modelle sind hierfür meist ungeeignet, weil sie entweder nur bestimmte Aspekte des Wertschöpfungsnetzes beleuchten oder auf einer Fallstudie basieren und somit nicht verallgemeinerbar sind (vgl. bspw. [BiBF+2003], [ChHo2002]).

Aus der Struktur und Organisation von Wertschöpfungsnetzwerken ergeben sich darüber hinaus Problemstellungen, die es bei der Modellgestaltung zu berücksichtigen gilt (vgl. auch [Zell2003, S. 7]):

- Wertschöpfungsnetze sind ein Zusammenschluss rechtlich selbständiger Unternehmen. Daraus ergibt sich einerseits eine Instabilität des Systems, andererseits aber auch, durch die zugleich hohe Diversität des Netzes, eine Chance zur Handhabung komplexer Umweltstrukturen (vgl. bspw. [Ashb1974, S. 293ff.]).
- Wertschöpfungsnetzwerke können zu einem großen Teil aus kleinen und mittleren Unternehmen (KMU) bestehen. Diese verfügen häufig nicht über die finanzielle Ressourcen oder ausreichendes Wissen für die Nutzung aufwändiger Kooperationssysteme[2].

Hinsichtlich der Steuerung des Netzwerks wird häufig die Existenz eines fokalen Unternehmens unterstellt, dessen Aufgaben die zentrale Planung, Steuerung und Informationsversorgung des gesamten Netzwerks sind (vgl. bspw. [SyWi1997, S. 147ff.]). Die Anstrengungen vieler Unternehmen um einen möglichst weitreichenden Einfluss auf das gesamte Netzwerk sind dabei unstrittig.

---

[2] Beispielsweise vergleichsweise teure ERP-Software oder geeignete, unternehmensübergreifende Informationssysteme.

Zugleich zeigen die geschilderten Probleme aber auch deutlich die Grenzen der Beherrschbarkeit eines Wertschöpfungsnetzes. Es darf bezweifelt werden, dass ein fokales Unternehmen auf Basis einer zentralisierten Netzwerkorganisation in der Lage ist, die sich aus den Komplexitätsanforderungen ergebenden Herausforderungen zu beherrschen. Gegen das Konzept einer zentralen Organisation des Netzwerks konstatiert daher auch Angeli: „Die Koordination innerhalb des Netzwerks sollte aus Gründen der Komplexitätsreduktion und Flexibilitätssteigerung weitestgehend dezentralisiert ablaufen und ist auf die Herstellung von Informationstransparenz sowie die Sicherstellung von Zielkongruenz zu beschränken" [Ange2001, S.1].

Mit dem Ziel den genannten Herausforderungen zu begegnen wird in dieser Arbeit ein Modell situativer Wertschöpfungsnetze vorgestellt. Durch eine dezentrale Koordination auf Basis von Zweierbeziehungen ermöglicht das Modell eine flexible Anpassung an sich ändernde Umweltbedingungen. Die Berücksichtigung sich voneinander unterscheidender, exemplarischer Auftragstypen innerhalb der jeweiligen Austauschbeziehungen ermöglicht eine für jeden Teilnehmer optimale Gestaltung des Netzwerks.

1.3 Zielsetzung und Forschungsfragen

Ziel der Arbeit ist die Entwicklung eines fundierten Gestaltungsansatzes, mit welchem die Auswirkungen unterschiedlich individueller Kundenauftragstypen auf die Gestaltung von Wertschöpfungsnetzen verdeutlicht werden können. Dabei dient das Modell als Grundlage für eine an die jeweils individuellen Bedingungen eines Kundenauftrags angepasste Gestaltung von Wertschöpfungsnetzen.

Die nachfolgenden Sekundärziele dienen der wissenschaftlichen Fundierung des Gesamtziels und lassen sich in folgende Bereiche aufteilen:

- Erarbeitung eines theoretischen, begrifflichen und konzeptionellen Bezugsrahmens als Beschreibungsaufgabe mit dem Ziel einer systematischen Darstellung des aktuellen Forschungsstands der tangierten Themenbereiche.
- Identifikation und Explikation der für eine kundenauftragsorientierte Gestaltung von Wertschöpfungsnetzen relevanten Merkmale auf Basis des Bezugsrahmens.
- Erarbeitung eines geeigneten Erklärungsmodells zur Darstellung der Wechselwirkungen in situativen Wertschöpfungsnetzen unter Berücksichtigung der erarbeiteten Merkmale.
- Überführung der Ergebnisse in einen numerischen Ansatz und Visualisierung im Rahmen einer prototypischen Softwareimplementierung.

Der in dieser Arbeit zu entwickelnde Gestaltungsansatz dient als Grundlage vertiefender Aussagen über die Selektion von Partnern und die Allokation von Aufgaben und Ressourcen in Wertschöpfungsnetzen. Kern dieses Modells bilden die zu erarbeitenden Merkmale eines Kundenauftrags, die einen Einfluss auf die Gestaltung von Wertschöpfungsnetzen ausüben sowie die dadurch innerhalb des Modells beeinflussten Gestaltungsmechanismen von Wertschöpfungsnetzen.

Aus dem Ziel einer Identifikation und Erklärung dieser Gestaltungsmechanismen leitet sich die Notwendigkeit einer wissenschaftlichen Erklärungsgrundlage ab. Hierzu werden im Zuge dieser Arbeit etablierte Theorieansätze, wie bspw. die neue Institutionenökonomik (NIÖ) angewendet. Die Anwendung dieser Theorieansätze zur Erklärung der Gestaltungsmechanismen in Wertschöpfungsnetzen kann als wichtiger Zwischenschritt zur Erreichung der formulierten Ziele der Arbeit betrachtet werden.

Die vorliegende Arbeit richtet sich im Wesentlichen an drei Zielgruppen: Zum einen soll Sie der Forschung als Grundlage für weiteren Forschungsbedarf im Bereich der kundenauftragsorientierten Konfiguration von Wertschöpfungsnetzen dienen. Unter Berücksichtigung der aus dieser Arbeit resultierenden Empfehlungen zur Wertschöpfungsnetzgestaltung sollen Systemplaner und Systementwickler als zweite Zielgruppe in die Lage versetzt werden, geeignetere

Informationssysteme im Kontext einer situativen Gestaltung von Wertschöpfungsnetzen zu entwickeln. Die Arbeit soll diesen Personenkreis dabei unterstützen, Lösungsansätze für Probleme anstehender Entwicklungen zu finden und daraus weitere Handlungsmöglichkeiten abzuleiten. Als dritte Zielgruppe sollen Verantwortliche in Unternehmen dabei unterstützt werden, begründete Entscheidungen zur Art und Weise einer Produktindividualisierung bzw. der damit in Zusammenhang stehenden Form einer interorganisationalen Kooperation, zu treffen.

Die in dieser Arbeit zu leistenden Forschungsaktivitäten lassen sich somit in folgender Kernfrage zusammenfassen:

Wie lässt sich ein Modell situativer Wertschöpfungsnetze unter Berücksichtigung zwischenbetrieblicher Individualisierungskonzepte auftragsorientiert gestalten und welchen Einfluss üben variierende Kundenauftragstypen auf diese Gestaltung aus?

Abgeleitet aus dieser primären Forschungsfrage ergeben sich weitere Teilfragen:

- Nach welchen Kriterien lassen sich Kundenauftragstypen differenzieren und anhand welcher Merkmale können diese mit dem Ziel einer Komplexitätsreduktion und einer sinnvollen Problemabstraktion beschrieben werden?
- Wie lässt sich der besondere Einfluss kundenauftragsabhängiger Faktoren auf die Gestaltung situativer Wertschöpfungsnetze formulieren?
- Welchen Bedingungen muss das Modell eines situativen Wertschöpfungsnetzes genügen und wie lässt sich ein solches Netz sinnvoll beschreiben?
- Welche Implikationen leiten sich aus einem situativen Wertschöpfungsnetzmodell für die weitere Forschung ab?

Die folgende Tab. 1 fasst die Aussagen zu Zielsetzung und Forschungsfragen abschließend zusammen.

Gesamtziel	Ziel der Arbeit ist ein fundierter Gestaltungsansatz, mit welchem die Auswirkungen unterschiedlich individueller Kundenauftragstypen auf die Gestaltung von Wertschöpfungsnetzen verdeutlicht werden können.
Sekundärziele	• Begrifflicher und konzeptioneller Bezugsrahmen • Identifikation und Explikation relevanter Merkmale • Modell zur situativen Wertschöpfungsnetzgestaltung
Zielgruppen	• Wissenschaftler • IT- Systemplaner/Systementwickler • Verantwortliche in Unternehmen
Forschungsfrage	Wie lässt sich ein Modell situativer Wertschöpfungsnetze unter Berücksichtigung zwischenbetrieblicher Individualisierungskonzepte auftragsorientiert gestalten und welchen Einfluss üben variierende Kundenauftragstypen auf diese Gestaltung aus?
Teilfragen	• Nach welchen Kriterien lassen sich Kundenauftragstypen differenzieren und anhand welcher Merkmale können diese mit dem Ziel einer Komplexitätsreduktion und einer sinnvollen Problemabstraktion beschrieben werden? • Wie lässt sich der besondere Einfluss kundenauftragsabhängiger Faktoren auf die Gestaltung situativer Wertschöpfungsnetze formulieren? • Welchen Bedingungen muss das Modell eines situativen Wertschöpfungsnetzes genügen und wie lässt sich ein solches Netz sinnvoll beschreiben? • Welche Implikationen leiten sich aus einem situativen Wertschöpfungsnetzmodell für die weitere Forschung ab?

Tab. 1: Zielsetzung und Forschungsfragen im Überblick

Die Beantwortung der Teilfragen mit dem Ziel die primäre Forschungsfrage wissenschaftlich fundiert zu beantworten liefert wichtige Eckpunkte für den Forschungsverlauf der Arbeit. Gleichzeitig wird das Forschungsvorgehen substanziell durch das verwendete Forschungsdesign determiniert, da es den Verlauf zwischen den durch die Forschungsfragen vorgegebenen Eckpunkten bestimmt.

Im Folgenden wird daher zunächst das Forschungsdesign ausführlich dargestellt. Die daraus resultierende und in dieser Arbeit verwendete Vorgehensweise zur Beantwortung der aufgeworfenen Forschungsfragen wird daraufhin im letzten Abschnitt des Kapitels expliziert.

1.4 Forschungsdesign

1.4.1 Wissenschaftstheoretische Positionierung

Dem Wortsinn nach ist Wissenschaftstheorie die „...selbstverständliche Betrachtung dessen, was Wissenschaft ist und sein könnte [Fran2003, S. 289]“. Sie formuliert Aussagen über die Wissenschaft selbst und beschäftigt sich u.a. mit dem Begriff, der Einteilung, den Erkenntnisprinzipien, den Methoden und Sprachen sowie den Zielen und Ergebnissen der einzelnen Wissenschaften. Die Wissenschaftstheorie gilt daher in den jeweiligen Substanzwissenschaften, zu denen auch die Wirtschaftsinformatik (WI) gezählt werden kann, als „Meta-Wissenschaft“ [Korn2007, S. 6]. Die Explikation der wissenschaftstheoretischen Position, des verfolgten Forschungsziels und der angewendeten Forschungsmethode wird im Folgenden als Forschungsdesign bezeichnet (vgl. [BHKN1993, S. 309], [Hein2001, S. 89]). Dies umschreibt die Festlegung, der für die Forschung und deren Nachvollziehbarkeit erforderlichen Parameter und ist am ehesten mit einer speziellen Art von Untersuchungsplanung vergleichbar, wie sie aus den empirischen Wissenschaften bekannt ist (vgl. [BoDo2002, S. 49]). Die in Forschungszielen zum Ausdruck kommenden Forschungsgegenstände einer Disziplin dürfen nicht unabhängig von Theorien und Forschungsmethoden betrachtet werden [Laud1984, S. 63]. Die daraus resultierende Triade ist in Abb. 1 dargestellt.

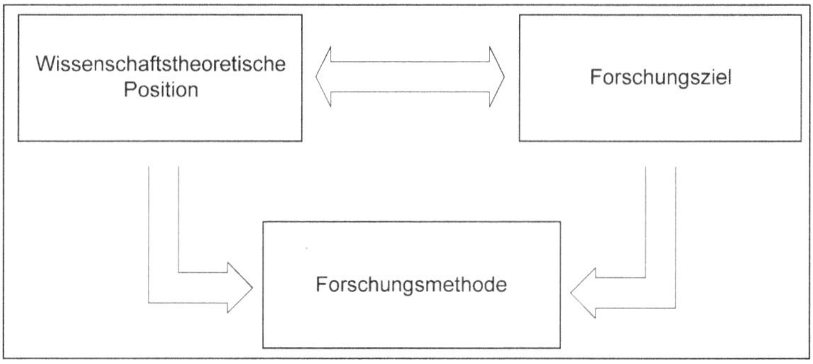

Abb. 1: Interdependenzen im Forschungsdesign (vgl. [BHKN1993, S. 309])

Die zu untersuchenden Forschungsziele bestimmen die Wahl der Forschungsmethode und diese beeinflussen wiederum die Wahl der zugrundezulegenden Theorien, wobei Theorien und Forschungsziele zueinander kompatibel sein müssen. Umgekehrt können Theorien die Anwendung von Methoden begrenzen und letztere bringen die (Nicht-) Realisierbarkeit bestimmter Forschungsziele zum Ausdruck (vgl. [Hein2001, S. 93], [Frie1990, S. 365ff.], [BrEs2006, S. 146]).

Zur Explikation des Forschungsdesigns der vorliegenden Arbeit wird auf das von Braun und Esswein mit Blick auf die WI als Wissenschaftsdisziplin veröffentlichte Vorgehensmodell zur Konzeption von Forschungsdesigns zurückgegriffen (vgl. [BrEs2006, S. 163f.]). Die folgende Abb. 2 veranschaulicht das Vorgehen bei der Konzeption des Forschungsdesigns.

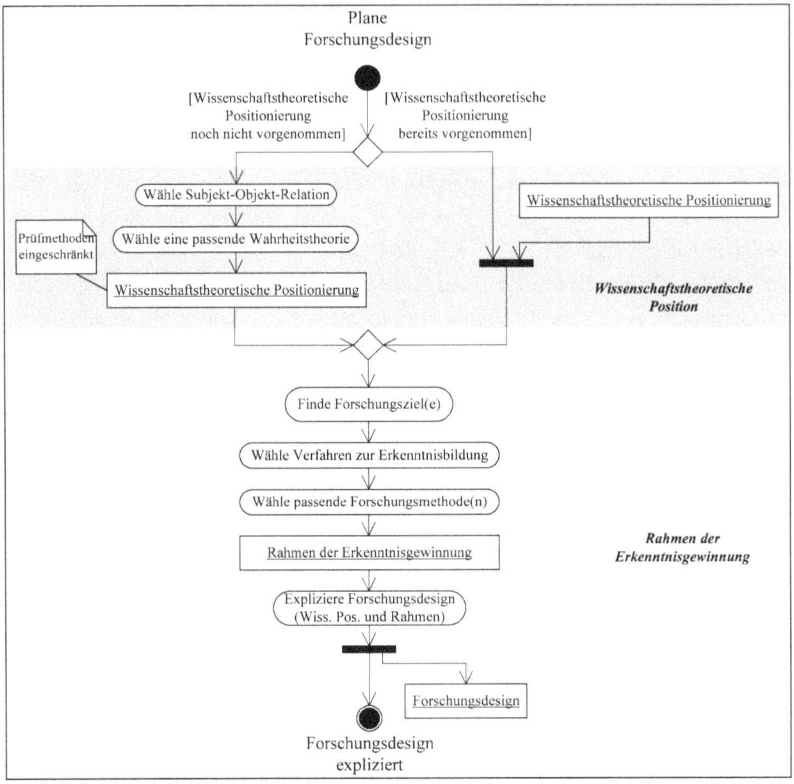

Abb. 2: Vorgehensmodell zur Konzeption von Forschungsdesigns (vgl. [BrEs2006, S. 163f.])

Zur Festlegung einer wissenschaftstheoretischen Positionierung muss zunächst der Gegenstand der Modellierung (Subjekt-Objekt Relation) festgelegt werden (ontologischer Aspekt). Hierbei kann zwischen vier Grundpositionen[3] unterschieden werden, die Wolf (vgl. [Wolf2001, S. 69f.]), aufbauend auf Popper (vgl. [Popp1995, S. 102f.]), wie folgt darstellt:

- Positivistische Antwort: Es existiert eine ontische Realität. Diese ist für die Wahrnehmung des Subjekts verantwortlich.

[3] Die Grundpositionen sind als Antwort auf die Frage zu verstehen, ob eine ontische Realität existiert.

- Kritizistische Antwort: Es existiert eine ontische Realität. Deren Wahrnehmung ist stets an ein Subjekt gebunden. "Dieses Subjekt kann die Realität jedoch nur unvollständig wahrnehmen, was zu einer subjektiven Verzerrung der Erkenntnis führt" [Wolf2001, S. 33].
- Konstruktivistische Antwort: Es existiert keine ontische Realität. Wahrnehmung ist stets an ein Subjekt gebunden (vgl. [Wo01], S. 75).
- Solipsistische Antwort: Es existiert überhaupt keine Realität. Jegliche außersubjektiven Phänomene sind durch die Vorstellungswelt des Subjekts impliziert.

Die Festlegung auf die konstruktivistische Antwort als Grundposition des ontologischen Aspektes innerhalb dieser Arbeit determiniert wesentlich die Selektion der zugrunde liegenden Wahrheitstheorie. Die verschiedenen Ansätze zur Wahrheitstheorie versuchen z.T. auf philosophischer Ebene zu ergründen, was unter Wahrheit verstanden werden kann (vgl. [Kirk1997, S. 223ff.], [Habe1983]). Die Lehre von der Wahrheit wird oft auch als Alethiologie (von griechisch aletheia) bezeichnet. Sie ist eng verknüpft mit der Erkenntnistheorie, denn die Frage nach dem Erkennen von Dingen ist verbunden mit der Wahrheit entsprechender Sätze (vgl. [Sieb1996, S. 123]). Eine Auseinandersetzung mit den verschiedenen Formen von Wahrheitstheorien erfolgt an dieser Stelle aufgrund des fehlenden Themenbezugs nicht, es sei jedoch zur Komplettierung der wissenschaftstheoretischen Grundposition dieser Arbeit angemerkt, dass die Konsenstheorie im Folgenden als Ausgangspunkt der Erkenntnisgewinnung dient[4].

Nach der Festlegung der dieser Arbeit zugrunde liegenden wissenschaftstheoretischen Position sowie der Darstellung des Forschungsziels in Abschnitt 1.3 wird im Folgenden gemäß der Darstellung in Abb. 2 auf den Rahmen zur Erkenntnisgewinnung eingegangen. Dieser beinhaltet insbesondere eine Darstellung der verwendeten Forschungsmethode.

1.4.2 Forschungsmethode

Ziel einer wissenschaftlichen Arbeit ist es, Theorien zu generieren, zu prüfen oder zu erweitern (vgl. [Gumm1991, S. 180]). Zudem sollen Ergebnisse wissenschaftlicher Forschung nicht nur neue Erkenntnisse schaffen, sondern auch für die Praxis relevant und anwendbar sein (vgl. [Wein2001]; [Tran2002]). Die Wahl der Forschungsmethode hinsichtlich einer wissenschaftlichen Fragestellung ist ein wesentlicher Schritt eines Forschungsvorhabens. Ausgehend vom zugrunde liegenden Forschungsprojekt gilt es, eine geeignete und der Fragestellung angemes-

---

[4] Die Konsenstheorie der Wahrheit besagt, dass eine Aussage genau dann wahr ist, wenn jeder der Sprache mächtige Sprecher dieser Aussage zustimmt. Die Verifikation einer Aussage nach der Konsenstheorie hängt also von allen Mitgliedern einer Sprachgemeinschaft ab. Voraussetzung ist, dass jedes Mitglied sprach- und sachkundig und gutwillig ist. Auch hier gibt es eine Analogie zur Wissenschaftstheorie. Die Forschergemeinschaft ist sich darüber einig, welche Theorien gerade gültig sind (vgl. Habe1983).

sene Methode zu finden. Unter einer wissenschaftlichen Methode kann dabei der „versachlichte, gedanklich objektivierte, auf andere Personen übertragbare und von ihnen (...) reproduzierbare Gang der Gewinnung wissenschaftlicher Einsichten (...)" [Gute1957] verstanden werden. Anders ausgedrückt kann eine Methode als ein „mehr oder weniger konkret beschriebener Weg zur Lösung eines Problems" [Hein2001, S. 97] bzw. als „ein systematisches, auf ein System von Regeln aufbauendes Verfahren zur Theoriebildung" [Schn2001, S. 16] dargestellt werden.

Es gilt somit im Folgenden, die dieser Arbeit zugrunde liegende Forschungsmethode zu explizieren. Zahlreiche Diskussionen über die Eignung unterschiedlicher Forschungsansätze für verschiedenartige Forschungsfelder können dabei helfen, die für die jeweilige Arbeit am besten geeignete Methode zu identifizieren. Die Auswahl eines oder mehrerer Ansätze hängt dabei von verschiedenen Faktoren wie z.B. dem Themengebiet, der Forschungsfrage, dem Hintergrund und den Präferenzen des Forschers sowie der angesprochenen Zielgruppe ab (vgl. [BrEs2006]). Um dieser Faktorenabhängigkeit gerecht zu werden, erfolgt die Methodenselektion in zwei Stufen. Zunächst werden die in der zugrunde liegenden Forschungsdisziplin vorherrschenden Methoden auf Basis einer Literatursichtung dargestellt. Darauf aufbauend wird aus diesem Methodenportfolio die für die Zielerreichung am besten geeignete Methode selektiert und dargestellt.

Die vorliegende Arbeit ordnet sich in den Kontext der WI als Wissenschaftsdisziplin ein. Ziel wissenschaftlicher Untersuchungen in der WI ist „...die Gewinnung von Theorien, Methoden, Werkzeugen und intersubjektiv nachprüfbaren Erkenntnissen über/zu Informations- und Kommunikationssystemen (IuK-Systemen). (...) Die WI verwendet die Gliederung einer wissenschaftlichen Auseinandersetzung in Beschreibung von IuK, Erklärung derselben, Prognose des Systemverhaltens und Gestaltung neuartiger Systeme"[5]. Informationssysteme stellen somit den maßgeblichen Gegenstand in Forschung und Lehre der WI dar (vgl. [Hein2001]). Die WI befasst sich mit IuK in Wirtschaft und Verwaltung. Insofern ist sie eine anwendungsorientierte Wissenschaft. Zugleich ist sie, nach der Auffassung vieler ihrer Fachvertreter, eine Realwissenschaft (vgl. [Hein1993]) und damit auch eine empirische Wissenschaft. Sie macht zwar in erheblichem Maße von formalen Methoden Gebrauch, jedoch stellt sie über ihren Gegenstand auch solche Fragen, die eindeutig als empirisch gelten.

Gerade in jüngster Zeit hat sich eine ganze Reihe von Autoren mit den erkenntnistheoretischen Positionen der WI auseinandergesetzt (vgl. z.B. [BrEs2006], [Fran2001], [BKS+1999], [WiHe2006]). Als einer der jüngeren strukturgebenden Ansätze kann der Beitrag von Wilde und Hess angesehen werden, welcher auf Basis einer ausgedehnten Literaturanalyse die ver-

[5] Beschluss der WKWI vom 06.10.1993.

schiedenen in der WI gebräuchlichen Methoden in ein Methodenportfolio mit den Dimensionen Formalisierungsgrad sowie Forschungsparadigma einordnet (vgl. [WiHe2006]). Die folgende Abb. 3 visualisiert diesen Ansatz in Anlehnung an [WiHe2006].

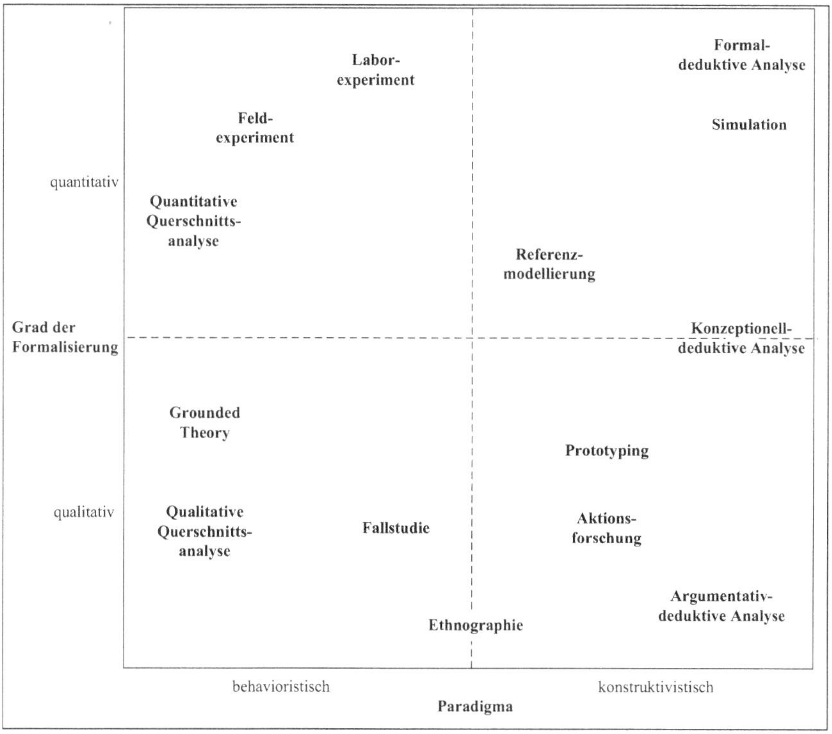

Abb. 3: Methodenportfolio der WI (vgl. [WiHe2006, S. 14])

Hinsichtlich der Dimension des Formalisierungsgrades unterscheidet das Modell zwischen quantitativen, also vorwiegend numerisch repräsentierten Sachverhalten, und qualitativen Forschungsmethoden, also vorwiegend sprachlich repräsentierten Sachverhalten. Bezogen auf Methoden handelt es sich um den Formalisierungsgrad des bearbeiteten Gegenstands. Die Portfoliodimension verläuft somit von einer qualitativen zu einer quantitativen Repräsentation des Untersuchungsgegenstands [WiHe2007, S. 281].

Auf der Abszisse differenziert das Methodenportfolio zwischen dem behavioristischen sowie dem konstruktivistischen Paradigma, welche als die beiden wesentlichen in der WI anzutreffenden Paradigmen bezeichnet werden können (vgl. [Simo1996]). Das konstruktionswissenschaftliche Paradigma („Design Science“) strebt nach Erkenntnisgewinn durch Schaffen und Evaluieren von IT-Lösungen in Form von Modellen, Methoden oder Systemen [Simo1996].

Das behavioristische oder verhaltenswissenschaftliche Paradigma („Behavioral Science") sieht hingegen die Analyse des Verhaltens und der Auswirkungen von existierenden Informationssystemen auf Organisationen vor (vgl. [WiHe2006, S. 3]).

Auf Basis des Modells kann die vorliegende Forschungsarbeit dem konstruktionswissenschaftlichen Paradigma zugeordnet werden. Die wesentlichen Untersuchungsdomänen dieser Arbeit sind Wertschöpfungsnetze sowie die individualisierte Produkterstellung. Für beide Domänen leiten sich darüber hinaus aus dieser Arbeit Erkenntnisse hinsichtlich der Schaffung neuer sowie der Evaluation und Verbesserung bestehender Informationssysteme ab. Darüber hinaus dient das in dieser Arbeit entwickelte Gestaltungsmodell als Basis für eine Informationssystemgestaltung mit dem Ziel einer kundenauftragsorientierten, situativen Wertschöpfungsnetzkonfiguration. Der Formalisierungsgrad des Forschungsvorhabens besitzt einen qualitativen Charakter. Die wesentlichen Erkenntnisse dieser Arbeit werden literaturbasiert unter Einbeziehung der praktischen Erfahrungen des Autors erarbeitet. Dabei werden in den berührten Themengebieten zunächst argumentativ Konzepte eingeführt, die in einem weniger formalen Prozess zur Entwicklung eines Gestaltungsmodells herangezogen werden.

Bei Berücksichtigung dieses Vorgehens und Betrachtung der im zutreffenden Quadranten positionierten Forschungsmethoden lassen sich Prototyping, Aktionsforschung und Ethnographie als für diese Arbeit zutreffende Forschungsmethoden ausschließen. Beim Prototyping ist die Erstellung einer schnell verfügbaren, lauffähigen Vorabversion eines Anwendungssystems, bspw. der eines Oberflächenprototypen, als Hauptmerkmal zu charakterisieren[6]. Die Aktionsforschung sieht die Erkenntnisgenerierung durch einen gemischten Kreis aus Wissenschaft und Praxis vor, ein konkretes Praxisproblem steht hierbei im Vordergrund [Lewi1946, S. 45], [FKKT1999, S. 72]. Die Ethnographie generiert Erkenntnisse durch partizipierende Beobachtung im unmittelbaren Umfeld des Untersuchungsgegenstandes, wobei eine hohe Integration des Forschers in das soziale Umfeld des Untersuchungsgegenstandes stattfindet [WiHe2006, S. 9]. Alle drei genannten Forschungsmethoden entsprechen nicht dem Weg des Erkenntnisgewinns dieser Arbeit. Zwar werden die in dieser Arbeit gewonnenen Erkenntnisse abschließend durch einen Prototypen verifiziert, dieser kann jedoch nicht als Hauptgegenstand der Arbeit angesehen werden. Eine Integration der Forscher in das soziale Umfeld des Untersuchungsgegenstandes bzw. eine Integration von Praktikern findet ebenfalls nicht in einem Umfang statt, in welchem von einem gemischten Kreis aus Wissenschaft und Praxis gesprochen werden könnte.

Als in Frage kommende Forschungsmethoden verbleiben somit die konzeptionell-deduktive Analyse sowie die argumentativ-deduktive Analyse, deren wesentliche Gemeinsamkeit in der

---

[6] Zum Prototyping als Forschungsmethode in der Wirtschaftsinformatik vgl. bspw. [Hein2001, S.94ff.].

Deduktion zu finden ist. Die Deduktion als ein formal-logisches Schlussverfahren zeichnet sich insbesondere durch den Weg der Erkenntnisgenerierung von allgemeinen zu speziellen Aussagen aus (vgl. [HeHR2007, S. 95]). Dieses logisch-deduktive Herbeiführen von Erkenntnissen kann als Forschungsmethode auf verschiedenen Formalisierungsstufen stattfinden. Die an dieser Stelle nicht betrachtete formal-deduktive Methode arbeitet bspw. im Rahmen mathematisch-formaler Modelle. Während bei der konzeptionell-deduktiven Analyse semiformale Modelle als Hilfsmittel zur Erkenntnisgewinnung eingesetzt werden, geschieht dieses bei der argumentativ-deduktiven Analyse rein sprachlich. In der vorliegenden Forschungsarbeit werden nur am Rande semi-formale Modelle zur Erkenntnisgewinnung verwendet. Schwerpunkt bildet hingegen die Argumentation innerhalb der berührten Themengebiete. Insofern kann die Methode der Erkenntnisgewinnung dieser Arbeit als argumentativ-deduktiv bezeichnet werden. Die folgende Tab. 2 fasst das Forschungsdesign dieser Arbeit abschließend zusammen.

Wissenschaftstheoretische Positionierung	Subjekt-Objekt-Relation	Konstruktivistische Antwort: Es existiert keine ontische Realität. Die Wahrnehmung ist stets an ein Subjekt gebunden.
	Wahrheitstheorie	Konsenstheorie: Eine Aussage ist genau dann wahr, wenn jeder der Sprache mächtige Sprecher dieser Aussage zustimmt.
Rahmen des Erkenntnisgewinns	Forschungsziel	Ziel der Arbeit ist ein fundierter Gestaltungsansatz, mit welchem die Auswirkungen unterschiedlich individueller Kundenauftragstypen auf die Gestaltung von Wertschöpfungsnetzen verdeutlicht werden können.
	Verfahren zur Erkenntnisbildung	Deduktion: Weg der Erkenntnisgewinnung von allgemeinen zu speziellen Aussagen.
	Forschungsmethode	Argumentativ-deduktiv: Ableitung von Erkenntnissen rein sprachlich auf Basis etablierter Theorieansätze.

Tab. 2: Forschungsdesign der Arbeit

1.4.3 Beitrag der Arbeit

Aus dem aufgestellten Forschungsdesign leitet sich im Folgenden der Beitrag der Arbeit ab. Dieser fußt auf der wissenschaftstheoretischen Einteilung der WI, nach welcher diese sich in Gegenstandsbereiche (Informationssysteme und Informationssysteminfrastrukturen) und wissenschaftliche Aufgaben in diesen Bereichen (Beschreibung, Erklärung, Prognose, Gestaltung) (vgl. [HeHR2007, S. 21]) einteilen lässt.

Ziel der Beschreibungsaufgabe der WI ist die systematische Dokumentation und Beschreibung der wirtschaftsinformatischen Erkenntnisobjekte. Der Beitrag dieser Arbeit liegt hier in der systematischen Darstellung der Konzepte Wertschöpfungsnetze und Individualisierung sowie in der Identifikation der für das Forschungsziel relevanten Bestandteile dieser Konzepte.

Die Erklärungsaufgabe der WI zielt darauf ab, Modelle und Begründungszusammenhänge zur Erklärung der aus wirtschaftsinformatischer Sicht relevanten Wirklichkeit herzustellen. Hierzu trägt diese Arbeit durch die Erklärung und Fundierung der Auswirkungen variierender Kundenauftragstypen auf die Konfiguration von Wertschöpfungsnetzen bei. Ebenso ist die Erarbeitung der Wirkungszusammenhänge in situativen Wertschöpfungsnetzen wesentlicher Bestandteil der Erklärungsaufgabe.

Prognose kann, ebenso wie Beschreibung, als die Aufgabe einer Wissenschaft angesehen werden, die Kernaufgaben Erklärung und Gestaltung zu ergänzen. Prognose heißt in der WI, Voraussagen über Zustände und Verhalten von Informationssystemen und Informationsinfrastrukturen zu treffen (vgl. [HeHR2007, S. 18]). Im Kontext dieser Arbeit werden im Wesentlichen sowohl der aus variierenden Kundenaufträgen resultierende Zustand von Wertschöpfungsnetzen als auch das davon abhängige Verhalten der an einem situativen Wertschöpfungsnetz partizipierenden Unternehmen prognostiziert.

In der WI wird die auf der Beschreibung, Erklärung und Prognose aufbauende Gestaltungsaufgabe als die Aufgabe angesehen, die Wirklichkeit so zu verändern, dass ein bestimmter Zustand (ein so genannter Sollzustand) erreicht wird (vgl. [HeHR2007, S. 20f.]). Damit liegt die Gestaltungsaufgabe der WI im Bereitstellen von Methoden und Werkzeugen zur Analyse und Gestaltung von Informationssystemen. Diese Aufgabe wird durch die Gestaltung eines aus den Forschungsergebnissen abgeleiteten Modells situativer Wertschöpfungsnetze sowie durch die Abbildung dieses Modells im Rahmen einer prototypischen Softwareimplementierung erfüllt.

Die folgende Tab. 3 fasst den Beitrag dieser Arbeit zur Beschreibungs-, Erklärungs-, Prognose-, und Gestaltungsaufgabe der WI abschließend zusammen.

Beschreibungsaufgabe	Systematische Darstellung der Konzepte Wertschöpfungsnetze und Individualisierung; Identifikation der für das Forschungsziel relevanten Bestandteile dieser Konzepte.
Erklärungsaufgabe	Erklärung und Fundierung der Auswirkungen variierender Kundenauftragstypen auf die Gestaltung von Wertschöpfungsnetzen; Erarbeitung der Wirkungsmechanismen in situativen Wertschöpfungsnetzen.
Prognoseaufgabe	Prognose des aus variierenden Kundenaufträgen resultierenden Zustands von Wertschöpfungsnetzen; Verhalten der an einem Wertschöpfungsnetz partizipierenden Unternehmen.
Gestaltungsaufgabe	Gestaltung eines Modells kundenauftragsorientierter Wertschöpfungsnetze; Abbildung des Modells durch eine prototypische Softwareimplementierung.

Tab. 3: Beitrag der Arbeit

Im folgenden Abschnitt 1.5 wird die Vorgehensweise zur Umsetzung der formulierten Forschungsfragen vorgestellt. Ausgangspunkt für die Überlegungen zum Aufbau der Arbeit bilden dabei die in Abschnitt 1.3 formulierte Zielsetzung sowie die explizierten Forschungsfragen. Das ebenfalls auf dieser Basis aufbauende Forschungsdesign liefert darüber hinaus wesentliche Anhaltspunkte für die Umsetzung eines zielgerichteten und mit den wissenschaftlichen Prinzipien der WI konformen Forschungsverlaufs.

1.5 Vorgehensweise

Die Arbeit ist in sechs Kapitel strukturiert (vgl. Abb. 4). In Kapitel eins werden, neben dem Kontext der Arbeit, insbesondere die zugrunde liegenden Forschungsfragen sowie das Forschungsdesign dargestellt. Kapitel zwei führt darauf aufbauend in den theoretischen Bezugsrahmen der Arbeit ein und liefert damit die Grundlage zur Erklärung der Zusammenhänge einer Kooperation in Netzwerken. Der Fokus des dritten Kapitels liegt in der Darstellung eines fundierten, begrifflichen und konzeptionellen Bezugsrahmens sowie der Erklärung wichtiger Zusammenhänge zwischen den betrachteten Konzepten. Ziel der Darstellung dieses Kapitels ist es, einen fundierten Ausgangspunkt für die Gestaltung eines Modells situativer Wertschöpfungsnetze zu bilden. Die Gestaltung dieses Modells sowie die Erarbeitung relevanter Merkmale und ihrer Interdependenzen sind elementare Bestandteile des vierten Kapitels der Arbeit. Veranschaulicht werden die Darstellungen durch die Vorstellung einer prototypischen Implementierung. Die Arbeit schließt mit der Formulierung weiteren Forschungsbedarfs sowie einem zusammenfassenden Fazit in Kapitel 5.

Die untenstehende Abb. 4 visualisiert den Ablauf der Arbeit, im Folgenden wird detaillierter auf die einzelnen Kapitel eingegangen.

Abb. 4: Aufbau der Arbeit

In Kapitel 1 wird die Motivation zur Bearbeitung der Thematik situativer Wertschöpfungsnetze gelegt. Dabei geben insbesondere die Darstellung des Kontexts sowie die Explikation von Problemstellung und Motivation einen ersten Überblick über das Betrachtungsspektrum der Arbeit. Zugleich lassen sich aber auch die Formulierung der zugrunde liegenden Forschungsfrage und somit die Darstellung der Zielsetzung dieser Arbeit wesentlich aus dem Untersuchungsumfeld ableiten. Das in Abschnitt 1.4 dargestellte Forschungsdesign determiniert den vorliegenden Forschungsaufbau und wird durch die Ausarbeitung der wissenschaftstheoretischen Position der Arbeit, der Wahl einer geeigneten Forschungsmethode und der Formulierung des Beitrags der Arbeit (durch eine Einordnung in die Aufgabengebiete der WI) entsprechend umfassend berücksichtigt.

In Kapitel zwei wird, durch die Einführung des theoretischen Bezugsrahmens, der Fokus auf die Begründungszusammenhänge interorganisationaler Kooperationen gelegt. Grundlegend hierfür ist die Systemtheorie als Erklärungsansatz für Zusammenhänge und Wechselwirkungen in dynamischen Systemen. Die darauf aufbauenden Darstellungen der Theorieansätze der neuen Institutionenökonomik in Abschnitt 2.2 (Verfügungsrechtstheorie, Transaktionskostentheorie, Agenturtheorie) sowie der Vertragstheorie in Abschnitt 2.3 bilden eine wichtige Grundlage zur Erklärung der Wirkungszusammenhänge in (situativen) Wertschöpfungsnetzen. Insofern liefert dieses Kapitel das erklärungstheoretische Fundament der Arbeit.

In Kapitel drei wird der begriffliche und konzeptionelle Bezugsrahmen der Arbeit eingeführt. Hierbei werden, strukturiert in die thematischen Blöcke der Kooperation in Netzwerken (Abschnitt 3.1) der Individualisierung (Abschnitt 3.2) und der IuK-Konzepte (Abschnitt 3.3), die für das Thema relevanten Begriffe im Kontext der WI erläutert sowie ihre Relevanz für die Forschungsthematik herausgearbeitet.

Die Darstellung der Kooperation in Netzwerken beinhaltet dabei u.a. die Bildung eines geeigneten Begriffsverständnisses situativer Wertschöpfungsnetze sowie die Abgrenzung gegenüber verwandten Konzepten überbetrieblicher Zusammenarbeit.

Im Bereich der Individualisierung von Produkten werden eine grundlegende Selektion relevanter Typologien sowie eine umfassende Darstellung des Strategiekonzepts der kundenindividuellen Massenproduktion (Mass Customization) vorgenommen. Die besondere Rolle der Informationstechnologie (IT), die häufig als Voraussetzung für eine ökonomisch sinnvolle Individualisierung von Produkten betrachtet wird, findet durch die Darstellung relevanter IuK-Konzepte entsprechend Berücksichtigung.

Die Ausführungen der Kapitel eins bis drei münden in ein Gestaltungsmodell situativer Wertschöpfungsnetze in Kapitel vier. Grundlegend hierfür ist ein geeigneter Beschreibungsansatz, der als Ausgangspunkt für die Betrachtung von Wirkungszusammenhängen in situativen Wertschöpfungsnetzen herangezogen und entsprechend in Abschnitt 4.1 eingeführt wird.

Die darauf aufbauenden Gestaltungsmerkmale orientieren sich, durch die Differenzierung zwischen Unternehmensmerkmalen, Verbindungsmerkmalen und (situativen) Leistungsmerkmalen, an diesem Beschreibungsansatz und werden in Abschnitt 4.2. unter Berücksichtigung der zwischen Ihnen existierenden Interdependenzen dargestellt. Bei der Selektion der Merkmale stehen die Wahl eines adäquaten Abstraktionsgrades sowie ihre geeignete Operationalisierbarkeit im Vordergrund. Aufbauend auf den vorangegangenen Darstellungen werden die Merkmale und ihre Abhängigkeiten in Abschnitt 4.3 in einen numerischen Bewertungsansatz überführt.

Die auf diese Weise erarbeiteten Merkmale und Merkmalszusammenhänge sind Grundlage zur Abstraktion exemplarischer Auftragstypen in Abschnitt 4.4. Dieser dient zugleich als Basis für die sich anschließende prototypische Softwareumsetzung des Gestaltungsansatzes. Im Rahmen der Darstellung werden die wichtigsten Funktionalitäten sowie Anwendungsszenarien dargestellt. Dabei dient dieser Prototyp zum einen der Visualisierung des innerhalb der Arbeit entwickelten Gestaltungsansatzes. Zum anderen dient er als Ausgangspunkt für eine auf dieser Arbeit aufbauende, weitergehende Differenzierung der Forschungsarbeiten.

Kapitel fünf fasst die Forschungsergebnisse und Kernaussagen der Arbeit abschließend zusammen. Es werden Anhaltspunkte für weitere Forschungsarbeiten formuliert.

2 Theoretischer Bezugsrahmen

Die innerhalb dieser Arbeit betrachteten Wirkungszusammenhänge in Wertschöpfungsnetzen lassen sich nur unter Einbezug eines ihre Funktionsweise erklärenden theoretischen Bezugsrahmens darstellen. Dieser bildet das erklärungstheoretische Fundament der Arbeit. Im Folgenden soll dieser Bezugsrahmen durch eine Zusammenfassung relevanter Theorieansätze festgelegt werden. Als Basis wird hierzu zunächst in Abschnitt 2.1 die Systemtheorie aufgegriffen, da sich diese zur Untersuchung von Wechselwirkungen in dynamischen Systemen etabliert hat. (vgl. [MaMK2001]).

In den Ausführungen zur Systemtheorie wird der Betrachtungsfokus auf die durch Günther Ropohl geprägte Systemtheorie der Technik gelegt (vgl. [Ropo1999]), wobei auf eine detaillierte Evaluation verzichtet wurde. Diesbezüglich sei insbesondere auf die Arbeit von Winnewisser verwiesen, welcher im Rahmen einer Untersuchung der Wirkungskriterien von Interorganisationssystemen (IOS) zur Leistungserstellung in Wertschöpfungsnetzen die Systemtheorie der Technik als den für eine Anwendung am besten geeigneten Ansatz aus einer Menge systemwissenschaftlicher Ansätze heraus identifiziert hat [Winn2006]. Aufgrund der thematischen Verwandtschaft im Bereich überbetrieblicher Wertschöpfungsnetze sind die Evaluationsergebnisse hinsichtlich der Eignung systemwissenschaftlicher Modelle auf diese Arbeit übertragbar.

Aufbauend auf diesen Betrachtungen werden in Abschnitt 2.2 insbesondere die innerhalb der Neuen Institutionenökonomik (NIÖ) vereinigten Theorieansätze sowie in Abschnitt 2.3 die Vertragstheorie dargestellt. Diese Theorieansätze wurden insbesondere aufgrund ihrer Anwendbarkeit für die vorliegende Thematik sowie aufgrund ihrer wissenschaftlich akzeptierten Eignung zur Applikation auf das Themenfeld der überbetrieblichen Zusammenarbeit ausgewählt (vgl. zur NIÖ bspw. [Sydo2006b], [EbGo2002], [MeFa1996]) sowie zur Vertragstheorie insbesondere [MacN1974], [MacN1978]).

2.1 Systemtheorie

Die Systemtheorie beruht auf unabhängig voneinander entwickelten Ansätzen, die später zum Teil zusammengefasst wurden. Der Begriff Systemtheorie bzw. Systemlehre stammt von Ludwig von Bertalanffy [Bert1976]. Bertalanffy spricht von offenen Systemen und entwickelt den Begriff der organisierten Komplexität, der den dynamischen Austausch mit der Umwelt beschreiben soll. Ausgehend von der Entwicklung einer Theorie der Selbstregulierungsfähigkeit offener biologischer Systeme stellte Bertalanffy die These auf, dass Verhaltensweisen von Systemen nicht alleine auf den physischen Charakter der einzelnen Teile zurückgeführt werden könnten, es aber trotzdem allgemeingültige Erklärungsmuster für diese Verhaltensweisen geben müsse (vgl. [Bert1976, S. 542ff.]).

Bei der in den 1970er Jahren durch Günter Ropohl geprägten Systemtheorie der Technik wird hierzu eine Integration des Systembegriffs und des Technikbegriffs angestrebt. Dazu fasst Ropohl die Systemtheorie als eine Modelltheorie auf und entwirft ein formales Modellkonzept, aus dem er verschiedene Systemmodellgruppen zur Beschreibung von Systemen ableitet und Ansätze für die Erklärung der Verwendung und Entstehung dieser Systeme entwickelt (vgl. [Ropo1999, S. 90ff.]).

Zu den Systemmodellgruppen gehören das Handlungssystem und das Zielsystem. Das Handlungssystem gliedert sich weiter in menschliche Handlungssysteme, Sachsysteme und soziotechnische Systeme. Da es im arbeitsteiligen Produktionsprozess für Güter und Dienstleistungen häufig zu einer Kombination verschiedener Ausprägungen der Handlungssysteme kommt, führt Ropohl menschliche Handlungssysteme und Sachsysteme im Modell des soziotechnischen Systems zusammen (vgl. [Ropo1999, S. 135ff.]). Ein solches Handlungssystem besteht aus Menschen und technischen Sachsystemen. Die folgende Abb. 5 verdeutlicht das Prinzip der durch Ropohl geprägten soziotechnischen Arbeitsteilung.

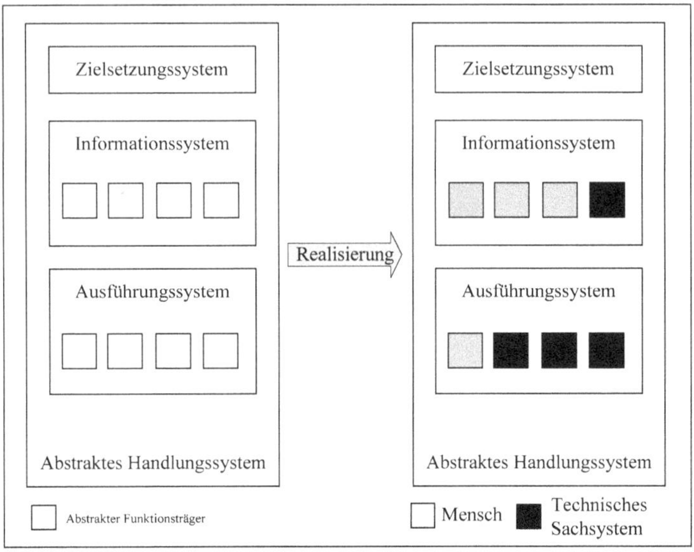

Abb. 5: Soziotechnische Arbeitsteilung (vgl. [Ropo1999, S. 142])

In der linken Bildhälfte ist als Träger der Arbeitshandlung das ursprünglich allein stehende Handlungssystem zu sehen. Dieses repräsentiert unter einem anthropologischen Blickwinkel eine konkrete Person, unter organisationstheoretischer Sicht ein gedachtes, abstraktes Handlungssystem, das einer theoretischen Aufgabenanalyse und Funktionszerlegung unterzogen wird (vgl. [Ropo1999, S. 141]).

Will man nun dieses abstrakte Handlungssystem empirisch realisieren oder bspw. die Arbeit, die eine einzelne Person ausgeführt hat, unter mehreren Handlungsträgern verteilen, kann man in der Aufgabensynthese die theoretisch ermittelten Teilfunktionen entweder auf menschliche Handlungssysteme oder auf technische Sachsysteme übertragen. Auf diese Weise gestaltet man ein soziotechnisches System, in welchem je nach Machbarkeit menschliche und technische Funktionsträger zusammenwirken. Dieser Sachverhalt wird in der rechten Bildhälfte von Abb. 5 dargestellt. In einem soziotechnischen System können in bestimmten Fällen technische Funktionen mit menschlichen Funktionen äquivalent sein, d.h. technische Sachsysteme können Funktionen von menschlichen Handlungssystemen vollständig übernehmen und umgekehrt (vgl. [Ropo1999, S. 142]).

Systeme werden innerhalb der Systemtheorien dabei als selbstorganisierende Gebilde interagierender Elemente verstanden (vgl. [Ulri1970, S. 105]; [Bert1976, S. 550]). Die Systemstruktur ergibt sich durch die Vernetzung der Systemelemente, die ihrerseits wieder Subsysteme verkörpern (vgl. [Ulri1970, S. 107]). Sie bilden aufgrund der zwischen ihnen bestehenden Beziehungen eine Grenze zur Systemumwelt. Ein Element, das keine Beziehungen zu anderen Systemelementen aufweist, ist nicht Systembestandteil und eine Menge von Elementen, zwischen denen keine Beziehungen bestehen, stellt kein System dar. (vgl. [Habe1975, S. 14ff.]).

Eine umfassende Erörterung des Systembegriffs findet sich ebenfalls bei Ropohl (vgl. [Ropo1999, S. 75]). Unter Zusammenführung der in der Literatur bekannten funktionalen, strukturalen und hierarchischen Systemkonzepte (vgl. hierzu bspw. [Ropo1999, S. 75ff.]), prägt er den Systembegriff als "das Modell einer Ganzheit, die (a) Beziehungen zwischen Attributen (Inputs, Outputs, Zustände, etc.) aufweist, die (b) aus miteinander verknüpften Teilen bzw. Subsystemen besteht, und die (c) von ihrer Umgebung bzw. von einem Supersystem abgegrenzt wird" [Ropo1999, S. 77]. Teil (a) der Definition definiert dabei die Funktion, Teil (b) die Struktur und Teil (c) schließlich die Hierarchie eines Systems. Bei Vorliegen aller drei Systemaspekte liegt ein vollständiges Systemmodell vor (vgl. [Ropo1999, S. 78]).

Überträgt man die vorangegangenen Überlegungen auf den Themenbereich dieser Arbeit kann konstatiert werden, dass auch Kooperationen zwischenbetrieblicher Art als Systeme betrachtet werden können. So stellt bspw. Thorelli fest, dass anstelle der Bezeichnung „Netzwerk" auch der Ausdruck „System" verwendet werden kann (vgl. [Thor1986, S. 39]). Das Netzwerk als hybride Organisationsform stellt dabei das Gesamtsystem dar, die Kooperationsunternehmen repräsentieren die jeweiligen Subsysteme. Diese Subsysteme erzeugen aufgrund ihrer Beziehungen zueinander eine komplexe Systemstruktur und bilden gegenüber solchen Unternehmen, die nicht Teil des Netzwerks sind, eine Systemgrenze.

Ein Netzwerk aus Unternehmen kann somit als soziotechnisches System aufgefasst werden, welches aus Menschen und technischen Elementen besteht. Solche sozio-technischen Systeme sind offen und selbstreferenziell, d.h. operationell geschlossen und mit sich selbst beschäftigt (vgl. [Luhm1984, S. 57ff.], [PrSc1984, S. 483ff.]). Unter einem selbstreferenziellen System kann ein System verstanden werden, welches sich selbst reproduziert und bei dem die im System ablaufenden Operationen auf dieses selbst zurückwirken (vgl. [Luhm1984, S. 57ff.]). Kennzeichen offener Systeme ist ihre Verbindung mit der Systemumgebung, aus der sie Materie, Energie und Informationen als Input beziehen und als Output an diese abgeben (vgl. [Bert1976, S. 37]). Offene Systeme sind in der Regel dynamische Systeme, die sich verändern und entwickeln (vgl. [Ulri1970, S. 113]).

Die Systemüberlebensfähigkeit muss bei künstlich geschaffenen Systemen, also solchen soziotechnischen Systemen, die vom Menschen selbst geschaffen wurden, bewusst gesteuert und unterstützt werden (vgl. [Habe1975, S. 17]). Diese Systeme sind daher zielgerichtet und müssen sich ihrer Umwelt anpassen. Das Anpassungsvermögen eines Systems resultiert aus seiner Komplexität, d.h. seiner Varietät, welche die Zahl verschiedener möglicher Zustände angibt die das System annehmen kann. Voraussetzung für eine entsprechend hohe Verhaltensvarietät ist die Existenz von Freiheitsgraden, d.h. Handlungsspielräumen innerhalb der Systemgrenzen (vgl. [Ashb1974, S. 298ff.])[7].

Betrachtet man Unternehmensnetze folgerichtig als soziotechnische Systeme mit den oben dargestellten Eigenschaften, müssen sich diese möglichst optimal ihrer Umwelt, also den jeweiligen situativen Bedingungen, denen sie im Anwendungsfall ausgesetzt sind, anpassen. Innerhalb der Systemgrenzen müssen entsprechend hohe Freiheitsgrade existieren bzw. das System muss entsprechend flexibel gestaltet sein. Die Forschung zu Unternehmensnetzen entspricht dieser Schlussfolgerung, wenn als einer der primären Gründe für das Zustandekommen von Unternehmensnetzen insbesondere die zunehmende Flexibilität bei der Wertschöpfung charakterisiert wird (vgl. hierzu bspw. [SyWi1997], [MeFa1996], [RePi2002]).

Gleichzeitig muss die Flexibilität in Systemen differenziert betrachtet werden, da sie sich auf die Flexibilität eines Systemelements (Knoten), auf die Flexibilität der Beziehung der Elemente zueinander (Kanten) oder auf die Flexibilität des Systems als Gesamtheit (Systemflexibilität) beziehen kann[8]. In Kapitel 4 wird daher, unter Berücksichtigung des soziotechnischen Systemansatzes, ein Vorschlag zur Gestaltung „situativer“, also sich den jeweiligen Bedin-

---

[7] Auch bezeichnet als „law of requisite variety“ (vgl. [Ashb1974, S. 298ff.]).

[8] Im Rahmen einer noch folgenden graphentheoretischen Beschreibung von Netzen wir in dieser Arbeit auch von Knoten und Kanten gesprochen. Diese repräsentieren wiederum unter dem hier behandelten ökonomischen Blickwinkel die jeweiligen an einem Netzwerk teilnehmenden Unternehmen (Knoten) sowie die Beziehungen zwischen diesen (Kanten).

gungen des Kundeauftrags anpassender Wertschöpfungsnetze, eingeführt. Ziel dabei ist es, die Forderungen eines offenen, soziotechnischen Systems im Spannungsfeld zwischen Systemflexibilität und Stabilität zu erfüllen und somit eine Grundlage für die kundenauftragsorientierte Gestaltung solcher Netze zu schaffen.

2.2 Institutionenökonomische Ansätze

Die Ansätze der NIÖ stellen eine Weiterentwicklung der neoklassischen Gleichgewichtstheorie dar. Untersuchungsgegenstand ist das ökonomische Gestalten und das ökonomische Verhalten von Institutionen (vgl. [Göbe2002, S. 54-55]). Unter dem Begriff der Institution ist dabei ein „normatives Regelsystem zu verstehen, welches erforderliche Garantieinstrumente zur Absicherung dieses Regelsystems umfasst“ [Eigl1996, S. 28]. Die NIÖ beschäftigt sich mit den Auswirkungen von Institutionen (wie Verträgen, Organisationsstrukturen, Sprache und Geld) auf menschliches Verhalten, den Möglichkeiten des effizienten Designs bzw. der evolutionären Entwicklung sowie mit der rationalen Gestaltung von Institutionen [PiRW1998, S. 35]. Damit geht die NIÖ von folgenden Grundannahmen aus (vgl. bspw. [Rich1994], [Fran1995]):

- Die Akteure (Vertragspartner) sind individuelle Nutzenmaximierer und verhalten sich opportunistisch und risikoavers.
- Die Akteure sind beschränkt rational („bounded rationality“).
- Sie sind unvollständig / asymmetrisch informiert, z. B. über Eigenschaften des Vertragsgegenstandes und Absichten des Vertragspartners.
- „Institutions (1) matter and (2) are susceptible to analysis” [Math1986, S. 903].

Vorrangige Fragestellung der institutionenökonomischen Ansätze sind zum einen die nach der kostengünstigsten und effizientesten Art der Institution bei bestimmten Koordinationsproblemen ökonomischer Aktivitäten. Zum anderen werden Fragestellungen der Auswirkungen von Koordinationsproblemen, Kosten und Effizienz auf die Gestaltung und den Wandel von Institutionen adressiert (vgl. [EbGo2002, S. 199], [Eigl1996, S. 28-29]). Als Hauptansätze der NIÖ werden der Verfügungsrechtsansatz (Property Rights), der Principal-Agent-Ansatz und der Transaktionskostenansatz angesehen (vgl. [Göbe2002, S. 60]). Bei jeder dieser Theorien werden Interaktionen betrachtet, bei denen zwei oder mehrere Partner involviert sind. Diese Partner verfolgen (auch) eigene Interessen (Principal-Agent-Ansatz), wobei Verfügungsrechtspositionen berührt werden (Verfügungsrechtsansatz) und Transaktionskosten auftreten (Transaktionskostenansatz). Der so formulierte Gegenstand der NIÖ hebt ihre Eignung zur Beschreibung des Konzepts der Wertschöpfungsnetze hervor. Bei der Formulierung eines Gestaltungsansatzes situativer Wertschöpfungsnetze werden auch die Leistungsaustauschbeziehungen zwischen Partnern des Netzwerkes betrachtet.

Diese Tatsache unterstreicht die Bedeutung der NIÖ für diese Arbeit, da sie neben der Beschreibungsaufgabe somit auch ein Fundament für die Erklärungsaufgabe darstellt.

2.2.1 Verfügungsrechtstheorie

Im Zentrum der vorwiegend auf Coase [Coas1937], [Coas1960] und Alchian und Demsetz [AlDe1972] zurückgehenden Verfügungsrechtstheorie steht die Institution des Verfügungsrechts. Verfügungsrechte legen fest, in welcher Weise Ihre Inhaber legitimerweise über die Ressourcen verfügen können, an denen sie Rechte innehaben. Sie beschäftigt sich mit der Voraussage des Verhaltens ökonomischer Akteure in Abhängigkeit der Verteilung von Verfügungsrechten. Dabei verfolgt die Theorie der Verfügungsrechte im Wesentlichen zwei Erkenntnisinteressen (vgl. [EbGo2002, S. 200]):

1. Sie analysiert, welche Auswirkungen unterschiedliche Formen der Gestaltung und Verteilung von Verfügungsrechten auf das Verhalten von ökonomischen Akteuren und auf die Faktorallokation haben.
2. Sie analysiert, wie sich die Entstehung von Verfügungsrechten, ihre Verteilung und Ihr Wandel erklären lassen.

Dabei basiert die Verfügungsrechtstheorie auf vier Grundannahmen (vgl. [PiRW1998, S. 38f.], [EbGo2002, S. 200f.]):

1. Verhaltensannahme individueller Nutzenmaximierung: die Annahme der individuellen Nutzenmaximierung besagt, dass jeder Akteur versucht, innerhalb der von ihm wahrgenommenen Handlungsmöglichkeiten und Handlungsrestriktionen, entsprechend seinen Präferenzen seine eigenen Ziele zu verfolgen und sein Eigeninteresse zu verwirklichen.
2. Existenz von Property Rights: Property Rights sind die mit einem Gut verbundenen und ökonomischen Akteuren aufgrund von Rechtsordnungen und Verträgen zustehenden Handlungs- und Verfügungsrechte. Die an einem Gut bestehenden Verfügungsrechte können nach Tietzel [Tiet1981, S. 210] und Furubotn/Pejovich [FuPe1975, S. 114] in vier Einzelrechte aufgespalten werden:
   - Das Recht, ein Gut zu gebrauchen (usus).
   - Das Recht auf Erträge aus dem Gut und die Pflicht zur Übernahme von eventuell aus dem Gut erwachsenden Verlusten (usus fructus).
   - Das Recht, das Gut zu verändern (abusus).
   - Das Recht, einzelne oder alle Rechte an dem Gut auf andere zu übertragen oder andere von der Nutzung des Gutes auszuschließen (ius abutendi).

3. Existenz von Transaktionskosten: Transaktionskosten entstehen bei der Herausbildung, Zuordnung, Übertragung und Durchsetzung von Verfügungsrechten [Tiet1981, S. 211]. Hierbei handelt es sich insbesondere um Kosten der Information und Kommunikation sowie Zeit und Mühe, die für die Anbahnung und Abwicklung eines Leistungsaustausches aufgewendet werden müssen. Transaktionskosten sind ein Effizienzkriterium zur Beurteilung und Auswahl unterschiedlicher Verteilungen von Verfügungsrechten [PiRW1998, S. 39].

4. Auftreten externer Effekte: externe Effekte treten immer dann auf, wenn einem Individuum nicht alle Verfügungsrechte an einem Gut zugeordnet sind. Es kommt zur Entstehung positiver oder negativer externer Effekte, d.h. von Nebenwirkungen individueller Konsum- und Produktionsakte auf Dritte. Externe Effekte stellen ein weiteres Effizienzkriterium zur Beurteilung und Auswahl von Verfügungsrechtsstrukturen dar.

Eine Kernaussage der Theorie der Verfügungsrechte besagt, dass Akteure bei gegebenen institutionellen Rahmenbedingungen solche Formen der Ressourcennutzung wählen und solche Verfügungsrechtsstrukturen etablieren, die Ihren Nettonutzen maximieren [EbGo2002, S. 200]. Dabei reduziert sich der Nettonutzen mit zunehmender Verdünnung der Verfügungsrechte an einer Ressource sowie durch Zunahme der Transaktionskosten der Bestimmung, Übertragung und Durchsetzung der Verfügungsrechte an ihr[9]. Diese externen Effekte, die zu Wohlfahrtsverlusten für das Gesamtsystem führen, können bei geringem Grad der Verdünnung gelöst werden, indem die betroffenen Parteien so lange verhandeln, bis sämtliche externe Kosten internalisiert sind (Coase Theorem) (vgl. [Coas1960]). Insbesondere in Szenarien mit einer hohen Zahl von beteiligten Handlungsträgern und einem niedrigen Spezifikationsgrad, wie sie im Fall der in dieser Arbeit betrachteten situativen Wertschöpfungsnetze durchaus vorkommen, können die bei Bestimmung, Übertragung und Durchsetzung von Verfügungsrechten anfallenden Transaktionskosten so hoch sein, dass die Kosten für die Internalisierung die externen Kosten übersteigen würden (vgl. [EbGo2002, S. 203]). Für die in dieser Arbeit betrachteten Szenarien, die zumindest teilweise durch unvollständig spezifizierte Verfügungsrechtsstrukturen und Interessenvielfalt geprägt sind, stellt sich die Frage, wer von den an einem Netz beteiligten Partnern einen Nutzen internalisieren kann und wer die Kosten internalisieren muss.

---

[9] Von einer Konzentration von Verfügungsrechten spricht man, wenn viele Rechte (im Extremfall alle) wenigen Akteuren (im Extremfall einem) zustehen. Anders herum spricht man von einer Ausdünnung oder Verdünnung von Verfügungsrechten, wenn die einzelnen Rechte unterschiedlichen Akteuren gehören und sich mehrere Akteure ein Recht „teilen“.

2.2.2 Transaktionskostentheorie

Die auf Coase und Williamson zurückgehende Transaktionskostentheorie untersucht in ihrem Kern die einzelne Transaktion zwischen ökonomischen Akteuren mit dem Ziel, institutionelle Arrangements mit möglichst geringen Transaktionskosten für die beteiligten Partner zu identifizieren (vgl. [EbGo2002, S. 225]). Transaktionen stellen hier nicht nur den Tausch von Gütern oder Dienstleistungen dar, sondern auch die damit verbundene Übertragung von Verfügungsrechten[10]. Als Transaktionskosten werden die mit der Übertragung der Verfügungsrechte verbundenen Kosten der Information und Kommunikation bezeichnet. Kosten fallen bei der Anbahnung, Vereinbarung, Abwicklung Kontrolle und Anpassung der zwischen den wirtschaftlichen Akteuren vereinbarten Transaktionen an (vgl. [EbGo2002, S. 226]). Die Höhe der Transaktionskosten wird dabei nach Williamson von drei Faktoren beeinflusst (vgl. [Will1985, S. 52ff.]). (1) Transaktionsspezifische Investitionen sind solche, die auf die Erstellung bestimmter Güter oder Leistungen spezifisch zugeschnitten sind. „Spezifität bedeutet in diesem Zusammenhang die Einmaligkeit und Nicht-Austauschbarkeit eines Gutes oder einer Leistung" [Göbe2002, S. 137]. Durch transaktionsspezifische Investitionen entsteht zwischen den Transaktionspartnern eine gewisse Abhängigkeit, die dazu führt das nach getätigter Investition ein Wechsel des Transaktionspartners nur unter Inkaufnahme schlechter Bedingungen möglich ist. Zwar sinken durch eine längerfristige Bindung zwischen den Transaktionspartner tendenziell die Produktionskosten, die Transaktionskosten steigen dagegen an. Mit steigenden transaktionsspezifischen Investitionen werden zunehmende Kosten (so genannte ex-ante Transaktionskosten) zum Abschluss vertraglicher Vereinbarungen verursacht (insbesondere Informations- Verhandlungs- und Vertragskosten). Nach Vereinbarung fallen Kosten zur Absicherung, Durchsetzung und eventuellen Anpassung der vertraglichen Vereinbarung an, die auch als ex-post Transaktionskosten bezeichnet werden. (2) Als weiteren die Höhe der Transaktionskosten beeinflussenden Faktor nennt Williamson die Unsicherheit. Er unterscheidet zwischen parametrischer Unsicherheit, d.h. solcher über die situativen Bedingungen einer Transaktion und ihrer zukünftigen Entwicklungen und Verhaltensunsicherheit, d.h. solcher die sich aus der Möglichkeit opportunistischen Verhaltens eines Transaktionspartners ergibt. Mit steigender Unsicherheit steigen sowohl die ex-ante als auch die ex-post Transaktionskosten. Die Produktionskosten werden dagegen, laut Williamson, von zunehmender Unsicherheit nicht maßgeblich beeinflusst. (3) Die Häufigkeit einer Transaktion, als dritter Faktor, hat Einfluss sowohl auf die Produktionskosten als auch auf die Transaktionskosten. Je häufiger Transaktionspartner identische Transaktionen miteinander abwickeln, desto eher lassen sich Skalen- und Synergieeffekte realisieren. Darüber hinaus lassen sich die Vorteile der speziell auf

[10] Zur Definition von Verfügungsrechten siehe auch Kapitel 2.2.1.

die Abwicklung und Organisation der Transaktion zugeschnittenen institutionellen Regelungen mit zunehmender Häufigkeit der Transaktion immer kostengünstiger realisieren. Tab. 4 fasst die Kostenwirkungen der drei von der Transaktionskostentheorie hervorgehobenen Charakteristika von Transaktionen zusammen (vgl. [EbGo2002, S. 230]).

	Transaktionsspezifische Investitionen	**Unsicherheit**	**Häufigkeit**
Produktionskosten	-- (Abnahme)	0 (kein Einfluss)	-- (Abnahme)
Transaktionskosten	+ (Zunahme)	+ (Zunahme)	-- (Abnahme)

Tab. 4: Kostenwirkungen von Transaktionscharakteristika

Die Transaktionskostentheorie definiert und postuliert nun auf Basis dieser kostenwirksamen Transaktionscharakteristika alternative institutionelle Arrangements, die eine wichtige Einflussgröße auf die Effizienz der Abwicklung und Organisation von Transaktionen darstellen (vgl. [Will1991, S. 281]). Hierbei differenziert Williamson auf Basis vertragstheoretischer Vorarbeiten von MacNeil [MacN1974, S. 691ff.] die Abwicklung von Transaktionen über den Markt, über langfristige Verträge (Hybridformen) und innerhalb von Organisationen (Hierarchie). Entscheidend für das transaktionskostentheoretische Argument ist, dass sich die verschiedenen institutionellen Arrangements in Bezug auf die bei einer Transaktion entstehenden Kosten unterscheiden. Kostenunterschiede lassen sich vor allem darauf zurückführen, wie aufwendig die institutionellen Arrangements jeweils gestaltet sind, wie stark die von ihnen ausgehenden Anreize für einen sparsamen Ressourceneinsatz sind und wie kostengünstig sie die Transaktionsprobleme (Opportunismus- und Informationsprobleme) bewältigen können, welche infolge opportunistischen Verhaltens und der begrenzten Rationalität der Transaktionspartner möglicherweise auftreten [EbGo2002, S. 232].

Zur Auswahl geeigneter Koordinationsformen wurde von Williamson das als „Organizational failure framework“ bekannte Transaktionskostenmodell entwickelt [Will1991, S. 277f.].

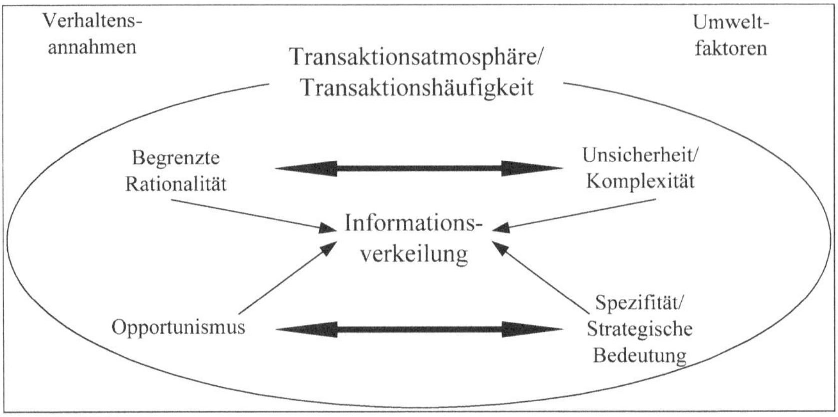

Abb. 6: Einflussgrößen auf die Transaktionskosten (vgl. [Will1991])

Hauptelemente des Modells sind die Verhaltensannahmen der begrenzten Rationalität und des Opportunismus, die Umweltfaktoren Transaktionsspezifität und Unsicherheit (insbesondere Transaktionscharakteristika, vgl. Tab. 4) sowie die Transaktionsatmosphäre und die Transaktionshäufigkeit [Will1991, S. 277ff.]. Nach diesem Modell treten besondere Transaktionsprobleme immer dann auf, wenn opportunistisch handelnde, mit begrenzter Rationalität ausgestattete Wirtschaftssubjekte, spezifische und mit Unsicherheit behaftete Transaktionsbeziehungen eingehen und es dabei zusätzlich zu einer Informationsverkeilung, d.h. der asymmetrischen Verteilung von Information und Wissen zwischen den Transaktionspartnern kommt (vgl. [PiRW1998, S. 42]).

Von den genannten Einflussgrößen wird übereinstimmend die Spezifität als Haupteinflussgröße bezeichnet. Der Spezifitätsgrad einer Transaktion ist umso größer, je höher der Werteverlust ist, der entsteht, wenn die zur Aufgabenerfüllung erforderlichen Ressourcen nicht in der angestrebten Verwendung eingesetzt, sondern ihrer nächstbesten Verwendung zugeführt werden [PiRW1998, S. 42]. Abb. 7 illustriert die komparativen Kosten der drei institutionellen Arrangements in Abhängigkeit vom Ausmaß transaktionsspezifischer Investitionen unter Unsicherheit.

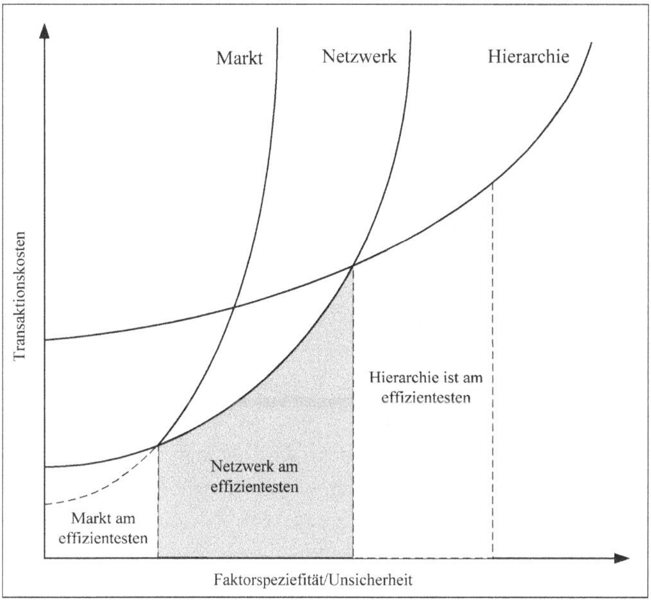

Abb. 7: Koordinationsformen und Spezifität (vgl. [Will1975, S. 40])

Die Transaktionskosten können als ein Effizienzmaßstab zur Beurteilung und Auswahl unterschiedlicher institutioneller Arrangements angesehen werden, wobei als Maßstab die Summe der jeweils anfallenden Produktions- und Transaktionskosten zugrunde gelegt wird (vgl. [Will1985, S. 22]). Betrachtet man bspw. den Einfluss der Individualisierung auf die Gestaltung von Wertschöpfungsnetzen, so lassen sich durch die Transaktionskostentheorie Hinweise ableiten, in welcher Weise bestimmte Individualisierungsfaktoren die Spezifität, Unsicherheit und Häufigkeit von Transaktionen mit dem Ziel einer kooperativen Leistungserstellung beeinflussen. Es kann die Frage formuliert werden, welcher Individualisierungsfaktor die Transaktionskosten in welcher Weise beeinflusst und welches institutionelle Arrangement für welchen Partner unter Transkationskostengesichtspunkten akzeptabel ist.

2.2.3 Agenturtheorie

Die Agenturtheorie untersucht die vertragliche Gestaltung der Beziehung zwischen einem Auftraggeber (Prinzipal) und einem Auftragnehmer (Agent). Grundannahme der Theorie sind nutzenmaximierende Akteure mit asymmetrischen Informationen, die unter Unsicherheit über das Eintreten bestimmter Umweltzustände sowie unter Berücksichtigung der Risikoverteilung handeln. Wesentliche Elemente der Agenturtheorie sind die Prinzipal-Agenten-Beziehung, die Agenturkosten sowie die Typologisierung von Informationsasymmetrien (vgl. [EbGo2002, S. 211f.]).

Eine Prinzipal-Agenten-Beziehung liegt dann vor, wenn ein Akteur (der Prinzipal) auf einen anderen Akteur (den Agenten) Entscheidungs- und Ausführungskompetenzen delegiert. In einer Prinzipal-Agenten-Beziehung trifft damit der Agent Entscheidungen, die nicht nur sein eigenes Nutzenniveau, sondern auch das des Prinzipals beeinflussen (vgl. [WeTe1988, S. 506]). Wer jeweils Prinzipal und wer Agent ist, kann nur situationsabhängig beurteilt werden. So kann ein Akteur gegenüber einem anderen als Agent positioniert sein (bspw. Vorstand-Aufsichtsrat), gegenüber einem weiteren Akteur jedoch zur gleichen Zeit als Prinzipal (bspw. Vorstand-Mitarbeiter). Die Akteure in Prinzipal-Agenten-Beziehungen können Personen (vgl. [PiRW1998, S. 47f.]) (bspw. Aufsichtsrat-Vorstand) oder Institutionen (vgl. [ReRu1992, S. 408]) (bspw. Kunde-Lieferant in Wertschöpfungsnetzen) sein. Unternehmen können somit als Geflecht von intra- und interorganisationalen Prinzipal-Agenten-Beziehungen bzw. die Agenturtheorie selbst als Lehre von den Innen- und Außenbeziehungen einer Institution bezeichnet werden, wobei in der Außenbeziehung dem Kooperationsvertrag als Institution besondere Bedeutung zukommt.

Der Umstand asymmetrischer Information zwischen den beteiligten Akteuren ist eine grundlegende Ursache für das Auftreten von Agenturkosten. Wäre für alle Beteiligten eine kostenlose und vollständige Informationsbeschaffung möglich, würde in kooperativen arbeitsteiligen Beziehungen stets die „first-best“ Lösung erreicht, weil der zugrunde liegende Kooperationsvertrag vollständig spezifiziert wäre und kein Partner Spielräume für vertragsabweichendes Verhalten hätte (vgl. [PiRW1998, S. 48]). In der Realität existiert jedoch unvollständige Information, welche zugleich asymmetrisch zwischen den Akteuren verteilt ist. Für den Agenten bieten sich hierdurch Möglichkeiten für opportunistisches Handeln. Als Agentur-Kosten werden die durch die Abweichung vom fiktiven Idealzustand anfallenden Kosten bezeichnet, die, anders ausgedrückt, als Differenz zwischen den Kosten bei vollständiger Information beider Partner und denen bei asymmetrischer Informationsverteilung aufgefasst werden können. Dabei setzen sich die Agentur-Kosten aus Überwachungs- und Konrollkosten des Prinzipals,

Garantiekosten des Agenten sowie einem Residualverlust (Wohlfahrtsverlust) zusammen. Zwischen den drei Kostenkomponenten bestehen darüber hinaus trade-off Beziehungen[11].

Eine wichtige Rolle innerhalb der Agenturtheorie spielt die Typologisierung von Informationsasymmetrien, da die Erklärung und Vermeidung von Problemen, die aus asymmetrischer Information zwischen Prinzipal und Agent entstehen, als wichtiger Anwendungsbereich der Theorie betrachtet wird. Dabei wird in der Regel davon ausgegangen, dass eine Informationsasymmetrie zu Lasten des Prinzipals besteht, d.h. der Agent einen Informationsvorteil besitzt. Es werden die drei Problemtypen „Hidden information", " Hidden action" und „Hidden intention" unterschieden, durch welche die Agenturtheorie berücksichtigt, dass die Informationsverteilung zwischen Prinzipal und Agent in den verschiedenen Phasen der Agenturbeziehung unterschiedlich ausfallen kann.

Von hidden information ist die Rede, wenn vor Vertragsabschluss (ex ante) oder auch zwischen Vertragsabschluss und Beginn der Vertragserfüllung der Agent über Informationen verfügt, die dem Prinzipal nicht oder nicht kostenfrei zur Verfügung stehen. Ein Beispiel für eine aus hidden information resultierende Gefahr besteht in der möglichen Auswahl ungeeigneter Vertragspartner (Adverse selection). Ein weiteres Beispiel für hidden information zwischen Institutionen kann anhand eines fokalen Unternehmens verdeutlicht werden, welches keine oder unvollständige Informationen bspw. über die optimale Auslastung der Produktionskapazitäten eines Lieferanten innerhalb der Wertschöpfungskette besitzt. Dieser Informationsrückstand des fokalen Unternehmens kann von den Lieferanten in Verhandlungen zur Reduzierung der Anforderungen (also zu Lasten des Prinzipals) genutzt werden.

Existiert zwischen dem Beginn der Vertragserfüllung und dem Abschluss der Agenturbeziehung eine Informationsasymmetrie zwischen den Partnern, wird von hidden action gesprochen. Hidden action bedeutet, dass der Prinzipal die Handlungen des Agenten nicht beobachten oder wegen mangelnden Fachwissens nicht beurteilen kann. Die aus der hidden action resultierende Gefahr besteht in opportunistischem Handeln des Agenten bspw. durch mangelnde Sorgfalt oder Reduzierung der Arbeitsanstrengungen mit dem Ziel einer Kostenreduzierung (Moral hazard). Als Beispiel für hidden action im Kontext von Wertschöpfungsnetzstrukturen lässt sich eine nicht erkennbare Qualitätsreduktion bei der Fertigung von Bauteilen nennen. Im Fall von hidden action wäre diese für das Kundenunternehmen (Prinzipal) aufgrund fehlender Fachkenntnisse oder mangelnder Kontrolle nicht oder nicht vollständig erkennbar und könnte im schlimmsten Fall zu Qualitätseinbußen beim Endprodukt und zu schweren Imageschäden führen.

---

[11] Bspw. lässt sich der Residualverlust durch zusätzliche Überwachungs- und Kontrollkosten begrenzen, während diese wiederum durch glaubwürdige Garantieleistungen des Agenten reduziert werden können.

Der logische Zusammenhang zwischen der Transaktionskostentheorie und der Agenturtheorie wird beim Problemtyp hidden intention durch den Faktor Spezifität deutlich. Hat der Prinzipal spezifische Investitionen in die Transaktionsbeziehung getätigt, kann er nach Vertragsabschluss in eine Abhängigkeit zum Agenten geraten, weil er nun auf dessen Leistungen angewiesen ist. Diese Gefahr der opportunistischen Ausnutzung bestehender Abhängigkeiten wird als „Hold-up" bezeichnet. Als ein Beispiel dafür kann die Investition eines fokalen Unternehmens in die Produktionsanlagen eines Lieferanten genannt werden. Die Gefahr des Hold-up wird, wie auch die Transaktionskosten, durch Reduzierung von Spezifität verringert.

Tab. 5 fasst die Typen von Informationsasymmetrien abschließend zusammen.

Informations-asymmetrie	**Phase**	**Gefahr**	**Empfehlung**
Hidden information	Vor Vertragsabschluss oder vor Beginn der Vertragserfüllung	Adverse selection	Screening, Signaling
Hidden action	Zwischen Beginn der Vertragserfüllung und Abschluss der Agenturbeziehung	Moral hazard	Monitoring bspw. durch Informations- und Kontrollsysteme
Hidden intention	Nach Vertragsabschluss	Hold-up	Begründung von Eigentum an einmaligen und entziehbaren Ressourcen

Tab. 5: Typen von Informationsasymmetrien bei der Agenturtheorie

Die Agenturtheorie gibt konkrete Gestaltungsempfehlungen, um die aus der asymmetrischen Informationsverteilung resultierenden Probleme zu beherrschen. Dabei wird hinsichtlich des jeweils zugrunde liegenden Problemtyps differenziert. Zur Vermeidung von adverse selection Problemen schlägt die Theorie die Implementierung von Signaling- und Screenig-Mechanismen vor. Signaling bedeutet, dass der Agent dem Prinzipal Informationen über seine Leistung signalisiert, beim Screening verschafft sich der Prinzipal zusätzliche Informationen über den Agenten.

Zur Eingrenzung von Moral hazard empfiehlt die Agenturtheorie das Design von Informations- und Kontrollsystemen zum Monitoring des Agenten. Zur Beherrschung der Hold-up Problematik wird die Begründung von Eigentum an einmaligen und entziehbaren Ressourcen, z.B. durch vertikale Integration, den Abschluss langfristiger Liefer- und Leistungsverträge oder die Schaffung gegenseitiger Abhängigkeiten, etwa durch Stellung von Sicherheiten, empfohlen.

Prinzipal-Agenten-Beziehungen sind häufig in Unternehmenskooperationen mit hierarchischer Struktur oder fokalen Unternehmen in einer vertikalen Zusammenarbeit zu identifizieren, ebenso unterliegen Kunden-Lieferanten-Beziehungen der Anwendung dieser Theorie. Wenn die Vergabe von Aufgaben an einen Agenten relativ geringe Agency-Kosten verursacht, so dass diese Beziehung eine Wertsteigerung impliziert, wird der mögliche Kooperationsgewinn gesteigert.

2.3 Vertragstheorie

Die ökonomische Vertragstheorie kann als zusammenfassende Erweiterung der Transaktionskostentheorie sowie der Agenturtheorie angesehen werden [Pfaf1996, S. 646ff.]. Da alle wirtschaftlichen Produktions- und Tauschprozesse auf Verträgen basieren, kann „jede Organisationsform zur Erfüllung arbeitsteiliger Aufgaben als ein Geflecht von Verträgen angesehen werden“ [PiRW1998, S. 54]. Sie bilden damit die Grundlage marktlicher, hierarchischer und hybrider Koordinationsformen. Unter einem Vertrag wird dabei jede bindende explizite oder implizite Vereinbarung über den Austausch von Gütern oder Leistungen zwischen Menschen verstanden, die dieser Vereinbarung zustimmen, weil sie sich davon eine Besserstellung versprechen [Wolf1995, S. 38].

Im Rahmen der Vertragstheorie wurde das grundlegende Verständnis über das Wesen eines Vertrages zwischen Unternehmen weiter ausdifferenziert und von einer Reihe Autoren um verschiedene Typologien ergänzt. Die folgende Tab. 6 stellt die unterschiedlichen Typologien von Verträgen dar auf die im Folgenden eingegangen wird.

Typologie	**Referenzliteratur**
Klassisch, neoklassisch, relational, symbiotisch	[MacN1978, S. 856] [Scha1991, S. 69]
Vollständig, unvollständig	[Will1990, S. 11]
Explizit, implizit	[Wagn1994]

Tab. 6: Typologisierung von Verträgen

Die Unterscheidung von Verträgen in klassische, neoklassische und relationale Typen beruht im Wesentlichen auf Veröffentlichungen von MacNeil [MacN1978], dessen Arbeiten insbesondere nach Ihrer Einbindung in die Arbeiten zur Transaktionskostentheorie von Williamson [Will1985] wachsende Beachtung fanden. Klassische Verträge entsprechen hierbei dem traditionellem juristischem Grundverständniss und sind durch folgende Eigenschaften gekennzeichnet:

- Zeitpunktorientiert: Leistung und Gegenleistung fallen i.d.R. zeitlich zusammen.
- Sollten Leistung und Gegenleistung zeitlich auseinanderfallen, müssen beide zum Zeitpunkt des Vertragsabschlusses für das Aufrechterhalten eines klassischen Vertrages ex-ante genau spezifizierbar bzw. vorhersehbar sein.
- Die Identität der Vertragspartner ist unerheblich, zwischen ihnen bestehen - bezogen auf den Vertrag - weder vorausgegangene noch nachfolgende Beziehungen (anonyme Vertragspartner).
- Die Abwicklung erfolgt auf Basis formaler Vertragskriterien, das zukünftige Interesse der Vertragspartner findet keine Berücksichtigung.

Ein Beispiel für klassische Verträge ist der Kauf von einfachen, standardisierten Produkten (bspw. Kugelschreiber). Ein weiteres Beispiel findet sich bei den so genannten Spotmärkten (bspw. Rohstoffe oder Aktienmärkte), bei denen ein vereinbartes Geschäft, bestehend aus Lieferung, Abnahme und Bezahlung (Clearing) unmittelbar (in Deutschland bspw. innerhalb von zwei Werktagen) abgewickelt werden muss.

Neoklassische Verträge sind im Gegensatz zu klassischen Verträgen zeitraumbezogen und im Vorfeld nicht exakt spezifizierbar. Ein Beispiel für einen neoklassischen Vertrag ist ein mehrjähriger Beschaffungsvertrag mit einem Lieferanten. Bei dieser Vertragsart finden sich folgende Eigenschaften:

- Zeitraumorientierung: Vertrag ist zeitlich begrenzt, erstreckt sich aber über einen längeren Zeitraum.
- Vertrag bleibt teilweise unvollständig, da zum Zeitpunkt des Vertragsabschlusses nicht alle Eventualitäten berücksichtigt werden können.
- Die Abwicklung erfolgt nur zum Teil auf Basis formaler Vertragskriterien, teils können Dritte zur Schlichtung von Streitigkeiten bei Vertragsabwicklung eingesetzt werden.

Relationale Verträge unterscheiden sich von klassischen und neoklassischen Verträgen fundamental: Während klassische und neoklassische Verträge auf expliziten, vertraglich möglichst exakt fixierten Vereinbarungen beruhen, nimmt im relationalen Vertrag die Bedeutung impliziter und auf gegenseitigem Vertrauen basierender Zusammenarbeit deutlich zu (vgl. [PiRW1998, S. 52]). Darüber hinaus sind relationale Verträge durch die folgenden Eigenschaften gekennzeichnet:

- Zeitraumorientierung: Vertrag ist zeitlich auf Dauer angelegt.
- Vorwiegend implizite, auf persönlicher Vertrauensbasis beruhende Vereinbarungen. Die Identität der Vertragspartner, die sich entwickelnde Leistungsbeziehung, gegenseitiges Vertrauen und Solidarität zwischen den Partner gewinnen überragende Bedeutung für die reibungslose Vertragserfüllung.
- Die Abwicklung erfolgt nahezu ohne formale Vertragskriterien, Unstimmigkeiten können nur durch die Beteiligten selbst bereinigt werden.

Eine Erweiterung der Theorie relationaler Verträge ist das Konzept symbiotischer Verträge [Scha1991, S. 69], in welchem durch ausgeklügelte Anreizschemata bei der Auswahl und Überwachung des Vertragspartners einseitige und besonders kritische Abhängigkeiten geregelt werden können (vgl. [PiRW1998, S. 52]).

Eine weitere wichtige Klassifizierung von Vertragstypen stellt die Unterscheidung in vollständige und unvollständige sowie die Differenzierung zwischen impliziten und expliziten

Verträgen dar. Wollen Vertragspartner einen vollständigen Vertrag formulieren, müssen sie alle für das Ergebnis Ihrer Leistungsbeziehung relevanten zukünftigen Ereignisse berücksichtigen sowie entsprechende Handlungsanweisungen für die Vertragspartner berücksichtigen. Insofern werden sie in vielen Fällen mit hohen Anforderungen (insbesondere bei langfristigen Verträgen) hinsichtlich ihrer Informationsverarbeitungskapazität konfrontiert [PiRW1998, S. 53], die in vielen Fällen in der Realität nicht erfüllt werden können. Unvollständige Verträge sind die logische Konsequenz aus der mangelnden Informationsverfügbarkeit zum Zeitpunkt des Vertragsabschlusses und treten mit wachsender Vertragsdauer zunehmend häufig auf.

Die Unterscheidung in explizite und implizite Verträge betrifft die Genauigkeit der Spezifikation des Vertragsgegenstandes. Wo explizite Verträge schriftlich exakt spezifiziert und formuliert sind, beruhen implizite Verträge zu einem Teil auf der Einhaltung bestimmter impliziter Regeln und Normen, die den Vertragsparteien bekannt sind, aber nicht schriftlich fixiert werden können oder sollen [Pfaf1996, S. 54].

Zwischen den genannten Vertragstypologien existiert eine Reihe von Querverbindungen. Klassische Verträge streben in der Regel Vollständigkeit an, neoklassische, relationale und symbiotische Verträge sind im Allgemeinen der Kategorie der unvollständigen Verträge zuzuordnen [PiRW1998, S. 54]. Zu den expliziten Vertragsformen zählen die klassischen und neoklassischen Vertragsformen. Relationale und symbiotische Verträge haben dagegen eher impliziten Charakter. Tab. 7 fasst diesen Zusammenhang zusammen.

Vertragstyp / Vertragsform	Vollständig	Unvollständig	Explizit	Implizit
Klassischer Vertrag	x		x	
Neoklassischer Vertrag		x	x	
Relationaler Vertrag		x		x
Symbiotischer Vertrag		x		x

Tab. 7: Zuordnung von Vertragstypen zu Vertragsformen

Wie im weiteren Verlauf der Arbeit noch erläutert wird, basieren Wertschöpfungsnetze in der Regel auf unvollständigen und in Teilen impliziten Verträgen. An dieser Stelle wird die enge Verbindung zwischen dem Wertschöpfungsnetzgedanken und der Agenturtheorie deutlich, wenn bspw. Picot/Reichwald/Wiegand feststellen: „Nur ein gegen opportunistisches Verhalten abgesicherter und mit positiven Anreizmechanismen versehener unvollständiger Vertrag ist auch effizient“ [PiRW1998, S. 53].

3 Begrifflicher und konzeptioneller Bezugsrahmen

Innerhalb dieser Arbeit werden verschiedene Begriffe und Konzepte der Betriebswirtschaftslehre, Informatik und WI wiederholt verwendet, da sie ein zentrales Fundament für den Forschungsverlauf darstellen. Vor der Konzeption eines Lösungssystems bzw. Lösungsinstruments muss daher der begriffliche und konzeptionelle Bezugsrahmen des Zielsystems festgelegt werden (vgl. hierzu auch [Raff1995, S. 121]). Ein Bezugsrahmen beinhaltet unter Rückgriff auf bekanntes und bewährtes Wissen die Strukturierung des dem Forschungsprozess zugrunde liegenden (Vor-) Verständnisses [Rößl1990, S.99ff.]. Die besondere Bedeutung ausführlicher und strukturgebender begrifflicher und konzeptioneller Vorüberlegungen als Basis für weitere Überlegungen in dieser Arbeit sei zum einen an der Vielzahl wissenschaftlicher Veröffentlichungen in den tangierten Themengebieten begründet[12]. Zum anderen sind begriffliche Überlegungen im Forschungskontext per se von herausragender Bedeutung, da sie, wie beispielsweise Weber hervorhebt, keineswegs nur „Wortspielereien" darstellen, sondern im Sinne von „Denkwerkzeugen der Forschung" zu einer Bewältigung des Komplexitätsproblems durch „pragmatische Reduktion" beitragen [Webe1988, S.153].

Unter einer Definition wird in diesem Zusammenhang „die genaue Bestimmung des Gegenstands eines Begriffs durch Auseinanderlegung und Erklärung seines Inhaltes" [Dude2001], [ScHE1999, S.48] verstanden. Zu den verschiedenen Formen von Definitionen (Nominal-und Realdefinitionen) sowie den Wegen zu Ihrer Gewinnung (Bedeutungsanalyse sowie Kontextanalyse) gehen bspw. Schnell et.al. [ScHE1999, S. 49], Popper [Popp1994, S.21] sowie Kromrey [Krom2000, S.116ff.] vertiefend ein. An dieser Stelle sei lediglich angemerkt, dass innerhalb dieser Arbeit primär der Weg der Bedeutungsanalyse zur Ableitung von Nominaldefinitionen beschritten werden soll[13]. Eine ausführliche Literaturanalyse in den betrachteten Themengebieten dient hierbei der Darstellung der betrachteten Begriffe.

Das folgende Kapitel führt in die für diese Arbeit fundamentalen Begriffe und Konzepte ein. Es werden die für das Thema relevanten Begriffe im Kontext der WI erläutert sowie Ihre Relevanz für die Forschungsthematik herausgearbeitet. Dabei ist das Kapitel in vier Hauptbereiche gegliedert. Abschnitt 3.1 führt in den Themenbereich der Kooperation in Wertschöpfungsnetzen ein, Abschnitt 3.2 geht auf den aktuellen Forschungsstand der individualisierten

---

[12] Einer Übersicht von Sydow zufolge wurden allein seit dem Jahre 2004 einige hundert Artikel im Kontext der Netzwerkforschung veröffentlicht (vgl. [Sydo2006a]). Eine mindestens ebenso große Anzahl wissenschaftlicher Publikationen existiert im Kontext der Individualisierung und daraus abgeleiteter Konzepte [vgl. bspw. Pill2006].

[13] Bei der Nominaldefinition handelt es sich um eine inhaltliche Gleichsetzung zweier sprachlicher Ausdrücke von denen einer bereits bekannt ist. Die Bedeutungsanalyse betrachtet die Verwendung des Begriffsinhalts in einem bestimmten Bedeutungszusammenhang (z.B. bei der Verwendung innerhalb einer bestimmten Wissenschaftsdisziplin).

Produkterstellung ein. Im Zentrum beider Kapitel stehen die Darstellung relevanter Konzepte und die Einordnung in die zugrunde liegende Forschungsthematik. Abschnitt 3.3 führt darauf aufbauend in die im Rahmen des zuvor aufgespannten Konzeptspektrums relevanten IuK-Konzepte ein. Eine Aufstellung resultierender Desiderata der Forschung, die innerhalb dieser Arbeit adressiert werden, rundet dieses Kapitel in Abschnitt 3.4 ab.

3.1 Kooperation in Netzwerken

Die folgende Abb. 8 veranschaulicht das Vorgehen bei der Erarbeitung von Begriffen und Konzepten im Bereich der Wertschöpfungsnetze.

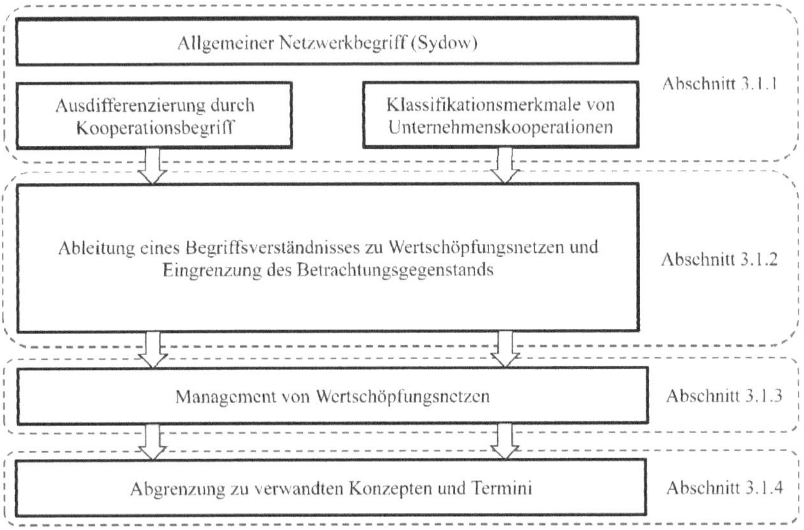

Abb. 8: Vorgehen bei der Konzeptbildung zur Kooperation in Wertschöpfungsnetzen

Neben einer einführenden graphentheoretischen Betrachtung von Netzwerken wird in Abschnitt 3.1.1 zunächst ein allgemeiner Begriff von Netzwerken erarbeitet. Dabei werden Netzwerke insbesondere unter dem betriebswirtschaftlichem Blickwinkel betrachtet. Zur weiteren Differenzierung des eher abstrakt formulierten Netzwerkverständnisses wird dieser durch die Darstellung des vorherrschenden Verständnisses des Terminus Kooperation, insbesondere in Hinblick auf die an einem Netzwerk teilnehmenden Akteure, weiter ausdifferenziert. Es werden Merkmale erarbeitet, mit denen sich die Kooperation in Netzwerken klassifizieren lässt. Die Ableitung eines für diese Arbeit gültigen Begriffsverständnisses zu Wertschöpfungsnetzen findet in Abschnitt 3.1.2 statt.

Auf Basis dieses Begriffsverständnisses sowie des in 3.1.1 erarbeiteten Verständnisses zur Kooperation in Netzwerken findet eine Detaillierung des Betrachtungsgegenstandes dieser Arbeit statt. Darauf aufbauend führt Abschnitt 3.1.3 in das Management von Wertschöpfungsnetzen ein. Schwerpunkt der Ausführungen dieses Abschnitts ist die Darstellung und Differenzierung der Aufgaben beim Management von Wertschöpfungsnetzen. In Abschnitt 3.1.4. wird das hier behandelte Verständnisses von unternehmensübergreifender Zusammenarbeit in den Kontext verwandter Konzepte und Termini eingeordnet.

3.1.1 Begriffsfindung

Die Betrachtung von Unternehmensnetzwerken findet in verschiedenen Wissenschaftsdisziplinen in erheblichem Umfang und mit einer Vielzahl unterschiedlicher Begriffsexplikationen statt[14]. Bei dem Versuch einer Begriffsabgrenzung im Bereich unternehmensübergreifender Kooperationen in Wertschöpfungsnetzen wird schnell der inflationäre Gebrauch unterschiedlichster Begriffe und Konzepte mit zum Teil widersprüchlicher Verwendung deutlich (vgl. bspw. [Sydo2006b], [Mors2003, S. 387ff]). Im Folgenden sollen daher der Untersuchungsgegenstand der Wertschöpfungsnetze sowie die hierbei vorausgesetzte unternehmensübergreifende Kooperation als Ausgangspunkt für eine zielbezogene Begriffsfindung und Begriffsabgrenzung dienen.

Dazu wird zunächst ein genereller Netzwerkbegriff erarbeitet und um den Aspekt der Kooperation erweitert. Dies ist notwendig, da zahlreiche Autoren den Kooperationsbegriff als grundlegend für die Beschreibung von Unternehmenskooperationen ansehen, teils sogar eine fundierte Betrachtung von Netzwerken ohne vorherige Betrachtung der Kooperation ablehnen (vgl. bspw. [Theu2001], [Knob1969]). In Abschnitt 3.1.2 wird das Konzept der Wertschöpfungsnetze aus diesen Teilaspekten sowie den diesen inhärenten Merkmalen abgeleitet und es werden die für diese Arbeit grundlegenden Merkmale des Konzepts herausgearbeitet.

Bei der Betrachtung von Netzwerken lassen sich zunächst zwei grundlegende Betrachtungsebenen unterscheiden. Während in der Soziologie vorwiegend auf interpersonelle Beziehungen fokussiert wird, betrachtet die Betriebswirtschaftslehre Netzwerke unter dem Blickwinkel intra- und interorganisationaler Verknüpfungen zwischen Unternehmen. Im Folgenden werden Netzwerke ausschließlich unter dem betriebswirtschaftlichen Blickwinkel betrachtet und es wird ein ökonomisches Verhaltensmodell der am Netzwerk beteiligten Akteure unterstellt. Danach werden den Netzwerkteilnehmern primär erwerbswirtschaftliche Ziele unterstellt. Die Akteure handeln in Knappheitssituationen nutzenmaximierend, begrenzt rational und intentional mit feststehenden Präferenzen (vgl. [BoUr2003, S. 10-12]). So wird der Netzwerkbegriff in der betriebswirtschaftlichen Literatur zum einen als spezielle Organisationsform im Sinne einer Organisationsstruktur interpretiert, zum anderen – im Sinne einer Verhaltensweise bzw.

[14] In der wissenschaftlichen Literatur finden sich bspw. die Begriffe „strategische Allianz", „strategisches Bündnis", strategische Partnerschaft" oder „strategische Koalition".

eines Handlungsmusters – als spezielle Form der Kooperationsstrategie. Der zuletzt genannte Begriff beschreibt Netzwerke als spezifisches Verhalten zur Erreichung von Unternehmenszielen (vgl. [MiSn1992, S. 53]).

Die Abbildung von Netzwerken kann unter Nutzung der Graphentheorie erfolgen [NäSt1996, S. 9-13]. Netzwerke bestehen dieser Theorie zufolge aus einer Menge von Knoten und einer Menge von Beziehungen zwischen diesen Knoten (Kanten). Kanten können durch ihren Inhalt, ihre Intensität und durch ihre Form beschrieben werden. Hinsichtlich der Intensität werden Kanten dichotom erhoben: entweder besteht eine Beziehung oder nicht. Die Form der Kante gibt Auskunft darüber, welche Richtung die bestehende Beziehung zwischen den Knoten besitzt. So gibt es ungerichtete Kanten, die in der Abbildung durch Linien dargestellt werden, und gerichtete Kanten, die durch Pfeile[15] dargestellt werden (vgl. [DoDr1998, S. 59], [NäSt1996, S. 29]). Inhaltlich kann bspw. zwischen Güter- (z.B. Zwischenprodukte) und Informationsflüssen (z.B. Bedarfe, Bestellungen, Verfügbarkeitsinformationen) differenziert werden [Müss2007, S. 45]. Abb. 9 visualisiert beispielhaft gerichtete Kanten zwischen Partnern in einem Netzwerk. Diese Darstellungsform findet bspw. im Fall von strategischen Liefernetzen Verwendung, wenn es um die Darstellung von Güterflüssen zwischen Partnern eines Liefernetzwerks geht.

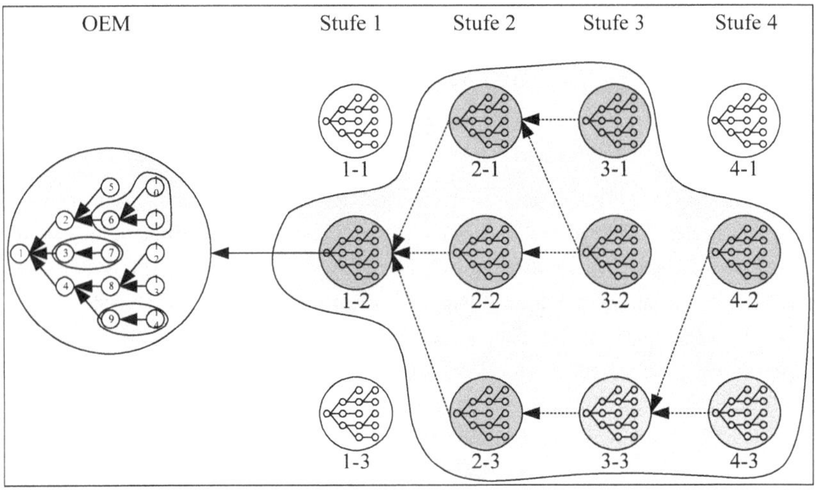

Abb. 9: Graphentheoretische Sicht auf Netzwerke

[15] Die Bezeichnung ist hierzu in der Literatur nicht einheitlich, da die „Pfeile" zum Teil auch als „Bogen" bezeichnet werden. In dieser Arbeit wird ausschließlich der Terminus „Pfeil" verwendet (siehe auch [DoDr1998, S.59], [NäSt1996, S.29]).

Die Graphentheorie definiert einen endlichen Graphen als „ein Paar $G = (V, E)$ aus einer endlichen Menge $V \neq 0$ und einer Menge E von zweielementigen Teilmengen von V. Die Elemente von V heißen Punkte (auch Knoten oder Ecken), die von E Kanten“ [Jung1994, S. 18]. Im weiteren Verlauf der Arbeit wird für die Elemente von V der Begriff Knoten verwendet, für die Elemente von E der Begriff Kante. Eine Kante $e \in E$ ist dabei genau einem Paar von Elementen $v_{x,} v_y \in V$ (also Knoten) zugeordnet (vgl. [Neum1975, S. 21]). Für den in Abb. 9 dargestellten Graphen ergibt sich die Menge aller am Güterfluss teilnehmenden (und entsprechend grau hinterlegter) Knoten zu $V = \{v_{1-2}, v_{2-1}, v_{2-2}, v_{2-3,} v_{3-1}, v_{3-2}, v_{3-3}, v_{4-2}, v_{4-3}\}$.

Entfernt man sich von der graphentheoretischen Sicht auf Netzwerke stößt man im deutschsprachigen Raum schnell auf die Arbeiten von Sydow, die zu einer zunehmenden Verbreitung des Netzwerkgedankens beigetragen haben. Sydow beschreibt in seinen Arbeiten zunächst unterschiedliche Formen interorganisationaler Arrangements aus dem Blickwinkel der Managementpraxis (Strategische Allianzen, Joint Ventures, Wertschöpfungspartnerschaften oder Spin-Offs) und der Management- und Organisationsforschung (Interorganisationale Domäne, Organisationssets, Organisationale Populationen, Kollektive, etc.) (vgl. [Sydo1992, S. 61ff.]). Aus Sicht von Sydow erweisen sich die exemplarisch genannten Begriffe jedoch als zu eng oder konzeptionell zu wenig differenziert, um dem Konzept der Unternehmensnetzwerke hinsichtlich dessen empirischer und konzeptioneller Vielfalt gerecht zu werden [Sydo1992, S. 71f.]. Er entwickelte daher einen eigenen Netzwerkbegriff, der auch für die vorliegende Arbeit als geeignete Ausgangsbasis erscheint, da er die grundlegenden Spezifika eines Unternehmensnetzwerkes im Vergleich zu traditionellen Unternehmensformen herausarbeitet, zugleich aber so offen bleibt, dass verschiedene Formen von Unternehmensnetzwerken darunter subsumierbar sind:

„Ein Unternehmensnetzwerk stellt eine auf die Realisierung von Wettbewerbsvorteilen zielende Organisationsform ökonomischer Aktivitäten dar, die sich durch komplex-reziproke, eher kooperative denn kompetitive und relativ stabile Beziehungen zwischen rechtlich selbständigen, wirtschaftlich jedoch zumeist gegenseitig abhängigen Unternehmungen auszeichnet. Ein derartiges Netzwerk, dass entweder in einer oder in mehreren miteinander verflochtenen Branchen agiert, ist das Ergebnis einer Unternehmungsgrenzen übergreifenden Differenzierung und Integration ökonomischer Aktivitäten“ [Sydo1992, S. 79]. Aufgrund der Bedeutung des Netzwerkbegriffs von Sydow für den weiteren Verlauf der Arbeit fasst die folgende Tab. 8 die grundlegenden Aspekte seiner Definition zusammen.

Ein Unternehmensnetzwerk ist	Eine Organisationsform, als Ergebnis einer Unternehmensgrenzen übergreifenden Differenzierung und Integration ökonomischer Aktivitäten
Ziel eines Unternehmensnetzwerkes	Realisierung von Wettbewerbsvorteilen
Teilnehmer am Netzwerk	Rechtlich selbständig Wirtschaftlich meist gegenseitig abhängig Aus einer oder mehreren (verflochtenen) Branchen
Verbindung zwischen Teilnehmern	Komplex-reziprok Eher kooperativ Relativ stabil

Tab. 8: Zusammenfassung des Netzwerkbegriffs von Sydow

In der Definition wird deutlich, dass ein Auslöser für die Organisationsform Netzwerk in einer zunehmenden (unternehmensübergreifenden) Differenzierung sowie Integration ökonomischer Aktivitäten zu finden ist. Auslöser hierfür finden sich bspw. in der zunehmenden Produktindividualisierung sowie damit einhergehender wachsender Komplexität. Die sich verbessernden technischen Möglichkeiten sowie die daraus resultierende Konzentration auf Kernkompetenzen können als Treiber für einen sich verstärkenden Trend zu unternehmensübergreifender Zusammenarbeit betrachtet werden.

Sydow geht in seiner Definition davon aus, dass die in der Organisationsform Netzwerk miteinander agierenden Unternehmen eher kooperativ denn kompetitiv zusammenarbeiten. Es scheint daher geboten, den Kooperationsbegriff im Folgenden aufzugreifen und die wesentlichen hierzu in der wissenschaftlichen Literatur veröffentlichten Merkmale von Kooperationen zwischen Unternehmen herauszuarbeiten.

In der Betriebswirtschaftslehre wird unter Unternehmenskooperation die „...arbeitsteilige Leistungserstellung zwischen verteilten Aufgabenträgern, Organisationseinheiten oder Organisationen [Schm1997]“ bezeichnet. Es können sowohl einzelne Unternehmensfunktionen zwischenbetrieblich koordiniert als auch ein Gemeinschaftsunternehmen gegründet werden (vgl. [ThLo2004, S. 1])[16]. Dabei zeichnen sich Unternehmenskooperationen durch die Koordination bzw. Ausgliederung und gemeinsame Erfüllung von Teilaufgaben aus, wobei jedes an der Kooperation beteiligte Unternehmen seine rechtliche und wirtschaftliche Selbständigkeit beibehält [Vorn1994, S. 27].

Weitere Aspekte sind u.a. die Freiwilligkeit der Zusammenarbeit, die gemeinsamen Kooperationsziele und die Motivation zur Kooperation (vgl. [Stör2002, S. 36]). Die folgende Tab. 9 fasst die für diese Arbeit grundlegenden Merkmale von Kooperationsbeziehungen aus der aktuelleren wissenschaftlichen Literatur zusammen:

Merkmal	**Referenzliteratur**
Mindestens ein gemeinsames Kooperationsziel	[Piep2000, S. 13]
Simultane Realisierung der jeweiligen Interessen	[Jost2000, S. 512]
Rechtliche/Wirtschaftliche Selbständigkeit	[Vorn1994, S. 27], [Piep2000, S. 13], [Kauf1996, S. 26ff.], [Theu2001, S. 73-91]
Motivation zur Koordination	[Stör2002, S. 36]
Gleichberechtigung	[Ball1998, S. 15]
Autonome Entscheidungsspielräume	[Piep2000, S. 13], [Doll2002, S. 5]
Interdependenz bei der Zielerreichung	[Piep2000, S. 13], [Doll2002, S. 5], [Deut1962, S. 276], [Wurc1994, S. 144f.]
Teilweise keine Kontrolle durch den Partner	[Wurc1994, S. 144f.], [Doll2002, S. 5]
Freiwilligkeit der Zusammenarbeit	[Theu2001, S. 73], [Ball1998, S. 15], [Wurc1994, S. 144f.]

Tab. 9: Merkmale des Kooperationsbegriffs in der Literatur (vgl. teilweise [ScKP2004, S. 4])

Die aufgeführten Merkmale von Kooperationen decken sich mit dem Sydowschen Netzwerkgedanken und erweitern diesen um eine stärker differenzierte Betrachtung der an einem Netzwerk teilnehmenden Kooperationspartner. Auch die von einigen Autoren aufgeführte wirtschaftliche Selbständigkeit wiederspricht zumindest dann nicht dem Sydowschen Gedanken einer gegenseitigen wirtschaftlichen Abhängigkeit, solange von den Teilnehmern die

[16] Parallel zum Begriff der Kooperation wird in der Literatur zu Unternehmensverbünden auch der Begriff der Kollaboration bzw. im englischen Collaboration verwendet [Gron2002]. Durch die von einigen Autoren vorgenommene Begriffsprägung kann unter Kollaboration die gemeinsame Ausführung einer Teilaufgabe am selben Objekt durch verteilte Aufgabenträger [Gron2002, S. 8] verstanden werden. Beispiele für die Kollaboration sind die gemeinsame, verteilte Erstellung oder Bearbeitung eines Dokumentes oder die gemeinsame Festlegung produktdefinierender Eigenschaften im Rahmen des Konstruktionsprozesses [Gron2002]. Der Begriff der Kollaboration wird in dieser Arbeit allerdings nicht verwendet, da innerhalb des deutschen Sprachgebrauchs unter dem Wort „Kollaboration" eine „aktive Unterstützung einer feindlichen Besatzungsmacht gegen die eigenen Landsleute" [Dude2007] verstanden wird und somit missverständlich interpretiert werden könnte.

Selbständigkeit der Handlungen nicht aufgrund einer stark ausgeprägten wirtschaftlichen Abhängigkeit aufgegeben werden muss.

Die explizierten Merkmale des Kooperationsbegriffs dienen dieser Arbeit als Grundlage und werden im weiteren Verlauf zu einer vertiefenden Betrachtung des Begriffs der Wertschöpfungsnetze herangezogen.

Neben den dargestellten Merkmalen des Kooperationsbegriffs finden sich in der Literatur zu Unternehmenskooperationen eine Fülle von Kriterien, zur Klassifikation unterschiedlicher Erscheinungsformen von Kooperationen in Netzwerken. Die folgende Tab. 10 stellt exemplarisch einige der für diese Arbeit relevanten Klassifikationsmerkmale, ihre jeweiligen Ausprägungsformen sowie die wichtigsten Quellen gegenüber. Im Folgenden wird auf die dargestellten Merkmale und ihre Ausprägungen eingegangen werden, die einer weiteren Eingrenzung des Wertschöpfungsnetzbegriffs dienen.

Netzmerkmale	**Ausprägungen**	**Referenzliteratur**
Kooperationsbereich	Entwicklungsnetzwerke, Produktionsnetzwerke, Logistiknetzwerke, Zuliefernetzwerke, Verwertungsnetzwerke	[Rits2004, S. 41f.], [Wild1996, S. 24ff.], [Schw1996, S. 358ff.]
Anzahl der Partner	Bilateral, trilateral, einfache Netze, komplexe Netze	[Mors2003, S. 21ff.], [Frie1998, S. 147], [Kuts1994, S. 121ff.], [HaNe2004, S. 2]
Kooperationsrichtung	Horizontal, vertikal, lateral	[Jäck1991, S. 34], [Sydo2001, S. 248], [HeJa2000, S. 25]
Stabilität des Gesamtnetzes	Stabil, dynamisch	[Hess2002, S. 14], [MiSn1992, S. 66], [Mors2003, S. 21ff], [Moss1996, S. 96]
Steuerungsform	Polyzentrisch, monozentrisch (fokal)	[Hess1999, S. 4]

Tab. 10: Kriterien zur Klassifikation von Unternehmenskooperationen

Kooperationen können in jedem betrieblichen Funktionsbereich entstehen, jedoch finden sich bestimmte Ausprägungsformen, die in ihrem Auftreten in der Literatur und in ihrer Bedeutung für die Praxis herausragende Bedeutung besitzen. Hierzu zählen bspw. die so genannten Produktionsnetzwerke, die den Funktionsbereich Produktion und somit die gemeinsame Produktion von Gütern über Wertschöpfungsnetze in den Mittelpunkt der Betrachtung ziehen. Diese

Netze verfolgen dabei, neben evtl. marketing- und ressourcenorientierten Zielen, vor allem produktionsorientierte Ziele (vgl. [BaDa1999, S. 24]).

Hauptaufgabe von Logistiknetzwerken ist die Organisation des Waren- und Informationsflusses zwischen den physischen Standorten der an einem Netz teilnehmenden Kooperationspartner. Baumgarten/Darkow interpretieren Logistiknetzwerke als Überbegriff von Produktions-, Beschaffungs-, und Distributionsnetzwerken (vgl. [BaDa1999, S. 146]). Innerhalb dieser Arbeit sollen Logistiknetzwerke als Weiterentwicklung von Produktionsnetzwerken verstanden werden, die insbesondere um die Logistikfunktion ergänzt wurden.

Schwerpunkt von Entwicklungsnetzwerken ist die gemeinsame Entwicklung von Produkten- und Dienstleistungen, wobei Konzepte wie Simultaneous Engineering und Arbeitsteilung im Vordergrund stehen (vgl. [Rits2004, S. 41]). Den Schwerpunkt von Verwertungsnetzwerken bildet dagegen die ressourcenoptimierte (Wieder-) Verwertung nicht vermeidbarer Rückstände innerhalb des Netzwerkes [Schw1996, S. 358ff.].

Besondere Relevanz für diese Arbeit besitzen Zuliefernetzwerke. Diese rücken den Funktionsbereich Einkauf und somit die Beschaffung von Produkten und Komponenten über Wertschöpfungsnetzwerke in den Vordergrund. Zuliefernetzwerke sind besonders in Industriezweigen mit komplexen Endprodukten (wie bspw. der Automobilindustrie) stark ausgeprägt. Über eine pyramidenförmige Zulieferstruktur werden die Original Equipment Manufacturer[17] (OEM) von ausgewählten Lieferanten mit Modulen und Systemen beliefert. Fragestellungen im Bereich der hier genannten Netzausprägungen betreffen auf strategischer Ebene insbesondere die Zusammensetzung der Partnerstruktur für die Fertigung eines Endproduktes (Partneridentifikation, Partnerselektion). Auf taktischer Ebene stehen die Konfiguration der Beziehung zu den Partnern und im operativen Bereich die konkreten Material- und Informationsflüsse zwischen den Netzteilnehmern im Mittelpunkt der Betrachtung.

Die Anzahl der Partner stellt ein weiteres Kriterium dar (vgl. [Frie1998, S. 147], [Kuts1994, S. 121ff.]). Die bilaterale Kooperation bildet die einfachste Form und wird in der Literatur häufig auch als Dyade bezeichnet (vgl. bspw. [HaNe2004, S. 3], [ZeSM2005]). Da nur zwei Partner übereinstimmende Ziele miteinander koordinieren müssen, verlangt diese Kooperationsform in der Regel vergleichsweise geringen Koordinationsaufwand [ThLo2004, S. 10]. Mit zunehmender Partneranzahl steigt jedoch der Koordinationsaufwand aller Beteiligten. Bei trilateralen Beziehungen muss jeder Teilnehmer in der Lage sein, multilaterale Beziehungen zu mehr als einem Teilnehmer aufzunehmen.

---

[17] Originalausrüstungshersteller.

Einfache und komplexe Netze differenzieren sich durch die Rolle des fokalen (zentralen) Unternehmens. Bei einfachen Netzen kommt dem zentralen Akteur eine koordinierende und steuernde Funktion zu, die Netztopologie gleicht einer Hub-and-spoke-Architektur (vgl. [ChKC2006, S. 3ff.])[18]. Stehen die einzelnen nicht-fokalen Unternehmen multilateral in Kontakt, entsteht eine komplexe Netzstruktur, in der eine große Anzahl möglicher Verbindungen zwischen den Teilnehmern vorhanden ist und somit zahlreiche Informations- und Kommunikationspfade zu realisieren sind (vgl. [ThLo2004, S. 10]).

Hinsichtlich der Kooperationsrichtung lassen sich horizontale, vertikale und laterale Kooperationsformen unterscheiden (vgl. [Jäck1991, S. 34]). Unter horizontaler Kooperation wird die Zusammenarbeit von Unternehmen der gleichen Marktstufe verstanden. Die Kooperationspartner nehmen eine Position auf derselben Stufe der Wertschöpfungskette ein (vgl. [Sydo2001, S. 248]). Vertikale Kooperationen sind dagegen durch die Position von Wertschöpfungspartnern der gleichen Branche auf nachgelagerten Stufen der Wertschöpfungskette gekennzeichnet. Zwischen den Kooperationspartnern besteht also eine Lieferanten-Abnehmer Relation [Knob1969, S. 505]. Diagonale Kooperationen unterscheiden sich von vertikalen Kooperationen insbesondere dadurch, dass die Wertschöpfungspartner unterschiedlichen Branchen angehören [HeJa2000, S. 25], laterale Kooperationen sind dagegen horizontale Kooperationen, die verschiedene Funktionsbereiche der Kooperationspartner einschließen (vgl. [Sydo2001, S. 248]).

Um in Hinblick auf die Stabilität der Kooperation zwischen stabilen und dynamischen Verbindungen differenzieren zu können, ist zunächst eine Unterscheidung der Begriffe Auftrag und Auftragstyp notwendig. Ein Auftragstyp umfasst eine Menge von Aufträgen, die in gleicher Konfiguration durch das Netzwerk abgewickelt werden [Hess2002, S. 14], wobei sich die Konfiguration auf die an der Abwicklung beteiligten Partner sowie die Reihenfolge der durchzuführenden Teilschritte bezieht. Dynamische Netze [MiSn1992, S. 66] liegen vor, wenn sich aus einem vorhandenen Partnerpool auftragsbezogen immer neue Partnerkombinationen bilden oder anders ausgedrückt, wenn von Auftrag zu Auftrag unterschiedliche ad-hoc Teilbereiche (Kooperationspartner) aktiviert werden und somit ein „Netzwerk im Netzwerk" bilden (vgl. [ScFr2000, S. 224]). In einem dynamischen Netzwerk werden Aufträge in einer spezifischen Zusammensetzung nur einmal durchgeführt [Hess1999, S. 4]. Werden von einem Netzwerk mehrere Aufträge eines Typs abgewickelt, d.h. dass an einem Auftrag eines Typs immer wieder die gleichen Partner beteiligt sind, so spricht man von Stabilität. In einem stabilen Netzwerk werden Aufträge in einer spezifischen Zusammensetzung mehrmals durchge-

[18] Zur Diskussion der Eigenschaften einer Hub-and-spoke-Architektur z.B. bei der Logistikplanung in Unternehmensnetzen vgl. bspw. [ChKC2006, S.3ff].

führt [Hess1999, S. 4]. Ad-hoc Netzwerke müssen in stabilen Kooperationen nicht gebildet werden (vgl. [Hage2004, S. 17].

Das Merkmal der Steuerungsform kann die Ausprägungen polyzentrisch und monozentrisch (häufig auch als fokal bezeichnet) annehmen und bezieht sich auf die Abstimmungsmechanismen im Netz. In polyzentrisch gesteuerten Netzen sind alle Partner gleichberechtigt, während die Entscheidungen in monozentrischen Netzwerken von einem oder wenigen Partnern getroffen werden, so dass ein gewisser Grad an Beherrschung der Kooperationspartner durch den fokalen Partner vorliegt [Hage2004, S. 16].

Auf Basis der aufgeführten Merkmale spannen einige Autoren nun einen Raum auf, in welchem sie unterschiedliche Kombinationen der jeweiligen Merkmale zusammenfassen. Diese werden zur Definition der verschiedenen in der Praxis auftretenden Ausprägungsformen von Kooperationen herangezogen. Sydow bspw. differenziert anhand der Dimensionen Stabilität und Steuerungsform vier Ausprägungsformen von Netzwerken (vgl. [Sydo2001, S. 286]):

- Regionale Netze setzen sich typischerweise aus kleinen und mittleren Unternehmen einer spezifischen Region zusammen und sind tendenziell dynamisch und polyzentrisch ausgeprägt.
- Strategische Netzwerke sind nach Ansicht einiger Autoren die wohl wichtigste Ausprägung von Kooperationen (vgl. [Jari1988, S. 33ff.]) und unterscheiden sich von anderen Formen insbesondere durch hierarchische Strukturen mit strategischer Führung. Sie sind stabil, eher monozentrisch ausgeprägt und ein fokales Unternehmen übernimmt die strategische Führung (vgl. [Sydo2001, S. 286]).
- Projektnetzwerke als dritte Ausprägung integrieren häufig Elemente strategischer als auch regionaler Netzwerke. Der entscheidende Unterschied zu den zuvor genannten Ausprägungen liegt in der zeitlichen Befristung der Kooperationsbeziehungen. Projektnetzwerke besitzen eher dynamischen Charakter und eine monozentrische Beziehungsstruktur.
- Virtuelle Netzwerke werden vielfach als eigenständige Organisationsform angesehen und bilden sich temporär auf Grundlage interorganisationaler Informationssysteme. Das virtuelle Netzwerk tritt gegenüber dem Abnehmer als ein Unternehmen auf und konstituiert sich typischerweise für einen speziellen Kundenauftrag. Sydow ordnet virtuelle Netzwerke den Projektnetzwerken zu, legt sich aber hinsichtlich der Kenngrößen Steuerungsform und Stabilität nicht fest (vgl. [Sydo2001, S. 287]).

Andere Ausprägungsformen basieren zu einem großen Teil auf unterschiedlichen Kombinationen der genannten Merkmale. Umfassende Aufzählungen der unterschiedlichen Konzepte finden sich bspw. bei [Sydo2006a].

Innerhalb dieser Arbeit werden die in Tab. 10 aufgeführten Merkmale zur Erarbeitung eines für diese Arbeit geeigneten Wertschöpfungsnetzbegriffs herangezogen. Dieser Wertschöpfungsnetzbegriff bildet die Obermenge für alle innerhalb dieser Arbeit betrachteten Formen unternehmensübergreifender Kooperation und spannt auf Basis der ihn konstituierenden Merkmale einen Raum auf, innerhalb dessen sich diese Arbeit bewegt.

3.1.2 Begriffsableitung des Terminus Wertschöpfungsnetz

Der hier zu betrachtende Begriff der Wertschöpfungsnetze kann aus früheren Arbeiten Porters zur Beurteilung von Wettbewerbsvorteilen abgeleitet werden (vgl. [Port1992]). Vor dem Hintergrund der Frage, wie Wettbewerbsvorteile zu beurteilen sind, führt Porter das Instrument der Wertkette ein. Darin betrachtet er alle Aktivitäten eines Unternehmens und deren Wechselwirkungen. Die Wertkette umfasst nach Porter alle Aktivitäten eines Unternehmens zur Herstellung eines Produktes oder einer Leistung [Port1992, S. 63-76]. Hierzu zählen primäre Aktivitäten, die direkt mit der Entwicklung, physischen Herstellung und Distribution eines Produktes oder einer Leistung zusammenhängen sowie sekundäre Aktivitäten, die primären Aktivitäten zentrale Ressourcen zur Verfügung stellen. Kombinationen dieser Aktivitäten ergeben Prozesse. Eine Vielzahl einzelner Prozesse, die einer erhaltenen Vorleistung jeweils einen Wert hinzufügen, wird als Wertschöpfung bezeichnet und setzt sich folglich aus einer Vielzahl von einzelnen wertschöpfenden Prozessen zusammen, welche jeweils sukzessiv an der erhaltenen Vorleistung einen Wert hinzufügen (vgl. [Hein1991, S. 51]. Der Wert ist als der Betrag definiert, welchen der Abnehmer für die (zusätzliche) erbrachte Leistung zu zahlen bereit ist [Port1992, S. 68]. Die Gesamtheit aller Prozesse in ihrer logischen Abhängigkeit, welche für eine bestimmte Wertschöpfung notwendig ist, wird als Wertschöpfungskette bezeichnet [Lück1996, S. 199-202]. Eine Wertschöpfungskette ist demnach die Gesamtheit aller Prozesse in ihrer logischen Abhängigkeit, die zu einer bestimmten Wertschöpfung beitragen [Lück1996, S. 199-202]. Prinzipiell kann eine Wertschöpfungskette auch von nur einem einzigen Unternehmen realisiert werden. In diesem Fall liegt eine hohe Wertschöpfungsquote bzw. Leistungstiefe vor (vgl. [Pico1991, S. 337]). Unternehmensintern begrenzte Ressourcen, steigender Wettbewerbsdruck, zunehmende Individualisierung von Produkten und die Verkürzung von Innovationszyklen führen jedoch verstärkt dazu, dass Unternehmen sich auf bestimmte Wertschöpfungsprozesse konzentrieren und diese synergetisch mit den Prozessen kooperierender Partner verbinden.

Wenn die Stufen der Wertschöpfungskette von mehreren Unternehmen im Verbund erbracht werden, wobei sich einzelne Unternehmen auf bestimmte Wertschöpfungsprozesse, in denen ihre Kernkompetenzen liegen, konzentrieren, entsteht ein Wertschöpfungsnetz. In einem Wertschöpfungsnetz ist jedes Unternehmen für einen bestimmten Prozess in der Leistungserstellung verantwortlich; Planung und Koordination erfolgen unternehmensübergreifend (vgl. [ScLo2001, S. 28f.]. Der Begriff Wertschöpfungsnetzwerk, der häufig auch mit angelsächsischer Begriffsprägung als Value-adding partnership oder Value-net [BaBE2003, S. 3] bezeichnet wird, stammt ursprünglich von Johnston/Lawrence [JoLa1988, S. 96]. Die Autoren verstehen unter einem solchen Wertschöpfungsnetz „...die Glieder (oder Stufen) des Transformationsprozesses, den ein Produkt oder eine Leistung durchläuft, vom Ausgangsmaterial bis zur endlichen Verwendung" [JoLa1989, S. 82]. Unstrittig ist in der Literatur auch die Zuordnung von Wertschöpfungsnetzen als Teilmenge der bereits definierten Unternehmensnetzwerke (vgl. bspw. [Sten1999], [Sydo2006a]).

Die genannten Definitionen des Wertschöpfungsnetzbegriffes grenzen den Betrachtungsraum insofern ein, als das unternehmensübergreifende Planung und Koordination vorausgesetzt werden. Über diese Eingrenzung hinaus sind die genannten Definitionen von Wertschöpfungsnetzen jedoch eher abstrakt formuliert, eine weitergehende Merkmalsspezifikation ist daher nur bedingt möglich.

Für die vorliegende Arbeit ist die genaue Beschreibung der Charakteristika von Wertschöpfungsnetzen jedoch von Bedeutung, da der Gestaltungsansatz situativer Wertschöpfungsnetze direkt auf diesem aufbaut. Im Folgenden werden daher die oben genannten Definitionen zu Wertschöpfungsnetzen durch die erarbeiteten Merkmale des Sydowschen Netzwerkgedankens sowie die dargestellten Merkmale von Unternehmenskooperationen erweitert. Der Begriff des Wertschöpfungsnetzes wird damit in dieser Arbeit als Oberbegriff für netzwerkartige Unternehmenskooperationen verstanden, die durch folgende Eigenschaften gekennzeichnet sind:

- Die Unternehmenskooperationen sind durch Verträge fixiert, auf dieser Basis erfolgt eine unternehmensübergreifende Planung und Koordination (mindestens jeweils innerhalb einer Dyade[19]) mit mindestens einem gemeinsamen Kooperationsziel.
- Die Teilnehmer am Netzwerk (Knoten) stammen aus einer oder mehreren verflochtenen Branchen und sind durch rechtliche und wirtschaftliche Selbständigkeit, teilweise jedoch wirtschaftliche Abhängigkeit, Motivation zur Koordination, Gleichberechtigung, Interdependenzen bei der Zielerreichung sowie die Freiwilligkeit bei der Zusammenarbeit gekennzeichnet.
- Die Verbindung zwischen den Teilnehmern (Kanten) sind komplex-reziprok und dichotom.

Aufbauend auf diesem Begriffsverständnis wird an dieser Stelle der Terminus des „situativen Wertschöpfungsnetzes" eingeführt. Unter einem situativen Wertschöpfungsnetz wird in dieser Arbeit ein Wertschöpfungsnetz verstanden, welches zusätzlich zu den oben beschriebenen

[19] Zweierbeziehung (aus dem griechischem *dýas* = Zweiheit) von Partnern im Netzwerk, vgl. zum Begriff der Dyade bspw. [HaNe2004].

Eigenschaften des klassischen Wertschöpfungsnetzbegriffs durch die folgenden, ergänzenden Eigenschaften beschrieben werden kann:

- Situative Wertschöpfungsnetze sind komplexe Netze, die sich durch eine Summe aus bilateralen Verbindungen (Dyaden) zusammensetzen. Ein situatives Wertschöpfungsnetz besteht somit aus einer Menge an dyadischen Beziehungen zwischen Partnern. Die Summe aller Dyaden zur Erledigung eines Endkundenauftrags bildet das situative Wertschöpfungsnetz.
- Ein situatives Wertschöpfungsnetz ist ein dynamisches Netzwerk, je nach Kundenauftrag werden unterschiedliche ad-hoc Teilbereiche des Netzes aktiviert und bilden somit ein „Netzwerk im Netzwerk".
- Die einzelnen Dyaden eines Netzes sind durch variierende Beziehungsdauer und Intensität geprägt. Das Zustandekommen einer dyadischen Kooperation hängt dabei wesentlich von den zu definierenden Merkmalen der jeweils auszutauschenden Leistung ab.
- Ein situatives Wertschöpfungsnetz ist durch eine polyzentrische Führungsstruktur geprägt, jedoch können Teiläste existieren, die von einem fokalen Unternehmen dominiert werden.

Auf Basis dieser Definition können situative Wertschöpfungsnetze als eine Erweiterung des Gedankens der Wertschöpfungsnetze beschrieben werden.

Eine detaillierte Darstellung der Aufbauprinzipien situativer Wertschöpfungsnetze sowie der die Netzgestaltung beeinflussenden Merkmale findet in Kapitel 4 dieser Arbeit statt. Im Folgenden wird die Gestaltung situativer Wertschöpfungsnetze möglichst allgemeingültig behandelt, um eine breite Anwendbarkeit der entwickelten Methoden und Lösungen zu gewährleisten. Dennoch werden an einigen Stellen, insbesondere um den Anschaulichkeitsgrad der Arbeit zu erhöhen, Beispiele aus spezifischen Industriedomänen herangezogen.

Auf Basis des hergeleiteten Begriffsverständnisses wird im Folgenden auf die Aufgaben und Ziele bei Management von Wertschöpfungsnetzen eingegangen.

3.1.3 Management von Wertschöpfungsnetzen

Bevor auf das Management von Wertschöpfungsnetzen im Speziellen eingegangen wird, soll zunächst allgemein der Begriff des Managements skizziert werden.

Es lassen sich die institutionale und die funktionale Sichtweise von Management unterscheiden [StSc2000, S. 5ff.]. Die institutionale Sichtweise rückt die Personen ins Zentrum der Betrachtung, die innerhalb einer Organisation mit Anweisungsbefugnissen beauftragt sind, wohingegen die funktionale Sichtweise die Handlungen betrachtet, die zur Steuerung und Sicherstellung des Leistungserstellungsprozesses in einer Organisation erforderlich sind.

Innerhalb dieser Arbeit wird ausschließlich die funktionale Sichtweise betrachtet und der Begriff des Managements in dieser Weise verwendet. Um die für ein funktionales Management relevanten Aufgaben abzugrenzen, wird in der Literatur zwischen den Aufgaben gestalten, lenken und entwickeln unterschieden (vgl. [Blei1999, S. 80]). Diese müssen erfüllt sein, wenn eine zweckgerichtete Institution in einer sich laufend verändernden Umwelt lebensfähig sein soll (vgl. [UlPr1988, S. 259ff.]).

In Anlehnung an [Blei1999, S. 80] können diese Ebenen wie in Tab. 11 dargestellt beschrieben werden.

Gestaltung	Gestalten bedeutet, eine Institution zu schaffen und als handlungsfähiges, zweckgerichtetes Ganzes aufrechtzuerhalten. Dazu ist ein Rahmen festzulegen, der die Ausbildung von Entwicklungsfähigkeiten ermöglicht. Das Gestalten hat nun zur Aufgabe, bestimmte Personen und Gegenstände auszuwählen und diese zu Elementen eines Systems zu machen, das die angestrebten Eigenschaften der Lebensfähigkeit aufweist. Gestaltung als Managementfunktion bedeutet das gedankliche Entwerfen eines Modells einer Institution, wozu das Bestimmen der angestrebten Eigenschaften dieser notwendig ist.
Lenkung	Lenkung umfasst das Bestimmen von Zielen und das Festlegen, Auslösen und Kontrollieren zielgerichteter Aktivitäten des Systems und seiner Elemente. Die Lenkung ist demnach eine Funktion, die im System erfüllt werden muss, damit dieses seine Zwecke durch konkrete Handlungen unter wechselnden Bedingungen zielgerichtet erfüllen kann.
Entwicklung	Entwicklung ist zum einen das Ergebnis von Gestaltungs- und Lenkungsprozessen im Zeitablauf, zum anderen erfolgt sie in sozialen Systemen eigenständig (evolutionär) durch integratives Erlernen von Wissen, Können und Einstellung. Im Vordergrund steht dabei das Weiterentwickeln der Organisation im Sinne des qualitativen Lernens oder des ständigen Verbesserns. Die Entwicklung hat die Fähigkeit zur Selbstentwicklung der Unternehmung zu fördern und die Voraussetzungen dafür zu schaffen.

Tab. 11: Aufgaben eines funktionsorientierten Managements

Überträgt man die aufgeführten allgemeinen Konzepte zum Management auf das Konzept der Wertschöpfungsnetze, können unter dem funktionalen Management genau die Handlungen verstanden werden, die zur Steuerung und Sicherstellung der Leistungserstellungsprozesse innerhalb des Wertschöpfungsnetzes erforderlich sind.

In Anlehnung an die drei für ein funktionales Management relevanten Aufgaben (Gestaltung, Lenkung und Entwicklung) sind die wesentlichen Aufgaben des Managements von Unternehmensnetzwerken nach Wildemann der Aufbau, die Erhaltung und die Pflege der Netzwerkbeziehungen und -strukturen sowie deren Koordination zur Nutzung von Synergien (vgl. [Wild1996, S. 30]. Es kommt somit jenen Aufgaben nach, die zur Gestaltung der Zusammenarbeit zwischen den Netzwerkunternehmungen aus sachlicher, zeitlicher und sozialer Sicht erforderlich sind; während der gesamten Dauer der Zusammenarbeit, von der Initiierung über die Abwicklung bis hin zu einer etwaigen Beendigung der Kooperation (vgl. [Wild1996, S. 30]).

Im Bereich des funktionalen Managements wird weiterhin zwischen der normativen, strategischen und operativen Ebene differenziert. Dabei befassen sich die drei Ebenen mit unterschiedlichen Zielsetzungen und Fragestellungen, die in Tab. 12 in Anlehnung an [Blei1999, S. 74ff.] zusammenfassend dargestellt sind.

Normatives Management	Das normative Management befasst sich mit den generellen Zielen der Unternehmung, mit Normen, Prinzipien und Spielregeln. Diese stellen die Voraussetzung für die Lebens- und Entwicklungsfähigkeit der Unternehmung dar und ermöglichen eine Kanalisierung der Entscheidungen und des Verhaltens bspw. der Netzwerkmitglieder in eine bestimmte Richtung (vgl. [Schw1989, S. 10ff.]). Flankiert wird das normative Management von der Unternehmensverfassung und der Unternehmenskultur.
Strategisches Management	Im Zuge des strategischen Managements geht es um den Aufbau, die Pflege und die Nutzung von Erfolgspositionen und Erfolgspotenzialen, wofür der Einsatz von Ressourcen erforderlich ist. Während das normative Management Aktivitäten begründet, hat das strategische Management Aktivitäten auszurichten. Von besonderer Bedeutung ist dabei die Erschließung und Nutzung von Potenzialen.
Operatives Management	Das operative Management ist auf die Umsetzung der Vorgaben des normativen und strategischen Managements in effiziente material-, leistungs-, finanz-, und informationstechnische Prozesse gerichtet. Damit wird die Unternehmensentwicklung gelenkt.

Tab. 12: Ebenen eines funktionalen Managements

Um die Ebenen des funktionalen Managements auf das Konzept der Wertschöpfungsnetze zu übertragen, differenzieren zahlreiche Autoren zwischen einem Management des Unternehmungsnetzwerkes (hier des Wertschöpfungsnetzes) als Ganzes und dem Management der Leistungserstellung innerhalb des Netzes.

Hess und Steinmann/Schreyögg unterscheiden bspw. bei der Untersuchung der Managementstrukturen für Unternehmensnetzwerke in Anlehnung an die klassische Managementlehre eine aufgabenorientierte (funktionale) und eine formstrukturelle (institutionale) Perspektive (vgl. [Hess2002, S. 18ff.], [StSc2000, S. 5f.]). Mit der aufgabenorientierten Perspektive untersuchen sie generisch die Tätigkeiten, die in einem Netzwerk erforderlich sind, um einen Auftrag eines bestimmten Typs ausführen zu können. Die formstrukturelle Perspektive liefert Antworten auf die Frage nach der Koordination der arbeitsteiligen Prozesse.

Auf Basis einer Differenzierung strategischer und operativer Managementaufgaben unterscheidet wiederum Veil [Veil2002, S. 18] zwischen auftragsbezogenen und auftragsübergreifenden Aufgaben des Netzwerkmanagements. Wohlgemuth [Wohl2002, S. 18f.] dagegen bezeichnet diese zwei Ebenen als Beziehungsebene und Leistungsebene und spricht von einer Zwei-Ebenen-Architektur eines Unternehmensnetzwerks. Im Folgenden soll mit der Differenzierung zwischen auftragsbezogenen und auftragsübergreifenden Aufgaben der Begriffsverwendung von Veil gefolgt werden, da diese am deutlichsten die Beziehungen zwischen den beiden Ebenen verdeutlicht.

Innerhalb der auftragsübergreifenden Ebene identifizieren Sydow/Windeler vier zentrale Funktionen [SyWi1994, S. 4ff.], die mittlerweile in der Forschung zu Unternehmensnetzwerken große Verbreitung und Akzeptanz erlangt haben (vgl. bspw. [Well2001], [Schr1996], [Sieb1998], [Sydo2006b], [Webe2002]) und daher auch dieser Arbeit als geeignete Ausgangsbasis zur Identifikation der für ein Management von Wertschöpfungsnetzen relevanten Aufgaben dienen soll[20]. Abb. 10 stellt diese Funktionen sowie ihre Abfolge grafisch dar. Im Folgenden wird vertiefend auf diese eingegangen werden.

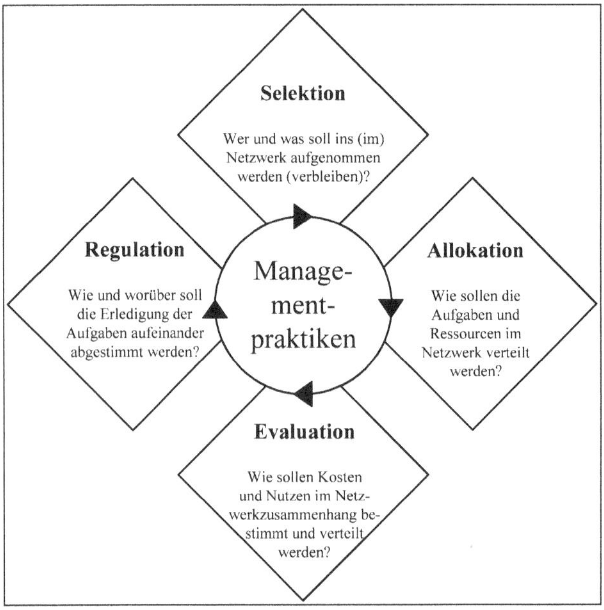

Abb. 10: Funktionen des Managements interorganisationaler Netzwerke [SyWi1997, S. 151]

Entscheidend für den Erfolg eines Unternehmungsnetzwerkes ist die Wahl geeigneter Partner im Zuge der Selektion (vgl. [Galb1998, S. 86]). Diese sollen hinsichtlich ihrer Kompetenzen und Absichten dazu geeignet sein, einen Beitrag zur Erfüllung der Netzwerkziele zu leisten.

[20] Vgl. hier und im Folgenden insbesondere [Sydo2006b, S.409ff.] sowie [Rits2004, S.50ff.].

Entscheidend ist, dass die Ziele der Netzwerkunternehmungen kompatibel sind, ansonsten wird die Koordination im Netzwerk aufwändig; es kann sogar zu einem Nichtzustandekommen oder zur Auflösung der Kooperation im Netzwerk kommen.

Eine weitere Aufgabe bei der Selektion ist die Bestimmung des Arbeitsgebietes, in denen eine Leistung erbracht werden soll. Die Selektion ist nicht nur bei der Bildung eines Unternehmungsnetzwerkes durchzuführen, sie hat vielmehr im Zuge des Managements des Netzwerkes laufend stattzufinden, zumal sie im Zuge einer Negativselektion oder auch „De-Selektion" ebenfalls die Aufgabe hat, ungeeignete Netzwerkunternehmungen auszusortieren oder bei Bedarf neue in das Netzwerk aufzunehmen. Sydow betont bei der Darstellung der Selektionsfunktion besonders deren Implikationen für die nachfolgenden Allokations- und Regulationsfunktionen, da die Festlegung auf bestimmte Kooperationspartner sowohl die Verteilung der Aufgaben und Ressourcen im Netzwerk, als auch die Abstimmung der im Rahmen der Kooperation zu erledigenden Aufgaben determiniert [Sydo2006b, S. 411].

Im Rahmen der Allokation geht es hauptsächlich um die Verteilung von Ressourcen, Aufgaben und Zuständigkeiten – wie z. B. IuK-Technologien, Marketing oder Wissen – auf die einzelnen Unternehmungen des Netzwerkes (vgl. [Fros1997, S. 196ff.]). Diese Verteilung sollte gemäß den Kompetenzen bzw. Wettbewerbsvorteilen der jeweiligen Netzwerkunternehmung erfolgen und entweder im Zuge eines Verhandlungsprozesses oder im Rahmen eines mehr oder weniger abgeschwächten Wettbewerbes (Markt vs. Hierarchie) durchgeführt werden. Auch die Allokation erfolgt, wie die Selektion, nicht einmalig bei der Bildung des Netzwerkes, sondern kontinuierlich. Die erneute Allokation (Re-Allokation) von Ressourcen, Aufgaben und Zuständigkeiten bildet eine wichtige Grundlage für die strategische Flexibilität von Unternehmensnetzwerken.

Im Zuge der Regulationsfunktion stehen formelle und informelle Regeln der Zusammenarbeit zwischen den Unternehmungen des Netzwerkes im Mittelpunkt. Hierbei handelt es sich bspw. um vertragliche Vereinbarungen, Regeln zur Konflikthandhabung oder die Festlegung auf ein oder mehrere interorganisationale Informationssysteme. Gerade im Rahmen der Regulationsfunktion geht es darum, eine Balance zwischen Markt und Hierarchie zu finden und dahingehende Anreizsysteme zu entwickeln. Ein derartiges Anreizsystem sollte das Finden von Win-win-Situationen belohnen und die in einem Netzwerk tätigen Mitarbeiter (Manager und operative Mitarbeiter) dazu anspornen, partnerschaftliche Beziehungen im Netzwerk aufzubauen und zu pflegen. Gleichzeitig muss aber verhindert werden, dass Wissen hinsichtlich der Kernkompetenzen beliebig weitergegeben wird. Auch die Regeln der Zusammenarbeit dürfen nicht statisch sein, sie haben sich permanent weiterzuentwickeln. Gerade die Forderung nach Flexibilität von Unternehmensnetzwerken verlangt nach ständigen Verhandlungen zwischen und innerhalb der Unternehmen des Netzwerks.

Zentrale Fragestellungen der Evaluationsfunktion sind die Bestimmung und Verteilung von Kosten und Nutzen im Netzwerkzusammenhang. Sie umfasst das gesamte Netzwerk, einzelne bilaterale Beziehungen sowie den Beitrag der einzelnen Netzwerkunternehmungen zum Erfolg des gesamten Netzwerkes. Zusätzlich kann die Evaluation bspw. auch bestimmte Regeln der Zusammenarbeit, die eingebrachten Ressourcen oder bestimmte Verfahren der Selektion der Partner enthalten.

Während sich die zuvor beschriebene auftragsübergreifende Ebene mit dem Aufbau des Wertschöpfungsnetzes und der Entwicklung der Zusammenarbeit der an diesem partizipierenden Akteure beschäftigt, liegt der Schwerpunkt innerhalb der auftragsbezogenen Ebene bei der Modellierung des Leistungserstellungsprozesses. Hier kommt es darauf an, konkrete Aufträge auszuführen und damit die Potenziale des Netzwerkes zu nutzen (vgl. [Rits2004, S. 54]). Um einen an ein Netzwerk herangetragenen Auftrag bzw. den daraus resultierenden Geschäftsprozess abwickeln zu können, müssen die hierzu erforderlichen Teilaufgaben sowie weitere vor- und nachgelagerte Aufgaben identifiziert werden.

In der Literatur existieren etliche Vorschläge, wie diese verschiedenen Aufgaben allgemein und generisch klassifiziert werden können (vgl. bspw. [Krae1997, S. 88], [KoCS1997]). Dudenhausen et. al. [DuHL1996, S. 18] identifizieren abstrahierend die Tätigkeiten (in idealtypischer Reihenfolge) „akquirieren“, „konfigurieren“, „betreiben“ und „auflösen“, die auch von [DuHL1996, S. 18], [MeFa1996, S. 284] und [Hess1998, S. 20ff.] bzw. [Hess2002, S. 19ff.] im Wesentlichen so genannt werden.

Im Folgenden werden diese vier Managementaufgaben kurz beschrieben:

- Akquisition: Im Rahmen der Akquisition werden konkrete Aufträge für das Netzwerk gewonnen. Weiterhin wird überprüft, ob ein an das Netzwerk herangetragener Auftrag überhaupt erfolgreich realisierbar ist. Hierzu ist eine grobe Abstimmung der für den Auftrag benötigten und mittels des Netzwerks zur Verfügung stehenden Ressourcen, Kompetenzen und Kapazitäten erforderlich. Des Weiteren ist der monetäre Erfolg des Auftrags abzuschätzen. Veil subsumiert diese Tätigkeiten unter dem Begriff der Auftragsgrobplanung [Veil2002, S. 19ff.], andere Autoren bezeichnen diese Phase vielfach auch als Anbahnungsphase (vgl. bspw. [DuHL1996, S. 18], [MeFa1996, S. 284]).
- Konfiguration: Im Falle eines erfolgsversprechenden Auftrages gilt es im Anschluss an die Akquisitionsphase, das zur Abwicklung des Auftrags benötigte Team zu konfigurieren (Auftragsfeinplanung). Hierbei unterscheidet die Literatur im Wesentlichen drei Subphasen (vgl. bspw. [HeSc2000a, S. 415ff.], [Hage2001, S. 9]:
    - Der Auftrag wird bis auf die Ebene von Elementaraufgaben zerlegt und auf dieser Basis spezifiziert. Die einzelnen Elementaraufgaben werden anschließend zu Aufgabenpaketen gebündelt [HeSc2000a, S. 415].

- Die Aufgabenpakete werden unter Wirtschaftlichkeitsgesichtspunkten auf die Partner verteilt. Dieser Schritt dient zugleich als Basis für die Verrechnung der ausgetauschten Leistungen im Netzwerk (vgl. [Wild1997, S. 419]).
- Anschließend wird auf Basis einer zu ermittelnden Preisuntergrenze der Preis für den Auftrag festgelegt, wenn dieser nicht durch den Markt oder den Kunden vorgegeben ist.

- Realisierung: Die Realisierung des Auftrags ist Gegenstand der Durchführungsphase. Hierzu ist es notwendig, Informationen über die Ausführung des Auftrags zu beschaffen (Abwicklung abbilden) und die Abwicklung des Auftrags zu kontrollieren.
- Auflösung: Die Phase der Auflösung schließt die Auftragsabwicklung ab. Es gilt, den Gewinn bzw. Verlust sowie die Koordinationskosten unter den am Auftrag beteiligten Partnern zu verteilen [Scho1995, S. 186].

Bevor abschließend die zwei Ebenen sowie deren Phasen zusammenfassend dargestellt werden, werden diese den zu Beginn des Abschnitts eingeführten Ebenen des funktionalen Managements zugeordnet.

Im Zuge des strategischen Managements geht es um den Aufbau, die Pflege und die Nutzung von Erfolgspositionen und Erfolgspotenzialen (vgl. Tab. 12). Die Erfolgspotenziale eines Wertschöpfungsnetzes ergeben sich bspw. aus dem Partnerpool sowie durch die zwischen den Wertschöpfungspartnern aufeinander abgestimmten, auftragsübergreifenden Aktionen (vgl. [Hess2002, S. 20]). Weiterhin ist für die Wettbewerbsfähigkeit des ganzen Netzwerks u.a. der Aufbau einer gemeinsamen IuK-Infrastruktur oder die Qualität der Vernetzung der Kompetenzen der Netzwerkpartner ausschlaggebend. Die genannten Aufgaben können der Selektions- und Allokationsfunktion zugeordnet werden, da diese die Verteilung von Aufgaben, Zuständigkeiten und Ressourcen sowie die Auswahl geeigneter Netzwerkpartner zum Ziel haben.

Beachtet man, dass bspw. die Festlegung auf ein oder mehrere interorganisationale Informationssysteme als Bestandteil der Regulationsfunktion dient, kann man diese ebenfalls der strategischen Ebene zuordnen. Gleichzeitig muss die Regulationsfunktion jedoch zusätzlich der normativen Ebene des Managements zugeordnet werden, da diese sich mit dem Entwickeln und Durchsetzen von Regeln der Zusammenarbeit befasst und auf diese Weise Beziehungen im Netzwerk formt.

Abschließend kann auch die Evaluationsfunktion dem strategischen Management zugeordnet werden, da diese im Rahmen einer Erfolgskontrolle z.T. auch die anderen Funktionen umfasst sowie auf Basis einer Bestimmung und Verteilung von Kosten und Nutzen im Netzwerkzusammenhang zur Erschließung, Pflege und Nutzung von Erfolgspositionen und Erfolgspotenzialen beiträgt.

Das operative Management hat die Umsetzung der Vorgaben des normativen und strategischen Managements in effiziente material-, leistungs-, finanz-, und informationstechnische Prozesse zum Ziel. Die auftragsbezogene Ebene kann somit vollständig der Ebene des operativen Managements zugeordnet werden, da es hier darauf ankommt, konkrete Aufträge auszuführen und damit die Potenziale des Netzwerkes zu nutzen (vgl. [Hess2002, S. 20]).

Die folgende Abb. 11 stellt die beiden zuvor beschriebenen Ebenen als ineinander liegende Zyklen dar. Dabei soll die Darstellung die Verbindung zwischen der auftragsübergreifenden äußeren Ebene (strategische Ebene) und der auftragsbezogenen inneren Ebene (operative Ebene) des Managements von Wertschöpfungsnetzen zum Ausdruck bringen.

Entscheidungen innerhalb der auftragsübergreifenden Ebene, wie bspw. die Wahl für das Netzwerk geeigneter Partner im Rahmen der Selektion oder die Entscheidung für oder gegen sinnvolle (interorganisationale) Informationssysteme im Rahmen der Regulation, beeinflussen maßgeblich den Ablauf der auftragsbezogenen Ebene (bspw. die konkrete Konfiguration der Auftragsabwicklung oder die Möglichkeiten zur Abwicklung oder Kontrolle der Wertschöpfung[21]).

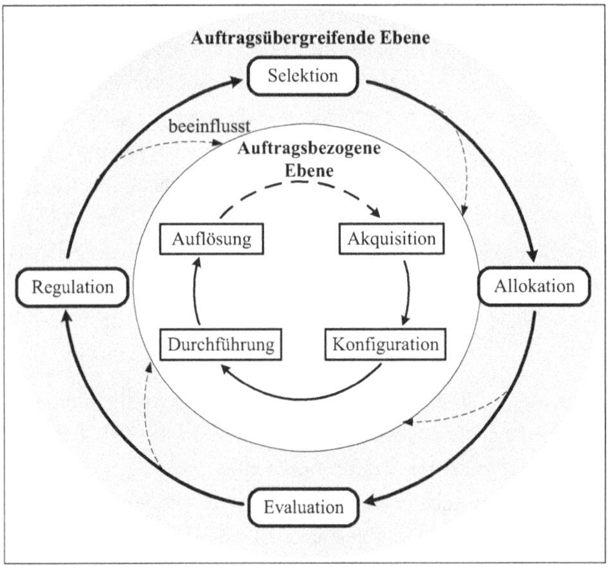

Abb. 11: Managementzyklus von Wertschöpfungsnetzen

[21] Diese Möglichkeiten werden bspw. entscheidend durch die Wahl geeigneter Informationssysteme beeinflusst, da sie maßgeblichen Einfluss auf die bei jedem Wertschöpfungspartner vorliegenden Informationen (Daten) sowie die im Netz vorherrschende Datenaktualität und Datenqualität besitzen.

Darüber hinaus verdeutlicht die Darstellung die zwischen den jeweiligen Funktionen existierenden Abhängigkeiten. Da in beiden Ebenen die Funktionen in Kreisrichtung aufeinander aufbauen, impliziert die Festlegung auf bestimmte Merkmale innerhalb einer Funktion (bspw. auf bestimmte Kooperationspartner im Rahmen der Selektionsfunktion oder die Auswahl der an einem Auftrag teilnehmenden Netzwerkpartner während der Konfiguration) die konkrete Ausgestaltung der nachfolgenden Funktionen. Gleichzeitig handelt es sich sowohl in der auftragsbezogenen als auch in der auftragsübergreifenden Ebene nicht um einmalige Funktionen im Sinne eines linearen Prozesses, sondern vielmehr um kontinuierlich andauernde Aufgaben entsprechend einem Prozesszyklus.

Zum Abschluss dieses Abschnitts wird auf den Beitrag der Arbeit zur Unterstützung der dargestellten Managementaufgaben eingegangen. Die Kenntnis über die Wirkung unterschiedlicher Faktoren auf die Zusammenarbeit zwischen Partnern (sei es innerhalb einer Dyade oder eines ganzen Netzes) kann erheblichen Einfluss auf die Ausgestaltung dieser Kooperationen haben. Es ist bspw. vorstellbar, dass die Kenntnis der Modularisierungsform eines Nachfragers die Auswahl seiner Bezugsquellen im Rahmen der Selektion beeinflusst. Ebenso beeinflusst bspw. das Wissen über den Individualisierungsgrad einer zu produzierenden Leistung die Vertragsgestaltung mit einem Lieferanten oder die Implementierung geeigneter IuK-Systeme im Rahmen der Regulationsfunktion. Schlussendlich werden hierdurch mittelbar auch die Verteilung von Aufgaben, Wissen und Technik (und somit die Allokationsfunktion) von der Kenntnis der richtigen Einflussfaktoren beeinflusst.

Auch für die auftragsbezogene Ebene sind, aufgrund der dargestellten Abhängigkeiten, die Kenntnis der richtigen Einflussfaktoren und deren korrekte Interpretation im Sinne eines zielgerichteten Einsatzes zur weiteren Optimierung der Zusammenarbeit in Wertschöpfungsnetzen wichtig.

Diese Arbeit orientiert sich vornehmlich an der strategischen (auftragsübergreifenden) Ebene der Wertschöpfungsnetzgestaltung. Durch eine geeignete Wissensgenerierung und mit Blick auf eine Verbesserung der Instrumente der strategischen Ebene, führt die Arbeit einen fundierten Gestaltungsansatz situativer Wertschöpfungsnetze ein.

Der folgende Abschnitt dient der Abgrenzung der dargestellten Thematik gegenüber verwandten Ansätzen im Umfeld der unternehmensübergreifenden Zusammenarbeit. Insbesondere werden dabei die in diesem Zusammenhang etablierten Begriffe und Konzepte in einen Zusammenhang zu der vorliegenden Thematik gesetzt.

3.1.4 Abgrenzung zu verwandten Themenkomplexen

Die folgende Abb. 12 visualisiert den Zusammenhang zwischen den Begriffen und Konzepten im Kontext der unternehmensübergreifenden Zusammenarbeit. Im Folgenden wird auf die Begriffe sowie ihre Beziehungen zueinander eingegangen. Ziel dabei ist es, diese in einen klaren Kontext zu der vorliegenden Thematik einzuordnen.

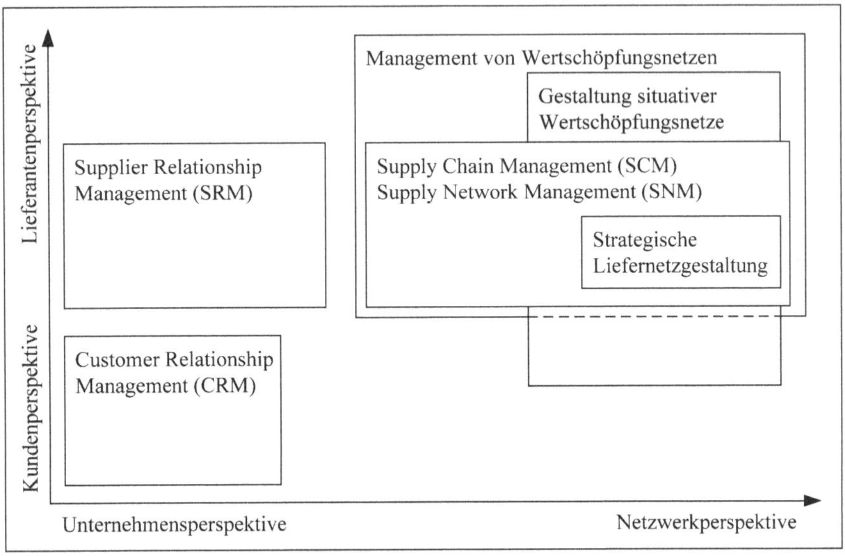

Abb. 12: Abgrenzung von Konzepten unternehmensübergreifender Zusammenarbeit

Für eine Einordnung und Abgrenzung von Konzepten der überbetrieblichen Zusammenarbeit ist zunächst wichtig, diese in einen geeigneten Ordnungsrahmen zu positionieren. Dieser dient dabei zugleich als wichtiges Hilfsmittel zu ihrer Differenzierung.

Mit Blick auf die vorliegende Thematik bieten sich Dimensionen an, die zum einen eine Aussage hinsichtlich des Betrachtungsfokus eines Konzepts (also dem Grad an Überbetrieblichkeit) sowie zum anderen hinsichtlich des Betrachtungsgegenstands aus Sicht des einzelnen Unternehmens erlauben. Demzufolge spannen die folgenden zwei Dimensionen einen Raum auf, in den die verschiedenen Konzepte eingeordnet werden können:

- Unternehmensperspektive – Netzwerkperspektive: Die der Abszisse zuzuordnende Dimension spannt den Raum hinsichtlich des Betrachtungsgegenstands des jeweiligen Konzepts auf. Eher unternehmensintern fokussierte Konzepte sind weit links positioniert, Konzepte mit einer klar überbetrieblichen (Netzwerk-) Perspektive dagegen rechts.

- Kundenperspektive – Lieferantenperspektive: Auf der Ordinate angeordnet beschreibt die Dimension, ob ein Konzept eher der Kunden- oder der Lieferantenseite zugeordnet werden kann. Es geht um die Frage, ob das entsprechende Konzept Lösungen und Optimierungsvorschläge eher für die der Kundenseite zuzuordnenden Stufen einer Wertschöpfungskette (bspw. Marketing, Vertrieb) oder für die der Lieferantenseite zuzuordnenden Stufen (bspw. Beschaffung) bereithält.

Als eher unternehmensintern orientiertes Konzept mit ausgeprägter Kundenperspektive kann das Customer Relationship Management (CRM) angesehen werden. Dabei kann CRM wie folgt definiert werden: „CRM ist eine kundenorientierte Unternehmensphilosophie, die mit Hilfe moderner IuK versucht, auf lange Sicht profitable Kundenbeziehungen durch ganzheitliche und differenzierte Marketing-, Vertriebs- und Servicekonzepte aufzubauen und zu festigen" [HiWi2003, S. 6]. Kernaufgabe des CRM ist folglich die Steigerung des Unternehmens- und Kundenwerts durch das systematische Management existierender und potenziell neuer Kunden (vgl. [Rapp2000, S. 60]). Der Fokus des Konzepts liegt dabei auf der Verknüpfung von Produktdifferenzierung, Kundendifferenzierung und Prozessdifferenzierung. Durch diese wird innerhalb des CRM versucht, Kundenbeziehungen hinsichtlich Profitabilität, eines zu unterbreitenden Leistungsangebots (bspw. hinsichtlich des Individualisierungsgrades einer Leistung) und einer geeigneten Kundenansprache zu optimieren (vgl. [Rapp2000, S. 61]). Insofern ist das Konzept des CRM nur mittelbar relevant für die vorliegende Thematik. Es dient vielmehr als wichtiger Baustein zur Komplexitätsreduktion bei der Leistungserstellung, da durch ein funktionierendes CRM ein stärker individualisiertes Produktangebot aufgrund frühzeitiger und besserer Marktkenntnis sowie eine individuellere Kundenansprache ermöglicht werden. Dennoch berücksichtigt diese Arbeit bei der Betrachtung der Beziehung zwischen Endkunde und OEM den im Rahmen des CRM zu optimierenden Individualisierungsgrad einer Leistung sowie die Abnahme- bzw. Liefermenge als wesentlichen Faktor zur Gestaltung situativer Wertschöpfungsnetze. Da diese jedoch nur das Ergebnis eines Kundenbeziehungsmanagements darstellen, ist eine tiefergehende Betrachtung des CRM an dieser Stelle nicht erforderlich.

Das Supplier Relationship Management (SRM) stellt einen Teilbereich des Partner Relationship Management (PRM) dar und fokussiert auf das Beziehungsmanagement mit Lieferanten und die spezifischen Aufgaben, die sich bei der Beschaffung von Produkten und Leistungen ergeben (vgl. [Gros2004, S. 61]). Es stellt somit das Komplement zum CRM dar, welches auf die Abnehmerseite der Unternehmung fokussiert. Als Kernaufgabe des SRM wird die Unterstützung aller Lebensphasen einer Lieferantenbeziehung mit Hilfe geeigneter Methoden und Instrumente zu beiderseitigem Nutzen angesehen (vgl. [Gros2004, S. 61]). Die Zusammenarbeit mit einem Lieferanten im Zuge eines SRM kann in drei Phasen eingeteilt werden (vgl. [EyKM2002, S. 70]):

1. Planung und Vorbereitung der Beschaffung (Sourcing): Hierzu können die Teilbereiche Information/Suche, Verhandlung/Vereinbarung und Engagement/Konfiguration gezählt werden. Der Bereich Information/Suche beinhaltet dabei Funktionen wie bspw. die Bündelung von Bedarfen oder die Marktforschung. Im Zuge des Teilbereichs Verhandlung/Vereinbarung finden Ausschreibungen, die Evaluation von Lieferanten sowie deren Selektion statt. Im Rahmen der Konfiguration werden dann die Lieferantenbewertung, Lieferantenentwicklung und Lieferantenintegration durchgeführt.
2. Durchführung der Beschaffung (Procurement): Die eher operativ geprägte Durchführung der Beschaffung gliedert sich in die Teilbereiche Bestellung/Lieferung sowie Lieferung/Abschluss: Im Zuge der Bestellung/Lieferung erfolgt die Bestellung an sich sowie deren Genehmigung und Übermittlung. Im Zuge der Funktion Lieferung/Abschluss finden dann die Lieferung sowie der Wareneingang statt.
3. Kontrolle der Prozesse (Monitoring): Im Zuge des Monitoring wird der strategische und operative Einkauf überwacht. Die Lieferantenleistung sowie die eingesetzten IT-Tools werden regelmäßigen Kontrollen unterzogen.

Während sämtliche ein- und ausgehenden Güterströme sowie die zugehörigen Informations- und Geldflüsse eines Unternehmens Betrachtungsobjekte des Supply-Chain-Management[22] (SCM) sind, begrenzt sich das SRM auf Beziehungen an der Zulieferseite (vgl. [CoHo2001, S. 131]). Dabei fokussiert SRM nicht zwangsläufig ausschließlich auf die Schnittstelle zu direkten Lieferanten, sondern erstreckt sich auch vereinzelt auf weiter entfernte Stufen des Wertschöpfungsnetzes. Eine Reihe von Autoren betrachtet dabei das SRM auch als Teilbereich des im Folgenden dargestellten SCM (vgl. bspw. [TrHo2004, S. 70], [HeLN2004, S. 104]). In diesem Zusammenhang wird auch vereinzelt von Supply Chain Relationship Management (SCRM) gesprochen, wobei die Begriffsbildung insbesondere darstellen soll, dass das Management der Beziehungen eine konstituierende Aufgabe des SCM darstellt (vgl. [TrHo2004, S. 70], [ÖsFA2002, S. 186f.]. Im Zuge der Einordnung in die obere Abbildung kann es dennoch als Konzept mit primär unternehmensorientierter Perspektive betrachtet werden, da eine umfassende Berücksichtigung netzwerkartiger Strukturen innerhalb des SRM nicht erfolgt.

Im Rahmen der vorliegenden Arbeit sind dabei insbesondere die dargestellten SRM-Aktivitäten innerhalb der Planung und Vorbereitung der Beschaffung (Sourcing) von Interesse. Die Funktionen des SRM-Bereichs Sourcing können am ehesten der Selektionsfunktion zugeordnet werden. Hierbei muss jedoch auch festgehalten werden, dass die Sourcing Funkti-

[22] Wörtlich: Management der Lieferkette.

on des SRM im Gegensatz zur Selektionsfunktion beim Management von Wertschöpfungsnetzen eine eher unternehmensorientierte Sichtweise berücksichtigt und deren Konzepte insofern nicht vollständig übertragbar sind. Bei der Gestaltung situativer Wertschöpfungsnetze im folgenden Kapitel werden daher zwar das SRM und die im Rahmen dieses Konzeptes entwickelten Merkmale einer Lieferantenselektion berücksichtigt, es müssen jedoch die oben formulierten Einschränkungen berücksichtigt werden.

Unter SCM wird „die Gestaltung, Lenkung und Entwicklung der Lieferkette über alle Wertschöpfungsstufen von der Rohstoffgewinnung bis hin zu Serviceleistungen beim Endverbraucher" [Beck2004, S. 3] verstanden. Der Begriff des SCM wurde in den 1980er Jahren in den USA geprägt [Wern2002, S. 4], zu seiner Verbreitung in den 1990er Jahren haben jedoch erst die dann verstärkt auftretenden Bewegungen hin zu einer zunehmend überbetrieblichen Zusammenarbeit geführt (vgl. [Harl1996, S. 64]). Betrachtungsobjekte des SCM sind alle akquisitorischen Informationen, Finanzmittel und Rechte, vom Rohmaterial bis zum Endprodukt[23]. SCM ist somit eine Organisations- und Managementphilosophie, die durch eine prozessoptimierende Integration der Aktivitäten der am Wertschöpfungssystem beteiligten Unternehmen auf eine unternehmensübergreifende Koordination und Synchronisierung der Informations- und Materialflüsse auf Kosten-, Zeit- und Qualitätsoptimierung zielt (vgl. [Wild2005b, S. 502]).

Basierend auf dem bereits dargestellten Konzept der Wertschöpfungskette wurde im Rahmen des SCM der Gedanke einer zwischenbetrieblichen Integration von Unternehmensaktivitäten aufgegriffen (vgl. [Wern2002, S. 4]) mit dem Ziel, „verborgenes Potenzial in der Lieferkette zu erschließen" [Affe2002, S. 13]. Insofern können Supply Chains (SC) als eine wichtige Teilmenge der schon zuvor beschriebenen Wertschöpfungsnetze beschrieben werden, wobei das SCM dabei den Teilbereich des Wertschöpfungsnetzmanagements umfasst, in dem es um den Fluss von Leistungsobjekten zwischen den Wertschöpfungspartnern geht. Aktivitäten in diesem Teilbereich umfassen Planung, Produktdesign und -entwicklung, Beschaffung, Produktion, Zusammenbau, Transport, Lagerung, Distribution und Service. Dabei kommt SCM in vier Ebenen zum Einsatz (vgl. [Harl1996, S. 64]):

- Unternehmensintern: Optimierung der Güter- und Informationsströme zwischen den Unternehmensbereichen.

---

[23] Die Wirkungsweise des SCM lässt sich anhand einer Analogie zur Leichtathletik verdeutlichen: Während die Weltrekordzeit im 100 m-Sprint derzeit bei 9,78 Sekunden liegt, schaffte die schnellste 4 x 100 m-Staffel eine Zeit von 37,4 Sekunden. Der durchschnittliche Wert beträgt damit 9,35 Sekunden. Die Ursache liegt im fliegenden Start begründet. Der nachfolgende Staffelläufer beschleunigt bereits vor Stabübergabe auf die Geschwindigkeit des Vorläufers. Einen ähnlichen Effekt erzielt ein effektives Supply Chain Management. Es forciert die Schaffung von Transparenz entlang der Prozesse sowie die Beschleunigung der Material- und Informationsflüsse (vgl. [Wild2002, S. 502]).

- Dyadisch: Management von direkten Lieferanten in einer dyadischen Struktur.
- Lieferkette: Das Management der Lieferkette vom Rohstofflieferanten bis zum Endkunden.
- Liefernetzwerk: Das Management eines kompletten Liefernetzwerkes, das alle Partner umfasst, die zur Herstellung und Lieferung eines Produktes an den Endkunden beteiligt sind.

Von den vier Ebenen sind bezogen auf diese Arbeit insbesondere die dyadische sowie die Ebene des gesamten Liefernetzwerks von Interesse, wobei sich die Ausführungen auf die strategischen Aspekte dieser Betrachtungsebenen konzentrieren. In diesem Zusammenhang kann auch von strategischen Liefernetzen (vgl. bspw. [Müss2007, S. 41ff.]) gesprochen werden, die analog zu der Beziehung zwischen Wertschöpfungsnetzen und Liefernetzen eine Teilmenge der bereits oben definierten strategischen Netzwerke darstellen.

Grenzt man die inhaltlichen Bereiche des SCM ab, ist unter dem Gesichtspunkt der vorliegenden Thematik insbesondere der Teilbereich des SCM von Interesse, der sich mit dem Controlling der Schnittstelle zwischen den Unternehmen beschäftigt. Für eine Einführung des Terminus Controlling wird in diesem Zusammenhang auf die in der wissenschaftlichen Literatur etablierte Definition von Horváth verwiesen. Nach dieser ist „Controlling – funktional gesehen – dasjenige Subsystem der Führung, dass Planung und Kontrolle sowie Informationsversorgung systembildend und systemkoppelnd ergebniszielorientiert koordiniert und so die Adaption und Koordination des Gesamtsystems unterstützt“ [Horv2001, S. 153].

Im Kontext der Liefernetze hat der auch als Supply Chain Controlling (SCC) bezeichnete Teilbereich des SCM somit eine geeignete Planung und Kontrolle des Liefernetzes durch Bereitstellen von Methoden und Konzepten zum Ziel. Zweck aller darunter zu subsumierenden Konzepte ist eine ergebniszielorientierte Koordination der Abläufe in Liefernetzen. Im Kontext dieser Arbeit dient das SCC der Entwicklung des Gestaltungsansatzes situativer Wertschöpfungsnetze als Anhaltspunkt für die Identifikation geeigneter Merkmale. Empirisch überprüfte Ergebnisse des SCC und geeignete Literatur in diesem Themenkomplex können im Folgenden dabei helfen, die zu identifizierenden Merkmale zu validieren.

Hauptanliegen aktueller Ansätze im Kontext überbetrieblicher Zusammenarbeit ist die Analyse von Supply Chains. Wie allerdings in Abschnitt 3.1.1 gezeigt, existieren eine ganze Reihe verschiedener Netzwerkformen, die aufgrund der sie konstituierenden Merkmale zum Teil erheblich von den Strukturprinzipien des Liefernetzes abweichen. So bedürfen zeitlich begrenzte Netzwerke und Entwicklungspartnerschaften eines anderen Ansatzes als Liefernetzwerke. Aber auch Betrachtungen letzterer sind stark davon abhängig, welches Produkt tatsächlich zu analysieren ist und müssten hier differenzieren (vgl. [ZeMe2004, S. 19]). Darüber hinaus sind viele Unternehmen nicht nur Teil verschiedener Liefernetze, sondern partizipieren auch gleichzeitig in unterschiedlichen Netzwerkarten mit abweichenden Zielsetzungen. In der Automobilindustrie ist es bspw. üblich, sowohl in einem Produktions- als auch in einem Entwicklungsverbund integriert zu sein.

Mit dem Ziel innerhalb dieser Arbeit einen möglichst allgemeingültigen Gestaltungsansatz für situative Wertschöpfungsnetze zu entwickeln, wird daher, trotz der offensichtlichen Nähe insbesondere des SCM zu der vorliegenden Thematik, auf das übergreifende Konzept der Wertschöpfungsnetze fokussiert. Dabei werden jedoch im Folgenden auch geeignete Ansätze des SCM berücksichtigt.

Abschließend lässt sich der in dieser Arbeit betrachtete Bereich der situativen Wertschöpfungsnetze als Spezialisierung der Gesamtmenge der Wertschöpfungsnetze einordnen, erweitert diesen Themenkomplex dabei jedoch um eine ausgeprägte Kundenperspektive. Das Management der Teilmenge „Liefernetz" im Rahmen des SCM ist ein im Rahmen des zu entwickelnden Gestaltungsansatzes nicht zu vernachlässigender Teilbereich. Dabei wird, wann immer sinnvoll, auf die einschlägige Literatur dieses Teilbereichs zurückgegriffen.

Der folgende Abschnitt dient der Darstellung von Konzepten der Individualisierung mit dem Ziel, auch für dieses Themengebiet einen geeigneten konzeptuellen Rahmen zu schaffen. Dieser wiederum dient in Verbindung mit den hier entwickelten Grundlagen situativer Wertschöpfungsnetze im weiteren Verlauf der Arbeit dazu, eine Selektion der für die Gestaltung situativer Wertschöpfungsnetze relevanten Merkmale durchzuführen.

3.2 Individualisierung von Produkten

Die folgende Abb. 13 veranschaulicht das Vorgehen bei der Erarbeitung von Begriffen und Konzepten im Bereich der Individualisierung von Produkten.

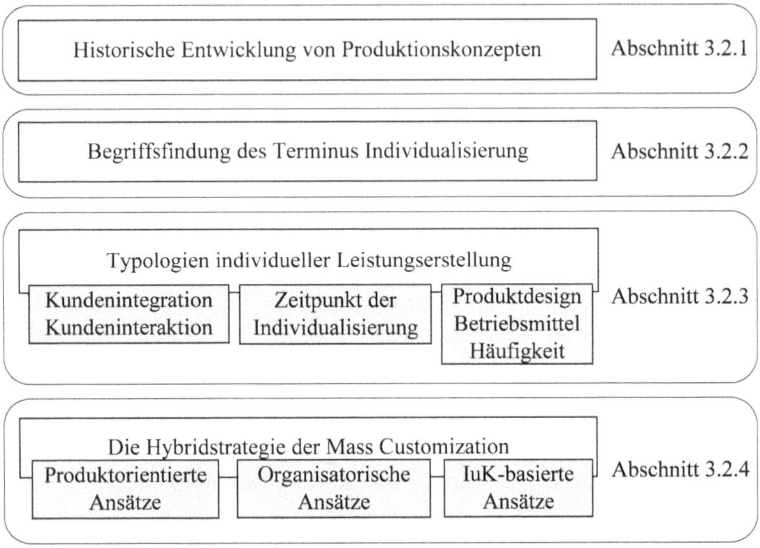

Abb. 13: Vorgehen bei der Konzeptbildung im Bereich Individualisierung von Produkten

Zunächst wird in Abschnitt 3.2.1 die historische Entwicklung von Produktionskonzepten von der Massenproduktion bis hin zur individualisierten Leistungserstellung dargestellt. Aufgrund der Nähe des Strategiekonzepts der Individualisierung mit dem der kundenindividuellen Massenproduktion (Mass Customization)[24] ist die Darstellung der Entwicklung von Produktionskonzepten zugleich eng verflochten mit der Darstellung der Entwicklung hin zum Strategiekonzept der kundenindividuellen Massenproduktion. Dabei muss jedoch klar zwischen den beiden Strategiekonzepten unterschieden werden können, was eine sorgfältige Definition sowie Ausdifferenzierung beider Strategiekonzepte (Individualisierung und kundenindividuelle Massenproduktion) erforderlich macht. Dieser Aufgabe wird in Abschnitt 3.2.2 zunächst durch eine Begriffsfindung des Terminus Individualisierung nachgegangen. Weiter ausdifferenziert wird der Individualisierungsbegriff in Abschnitt 3.2.3 durch eine Darstellung der in der wissenschaftlichen Literatur verbreitetesten Ansätze zur Typologisierung individueller Leistungserstellung. Das Strategiekonzept der kundenindividuellen Massenproduktion wird abschließend in Abschnitt 3.2.4 ausführlich dargestellt.

[24] Auf das Konzept der Mass Customization wird in Abschnitt 3.2.4 vertiefend eingegangen.

3.2.1 Historische Entwicklung von Produktionskonzepten

Die folgende Abb. 14 visualisiert die Entwicklung sich verändernder Markt- und Leistungsanforderungen der letzten Jahrzehnte.

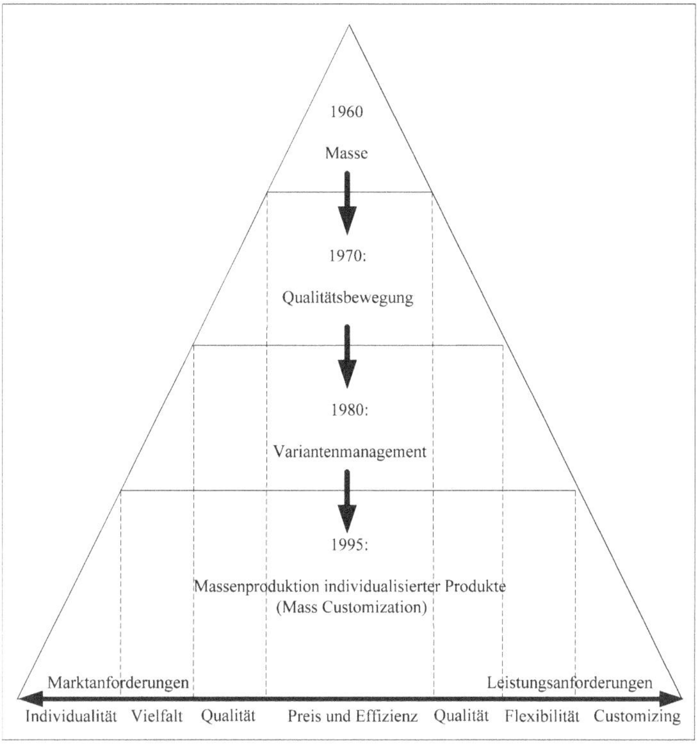

Abb. 14: Entwicklung der Markt- und Leistungsanforderungen (vgl. [Pill1998, S. 52])

Die Massenproduktion ist insbesondere durch konsequente Arbeitsteilung bei der Produktion eines Gutes, hohe Standardisierung von Produkten (später ergänzt durch die Austauschbarkeit von Bauteilen), den Fokus auf die Fertigungsverfahren sowie ein streng hierarchisches Organisationsmodell zur exakten und konsistenten Überwachung der Arbeitsprozesse charakterisiert (vgl. [PiSa1985, S. 3ff.], [ViBo1998, S. 51][25].

[25] Das populärste Beispiel für diese massenhafte, maschinelle Produktion homogener Güter ist sicherlich die durch Henry Ford eingeführte Fließbandproduktion für das Modell T (vgl. [Pine1993b]).

Die Massenproduktion ist durch hohe Investitionen in Fertigungsstraßen geprägt, die eigens für die Produktion relativ weniger Produkte entworfen wurden. Sie kann als wichtiger Meilenstein einer Entwicklung zur Produktivitätssteigerung der Produktion angesehen werden, die bereits im Jahre 1776 mit Veröffentlichung der Ideen zur Arbeitsteilung durch Adam Smith [Smit2006] in seinem berühmten Werk „Der Wohlstand der Nationen“ begann und in den folgenden Jahren unter anderem von Frederick Winslow Taylor im Rahmen des durch ihn geprägten Taylorismus[26] weiterentwickelt wurde.

Bereits im Jahre 1970 prognostizierte Toffler [Toff1970], auf Basis der soziologisch beschriebenen Bewegung hin zur Individualisierung von Personen, eine aus dieser abzuleitende immer stärkere Fragmentierung von Produkten und Dienstleistungen. Er argumentierte, dass sich das Angebot an Produkten letztendlich dem soziologischen Trend der Individualisierung durch immer bedürfnisgerechtere, also individuellere, Produkte und Dienstleistungen orientieren müsse (vgl. [Toff1970, S. 21ff.]).

Diese Gedanken griff Davis 1987 auf, in dem er ausgehend von technologischen Innovationen von Computern, Telekommunikation, Robotik und flexiblen Fertigungssystemen, das Konzept der Mass Customization einführte (vgl. [Davi1987])[27]. Mit Hilfe des technologischen Fortschritts sollte es nach Davis nun möglich sein, Produkte gemäß individueller Kundenbedürfnisse in weiterentwickelten Massenproduktionssystemen kostengünstig herzustellen. Er sah damit den traditionellen Widerspruch von geringen Produktionsmengen bei hohen Stückkosten der kundenindividuellen Einzelfertigung (Customization) und großen Produktionsmengen bei geringen Stückkosten der Massenproduktion (Mass Production) aufgehoben und wählte daher mit dem Begriff der Mass Customization ein Oxymoron der beiden Produktionssysteme für sein Konzept.

Zunächst entstanden jedoch, u.a. ausgelöst durch Erfahrungen aus japanischen Unternehmen und neuer Möglichkeiten der IuK Technologie, zahlreiche weiterentwickelte Fertigungskonzepte wie bspw. Flexible Specialization, Modern Manufacturing, Lean Production und Agile Manufacturing. Deren Ziel war es, Faktoren wie Variabilität, Qualität und Flexibilität der Produktion bei gleichzeitiger Senkung der Durchlaufzeiten und Stückkosten zu erhöhen (vgl. bspw. [Youn1992, S. 5ff.]).

---

[26] Von einer mechanistisch ausgehenden Betrachtung der Arbeiter als Produktionselemente versuchte Taylor, die Betriebsabläufe ausgehend von rein rationalen, wissenschaftlichen Gesichtspunkten neu zu strukturieren. Ergebnis seiner Arbeit sind bspw. die als „vier Grundprinzipien des Taylorismus“ bekannt gewordenen Regeln, die u.a. eine Trennung von Hand- und Kopfarbeit, die Bearbeitung auf Basis präziser Anleitungen, eine hohe Arbeitsteilung sowie einen monetären Einsatz als Motivationsfaktor vorsehen.

[27] Eine vertiefende Betrachtung der Mass Customization findet in Abschnitt 3.2.4 statt.

Pine (vgl. [Pine1991]) griff, inspiriert durch die Arbeit von Davis [Davi1987], in seiner Master Thesis das Konzept der Mass Customization auf. Gestützt durch Ergebnisse einer empirischen Untersuchung, die eine Zunahme an Marktturbulenzen und Variantenvielfalt sowie die Interdependenz beider Trends aufzeigt, erklärte Pine das Zeitalter der Massenproduktion für beendet und empfahl Unternehmen, die noch weiterhin erfolgreich im Wettbewerb agieren wollen, das Konzept der Mass Customization. Seit den ersten Veröffentlichungen zu dem Konzept der kundenindividuellen Massenproduktion, auf welches innerhalb dieses Abschnittes noch vertiefend eingegangen wird, hat die Mass Customization zunächst in der wissenschaftlichen Literatur erhebliche Bedeutung erlangt, mittlerweile aber auch in der Industrie langsam aber stetig Einzug gehalten (vgl. bspw. [Gras2006, S. 13], [Pill2006]).

Ein wesentlicher Ansatzpunkt der Idee der Mass Customization ist die Verknüpfung der Vorteile einer massenhaften Fertigung (wie bspw. Mengen- und Lerneffekte) mit denen eines individuellen Produktangebotes (vgl. [Pill1998, S. 14ff.]). Somit bildet die Individualisierung von Produkten den Auslöser, der wirtschaftlich sinnvoll durch Lösungsansätze im Bereich der Mass Customization umgesetzt werden kann[28].

Diese Auffassung determiniert das weitere Vorgehen. Zunächst werden der Begriff der Individualisierung sowie die für diese Arbeit relevante Typologien individueller Leistungserstellung dargestellt. Darauf aufbauend wird dann vertiefend auf das Strategiekonzept der Mass Customization eingegangen. Der Fokus der Betrachtung liegt dabei auf den durch das Konzept angebotenen Lösungsansätzen zur Realisierung einer kundenindividuellen Massenproduktion.

3.2.2 Begriffsfindung

Ursprünglich stammt der Begriff der Individualisierung aus der Soziologie und bezeichnet einen mit der Industrialisierung und Modernisierung der westlichen Gesellschaften einhergehenden Prozess des Übergangs eines Individuums von der Fremd- zur Selbstbestimmung [Kron2006, S. 2]. Ein Nachschlag im Duden erklärt das Verb „individualisieren" als „die Individualität eines Gegenstands bestimmen; das Besondere, Einzelne, Eigentümliche [einer Person, eines Falles] hervorheben" [Dude2001].

Aus Sicht des Anbieters einer Leistung kann unter Individualisierung eine strategische Option der Marktbearbeitung verstanden werden. Hierbei wird der strategische Entscheidungsspielraum der Marktbearbeitung durch ein Spannungsfeld geformt, welches durch die Gegenpole Standardisierung und Individualisierung aufgespannt wird (vgl. [Hild1997, S. 22ff.],

---

[28] Auf den Zusammenhang zwischen der hier betrachteten Individualisierung und dem Konzept der Mass Customization wird in Abschnitt 3.2.4 vertiefend eingegangen.

[Maye1993, S. 35ff.]). Zwischen den beiden Extrempunkten existieren einige Mischformen, die sowohl durch individualisierte als auch standardisierte Elemente gekennzeichnet sind. Je nachdem, wie groß die jeweiligen Anteile sind, ergibt sich ein mehr oder weniger starker Grad an Individualisierung bzw. an Standardisierung.

Aus Sicht des Nachfragers einer Leistung kann unter Individualisierung die weitestgehende Anpassung einer Leistung an die individuelle Präferenzstruktur verstanden werden. Diese Präferenzstruktur bezeichnet dabei die Vorstellung eines Käufers bzgl. einer Kombination von Leistungseigenschaften (bzw. der Ausprägungen dieser), die seinen Idealpunkt einer „optimalen Leistung" kennzeichnet (vgl. [Pill1998, S. 78ff.]). Um die Ziele der Individualisierung in Form von Differenzierungsoption und Beziehungsoption möglichst effizient zu adressieren, werden in der Regel lediglich diejenigen Leistungskomponenten individualisiert, die für die Präferenz des Nachfragers bedeutend sind und ansonsten auf standardisierte Leistungskomponenten zurückgegriffen (vgl. [WeWi1997, S. 124])[29] .

3.2.3 Typologien individueller Leistungserstellung

Für Unternehmen bedeutet die Anpassung an individuelle Kundenbedürfnisse und folglich das Angebot individueller Produkte eine komplexe und herausfordernde Aufgabe. Sicherlich nicht zuletzt wird diese Tatsache durch die zahlreichen wissenschaftlichen Veröffentlichungen zu Begriffen und Konzepten einer individualisierten Leistungserstellung bzw. kundenzentrischen Ausrichtung der Unternehmen und ihres Leistungserstellungsprozesses deutlich. Aufarbeitungen und Übersichten hierzu finden sich bspw. bei Piller [Pill2006, S. 203], Schnäbele [Schn1997, S. 3] und Hildebrand [Hild1997, S. 36ff.].

Für die Schaffung eines weitergehenden Begriffsverständnisses ist daher die Abgrenzung und Strukturierung der Konzepte im Sinne einer Typologisierung notwendig (vgl. [Hild1997, S. 36]).

Es existieren zahlreiche unterschiedliche Typologien, die mit zum Teil variierenden Dimensionen den Alternativenraum von Konzepten individueller Leistungserstellung zu beschreiben versuchen [Scha2003, S. 10]. Die folgende Tab. 13 führt die in der Diskussion etablierten Typologien sowie die jeweilige Referenzliteratur (zum Teil aus dem Umfeld der Mass Customization) auf.

---

[29] Es sei an dieser Stelle angemerkt, das Individualisierung in dieser Arbeit nicht ausschließlich an der Schnittstelle zwischen Unternehmen und Endkunde (B2C) mit Blick auf das Endprodukt betrachtet wird, sondern zugleich als ein sich entlang des Wertschöpfungsnetzes fortpflanzender Prozess dargestellt werden kann. Dabei ist der Grad an Individualisierung entlang des unternehmensübergreifenden Wertschöpfungsprozesses unterschiedlich stark ausgeprägt und führt zu Produkten, die im Sinne der o.a. Mischformen sowohl durch individualisierte als auch durch standardisierte Elemente gekennzeichnet sein können.

Dimensionen	Referenzliteratur
Individualisierungsgrad / Bedürfnisbefriedigung des Kunden durch Individualisierung	[PiGi1997]
Individualisierungsgrad der Leistung / Individualisierungsgrad der Anbieter-Nachfrager-Beziehung	[Hild1997], [LiHi1997]
Individualisierungszeitpunkt / Typ der Modularisierung	[DWMB2000]
Individualisierungszeitpunkt (Position im Produkterstellungsprozess)	[DWMB2000], [LaMi1996], [Pine1993], [RePi2002]
Produktdesign / eingesetzte Betriebsmittel / Häufigkeit der Produktion	[MaBB2003]

Tab. 13: Typologien der Individualisierung

Im Folgenden werden die aus Sicht der Thematik relevantesten Typologien eingeführt. Dabei wird in Abschnitt 3.2.3.1 mit Blick auf den Abnehmer der individualisierten Leistung zwischen dem Individualisierungsgrad der Leistung und dem Individualisierungsgrad der Anbieter-Nachfrager-Beziehung differenziert. Abschnitt 3.2.3.2 führt dann eine Typologie hinsichtlich des Individualisierungszeitpunktes ein, Abschnitt 3.2.3.3 rückt mit einer Typologie nach Produktdesign, eingesetzten Betriebsmitteln und der Produktionshäufigkeit das produzierende Unternehmen stärker in den Fokus.

Aufbauend auf den darzustellenden Typologien wird das Konzept der Mass Customization vertiefend betrachtet. Der Fokus wird dabei auf den Lösungsansätzen liegen, die innerhalb dieses Konzeptes für eine Synthese der Vorteile von Produktindividualisierung und massenhafter Fertigung erarbeitet wurden.

3.2.3.1 Typologie hinsichtlich Kundeninteraktion/Kundenintegration

Eine im deutschsprachigen Raum verbreitete und empirisch überprüfte Typologie beschreibt unterschiedliche Individualisierungskonzepte anhand der Dimensionen „Individualisierungsgrad der Anbieter-Nachfrager Beziehung“ sowie „Individualisierungsgrad der Leistung“ [Hild1997, S. 41ff.]. Abb. 15 visualisiert diesen Ansatz.

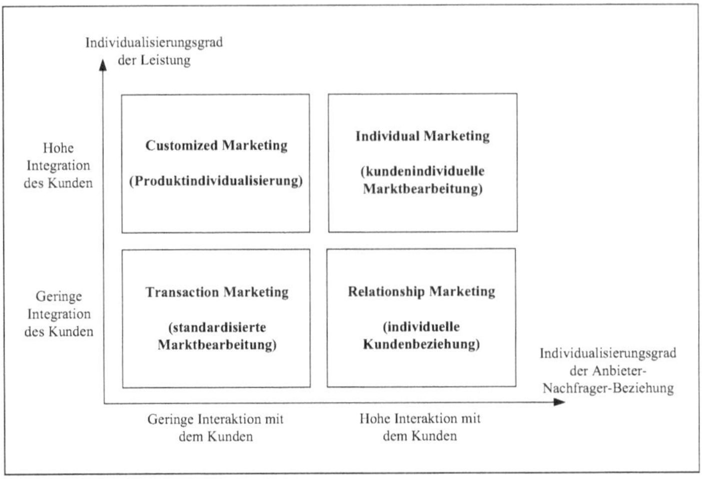

Abb. 15: Strategische Optionen der Marktbearbeitung (vgl. [LiHi1997, S. 17])

Die Dimension Individualisierungsgrad der Anbieter-Nachfrager Beziehung beschreibt die Interaktion mit dem Kunden vor und während der Produkterstellung. Die beiden Extreme dieser Dimension sind einerseits eine hohe Interaktion mit dem Kunden auf Basis einer langfristigen Kunden-Lieferanten Beziehung sowie zum anderen eine ad-hoc Anfrage zu einem bestimmten Produkt. Ziel einer hohen Interaktion mit dem Kunden ist es, neben den offensichtlichen betriebswirtschaftlichen Vorteilen einer engen Kundenbeziehung, den Individualisierungsprozess durch die Gewinnung von verlässlichen Daten, Informationen und Wissen über den Kunden zu optimieren (vgl. [Hild1997, S. 42]). Relevante Informationen hierbei sind individuelle Präferenzen des Käufers hinsichtlich bspw. des Preises, der Qualität, spezifischer Produktmerkmale oder Bestellmengen.

Die Dimension des Individualisierungsgrades der Leistung beschreibt die Integration des Kunden bzw. die Integrationsfähigkeit des Kunden in die Prozesse des Anbieters. Dabei hängt der Individualisierungsgrad eines Produktes stark von dem Umfang und der Möglichkeit der Kundenintegration in den Produkterstellungsprozess ab. Mit zunehmender Integration des Kunden in den Produkterstellungsprozess ist ein zunehmender Individualisierungsgrad des Produktes möglich. Anders ausgedrückt ermöglicht eine zunehmende Kundenintegration erst durch zunehmend individuelle Produkte die Bedürfnisse des einzelnen Kunden besser zu erfüllen (vgl. [Hild1997, S. 43]). Bei Abnahme der Integration des Kunden in die Prozesse des Anbieters verliert der Kunde zunehmend die Möglichkeit, Einfluss auf die Prozesse des Anbieters zu nehmen. Entscheidend sind hierbei zwei Faktoren: die Intensität des Einflusses auf die Prozesse des Anbieters sowie der Zeitpunkt im Produkterstellungsprozess, in welchem der Kunde auf die Prozesse des Anbieters bezüglich einer Individualisierung einwirkt. Hinsichtlich des Zeitpunktes ist insbesondere der Punkt im Produkterstellungsprozess von Interesse, an dem aus dem anonymen Produkt ein kundenindividuelles Produkt wird. Hierbei handelt es sich um den so genannten Kundenentkopplungspunkt (KEP)[30], dessen Positionierung in verschiedenen Szenarien als entscheidender Bestandteil einer erfolgreichen Individualisierung in der wissenschaftlichen Literatur diskutiert wird (vgl. bspw. [MaTo1999, S. 13], [WiRu2005, S. 623ff.], [Zäpf1996, S. 89], [Heis2002, S. 18]).

Auf Basis der genannten Dimensionen definiert Hildebrand vier Grundtypen individueller Marktbearbeitung. Hohe Interaktion mit dem Kunden und eine gleichzeitig hohe Integration des Kunden in den Produkterstellungsprozess ermöglichen eine kundenindividuelle Marktbearbeitung. Andersherum erfordert eine ebensolche aber auch die Möglichkeit des Unternehmens, den Kunden möglichst früh in den Produkterstellungsprozess zu integrieren sowie über langfristige Kundenbindungen möglichst viel an Informationen, Wissen und Daten des Kunden zu gewinnen.

Nimmt die Bindungsdauer der Kunden-Lieferanten Beziehung bei konstanter Kundenintegration ab, spricht Hildebrand von Produktindividualisierung. Ein Produkt wird für einen im Extremfall unbekannten Kunden in einer frühen Phase des Produktentstehungsprozesses individualisiert (vgl. [Hild1997, S. 43]). Da nur begrenzt Wissen über den jeweiligen Kunden vorliegt, ergeben sich bei diesem Individualisierungstyp eine Reihe von Herausforderungen. Beispielhaft sei hierfür die Möglichkeit fehlender Informationen über exakte Bestellmengen einer speziellen Produktvariante genannt. Sind entsprechende Bauteile für das kundenindividuelle Produkt nicht ad-hoc lieferbar bzw. produzierbar, kann sich diese fehlende Information in einer längeren Lieferzeit (time to customer) ausdrücken.

Eine individuelle Kundenbeziehung liegt hingegen vor, wenn eine geringe Kundenintegration mit einer hohen Kundeninteraktion einhergeht. Durch die geringe Integration des Kunden reduziert sich tendenziell der mögliche Individualisierungsgrad der Leistung (da der Kunde weniger stark bzw. erst später Einfluss auf die Produktgestaltung hat). Gleichzeitig liegen aber aufgrund der hohen Kundeninteraktion Informationen und Daten über den jeweiligen Kunden vor.

Ist sowohl die Kundenintegration als auch die Kundeninteraktion als gering einzustufen, spricht Hildebrand von einer standardisierten Marktbearbeitung (vgl. [Hild1997, S. 43]). Bei dieser Form sind die Möglichkeiten für eine Produktindividualisierung eher gering und es kann mehr von einer Differenzierung (bspw. nach Marktsegmenten, Kundengruppen etc.) als von einer Individualisierung gesprochen werden.

[30] Eine ausführliche Darstellung des Kundenentkopplungspunktes findet sich in Abschnitt 3.2.3.2.

3.2.3.2 Typologie hinsichtlich des Individualisierungszeitpunktes

Mit dem Ziel, kundenindividuelle Produkte mit Preisen und Lieferzeiten anzubieten die denen einer massenhaften Produktion nahe kommen, sind eine Reihe von Ansätzen entstanden, welche die Anforderungen des Käufers mit den Fähigkeiten des Unternehmens in Einklang bringen sollen. Eine Möglichkeit dies zu erreichen ist es, die zur Erstellung eines Produktes erforderlichen Prozesse in eine Phase vor und eine Phase nach Individualisierung eines Produktes einzuteilen. Diese als Kundenentkopplungspunkt (KEP) bezeichnete Stelle markiert dabei den Zeitpunkt während des Produkterstellungsprozesses, ab dem die Aufträge bestimmten Kunden zugeordnet werden können. Vor dem KEP wird kundenanonym aufgrund von Prognosen geliefert bzw. produziert, dahinter kundenauftragsbezogen (vgl. [Beck2004, S. 33], [HaAl2000, S. 112])[31]. Bichler und Schröter definieren den Kundenentkopplungspunkt vergleichbar: „Der OPP [Order Penetration Point (Anm. d. Autors)] ist der Punkt auf der Wertschöpfungskette, bei dem ein spezifischer Kundenauftrag einfließt" [BiSc2000, S. 242].

Der KEP bestimmt somit den Grad der Orientierung der Produktion an den kundenindividuellen Bedürfnissen und kennzeichnet die Schwelle vom Push- zum Pull-Prinzip. Als antizipative (prognosebasierte) Prozesse werden dabei die Vorgänge bezeichnet, die in der Phase vor Auftragseingang liegen, reaktive (auftragsbasierte) Prozesse sind solche, die erst bei Vorliegen eines konkreten Kundenauftrags durchgeführt werden. Die Abfolge bei der Produkterstellung reicht von den antizipativen Prozessen über den KEP hin zu den reaktiven Prozessen. Der KEP selbst dient hierbei häufig auch als Ort der Lagerhaltung, an welchem der Bestellauftrag (evtl. auch an die eigene Produktion) aufgegeben wird (vgl. [Schw1997, S. 12ff.]. Bis zum KEP findet eine autonome Disposition des Anbieters statt. Der einzelne Kundenauftrag wird entsprechend nicht berücksichtigt. Auf diese Weise wird das am Kundenentkopplungspunkt verfügbare Leistungspotenzial definiert, welches innerhalb der auftragsbasierten (Leistungserstellungs-) Prozesse in das kundenbezogene Leistungsergebnis überführt wird.

[31] Der angesprochene Übergang von der anonymen zur kundenbezogenen Fertigung ist in der Literatur mit einer Vielzahl an Begriffen belegt. So finden sich bspw. die Bezeichnungen „Variantenbestimmungspunkt" [Pill2006], „Entkopplungspunkt" [Pill2006], „Freeze-Point" [HaAl2000, S.112], „(optimaler) Vorfertigungsgrad" [Zäpf1996, S.89], „Punkt der Auftragsspezifizierung" [Heis2002, S.18], „Order Penetration Point (OPP)" oder „Decoupling Point" (vgl. bspw. [MaTo1999, S.13]). Innerhalb dieser Arbeit wird ausschließlich der Begriff Kundenentkopplungspunkt verwendet.

Die folgende Abb. 16 veranschaulicht den beschriebenen Sachverhalt (vgl. [Hild1997, S. 33]).

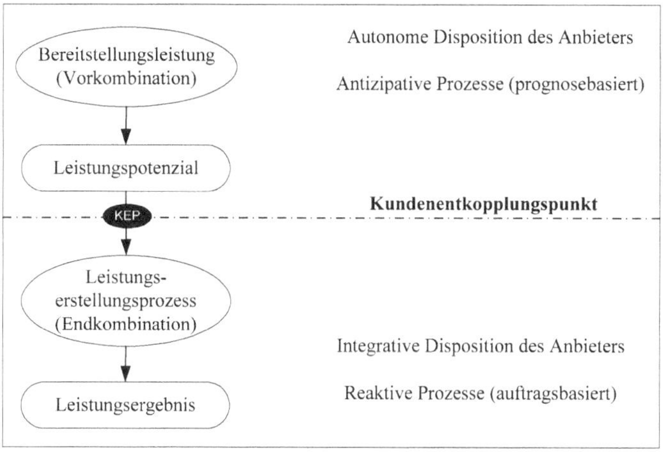

Abb. 16: Phasen der X-to-order-Produktion (vgl. [Hild1997, S. 33])

In der ersten Phase werden auftragsunabhängig Vorleistungen unter Ausnutzung von Skaleneffekten erstellt. Liegt ein konkreter Kundenauftrag vor, werden die Vorleistungen unter Berücksichtigung der durch den Kunden gewählten Individualisierungsoptionen zu einer Endleistung zusammengeführt (vgl. [Swam2001, S. 127ff.]).

Da die Erstellung einer kundenindividuellen Endleistung erst nach Auftragseingang erfolgt, sprechen zahlreiche Autoren von einer X-to-order-Produktion (vgl. bspw. [RePi2002, S. 29f.], [BrMc2004], [Gras2006, S. 20]). Dabei bezeichnet der Buchstabe X innerhalb des Begriffs den Punkt in der (über-)betrieblichen Wertschöpfungskette, an dem der KEP positioniert ist und kann somit als Maßstab für den Grad der Individualisierung der Leistung angesehen werden. Andere Autoren (insbesondere im Umfeld der zuvor betrachteten Unternehmensnetze) verwenden zum Teil abweichende Bezeichnungen und integrieren u.a. auch die Lieferkette in die Betrachtung (vgl. bspw. [Beck2004, S. 35], [MaTo1999, S: 13], [Delf1999, S. 364f.]). Grundsätzlich wird mit der Bezeichnung jedoch einheitlich das durch die Lage des KEPs abzuleitende Produktionskonzept verstanden. Dieses kann, insbesondere auch aufgrund des zwischen den Konzepten variierenden Integrationsgrades der Kunden, auch als Individualisierungskonzept bzw. Individualisierungsgrad verstanden werden.

Die folgende Abb. 17 visualisiert die Individualisierungskonzepte in Abhängigkeit von der Lage des KEP. Im Folgenden wird vertiefend auf die Darstellung eingegangen.

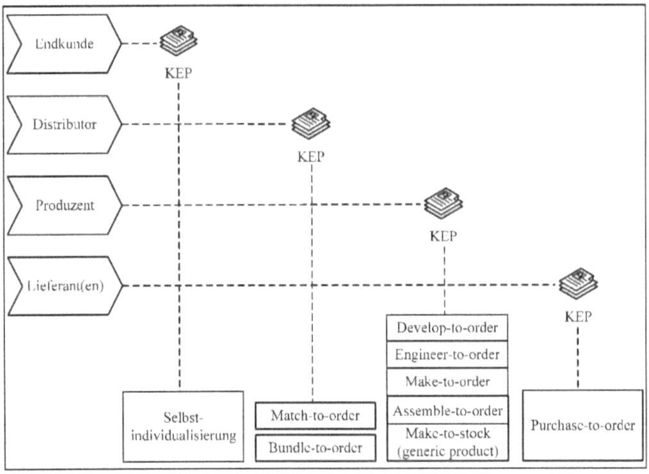

Abb. 17: Positionierung des Kundenentkopplungspunkts

Auf der vertikalen Achse sind die möglichen, an einer Wertschöpfung beteiligten Partner aufgeführt. Dabei ist zu beachten, dass insbesondere die Distributionsaufgabe sowohl von einem externen Partner als auch (zum Teil gleichzeitig) von dem produzierenden Unternehmen selbst durchgeführt werden kann. Für die Bezeichnung des durch die dortige Lage des KEP abgeleiteten Individualisierungskonzepts spielt dies hier keine Rolle.

Die horizontale Achse führt die unterschiedlichen, von der Position des KEP abhängigen, Typen von Individualisierungskonzepten auf. Hierbei sind jeweils die Individualisierungskonzepte zu einem Block zusammengefasst, die bei dem jeweils gleichen Wertschöpfungspartner angesiedelt sind. Bspw. sind die Typen Match-to-order und Bundle-to-order innerhalb der Distribution anzusiedelnde Individualisierungskonzepte. Innerhalb eines Blocks können die Typen durch die intraorganisationale Lage des KEP differenziert werden.

Im Fall der Selbstindividualisierung findet die Individualisierung einer Leistung erst im letzten Moment beim Kunden selbst statt. Hier kann noch nicht von einer auftragsbezogenen Leistungserstellung gesprochen werden. Der Kunde erhält eine massenproduzierte Standardleistung, die eine Vielzahl an Individualisierungsoptionen integriert hat und erst während der Nutzung durch den Kunden selbst individualisiert wird. Mobilfunkgeräte sind ein Beispiel für eine solche Leistung, da der Kunde diese zur Nutzungszeit gemäß seinen individuellen Präferenzen, bspw. in der Signalisierung von Anrufen oder der Gestaltung der Benutzeroberfläche, anpassen kann (vgl. [Gras2006, S. 22]).

Bei der Distribution können kundenindividuelle Leistungen durch die individuelle Bündelung von Standardleistungen (Bundle-to-oder) oder den kundenindividuellen Abgleich bzw. der Lokalisierung von vorhanden variantenreichen Standardleistungen (Match-to-order) angeboten werden. Dieses auch als Soft Customization bekannte Individualisierungkonzept basiert im Wesentlichen darauf, dass eine Individualisierung nicht in der Produktion vorgenommen wird, sondern der Kunde diese selbst gestalten kann (vgl. [Pill2001, S. 251]). Hierzu zählt auch die zuvor erläuterte Selbstindividualisierung. Ein aktuelles Beispiel für das Konzept Bundle-to-order findet sich bei dem Unternehmen mymuesli.com[32]. Hier kann der Kunde auf Basis einer Vielzahl an Bestandteilen sein individuelles Produkt (Müsli) am Point-of-sale selbst zusammenstellen.

Die aus der Positionierung des KEP innerhalb des produzierenden Unternehmens resultierenden Individualisierungskonzepte sind die sicherlich bekanntesten und zugleich variantenreichsten. Je nachdem an welcher Stelle der innerbetrieblichen Wertschöpfungskette der KEP positioniert wird, resultieren verschiedene Individualisierungskonzepte mit entsprechend variierenden Bezeichnungen.

Im Fall der Fertigung auf Lager (Make-to-stock) wird das Grundprodukt prognosegetrieben auf Lager gefertigt. Erst nach konkretem Kundenwunsch erfolgt eine kundenauftragsbezogene Komplettierung. Die auftragsbezogene Endmontage (Assemble-to-order) ist dagegen dadurch gekennzeichnet, dass der KEP innerhalb des Produktionsprozesses liegt. Haupt und Albach bezeichnen dieses Konzept auch als „vertikale Standardisierung“ bzw. „vertikale Segmentierung“ [HaAl2000, S. 112]. Die Vorfertigung standardisierter Komponenten erfolgt dabei auftragsneutral, ein Halbfertigproduktlager ist an der Stelle des KEP positioniert. Diese auch als Plattformstrategie bezeichnete Fertigungsart ist charakteristisch im Automobilbau. Plattformstrategie bedeutet dort, dass unter der Karosserie unterschiedlicher Modelle die gleichen Bauteile verwendet werden [WaNi2002, S. 129]. Werden vorgefertigte Baugruppen aus dem Halbfertigproduktlager zur Weiterverarbeitung entnommen, so wird, abhängig davon ob es sich um eigenerzeugte oder fremdbezogene Komponenten handelt, die Produktion bzw. Beschaffung dieser Teile ausgelöst [Thal2003, S. 69].

Im Fall des Make-to-order werden alle Fertigungsprozesse sowie nachgelagerte Prozesse erst durch den konkreten Kundenauftrag ausgelöst. Der KEP liegt vor dem ersten Produktionsprozess, die Beschaffungsaktivitäten werden weiterhin aufgrund von Prognosen ausgelöst. Die Individualisierungskonzepte Engineer-to-order und Develop-to-order gehen noch einen Schritt weiter und integrieren den Kunden in die Konstruktion der individuellen Leistung (Engineer-to-order) bzw. in die Entwicklung oder Ideensammlung (Develop-to-order).

Bei beiden genannten Konzepten erfolgt die auftragsbezogene Bearbeitung nicht erst ab der ersten Fertigungsstufe sondern bereits im Stadium der Produktentwicklung. Hier liegt der

---

[32] www.mymuesli.com

KEP am Ursprung der Logistikkette. Typisch für diese Fertigungsart ist der Anlagen- und Maschinenbau [Thal2003, S. 69].

Den am stärksten ausgeprägten Einfluss auf die Leistung hat der Kunde im Fall der auftragsbezogenen Beschaffung von Vorprodukten (Purchase-to-order). Dieses Individualisierungskonzept sieht einen umfassenden Kundenbezug in die Lieferkette vor, die Prozesse vom Lieferanten, über den Produzenten bis zum Distributor werden rein kundenauftragsbezogen durchgeführt.

Die Vision hinsichtlich zunehmender Individualisierung sieht einen noch weiterreichenden Einfluss des Kunden vor. Danach soll der Kundenauftrag Auslöser für die ad-hoc Konfiguration von Wertschöpfungsnetzen sein. Diese auch als „dynamischen Wertschöpfungsnetze" bezeichneten Netzwerke von Unternehmen sind bspw. nach Angeli dadurch geprägt, dass sie „[...] teilweise feste Strukturen besitzen und für konkrete Geschäftsopportunitäten situativ die benötigten Kompetenzen in das Netzwerk mit aufnehmen, also durch die Kombination autonomer Organisationseinheiten mit komplementären Kompetenzen entstehen" [Ange2002, S. 540].

Betrachtet man das sich auftragsindividuell bildende Wertschöpfungsnetz als eine Art virtuelles Unternehmen (wie es bspw. von Picot [PiRW1998] und Mertens [MeFa1996] vorgeschlagen wird) liegt der KEP hier schon bei der (virtuellen) Unternehmensgründung. Wie aus den bisherigen Ausführungen deutlich wurde, lässt sich auch die vorliegende Thematik dieser Sichtweise zuordnen. Dabei wird anstatt des durch Angeli geprägten Begriffs der „dynamischen Wertschöpfungsnetze" innerhalb dieser Arbeit allerdings der bereits eingeführte Begriff der „situativen Wertschöpfungsnetze" verwendet.

3.2.3.3 Typologie hinsichtlich Produktdesign, Betriebsmittel, Häufigkeit

McCarthy, Brabazon und Bramham [MaBB2003] differenzieren in der durch sie vorgeschlagenen Typologie die Dimensionen Produktdesign, Organisation der Betriebsmittel zur Auftragserfüllung sowie Häufigkeit der Produktion bestimmter Produkte. Diese sind in Tabelle Tab. 14 zusammenfassend dargestellt. Grundlage ihrer Einteilung sind die bei einer Individualisierung von Produkten relevanten Prozessschritte. Bei diesen differenzieren die Autoren dabei, abhängig vom jeweiligen Zeitpunkt der Bearbeitung, die Phasen „Per-order", „Pre-order", „Post-order" sowie „Fixed-capability" und „Modifiable-capability" (vgl. [MaBB2003, S. 298]). Ziel ihrer Typologie ist es, den Zusammenhang zwischen einer Individualisierungsstrategie und der diese Strategie unterstützenden Technologie (bspw. IuK-Technologie) aufzuzeigen.

<u>Dimension 1</u>: Produktdesign	Design ganzer Produktgruppen ohne Beteiligung einzelner Kunden	Entwicklung & Design von Produkten unter Berück-	Individuelles Produktdesign noch vor wiederholter

		sichtigung von Kundenwünschen	Auftragsvergabe
Dimension 2: Einsatz der Betriebsmittel	Festgelegter Einsatz der Betriebsmittel bei der Variantenfertigung	Flexible Organisation der Betriebsmittel nach Kundenauftrag	
Dimension 3: Verfügbarkeit des Produkts	Einmalige Produktion einer Produktvariante	Produktvariante mehrmals auf Abruf produzierbar	

Tab. 14: Charakteristika der Typologie nach MacCarthy et al.

Die erste Dimension bezieht sich auf den Zeitpunkt des Kundeneinflusses auf die Produktgestaltung und beschreibt die Möglichkeiten des Kunden, Einfluss auf das Produktdesign zu nehmen. Die Autoren differenzieren drei Varianten: Erstens das Design pro Produktkategorie, bei dem das Produktdesign noch vor Kundenauftrag abgeschlossen ist, zweitens die auftragsbezogene Situation, bei der das Design des Kundenprodukts zwischen der Auftragsannahme und der Auslieferung stattfindet und drittens die Produktbeziehung zwischen Kunde und Produkt, bei der das Design noch vor dem wiederholten Auftrag für den Kunden erfolgt.

Die zweite Dimension bezieht sich auf die Organisation der zur Auftragserfüllung eingesetzten Betriebsmittel. Im ersten Fall sind diese fix vorgegeben und so die Variationsmöglichkeiten bei der Produktion begrenzt. Im zweiten Fall gelten keine fixen Vorgaben, damit ergibt sich ein großes Spektrum an Variationsmöglichkeiten.

Die dritte Dimension beschreibt die Wiederholhäufigkeit der Produktion. Im ersten Fall wird ein spezifisches Produkt nur einmal produziert – die Wahrscheinlichkeit mehrerer Aufträge ist gering. Im zweiten Fall sind Produkte für einen größeren Markt konzipiert und auf Abruf produzierbar.

Die sich aus der Kombination dieser Dimensionen ergebenden zwölf Variationsmöglichkeiten von Individualisierung reduzieren MacCarthy et al. auf fünf aus Ihrer Sicht sinnvolle Varianten. Diese sind in der folgenden Abb. 18 visualisiert.

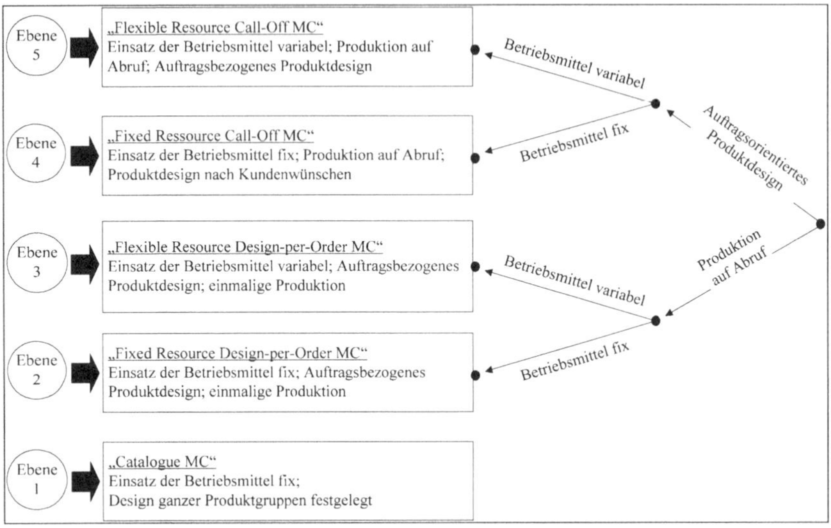

Abb. 18: Individualisierungstypen nach MacCarthy et al. (vgl. [AsPW2005, S. 5])

Die von den Autoren bei Einsatz fixer Betriebsmittel und dem Produktdesign ohne Kundenbezug entstehende Individualisierungsvariante bezeichnen MacCarthy et al. als „Catalogue MC“ (vgl. [MaBB2003, S. 297]). Diese bildet die erste Ebene und ist nur schwer von industrieller Massenproduktion abzugrenzen, da hierbei eigentlich nur der Wille Produktvarianten anzubieten von Bedeutung ist. Wie die Darstellung verdeutlicht, werden auf jeder darauf aufbauenden Ebene die Möglichkeiten der Individualisierung erweitert, bis hin zur freien Produktkonfiguration durch den Kunden auf der fünften Ebene. Diese wird von den Autoren auch als „Flexible Ressource Call-off MC“ bezeichnet (vgl. [MaBB2003, S. 297f.]).

Der für die vorliegende Arbeit interessante Aspekt der Typologie von MacCarthy et al. ist die Möglichkeit einer Kategorisierung von Unternehmen hinsichtlich möglicher Formen der Individualisierung. So nutzen bspw. die Autoren selbst ihr Modell zur Analyse von zahlreichen Fallstudien im Umfeld der Mass Customization, um diese entsprechend der eingeführten fünf Ebenen zu kategorisieren (vgl. [MaBB2003, S. 298]). Ziel dabei ist es, für korrespondierende Unternehmen und Individualisierungstypen vergleichbare Technologien zu entwickeln.

Es kann festgestellt werden, dass die historische Entwicklung kundenindividueller Produkte, insbesondere in den letzten Jahren, eng verknüpft ist mit der Entwicklung des Strategiekonzepts der Mass Customization (vgl. auch Abschnitt 3.2.1 sowie insbesondere auch Abb. 14). Aus diesen Gründen wird im folgenden Abschnitt 3.2.4 zunächst die Mass Customization als allgemeines Konzept dargestellt. Darauf aufbauend liegt der Betrachtungsfokus auf möglichen Lösungsansätzen zur ökonomisch sinnvollen Verknüpfung der zunächst gegensätzlich erscheinenden Konzepte Individualisierung und Massenproduktion. Differenziert wird dabei hinsichtlich produktorientierter (Abschnitt 3.2.4.1), organisatorischer (Abschnitt 3.2.4.2) und IuK bezogener (Abschnitt 3.2.4.3) Ansätze.

3.2.4 Die Hybridstrategie der Mass Customization

Die Mass Customization kann als Hybridstrategie verstanden werden, also als Synthese zwischen den generischen Strategieansätzen Kostenführerschaft und Differenzierung (vgl. [Pill2001a, S. 50], [Pill2003]). Dabei werden unter diesen Strategieansatz von einer zunehmenden Zahl von Autoren Konzepte und Ideen rund um die Individualisierung von Produkten bei der betrieblichen Leistungserstellung subsumiert. Die Mass Customization wird dabei auch als Strategiekonzept betrachtet, innerhalb welchem die Möglichkeiten einer zunehmenden Produktindividualisierung für den Endkunden durch geeignete Maßnahmen so umzusetzen sind, dass die Preise der resultierenden Produkte nicht höher sind als die vergleichbarer, nicht-individualisierter Produkte (vgl. [Pill2001, S. 206]).

Die Bandbreite der Definitionen zum Terminus Mass Customization in der wissenschaftlichen Literatur ist ausgesprochen groß. Tab. 15 gibt daher an dieser Stelle einen ersten Eindruck über die von den etablierten Autoren im Umfeld der kundenindividuellen Massenproduktion veröffentlichten Begriffsfindungen.

Definition	Referenz
„Mass Customization of markets means that the same large number of customers can be reached as in mass markets of the industrial economy and simultaneously they can be treated individually as in the customized markets of the pre-industrial economies."	[Davi1987, S. 169]
„To offer a truly customized product – one made to the customer's precise specifications from the ground up – at only a small premium over goods in the store."	[WeWi1993, S. 40]
„The new paradigm Mass Customization…shares the goal of developing, producing, marketing and delivering the affordable goods and services with variety and customization that nearly everyone finds exactly what they want."	[Pine1993, S. 44]
„Mass Customization zielt konzeptionell auf die verstärkte Individualisierung von Markttransaktionen und Leistungsangeboten ab."	[WeWi1997, S. 123]
„Mass Customization (kundenindividuelle Massenproduktion) ist die Produktion von Gütern und Leistungen für einen (relativ) großen Absatzmarkt, welche die unterschiedlichen Bedürfnisse jedes einzelnen Nachfragers dieser Produkte treffen, zu Kosten, die ungefähr denen einer massenhaften Fertigung eines zugrundeliegenden Standardprodukts entsprechen. Die Informationen, die im Zuge des Individualisierungsprozesses erhoben werden, dienen dem Aufbau einer dauerhaften, individuellen Beziehung zu jedem Abnehmer."	[Pill2001, S. 206]
„Mass Customization ist eine Wettbewerbsstrategie, die eine höchstmögliche Individualisierung der Produkte anstrebt, unabhängig davon, ob sie einzelgefertigt, modulgefertigt oder nur eine nachträgliche Variation eines Standardprodukts darstellen."	[ScSc2001, S. 60]

Tab. 15: Definitionen der Mass Customization

Die Definition von Davis hat ihren Ursprung in der Bekleidungsindustrie der siebziger Jahre. Er sagte einen Trend zur Individualisierung der Gesellschaft und dem damit verbundenen Zerfall der vorherrschenden Massenmärkte sowie eine verstärkte Orientierung der Produkte an den Wünschen und Bedürfnissen der Kunden voraus [Davi1987, S. 169].

Westbroock/Williamson definieren Mass Customization als Produktion von Unikaten, also Produkten die von Grund auf nach den Spezifikationen des Kunden entworfen wurden und zum Preis eines vergleichbaren Massenprodukts verkauft werden. Ein modulares Produktdesign oder ein Baukastensystem käme hierfür nicht in Frage [WeWi1993, S. 40].

Im Gegensatz dazu sieht die im selben Jahr veröffentlichte Definition von Pine eine Realisierung von Mass Customization vor allem durch eine große Zahl an möglichen Produktvarianten und der nachträglichen, kundenindividuellen Anpassung von Standardprodukten gegeben, durch die der Kunde ein aus seiner Sicht individuelles und erschwingliches Produkt erhält (vgl. [Pine1993, S. 44]). Die heute viel diskutierten Potenziale der IuK-Technologie zur Umsetzung einer Mass Customization und die Gestaltung langfristiger Kundenbeziehungen blieben bei den Ausführungen von Pine jedoch noch unberücksichtigt (vgl. [Pine1993, S. 44]).

Der Ansatz von Wehrli und Wirtz beschäftigt sich mit den Aspekten eines individualisierten Marketings bei gleichzeitiger Aufrechterhaltung der Skaleneffekte in der Massenproduktion (vgl. [WeWi1997, S. 123]).

Schuh und Schwenk betonen die Aspekte Wettbewerbsstrategie und Produktstrukturierung, spezielle Organisationsformen und Methoden der Marktbearbeitung sind dagegen nicht berücksichtigt [ScSc2001, S. 60].

Piller, der seine Definition selbst als besonders „pragmatisch und praxisorientiert" bezeichnet (vgl. [Pill2001, S. 206]), betont insbesondere den Informationsaspekt mit dem Ziel einer langfristigen Kundenbeziehungen. Innerhalb der Definition wird außerdem die Verbindung von massenhafter Fertigung und individueller Produktgestaltung deutlich, aus welchem sich der für die Mass Customization charakteristische hybride Strategieansatz ableitet. Die Produkte und Leistungen sollen demnach auch langfristig zu Preisen angeboten werden, die der Zahlungsbereitschaft von Käufern vergleichbarer massenhafter Standardprodukte entsprechen, d.h. „die Individualisierung impliziert keinen Wechsel des Marktsegments in exklusive Nischen, wie dies bei der klassischen Einzelfertigung der Fall ist" [Pill2003, S. 190].

Ziel von Mass Customization ist die Kombination der Vorteile der Einzel- mit denen der Massenfertigung. Im Folgenden werden Unternehmen, die Mass Customization im Sinne der obigen Definition umsetzen und nachweislich Hybridstrategen sind, als Mass Customizer bezeichnet.

Auf Basis dieses Verständnisses von Mass Customization wird die Definition von Piller als die für diese Arbeit grundlegende ausgewählt (vgl. Tab. 15). Diese fokussiert klar auf den Endkunden sowie dessen Bedürfnisse und betont zum anderen die Sammlung von Information, als wesentlicher Bestandteil einer langfristigen Endkundenbeziehung. Die hohe Bedeutung von aktuellen und verlässlichen Informationen für die Gestaltung von Wertschöpfungsnetzen wurde bereits im vorhergehenden Abschnitt erkennbar und wird im folgenden Verlauf der Arbeit zunehmend deutlicher werden.

Es ist signifikant, dass der Ansatz der Individualisierung der Idee von Mass Customization nahe steht. Ebenso wie die Hybridstrategie der Mass Customization kann auch die Individualisierung als strategische Option der Marktbearbeitung aufgefasst werden. Die Gegenpole Standardisierung und Individualisierung finden ihre Entsprechung in denen der Porterschen Wettbewerbsstrategien Kostenführerschaft und Differenzierung (vgl. bspw. [Port1992], [Pill2006]). Ebenfalls vergleichbar zur Mass Customization ist das Ziel der Individualisierung einer weitestgehenden Anpassung der angebotenen Leistungen an die jeweilige Präferenzstruktur der Nachfrager, welches, und auch hier liegen beide Begriffe eng beieinander, insbesondere durch Module (im Bereich der Mass Customization) bzw. Leistungskomponenten (im Bereich der Individualisierung) ermöglicht werden soll. Auf Basis der dieser Arbeit zugrunde liegenden Mass Customization Definition von Piller lassen sich jedoch auch Unterschiede zwischen beiden Konzepten herausarbeiten:

- Während sich die Individualisierung mit einer möglichst hohen Bedürfnisbefriedigung des Kunden zufrieden gibt, ist es Forderung von Mass Customization, die Bedürfnisse jedes einzelnen Kunden exakt zu treffen [Pill2001, S. 206].
- Die Mass Customization betont die Produktion von Gütern und Leistungen für einen (relativ) großen Absatzmarkt. Bei der Individualisierung wird dagegen keine Forderung an eine Mindestgröße des Absatzmarktes gestellt.
- Mass Customization fordert auch bei individualisierten Produkten Preise, die denen von Standardprodukten entsprechen bzw. vergleichbar sind (vgl. [Pill2001, S. 206]).

Die aufgezeigten Unterschiede machen deutlich, dass die Mass Customization deutlich engere Grenzen hinsichtlich einer Individualisierung zieht, als dieses innerhalb des generischen Individualisierungsbegriffs der Fall ist. Eine Ursache hierfür ist sicherlich in der Fokussierung des Konzepts insbesondere auf das endkundenseitige Produkt zu sehen. Für die vorliegende Thematik ist dabei jedoch nicht ausschließlich die Endkundenschnittstelle von Interesse, sondern die Gestaltung des Wertschöpfungsnetzes unter Berücksichtigung zu differenzierender Individualisierungsgrade sowohl an der Endkundenschnittstelle (B2C) als auch an den interorganisationalen Schnittstellen (B2B) bei der betrieblichen Leistungserstellung. Innerhalb eines Wertschöpfungsnetzes kann es Wertschöpfungspartner oder Verbindungen zwischen solchen geben, bei denen die dargestellten Forderungen der Mass Customization nicht immer vollständig aufrechterhalten werden können. Beispielhaft sei dies an der Forderung der Mass Customization nach einem (relativ) großen Absatzmarkt verdeutlicht. Innerhalb eines Wertschöpfungsnetzes kann die Größe des Absatzmarktes auf den jeweiligen Stufen erheblich variiren[33], es kann somit nicht in allen Fällen zweifelsfrei von einer Mass Customization Strategie gesprochen werden. Aus diesem Grund soll für die vorliegende Arbeit vorwiegend der generische Terminus der Individualisierung verwendet werden.

Im folgenden Kapitel 4 wird auf Basis der in Abschnitt 3.2.3 eingeführten Typologien ein Erklärungsmodell für situative Wertschöpfungsnetze entwickelt, welches die unterschiedlichen Formen und Typologien der Individualisierung berücksichtigt und diese zu Merkmalen des Gestaltungsansatzes aggregiert.

Zusammenfassend kann der Ansatz der Mass Customization aus folgenden Gründen als relevant für die Fragestellung dieser Arbeit betrachtet werden.

- Die Marktstrategie der Mass Customization kann als spezielle Ausprägung einer Individualisierungsstrategie betrachtet werden. Zugleich können die im Folgenden darzustellenden Ansätze zur Umsetzung einer Mass Customization als ein Ausgangspunkt für die kundenauftragsorientierte Gestaltung situativer Wertschöpfungsnetze angesehen werden.
- Die Gestaltung der Endkundenschnittstelle und die an dieser den Endkunden angebotene Leistungsindividualität ist ein Schwerpunkt der Lösungskonzepte innerhalb der Mass Customization und hat erheblichen Einfluss auf die Gestaltung von Wertschöpfungsnetzstrukturen. Zugleich hat die Wertschöpfungsnetzgestaltung Einfluss auf die Möglichkeiten einer möglichst individuellen Produktgestaltung an der Endkundenschnittstelle.
- Die durch Umsetzung von Konzepten der Mass Customization zu gewinnenden Informationen über die Endkunden sind relevant für die Gestaltung von Wertschöpfungsnetzen. Je stärker dabei die Wertschöpfungsnetzgestaltung vom Endkunden abhängig gemacht wird, desto wichtiger werden die Endkundeninformationen[34].
- Ist der OEM als das Endkundenprodukt anbietende Unternehmen zugleich auch das fokale Unternehmen in einem Wertschöpfungsnetz, liegt bei diesem eine wichtige Schnittstelle zwischen seiner Aufgabe der zentralen Steuerung und Koordination des Wertschöpfungsnetzes und seiner Rolle als Unternehmen mit Endkundenkontakt wel-

---

[33] Während bspw. ein Rohstofflieferant einen noch relativ großen Absatzmarkt (gemessen an der Kundenanzahl) bedient ist durchaus denkbar, dass auf nachgelagerten Wertschöpfungsstufen ein hoch spezialisierter Komponentenanbieter nur einen sehr kleinen Absatzmarkt (im Extremfall n=1) bedient.

[34] Deutlich wird dieses bspw. bei dem Konzept des virtuellen Unternehmens, bei dem im Extremfall das ganze Wertschöpfungsnetz nur für die Gestaltung eines kundenindividuellen Produktes gebildet wird (vgl. [PiRW1998]).

ches (ggf. als Mass Customization Strategie) kundenindividuelle (Massen-) Produkte anbietet.

Es wurde bereits deutlich, dass innerhalb des Konzepts der Mass Customization eine Reihe von Lösungsansätzen mit dem Ziel diskutiert wird, den scheinbaren Gegensatz zwischen einer massenhaften Fertigung und dem eines möglichst individuellen Leistungsangebotes aufzuweichen. Dabei lassen sich diese Ansätze in drei Bereiche aufteilen:

- Produktorientierte Lösungsansätze versuchen insbesondere durch eine Umgestaltung des Produktes Komplexität zu reduzieren. Die Modularisierung von Produkten kann hierbei sicherlich als einer der bedeutendsten Ansätze angesehen werden (vgl. [Pill2001, S. 259]).
- Organisatorische Lösungsansätze sehen entsprechende Veränderungen im Unternehmen als notwendige Voraussetzung, um erfolgreich Individualleistungen anbieten zu können (vgl. [Dabi2005, S. 7f.]. Zunehmend werden auch unternehmensübergreifende organisatorische Maßnahmen, wie bspw. das Konzept der Mini-Fabriken (vgl. [ReSP2005, S. 450ff.]) in die Betrachtung mit aufgenommen.
- IuK basierte Lösungsansätze sind insofern von herausragender Bedeutung, als das der Informationsaustausch zwischen Anbieter und Nachfrager im Leistungserstellungsprozess sowie die Informationen selbst als wichtige Faktoren zur Umsetzung einer Mass Customization angesehen werden (vgl. [PiSc1999, S. 1120]).

Im Folgenden wird detaillierter auf die drei Bereiche eingegangen. Abschnitt 3.2.4.1 behandelt dabei die produktorientierten Ansätze, Abschnitt 3.2.4.2 fokussiert auf die organisatorischen Konzepte. Die IuK basierten Lösungsansätze der Mass Customization werden abschließend in Abschnitt 3.2.4.3 dargestellt. Hierbei wird insbesondere auf deren Bedeutung für eine Mass Customization sowie auf sinnvolle Strukturierungsmöglichkeiten eingegangen. Die Darstellung der für die vorliegende Thematik relevanten IuK-Konzepte baut in Kapitel 3.3 auf dieser Darstellung auf.

3.2.4.1 Produktorientierte Ansätze

Für das Strategiekonzept der Mass Customization ist die Strukturierung der Produkte von entscheidender Bedeutung, da sie den Schlüsselfaktor für die gesamte Leistungsoptimierung im Umfeld der kundenindividuellen Massenproduktion darstellt (vgl. [ScSc2001, S. 74], [Leve2003, S. 92]).

Durch die Optimierung der Produktstruktur kann sowohl die Kostenposition bei der Fertigung kundenindividueller Produkte nachhaltig verbessert werden als auch der Kundennutzen gesteigert werden. Ebenfalls sind bei der Festlegung auf eine bestimmte Produktstruktur Aspekte zu berücksichtigen, die sich bspw. durch die Zielmerkmale wartungsfreundlich, montagegerecht, einkaufsoptimiert, kundengerecht oder vertriebsgerecht beschreiben lassen [ScSc2001, S. 74].

Zur Strukturdefinition von Produkten die Dimensionen können Leistungsbreite und Problemlösung unterschieden werden [Blei1999, S, 295ff.]. Anhand der Breite des Leistungsangebotes ist zu erkennen, ob ein Unternehmen den Gedanken der Konzentration oder der Differenzierung[35] verfolgt. So kann bspw. mit dem strategischen Ziel der Konzentration die Realisierung von Skalenvorteilen in der Produktion und Distribution angestrebt werden.

Bei der Differenzierung wird hingegen dem Wunsch des Kunden nach einer immer weitergehenden Individualisierung Rechnung getragen [Leve2003, S. 93]. Die Differenzierung deckt dabei in ihrer Extremform alle denkbaren Kundenbedürfnisse einer Kundengruppe ab. Hinsichtlich der Problemlösungsdimension sind die exakte Festlegung der Leistungsgestaltung in seiner Gesamtheit bei einer standardisierten Problemlösung sowie die modulare Anpassung der Leistung bei einer individualisierten Problemlösung zu differenzieren.

Die folgende Abb. 19 visualisiert den dargestellten Zusammenhang.

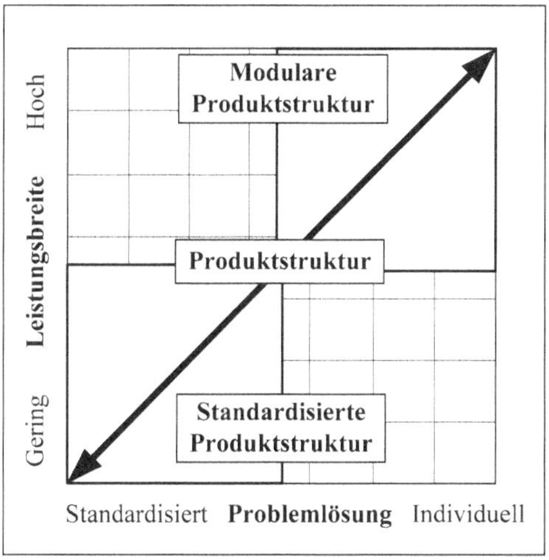

Abb. 19: Strukturierungsrichtung für die Produktstruktur (vgl. [Leve2003, S.93])

Durch die dargestellten Dimensionen lässt sich ein Spannungsfeld aufbauen, dessen Extreme durch eine standardisierte Produktstruktur (bei enger Leistungsbreite und standardisierter Problemlösung) sowie durch eine modulare Produktstruktur (hohe Leistungsbreite sowie indi-

[35] Einige Autoren bezeichnen die ausgeprägte Form der Differenzierung auch als Dispersion, dieser Begriff wird in der vorliegenden Arbeit jedoch nicht verwendet (vgl. bspw. [Blei1999], [ScSc2001], [Leve2003]).

viduelle Problemlösung) geprägt sind. Die bei diesem Modell nicht näher spezifizierten Zwischenformen sind solche (Massen-)Produkte, die sich durch einfache Modifikationen individualisieren lassen.

Es kann an dieser Stelle konstatiert werden, dass eine zunehmende Individualisierung von Produkten (in dem dargestellten Modell repräsentiert durch die Dimensionen Leistungsbreite und Problemlösung) eine zunehmend modulare Produktstruktur benötigt. Insoweit herrscht innerhalb des Strategiekonstrukts der Mass Customization Einigkeit darüber, dass eine ökonomisch sinnvolle Individualisierung vor allem über eine Modularisierung von Produkten zu erreichen ist (vgl. bspw. [ScSc2001, S. 83], [Leve2003, S. 94], [Pine1993b, S. 196ff.], [Pill2001, S. 259f.]). Im Folgenden wird daher vertiefend auf die Modularisierung eingegangen.

Nach Schuh/Schwenk kann unter Modularisierung die geeignete Gliederung eines Produktes verstanden werden, indem die Abhängigkeiten zwischen den Elementen (Modulen) verringert bzw. die Schnittstellenvarianten reduziert werden" [ScSc2001, S. 83]. Als das Schlüsselelement der Modularisierung kann dabei die Definition der Schnittstellen angesehen werden, die so zu wählen ist, dass bei minimaler Produktkomplexität eine maximale Endproduktvarianz entsteht [Leve2003, S. 95]. In diesem Zusammenhang gilt die Modularisierung der Leistung mit Hilfe eines Baukastensystems, das standardisierte Produktkomponenten über klar definierte Schnittstellen zu einem kundenspezifischen Produkt kombiniert, als das leistungsfähigste und auch am weitesten verbreiteteste Konzept der Mass Customization (vgl. [Pill2001, S. 259f.], [Pine1993b, S. 196ff.]). Die innerhalb eines Baukastens möglichem Modulvarianten können dabei wie folgt klassifiziert werden:

- Hauptmodule werden häufig auch als Produktplattformen bezeichnet. Bei bestimmten Produktvarianten (z.B. einem Bussystem) bildet das Hauptmodul das Rückgrat der Produktstruktur und hat eine einheitliche Schnittstelle zu den markt- und kundenspezifischen Modulen.
- Standardmodule sind Vorzugsmodule, die aktiv am Markt angeboten werden. Sie sorgen vor allem für die Erreichung der Economies of Scale.
- Freigegebene Module sind Module, mit denen Optionen aus dem Verkaufskatalog angeboten werden.
- Module, die durch eine Änderungskonstruktion ableitbar sind. Sie haben eine kundenspezifische Komponente und erlauben eine individuelle Differenzierung.
- Nicht freigegebene Module sind kundenspezifische Auftragskonstruktionen. Sie sind in einem Modulbaukasten im Sinne einer Innovationsstrategie leichter durchzuführen, da sie sich innerhalb definierter Schnittstellen bewegen.

Die Systematik eines Modulbaukastens, der zwischen verschiedenen Modulen und den Varianten eines Moduls unterscheidet, ist in der nachfolgenden Abb. 20 visualisiert (vgl. stark verändert [Groo1997, S. 217]).

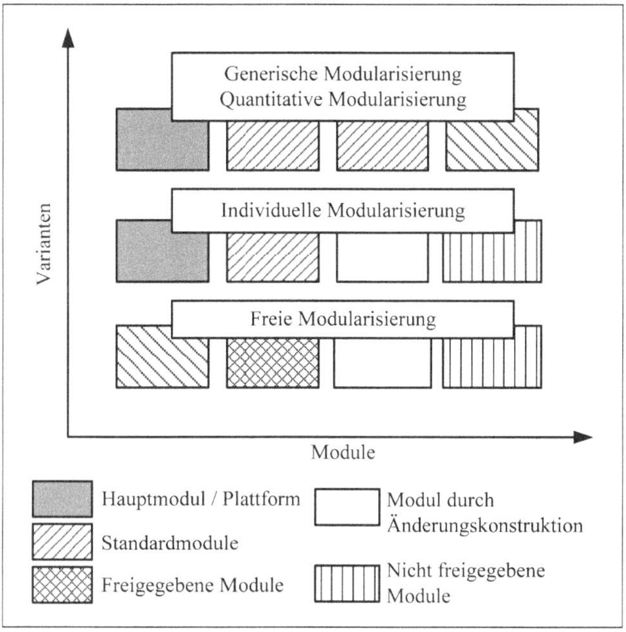

Abb. 20: Systematik eines Modulbaukastens (vgl. [Groo1997, S.217], [Pill2003, S.260])

Durch Kombination unterschiedlicher Module kann, unter Einhaltung von Konfigurationsregeln, ein Kundenprodukt in verschiedenen Varianten zusammengestellt werden. Je nachdem wie groß der Freiheitsgrad bei der Kombination verschiedener Module ist, können verschiedene Formen der Modularisierung unterschieden werden. Durchgesetzt haben sich in der Literatur insbesondere die innerhalb der Abb. 20 dargestellten Formen von modularen Baukastensystemen (vgl. bspw. [Groo1997, S. 217], [Pill2003, S. 260f.], [Leve2003, S. 95]).

Bei der generischen Modularisierung besteht das Produkt aus stets der gleichen Anzahl vorgefertigter, standardisierter Module und basiert auf einem Grundprodukt (auch bezeichnet als Hauptmodul, Plattform, Basisprodukt oder Bus). Die möglichen Produktvariationen entstehen durch Austausch jeweils eines Moduls durch ein Modul mit anderen Leistungsmerkmalen. Diese Module werden in der Regel vor Eingang eines spezifischen Kundenauftrags in großer Stückzahl vorgefertigt. Der Kunde ist bei seiner Auswahl an die vorgegebenen Module gebunden. Eine Erweiterung der generischen Modularisierung stellt die quantitative Modularisierung dar, bei der die Anzahl der standardisierten Module nicht mehr fix vorgegeben ist, sondern vom Kunden verändert werden (vgl. [Pill2003, S. 260f.]).

Im Rahmen der individuellen Modularisierung werden die Standardmodule durch kundenindividuell gefertigte Module (Module durch Änderungskonstruktion bzw. nicht freigegebene Module) ergänzt, die erst nach Eingang der Kundenbestellung gefertigt werden. Die Zahl der verwendeten Module kann variieren, als Basis dient auch hier ein Hauptmodul.

Bei freier Modularisierung ist kein Hauptmodul als Träger der Module mehr nötig. Eine völlig freie Kombination der jeweiligen Modulvarianten ist möglich. Obwohl diese Form des Baukastensystems die Flexibelste mit gleichzeitig möglichen, hohen Standardisierungsmöglichkeiten darstellt, findet man sie in der Praxis relativ selten vor. Grund sind meist technische Restriktionen, da die Schnittstellen zwischen den Modulen ohne eine gemeinsame Basisplattform nur schwierig zu definieren sind (vgl. [Pill2003, S. 261]).

Die Bedeutung der Modularisierung für die Mass Customization wurde zu Beginn des Abschnitts hervorgehoben. Nach der Darstellung wichtiger Grundlagen der Modularisierung soll das Konzept nun abschließend hinsichtlich seiner Relevanz für die vorliegende Thematik beleuchtet werden. In der wissenschaftlichen Literatur zum Thema Individualisierung werden zahlreiche allgemeine Beispiele für positive Effekte modularer Produktstrukturen aufgezählt. Hierzu zählen bspw.:

- Komplexitätsreduktion, da bspw. der Kundenentkopplungspunkt bei Anwendung der Modularisierung tendenziell weiter in Richtung des Kunden verschoben werden kann.
- Lerneffekte und Größenvorteile stellen sich insbesondere aufgrund vereinfachter Montage und Fertigung deutlich früher ein.
- Beschleunigungseffekte, da Durchlaufzeiten aufgrund der Möglichkeit einer auftragsunabhängigen Vorfertigung sowie durch verstärkte Parallelfertigung reduziert werden können.
- Vereinfachte nachträgliche Wartung, Reparatur und Anpassung aufgrund einer einfacheren Austauschbarkeit defekter oder veralteter Module bzw. von Modulen, die aufgrund einer Präferenzanpassung des Kunden ausgetauscht werden.

Die genannten Aspekte beziehen sich primär auf die Endkundenschnittstelle bzw. den OEM als das Endkundenprodukt anbietendes Unternehmen. Über diesen Bereich hinaus bietet die Modularisierung die aus Sicht dieser Arbeit bedeutsame Möglichkeit, zu einer verstärkten Auslagerung von Wertschöpfungsstufen und somit einer abnehmenden Fertigungstiefe beizutragen[36]. Dabei erleichtert die Modularisierung die Nutzung von Zulieferer-Know-how und

[36] Als Fertigungstiefe wird dabei der Quotient aus Eigenfertigung und gesamter Fertigung eines Unternehmens bezeichnet. Eine Fertigungstiefe von 0% bedeutet, dass das Unternehmen sich allein auf den Handel beschränkt. Eine Fertigungstiefe von 100% würde dagegen bedeuten, dass das Unternehmen ohne jeglichen Zukauf von Komponenten oder Rohstoffen in vollständiger Unabhängigkeit Produkte herstellt.

führt aufgrund des Abbaus von Fertigungskapazitäten zu sinkenden Fixkostenanteilen und steigender Flexibilität. Diese auch als Modular-Sourcing bekannte Strategie kann ein Element zur verstärkten Bildung von Wertschöpfungsnetzstrukturen sein, zeigt aber auch deutlich, dass leistungsfähige Wertschöpfungsnetzstrukturen ebenso leistungsfähige Modularisierungsstrategien enthalten müssen. Bei der Betrachtung situativer Wertschöpfungsnetze ist daher die Modularisierung als ein operationalisierbarer Ansatz mit einzubeziehen.

3.2.4.2 Organisatorische Ansätze

Um mit einer Individualisierungsstrategie erfolgreich zu sein, werden in der Literatur neben produktorientierten Ansätzen insbesondere auch organisatorische Veränderungen bei den beteiligten Unternehmen diskutiert. Dabic bspw. führt auf Basis einer qualitativen Befragung von zehn Experten aus Unternehmen, die eine Anpassung ihrer Produkte an die Konsumenten vornehmen, einige unternehmensinterne organisatorischen Maßnahmen auf (vgl. [Dabi2005, S. 4]):

- Bildung von neuen Abteilungen und verstärkte Zusammenarbeit zwischen den Abteilungen
- Umschulung und Umstrukturierung der Belegschaft
- Veränderung der Unternehmenskultur

Diese Anpassungen im Unternehmen verursachen Kosten, die aus Sicht der Befragten Hindernisse für das Angebot kundenindividueller Produkte darstellen. Einen wesentlichen Beitrag zur Senkung dieser Kosten leistet die bereits in Abschnitt 3.2.4.1 dargestellte Modularisierung von Produkten.

Ein anderer, eher überbetrieblich anzusiedelnder Ansatz, ist die Reduktion der Wertschöpfungstiefe durch Auslagerung von Teilen der durch die Individualisierung von Produkten entstehenden Komplexität auf Dritte (vgl. bspw. [BeHi1996, S. 49], [CzRe1998, S. 245], [ScML1998, S. 124]). Hierbei kann auch von einer Modularisierung des Wertschöpfungsnetzes gesprochen werden (vgl. [BöKr2006, S. 83f.]).

So konstatieren bspw. Pine et al.: "Mass Customization (...) requires a dynamic network of relatively autonomous operating units. Each module is typically a specific process or task, like making a given component, a distinctive welding method, or performing a credit check. (...) the combination of how and when [the modules] interact to make a product or provide a service is constantly changing in response to what each customer wants and needs" [PiVB1993, S. 110]. Die von den Autoren angesprochenen Module können dabei, bezogen auf die Sichtweise dieser Arbeit, sowohl Aufgaben als auch Produktbestandteile sein, die situativ auf die Partner im Wertschöpfungsnetz verteilt werden. Je nach Kundenauftrag wird durch Anpassung an die situativen Bedingungen des Kundenauftrags eine optimale Modulkombination ermöglicht. Die Module werden zu einem kundenauftragsindividuellen Wertschöpfungsnetz zusammen gesetzt (vgl. bspw. auch [RePi2000, S. 205]).

Aus Sicht des OEM kann die Vergabe von Teilen der Produktion auf Dritte in zwei Richtungen betrachtet werden. Zur Kundenseite hin kann Komplexität durch die Auslagerung bspw. durch Selbstkonfiguration von Produkten oder auftragsspezifische Konstruktion reduziert werden. Hierbei werden originär vom Anbieter zu erbringende Wertaktivitäten auf den Kunden ausgelagert, was aus Herstellersicht zu einer Reduktion der Planungskomplexität und Effizienzsteigerung führt. Zur Lieferantenseite hin stellt sich insbesondere mit Blick auf die kundenindividuelle Leistungserstellung die Frage der Aufteilung von Wertaktivitäten auf unterschiedliche Wertschöpfungspartner. Dabei ist die mögliche Reduktion von Komplexität mit ggf. steigenden Transaktionskosten abzuwägen (vgl. [Pico1991, S. 240]).

Erschwert wird die Auslagerung von Wertaktivitäten durch eine mit zunehmender Individualisierung steigende Prognoseunsicherheit hinsichtlich des Umfang und Art nachgefragter Leistungsspezifikationen, die mit zunehmender Individualisierung steigende Spezifität sowie einem tendenziell bei Individualprodukten geringerem Wiederholungsgrad (vgl. [Pico1991, S. 241]). Das auf diese Weise entstehende Entscheidungsproblem eines „Make, Buy or Ally“ [PiRW1998, S. 12] kann somit auch als Entscheidungsproblem zugunsten einer für die jeweilige Situation am besten geeigneten Property-Rights-Verteilung angesehen werden (vgl. [PiRW1998, S. 39]).

Die sich somit zwangsläufig ergebende Frage lautet, welche situativen (also durch den Kundeauftrag bestimmten) Faktoren die Transaktionskosten in welcher Weise beeinflussen und welches institutionelle Arrangement für welchen Partner unter Transaktionskostengesichtspunkten akzeptabel ist. Dabei wird die Entscheidung von eben diesen situativen Faktoren wiederum maßgeblich mit beeinflusst.

Beispielhaft verdeutlicht dies die Transaktionskosten beeinflussende Spezifität[37]. Je höher die Spezifität eines oder mehrerer Faktoren der Transaktion ausfällt, desto größer ist die Gefahr, in Abhängigkeit zu einem Transaktionspartner zu geraten. Der Einsatz geeigneter überbetrieblicher Informationssysteme kann in diesem Fall zum Abbau von Spezifität, insbesondere der Standort-, Sachkapital-, und Humankapitalspezifität beitragen (vgl. [Winn2006, S. 86]). Da jedoch nicht zu jedem Partner eine gleich stark ausgeprägte Kooperation auf Basis überbetrieblicher Informationssysteme möglich ist und auch nicht für jeden Kundenauftrag nötig ist, muss die Gestaltung situativer Wertschöpfungsnetze solche Faktoren berücksichtigen.

---

[37] Nach [Will1991] kann Spezifität differenziert werden in Standortspezifität, Sachkapitalspezifität, Humankapitalspezifität sowie abnehmerspezifische Investitionen.

Bezogen auf die hier behandelten Wertschöpfungsnetzstrukturen bedeutet dies, dass Internalisierungs- und Externalisierungsentscheidungen hinsichtlich des Leistungserstellungsprozesses und Entscheidungen innerhalb der Konfiguration von Wertschöpfungsnetzen keinesfalls unabhängig voneinander zu betrachten sind. Die Entscheidung für einen bestimmten Externalisierungsgrad hinsichtlich einer individuellen Leistung ist, sofern möglich, in die Gestaltung des situativen Wertschöpfungsnetzes mit einzubeziehen.

3.2.4.3 IuK basierte Ansätze

Dieser Abschnitt beschäftigt sich damit, IuK-Systeme mit besonderer Relevanz für Mass Customization entsprechend den für eine kundenindividuelle Massenproduktion relevanten Prozessschritten zu gruppieren und diesen zuzuordnen. Dabei liefert das Strategiekonzept der Mass Customization Hinweise darauf, in welchen Funktionsbereichen welche IuK-Systeme geeignet sind, um das Konzept betriebswirtschaftlich sinnvoll umzusetzen. Die Darstellung dient dabei gleichzeitig als eine weitere Grundlage für die Gestaltung situativer Wertschöpfungsnetze, da wechselseitige Abhängigkeiten zwischen der IuK-Ausstattung von Wertschöpfungspartnern und der Konfiguration situativer Wertschöpfungsnetze vermutet werden. Es kann angenommen werden, dass die Wahl für oder gegen einen Partner bei der Bearbeitung eines individuellen Kundenauftrags auch durch die bei diesem vorhandene IuK-Struktur beeinflusst wird.

Die dargestellten produktorientierten und organisatorischen Ansätze verdeutlichen, dass eine kundenindividuelle Massenproduktion insbesondere auf einem möglichst optimalen Informationsaustausch zwischen allen Wertschöpfungspartnern basiert. Information kann also wichtiger Umsetzungsfaktor der Mass Customization betrachtet werden (vgl. [PiSc1999, S. 1120]). Die Kostenoption der Mass Customization fordert eine zugleich reibungslose und medienbruchfreie Informationsübermittlung (vgl. [Pine1993, S. 11], [Pill2006, S. 239]). Blattberg stellt hierzu fest: „Being truly customer focused is not possible if the organization is not, first, information intensive" [Blat1994, S. 9]. Dabei kann festgestellt werden, dass alle Konzeptionen der Mass Customization, trotz ihrer unterschiedlichen Anforderungen an die Produktion selbst, zu einem starken Anstieg der Kommunikations- und Informationsintensität zwischen den Beteiligten führen. Kundenbezogene Wertschöpfung findet also im engeren Sinne auf der Informationsebene statt (vgl. [Pill2006, S. 238]).

IuK-Systeme können somit als „Enabler" für Mass Customization betrachtet werden [Pill2006, S. 239]. Dabei müssen diese Systeme unter Berücksichtigung des dargestellten Informationsaspekts so konzipiert sein, dass sie den jeweiligen Kundenauftrag optimal unterstützen. Voraussetzung hierfür sind auf einer Informationsebene die folgenden drei Punkte, die es für jeden einzelnen Kundenauftrag zu ermitteln gilt: (a) die Auswahl der jeweils notwendigen Informationen (b) der richtige Zeitpunkt der Informationsweitergabe und (c) die richtigen

Empfänger für eine Information. Die jeweils auf Basis des einzelnen Kundenauftrags zu stellenden Fragen lauten demnach:

a) Welche Informationen sind notwendig? Bei der Beantwortung dieser Frage ist dabei, neben den innerbetrieblichen Prozessen, sowohl die Kunden- als auch die Lieferantenseite mit einzubeziehen.

b) Zu welchem Zeitpunkt werden die jeweiligen Informationen bei den Wertschöpfungspartnern (bzw. innerbetrieblich innerhalb der eigenen Prozesse) benötigt? Auch hierbei ist unter Bezugnahme der vorliegenden Thematik der Wertschöpfungsprozess sowohl zur Lieferanten, als auch zur Abnehmerseite zu berücksichtigen.

c) Welcher Partner im Wertschöpfungsprozess (bzw. welcher innerbetriebliche Prozess) muss mit welchen Informationen versorgt werden um den Kundenauftrag möglichst effizient abzuwickeln?

Zur Beantwortung der formulierten Fragestellungen erscheint es mit Blick auf die Thematik der Arbeit sinnvoll, zunächst die Anwendungsbereiche für IuK-Systeme unter Berücksichtigung einer kundenindividuellen Massenproduktion zu identifizieren, um daraus dann eine sinnvolle Selektion relevanter Systeme und Lösungsvorschläge treffen zu können.

Die folgende Abb. 21 visualisiert mögliche Anwendungsbereiche von IuK-Systemen im Kontext der Mass Customization, auf die im Folgenden eingegangen wird.

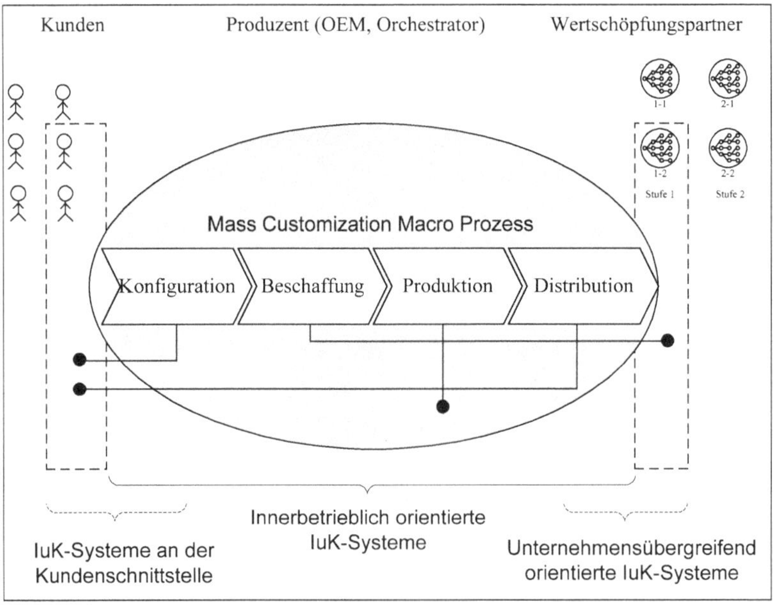

Abb. 21: Anwendungsbereiche von IuK-Systemen bei Mass Customization

Mit dem Ziel einer Strukturierung von IuK-Lösungsansätzen können innerbetrieblich orientierte IuK-Systeme als erste Gruppe genannt werden. Dabei dienen die diesem Bereich zuzuordnenden Systeme vorwiegend dazu, den kundenbezogenen Wertschöpfungsprozess der Mass Customization zu unterstützen. Dieser auch als „Mass Customization Macro Prozess" veröffentlichte Prozess[38] bildet die Grundlage für die massenhafte Fertigung kundenindividueller Produkte (vgl. [RaTT2002, S. 107]).

Eine weitere Gruppe bilden IuK-Systeme mit direktem Bezug zur Lieferantenschnittstelle. Diese Systeme sind zwar teilweise innerbetrieblich stationiert, besitzen aber einen klar unternehmensübergreifenden Charakter. Beispiele für solche Systeme finden sich in der Literatur unter dem Stichwort Interorganisationssysteme (IOS). Dabei werden unter IOS rechnergestützte, netzwerkbasierte, unternehmensübergreifende und verteilte Informationssysteme verstanden (vgl. [Winn2006, S. 29])[39]. Als weiteres Beispiel kann zu diesen Systemen auch die Gruppe der Advanced Planning and Scheduling Systeme (APS-Systeme) gezählt werden, deren primäre Aufgabe die Unterstützung der überbetrieblichen Materialbedarfsplanung ist. Diesen Systemen kommt somit eine Koordinationsfunktion im Wertschöpfungsnetz zu (vgl. bspw. [Goet2000, S. 79ff.]).

Die Systeme an der Kundenschnittstelle können zu einer dritten Gruppe zusammengefasst werden. Zwar sind diese System vorwiegend dem innerbetrieblichen Bereich zuzuordnen, besitzen aber im Kontext der Mass Customization hohe Bedeutung, da sie die für eine kundenindividuelle Massenproduktion erforderlichen Kundeninformationen liefern. Die Beantwortung der vorher formulierten Frage, welche Informationen für einen bestimmten Kundenauftrag notwendig sind, mündet hier in die Frage nach der richtigen Gestaltung der IuK-Systeme an der Kundenschnittstelle[40].

Im Folgenden wird aus der Perspektive der Mass Customization insbesondere auf die den innerbetrieblichen Prozess unterstützenden IuK-Systeme eingegangen. Gleichzeitig werden die Prozessschritte des Mass Customization Macro Prozesses den genannten Bereichen zugeordnet und es werden exemplarisch Systeme für den jeweiligen Bereich dargestellt. Dabei beschränkt sich die Darstellung auf Beispiele relevanter Systeme unter dem Blickwinkel der Mass Customization. Die Darstellung überbetrieblicher IuK-Systeme erfolgt in Abschnitt 3.3.

---

[38] In Abb. 21 innerhalb des den OEM symbolisierenden grau hinterlegten Bereichs dargestellt.

[39] Eine vertiefende Darstellung von IOS erfolgt im nächsten Abschnitt.

[40] Im Folgenden Kapitel 3 wird lediglich zwischen inner- und überbetrieblich orientierten IuK-Konzepten differenziert. Die Systeme an der Kundenschnittstelle werden dabei den innerbetrieblich orientierten Konzepten zugeordnet.

Mit der Erhebung der Kundeninformationen an der Kundenschnittstelle beginnt der eigentliche kundenbezogene Wertschöpfungsprozess der Mass Customization, der im Gegensatz zum klassischen Wertschöpfungsprozess mit der Konfiguration des Produktes durch den Kunden beginnt (vgl. [RaTT2002, S. 106], [Pill2006, S. 246]). Die in diesem Bereich anzusiedeln Systeme dienen dabei im Wesentlichen den folgenden zwei Zielen:

1. Die Konfiguration des kundenindividuellen Produktes durch den Kunden selbst. Das Ziel dieser Systeme (bspw. internetbasierte Produktkataloge oder Produktkonfiguratoren (vgl. bspw. [LiSS1998])) ist die Reduktion der für den Kunden sichtbaren Komplexität bei der Zusammenstellung seines Produktes unter gleichzeitiger Beibehaltung einer möglichst großen Produktvarietät (vgl. [Pill2006, S. 248f.]). Dabei muss der Konfigurationsprozess weitestgehend automatisiert ablaufen, die Produktgestaltung sieht oftmals sogar eine Selbstindividualisierung des fertigen Produkts im Handel vor[41].
2. Die Gewinnung möglichst umfassender Kunden- und Leistungsinformationen erfolgt im Wesentlichen auf Basis der bereits eingeführten CRM-Systeme. Ziel hierbei ist die weitergehende Nutzung gewonnener Kundendaten u.a. zur Komplexitätsreduktion. Erreicht wird dies durch eine optimierte Bestellmengenplanung oder ein zielgruppenorientiertes Marketing.

Innerhalb des der Konfiguration folgenden Prozessschrittes der Beschaffung, können auf Basis der über den Kunden und die geforderte Leistungskombination gewonnenen Informationen, Entscheidungen hinsichtlich Eigenfertigung, Einkauf oder Allianzenbildung (Make, Buy or Ally) getroffen werden.

Im Fall eines Einkaufs der Produkte oder von Produktkomponenten bzw. einer Kooperation mit Lieferanten nimmt der OEM innerhalb der Beschaffung gegenüber seinen Lieferanten die Rolle eines Kunden mit ähnlichen individuellen Anforderungen ein, wie sie die Endkunden gegenüber dem OEM innerhalb der Konfiguratoren formuliert haben. Der OEM nimmt zwei Rollen zugleich ein: als Anbieter individueller Leistungen auf Basis von IuK-Systemen an der Kundenschnittstelle sowie darauf aufbauend als Nachfrager individueller Leistungen auf Basis von interorganisationalen IuK-Systemen.

Zur Rolle des produzierenden Unternehmens im Kontext der Mass Customization stellen Rautenstrauch et al. daher auch fest: „For parts which must be acquired individual attributes may possibly also have to be taken into account. In such a case the enterprise assumes the role with regard to its supplier of a customer with individual requirements. The supplier can also as-

[41] Zur Selbstindividualisierung vgl. auch Abb. 17 sowie die dazugehörigen Erläuterungen.

sume the same role with regard to a further supplier" [RaTT2002, S. 106]. Auch an diesem Beispiel wird die bereits formulierte These deutlich, dass die Individualisierung von Produkten als fortlaufender Prozess entlang der Wertschöpfungskette dargestellt werden kann und somit nicht ausschließlich an der Endkundenschnittstelle betrachtet werden sollte.

Gegenstand der im Beschaffungsbereich anzusiedelnden IuK-Systeme ist primär die Unterstützung der interorganisationalen Zusammenarbeit durch die möglichst effiziente Verteilung auftragsrelevanter Informationen z.B. durch IOS. Zum anderen sind diesem Bereich eine Reihe von Anwendungen und Tools zuzuordnen, deren Funktion insbesondere die Unterstützung bei der Identifikation von Wertschöpfungspartnern liegt (bspw. Electronic Yellow Pages und Tools für Global Sourcing) (vgl. [RaTT2002, S. 107]). Darüber hinaus können auch IuK-Systeme im Bereich der Distribution den interorganisationalen IuK-Systemen zugeordnet werden. So werden bspw. „Just-in-time" Logistikkonzepte ganz wesentlich erst durch eine zuverlässige Informationsversorgung von Logistikpartnern mit Hilfe überbetrieblicher Informationssysteme ermöglicht. Der Logistikpartner fungiert in diesem Beispiel als Wertschöpfungspartner. Je nach Art der vorherrschenden Distributionspolitik müssen auch eigenständige Distributionspartner (bspw. Handelsketten in der Konsumgüterindustrie) mit Hilfe interorganisationaler Informationssysteme bidirektional mit relevanten Systemen des OEM verknüpft werden[42].

Die innerbetriebliche Informationsintegration erfolgt heutzutage meistens auf Basis von Enterprise Ressource Planning (ERP) Systemen, denen im Bereich der Produktion insbesondere so genannte Produktionsplanungs- und Steuerungssysteme (PPS) zugeordnet werden können (vgl. [RaTT2002, S. 107]). PPS-Systeme vereinen die Methoden der Material- und Ressourcenplanung und umfassen die Planung und Steuerung des Produktionsprozesses auf operativer Ebene (vgl. [Kurb1999, S. 17]). Moderne PPS-Systeme sind prozessorientiert gegliedert (vgl. [Kurb1999, S. 18]), am Auftragsdurchfluss im Fertigungsbereich orientiert und umfassen insbesondere das Funktionsspektrum von der Primärbedarfsplanung bis zur Fertigstellung der Produktionsaufträge (vgl. [MBKP+2001, S. 108]).

Im Gegensatz zu den PPS-Systemen integrieren moderne ERP-Systeme weitere betriebliche Funktionsbereiche, die nicht unmittelbar mit der Fertigung im Zusammenhang stehen. Einzelne dieser betrieblichen Funktionen werden in sogenannten Modulen abgebildet. Eine Integration in vorhandene Systeme erfolgt in erster Linie mit Hilfe einer gemeinsamen Datenbasis (vgl. [WaSc1999, S. 3]), welche sowohl eine horizontale Integration entlang der Wertschöp-

---

[42] Bspw. werden schon heute Informationen über Lieferkapazitäten oder Preisänderungen dem Handel elektronisch übermittelt (der diese dann zum Teil vollautomatisch auf elektronischen Etiketten berücksichtigt). Der Handel übermittelt seinerseits Abverkaufszahlen bestimmter Produkte direkt dem OEM, der ohne Eingreifen des Händlers dessen Vorratslager wieder auffüllt.

fungskette als auch eine vertikale Integration über die Hierarchien eines Unternehmens hinweg ermöglicht. Typische Module enthalten Informationen über Supply Chains, Kunden, Personal, Rechnungs- und Finanzwesen (vgl. [Kurb1999, S. 324]). Aktuelle ERP-Systeme umfassen im Wesentlichen alle betrieblichen Funktionsbereiche und haben zu einer weitestgehend vollständigen innerbetrieblichen Integration geführt (vgl. [AlZO2006, S. 170], [Boza2006, S. 1224]).

Zusammenfassend kann festgestellt werden, dass IuK-Systeme eine entscheidende Rolle für die Umsetzung einer kundenindividuellen Massenproduktion darstellen. Es ist deutlich geworden, dass in den jeweiligen Funktionsbereichen des Mass Customization Makro Prozesses, trotz einer weiter fortschreitenden innerbetrieblichen Integration bspw. durch ERP-Systeme, unterschiedliche, teils proprietäre IuK-Systeme an der erfolgreichen Umsetzung einer Mass Customization mit einbezogen werden müssen. Die eingesetzte IuK-Technologie gibt, anders formuliert, den technologischen Rahmen vor, in dem sich die Umsetzung einer Mass Customization Strategie bewegen kann (vgl. [Pill2006, S. 327f.]).

Berücksichtigt man die Notwendigkeit einer zunehmenden Informationstransparenz zwischen allen an einem individuellen Kundenauftrag beteiligten Partner, so können insbesondere zwei Faktoren mit herausragender Bedeutung für die Gestaltung situativer Wertschöpfungsnetze identifiziert werden: der technologische „Reifegrad“ potenzieller Wertschöpfungspartner[43] sowie die vom Reifegrad abhängigen Kosten einer Integration. Die Kombination beider Faktoren beeinflusst, über die Selektion einer kundenauftragsoptimalen Komposition von IuK-Systemen, entscheidend die Gestaltung eines situativen Wertschöpfungsnetzes.

Die Gliederung des folgenden Abschnitts 3.3 berücksichtigt diesen Aspekt. So wird, nach der Einführung begrifflicher Grundlagen in Abschnitt 3.3.1, der Schwerpunkt der Betrachtung in Abschnitt 3.3.2 auf der Darstellung von Ausprägungsformen und Kosten einer inner- und überbetrieblichen Integration liegen. Mit dieser Darstellung wird dabei eine wichtige Grundlage für die Beurteilung eines (innerbetrieblichen) technologischen Reifegrades potenzieller Wertschöpfungspartner gelegt. Abschnitt 3.3.3 fokussiert auf Standards und Referenzmodelle im Kontext zwischenbetrieblicher Integration von IuK-Systemen und bietet somit einen weiteren Anhaltspunkt für die Beurteilung der informationstechnischen Integrationsfähigkeit möglicher Wertschöpfungspartner. Die Darstellungen des folgenden Abschnitts sind insofern eine weitere wichtige Grundlage für den Gestaltungsansatz situativer Wertschöpfungsnetze. Die Inhalte bauen auf den vorangegangenen Darstellungen zur Kooperation in Netzwerken (vgl. Abschnitt 3.1) bzw. zur Individualisierung von Produkten (vgl. Abschnitt 3.2) auf.

---

[43]Im späteren Verlauf der Arbeit wird noch weiter zwischen dem innerbetrieblichen und den zwischenbetrieblichen technologischen Reifegrad differenziert.

3.3 Informations- und Kommunikationskonzepte

In den vorangegangenen Abschnitten wurde deutlich, dass eine Vielzahl von Einflussfaktoren auf die strukturelle Gestaltung situativer Wertschöpfungsnetze existiert. Ganz grundlegend sind es dabei die Entscheidungen der auftragsübergreifenden Ebene innerhalb des Managements eines Wertschöpfungsnetzes, die seine Struktur maßgeblich bestimmen. Diese beeinflussen zugleich die (eher operativen) Aufgaben der auftragsbezogenen Ebene (vgl. hierzu die Ausführungen in Abschnitt 3.1.3). Gleichzeitig erfordert eine ökonomisch sinnvolle Umsetzung der unterschiedlichen Ausprägungsgrade kundenindividueller Leistungserstellung (vgl. hierzu die Typologien in Abschnitt 3.2.3) flexible Lösungsansätze, wie sie innerhalb des Strategiekonzepts der Mass Customization vorgeschlagen werden. Die Darstellung produktorientierter, organisatorischer und IuK-basierter Lösungsansätze zur Umsetzung einer kundenindividuellen Massenproduktion hat dabei gezeigt, welcher Art die Einflussfaktoren sein können und wie diese innerhalb der Mass Customization Berücksichtigung finden.

Nicht nur unter dem Aspekt des Fachgebiets der WI kommt den IuK-Lösungen eine herausragende Bedeutung unter diesen Einflussfaktoren zu. Sie dienen, wie einige Autoren darstellen, als „Enabler“ zur Umsetzung einer kundenindividuellen Massenfertigung (vgl. [Pill2006, S. 239]) und zugleich als notwendige Voraussetzung einer (darauf aufbauenden) kundenauftragsindividuellen Wertschöpfungsnetzgestaltung (vgl. bspw. [Sydo2006b, S. 37ff.], [ReSP2005, S. 450ff.]).

Das Verhältnis zwischen (organisatorischen) Veränderungsprozessen und geeigneter IT brachte dabei Applegate schon 1994 zum Ausdruck in dem er feststellte: „Despite a lack of clarity in the visions for the new organization, a unifying theme runs through all – information technology (IT) is a critical component that is both driving the change and enabling survival“ [Appl1994, S. 18].

Die Anforderung ist seit dem unverändert: IT verändert die Art und Weise wie Wertschöpfung generiert wird und ist zugleich überlebensnotwendige Voraussetzung für Wertschöpfung im globalen Wettbewerb[44]. Verändert haben sich jedoch die an die IT gestellten Anforderungen: waren in den 1990er Jahren vorwiegend innerbetrieblich integrierte Systeme ausreichend, sehen sich Unternehmen heutzutage einem „Wettbewerb der Wertschöpfungsketten“ ausgesetzt und sind aufgrund dessen auf überbetrieblich integrierte Informationssysteme angewiesen. Da eine überbetriebliche Integration geeignete innerbetriebliche IuK-Systeme voraussetzt (vgl. bspw. [EcSF2004, S. 42ff.]), ist auch der innerbetriebliche „IuK-Reifegrad“ eines Unter-

[44] Diese Tatsache kann auch als wichtiger Grund dafür betrachtet werden, relevante IuK-Konzepte und ihre Wechselwirkungen mit (organisatorischen) Aspekten der überbetrieblichen Zusammenarbeit in der vorliegenden Arbeit entsprechend zu berücksichtigen.

nehmens von fundamentaler Wichtigkeit. Die Bedeutung von IuK-Systemen für die vorliegende Thematik wird im Folgenden durch die Darstellung ihrer begrifflichen und konzeptionellen Grundlagen verdeutlicht. Dabei berücksichtigt der Aufbau des Abschnitts die oben dargestellte Argumentation und ist in Abb. 22 visualisiert.

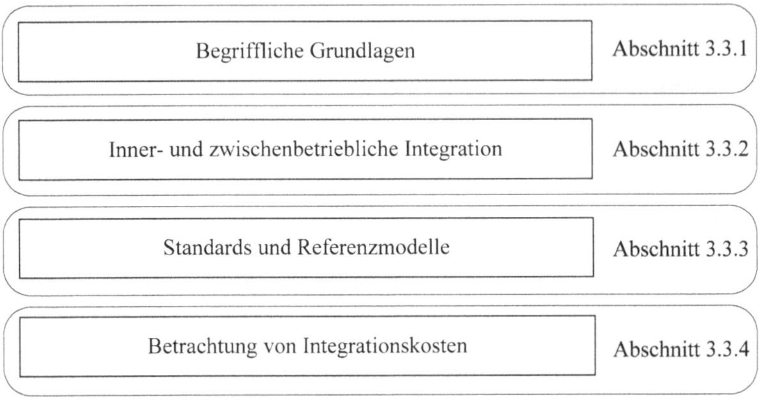

Abb. 22: Vorgehen zur Darstellung relevanter Informations- und Kommunikationskonzepte

Zunächst wird in Abschnitt 3.3.1 auf die in dieser Arbeit wiederholt verwendeten Begriffe im Kontext der IuK-Systeme eingegangen. Diese werden dazu in einen geeigneten Zusammenhang überführt.

Der Schwerpunkt der Darstellungen in Abschnitt 3.3.2 liegt auf inner- und zwischenbetrieblichen Integrationsaspekten. Hierbei sind insbesondere die möglichen Ausprägungen einer integrierten Informationsverarbeitung sowie die Kosten einer Integration von Interesse.

Aufbauend auf diesen Grundlagen werden in Abschnitt 3.3.3 konkrete Standards- und Referenzmodelle im Kontext einer zwischenbetrieblichen Kooperation vorgestellt. Die Beschreibung dient dabei als Grundlage für eine spätere Operationalisierbarkeit des technologischen Reifegrads.

3.3.1 Begriffliche Grundlagen

Die folgende Abb. 23 in Anlehnung an [Winn2006, S. 30] visualisiert den Zusammenhang der im Folgenden dargestellten Begrifflichkeiten.

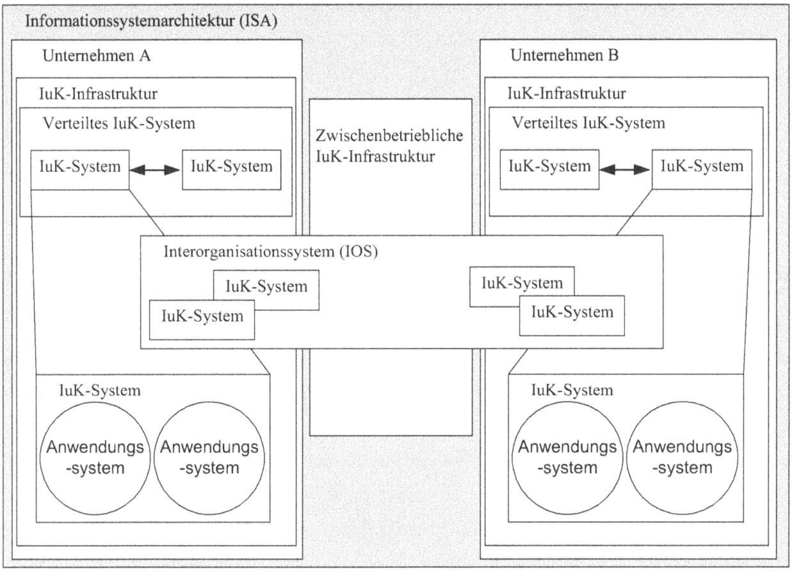

Abb. 23: Zusammenhang begrifflicher Grundlagen der IT (vgl. [Winn2006, S. 30])

Die WI wird auch als „die Wissenschaft von den Informations- und Kommunikationssystemen (IuK-Systemen) in Wirtschaft und Verwaltung“ [HeHR2007, S. 3] bezeichnet. Die Bedeutung des schon mehrfach verwendeten Begriffs der IuK-Systeme für die dieser Wissenschaftsdisziplin zuzuordnenden Arbeit lässt sich damit unterstreichen. Dabei können IuK-Systeme als Hardware- und Softwaresysteme verstanden werden, die Aufgaben der Unternehmensführung unterstützen oder teilweise durch Automation übernehmen (vgl. [Karg1998, S. 1]). Der Begriff IuK-Systeme wird in Wissenschaft und Praxis oft synonym mit dem Begriff des Informationssystems (IS) verwendet, wobei der Begriff IS in diesem Fall auch als verkürzte Form für den Begriff des IuK-Systems aufgefasst wird (vgl. [HeHR2007, S. 14]).

Folgt man diesem Ansatz lässt sich der Terminus IS bzw. IuK-System mit Blick auf die systemtheoretische Fundierung dieser Arbeit auch wie folgt definieren: „Ein Informationssystem (hier auch IuK-System) (...) besteht aus Menschen und Maschinen, die Informationen erzeugen und/oder benutzen und die durch Kommunikationsbeziehungen miteinander verbunden sind“ [Hans1996, S. 67]. Nach diesem Ansatz kann ein IuK-System als soziotechnisches System verstanden werden. Der bereits eingeführten systemtheoretischen Betrachtung entsprechend ergibt sich die Struktur eines IuK-Systems dabei durch die Vernetztheit seiner Systemelemente (vgl. [Ulri1970, S. 107]), wobei die IuK-Systeme aufgrund der zwischen Ihnen bestehenden Verbindungen eine Grenze zur Systemumwelt bilden. Diesem Ansatz entspricht auch die Auffassung von Kargl [Karg1998], welcher betont, dass die heutzutage von Unternehmen genutzten IuK-Systeme nicht isoliert nebeneinander stehen, sondern entsprechend dem Verbindungsgeflecht der durch sie zu erledigenden Aufgaben einen Systemverbund bilden (vgl. [Karg1998, S. 1]). Im Folgenden soll der Begriff des IuK-Systems gemäß der soziotechnischen Definition von Hansen verwendet werden. Dabei werden, der Argumentation Heinrichs folgend, nach welcher eine Differenzierung zwischen den Termini IuK-System und Informationssystem (IS) „unzweckmäßig erscheint" (vgl. [HeHR2007, S. 14]), beide Begriffe synonym verwendet. Wo sinnvoll möglich wird schwerpunktmäßig jedoch auf den Begriff des IuK-Systems zurückgegriffen.

Dieses soziotechnische Systemverständniss zugrunde legend können IuK-Systeme in die drei Komponenten „Mensch", „Aufgabe" und „Technik" zerlegt werden (vgl. [HeHR2007, S. 16]). Die Systemkomponente „Mensch" beinhaltet dabei Menschen als Individuen und als Gruppen, die in verschiedenen Rollen an der IuK-Gestaltung mitwirken (bspw. Softwareentwickler, Benutzer), IuK-Systeme betreiben und benutzen (bspw. Administratoren, Manager) oder wesentlich von IuK-Systemen berührt werden (bspw. Kunden, Lieferanten oder sonstige Stakeholder) (vgl. [HeHR2007, S. 16]). Die Komponente „Aufgabe" umfasst Einzelprobleme oder Problembereiche in Wirtschaft und Verwaltung (bspw. aus den betrieblichen Funktionalbereichen wie Beschaffung und Lagerhaltung, Produktion, Finanz- und Rechnungswesen etc.). Die Komponente „Technik" beinhaltet als dritte Zerlegungsebene IuK-Techniken als Einzeltechniken (bspw. Eingabetechnik, Speichertechnik, Verarbeitungstechnik) oder als integrierte Techniksysteme (bspw. Internet, Workflow Management Systeme) (vgl. [HeHR2007, S. 16]).

Aufbauend auf diesem Begriffsverständnis kann der Teil eines IuK-Systems, bei dem es sich um die softwareseitige Realisierung einer bestimmten, meist eng abgegrenzten Aufgabe handelt, als Anwendungssystem bezeichnet werden [HeHR2007, S. 14]. Ein Anwendungssystem stellt folglich nur einen Teil eines IuK-Systems dar. Betriebliche Anwendungssysteme lassen sich auf Basis der Aufgabenbereiche, in denen sie eingesetzt werden, in operative Systeme, Planungssysteme und Kontrollsysteme unterteilen (vgl. [Mert2004, S. 12]).

Eine weitere Differenzierungsmöglichkeit betrieblicher Anwendungssysteme findet sich in der Unterscheidung zwischen Standard- und Individualsoftware (vgl. [RaSc2003, S. 6]).

Unter einer Standardsoftware werden dabei vorgefertigte Programmpakete verstanden, die einen klar definierten Anwendungsbereich unterstützen und als fertige Produkte auf dem Markt erworben werden können (vgl. hierzu auch [Schw1994, S. 279], [AbMü2002, S. 55], [ScKr1996, S. 220ff.]).

Individualsoftware wird für eine einzelne Unternehmung bzw. eine spezialisierte Aufgabenstellung entwickelt, es handelt sich um eine „maßgeschneiderte" Software. Sie dient dazu, ein kundenindividuelles Problem zu lösen (vgl. [Dieh2000, S. 12], [ScKr1996, S. 222]).

Die Sammlung mehrerer logisch verknüpfter Anwendungssysteme, die über ein gemeinsames Netzwerk verteilt sind und die von räumlich – und möglicherweise auch funktional – getrennten Anwendern genutzt werden, können als verteiltes IuK-System bezeichnet werden (vgl. [ÖzVa1990]). Die Vorteile verteilter IuK-Systeme liegen in Ihrer Autonomie, der Performanz, der Verfügbarkeit, der Erweiterbarkeit und der Teilbarkeit, d.h. der Möglichkeit, Aufgaben und Verantwortung auf verschiedene Organisationseinheiten zu verteilen (vgl. [CoDK1994]). Innerbetriebliche Beispiele für verteilte IuK-Systeme finden sich im Bereich der ERP-Systeme, im überbetrieblichen Bereich bspw. im World Wide Web (WWW), welches als globales verteiltes IuK-System bezeichnet werden kann (vgl. [KöWR1994, S. 490f.], [KaMa1993, S. 212f.]).

Von den dargestellten verteilten Informationssystemen sind die so genannten integrierten Informationssysteme zu unterscheiden. Diese decken alle relevanten betrieblichen Funktionsbereiche ab und integrieren dabei Daten, Funktionen, Objekte, Methoden, Anwendungssysteme, Vorgänge und Geschäftsprozesse (vgl. [RaSc2003, S. 221f.]). Der Begriff Integration bezeichnet in diesem Zusammenhang die (Wieder-)Herstellung eines Ganzen durch Zusammenführen verschiedener, jedoch logisch zusammengehörender Teile (vgl.[Kaib2002, S. 10]), [Fran1994, S. 22]). Integrierte Informationssysteme können entweder durch vollständige Neuentwicklung, durch Integration bestehender IuK-Systeme oder durch Entwicklung integrationsfähiger IuK-Systeme, die dann sukzessive miteinander integriert werden, entstehen (vgl. [Mert2004, S. 3]).

Innerbetrieblich integrierte Informationssysteme haben mittlerweile in Form von ERP-Systemen (bspw. SAP R/3) einen gewissen Verbreitungsgrad erfahren (vgl. [HaNe2005, S. 230f.]). Diese haben die von den Unternehmen zuvor eingesetzten Systeme zur Unterstützung fest abgegrenzter organisatorische Einheiten abgelöst und eine vollständig integrierte Sichtweise entlang eines innerbetrieblichen Gesamtprozesses möglich gemacht (vgl. bspw. [Dave1998, S. 121ff.], [GaSC2003, S. 576ff.]). ERP-Systeme gehören damit sowohl zu den verteilten, als auch den integrierten IuK-Systemen. Im zwischenbetrieblichen Bereich sind integrierte Informationssysteme bisher wenig verbreitet und integrieren in der Regel nur wenige, isolierte Funktionsbereiche (vgl. [HaMi2004]).

Die organisatorische Gesamtheit einer Menge von IuK-Systemen (bspw. in einem Unternehmen) wird als Informations- und Kommunikationsinfrastruktur (IuK-Infrastruktur) bezeichnet (vgl. [HeHR2007, S. 14]). Zu den Bestandteilen einer IuK-Infrastruktur können „alle Einrichtungen, Mittel und Maßnahmen, welche die Voraussetzung für Information und Kommunikation in einem Unternehmen schaffen" [HeHR2007, S. 14] gezählt werden[45]. Im Gegensatz zu dem einzelnen IuK-System liegt der Betrachtungsfokus bei der IuK-Infrastruktur auf der Systemlandschaft, also auf einem System von IuK-Systemen. Innerhalb dieses Systems spielt die Vernetzung der Subsysteme (also der IuK-Systeme) eine entscheidende Rolle, da eine unzureichende Vernetzung zu mangelnder Datenintegration und somit schlechter innerbetrieblicher Informationsverfügbarkeit führen kann (vgl. [Jung2003, S. 306]). Die Ursachen für unzureichende innerbetriebliche Vernetzung finden sich oft in historisch gewachsenen, teils heterogen aufgestellten IuK-Infrastrukturen (vgl. [Hein1993, S. 180f.]).

Weitet man die IuK-Infrastruktur auf mehrere Unternehmen aus, gelangt man zu einer unternehmensübergreifenden IuK-Infrastruktur. Im Kontext der vorliegenden Arbeit ist damit die Gesamtheit der innerhalb eines situativen Wertschöpfungsnetzes positionierten IuK-Systeme gemeint. Entsprechend dem soziotechnischen Systemverständnis kann die unternehmensübergreifende IuK-Infrastruktur als das Gesamtsystem und die IuK-Infrastrukturen der jeweiligen Kooperationsunternehmen als dessen Subsysteme beschrieben werden. Diese Subsysteme erzeugen aufgrund ihrer Beziehungen zueinander eine komplexe Systemstruktur und bilden gegenüber Unternehmen, die nicht Teil des Netzwerks sind, eine Systemgrenze. Dabei enthalten diese Subsysteme wiederum eigene Subsysteme (IuK-Systeme).

Die hinsichtlich der IuK-Infrastruktur geschilderten Probleme einer mangelnden Datenintegration gewinnen in der unternehmensübergreifenden Betrachtung zusätzlich an Bedeutung. Hier ist neben einer innerbetrieblichen Vernetzung von ggf. historisch gewachsenen Informationssystemen auch eine mit zunehmender Partneranzahl potenziell wachsende Heterogenität von IuK-Systemen zu berücksichtigen.

Die Gesamtheit aller Regeln, Vorschriften und Konzepte für die zielgerichtete Gestaltung der IuK-Infrastruktur wird durch die Informationssystemarchitektur (ISA) repräsentiert. Analog zur Architekturlehre umfasst die ISA zwei wesentliche Elemente. Zum einen handelt es sich dabei um den Bauplan des IuK-Systems im Sinne einer Spezifikation und Dokumentation der wesentlichen Komponenten des IuK-Systems bzw. der IuK-Infrastruktur (vgl. [Sinz1996, S. 125]). Zum anderen umfasst die ISA die Konstruktionsregeln zur Erstellung des Bauplans (vgl. [Sinz1996, S. 125]). Diese eher technische Begriffsauffassung erweitert Krcmar um Elemente der Geschäftsstrategie (vgl. [Krcm2000]). Dazu zählt der Autor neben der Prozess-Architektur, der Anwendungsarchitektur der Daten und Kommunikationsarchitektur insbe-

---

[45] Exemplarisch seien hier alle Anwendungssysteme als Teil der IuK-Systeme, aber auch Aufbau- und Ablauforganisation, Aufgabenträger und Räume genannt.

sondere auch die Elemente der Geschäftsstrategie zu den Bestandteilen einer ganzheitlichen ISA (vgl. [Krcm2000, S. 85]). Österle et al. fassen den Begriff der ISA deutlich weiter, richten diesen aber ebenfalls stärker betriebswirtschaftlich aus in dem sie feststellen, dass „die Informationssystemarchitektur der konzeptionelle Rahmen für die Entwicklung von Organisation, Applikationen und Datenbanken eines dezentralen Bereichs ist" [ÖsBH1991, S. 69]. Konkrete anwendungsbezogene Architekturkonzepte bauen auf dem dargestellten Begriffsverständniss auf. Als Beispiele hierfür können PROMET (vgl. [Öste2001]), ARIS (Architektur integrierter Informationssysteme) (vgl. [Sche1992]) oder die Handels-H-Architektur [BeSc1999] aufgeführt werden.

Kombiniert man die Eigenschaften der unternehmensübergreifenden und verteilten IuK-Systeme gelangt man zur Gruppe der IOS. Unter einem IOS kann dabei ein rechnergestütztes, netzwerkbasiertes, unternehmensübergreifendes, verteiltes Informationssystem verstanden werden, welches durch folgende Eigenschaften gekennzeichnet ist [Winn2006, S. 29]:

- Unterstützt die Abbildung von Wertschöpfungsnetzen und die kollaborative Leistungserbringung in Wertschöpfungsnetzen (z.B. virtuellen Unternehmen).
- Reicht über Unternehmensgrenzen hinaus und hat dadurch Auswirkungen auf Unternehmens- und Industriestrukturen.
- Unterstützt unternehmensübergreifende Geschäftsprozesse.
- Nutzt moderne Kommunikations-Infrastrukturen und offene Netzwerke (z.B. Internet, Mobilkommunikation).
- Erhöht die Wirtschaftlichkeit und Wirksamkeit der überbetrieblichen Zusammenarbeit durch die Ausschöpfung des Leistungspotenzials rechnergestützter Informationssysteme.
- Erhöht die Flexibilität zur Anpassung an veränderte Wettbewerbssituationen.

Die Notwendigkeit einer inner- wie überbetrieblichen Datenintegration auch mittels integrierter Informationssysteme lässt sich, neben den bereits im vorangegangenen Abschnitt dargestellten Gründen, auch auf Basis der Arbeiten Scheers und des von ihm veröffentlichten Unternehmensdatenmodells ableiten. Aus diesem geht hervor, dass es innerhalb von Unternehmen keine relevanten Bereiche gibt, die nicht auch auf Daten anderer Bereiche zugreifen (vgl. [Sche1990]). Darüber hinaus unterstreichen weitere Arbeiten die Notwendigkeit integrierter Informationssysteme auch für die vorliegende Thematik. So macht die Arbeit von Selk [Selk2005] deutlich, dass durch die innerbetriebliche Integration der Funktionsbereiche des CRM und SCM erhebliche Wettbewerbsvorteile gegenüber Unternehmen mit nicht integrierten Informationssystemen erzielt werden können und eine sinnvolle überbetriebliche Zusammenarbeit durch eine ebensolche Integration überhaupt erst ermöglicht wird (vgl. [Selk2005, S. 243f.]).

Für diese Arbeit sind im Bereich der überbetrieblichen Integration insbesondere zwei Aspekte von großem Interesse. Zum einen handelt es sich um die verschiedenen Ausprägungen einer Integration, die einen Rückschluss darauf zulassen, wie weit und in welcher Form Anwendungssysteme miteinander verknüpft sind. Zum anderen sind die Kosten einer Integration ein wichtiger Faktor für die Gestaltung situativer Wertschöpfungsnetze (vgl. [BaGT2007, S. 783]). Dabei können die Integrationskosten als entscheidender Faktor zur Selektion oder Deselektion eines Wertschöpfungspartners beitragen. Eine Begründung für die Relevanz von Integrationskosten findet sich in der bereits dargestellten Transaktionskostentheorie, da Integrationskosten definitionskonform als Bestandteil der bei der Übertragung von Verfügungsrechte zwischen Wertschöpfungspartnern entstehenden Kosten der Information und Kommunikation betrachtet werden können (vgl. [EbGo2002, S. 226]).

Eine detaillierte Darstellung der angesprochenen Integrationsformen findet im nächsten Abschnitt 3.3.2 statt. Darauf aufbauend werden exemplarisch relevante zwischenbetriebliche IuK-Standards und Referenzmodelle vorgestellt. Abschließend gibt Abschnitt 3.3.4 einen Überblick über die bei einer inner- und zwischenbetrieblichen Integration zu berücksichtigenden Integrationskosten. Der Schwerpunkt liegt auf den für die vorliegende Thematik relevanten Konzeptbestandteilen. Ziel der Darstellungen ist die Schaffung eines geeigneten begrifflichen und konzeptionellen Rahmens für die Beurteilung organisatorisch-technischer Wechselwirkungen in situativen Wertschöpfungsnetzen.

3.3.2 Inner- und zwischenbetriebliche Integration

Ziel einer innerbetrieblichen wie auch einer zwischenbetrieblichen Integration ist die Überwindung von Heterogenität an den Schnittstellen zwischen IuK-Systemen, wodurch ein automatisierter Austausch von Informationen im Rahmen unternehmensinterner und unternehmensübergreifender Geschäftsprozesse möglich wird (vgl. [MeFa1996, S. 96f.]). Bei der um die Aufgabe der Integration herum aufgebauten wirtschaftsinformatischen Teildisziplin der „integrierten Informationsverarbeitung“ geht es entsprechend um die Verknüpfung von Menschen, Aufgaben und Techniken (also IuK-Systemen) zu einer Einheit (vgl. [Heil1989, S. 51]). Dabei fokussiert die integrierte Informationsverarbeitung vorwiegend auf den innerbetrieblichen Bereich.

Ihr Pendant im überbetrieblichen Bereich ist insbesondere im angelsächsischen Raum unter dem Begriff der „Business interoperability“ bekannt geworden und wird definiert als „the organisational and operational ability of an enterprise to cooperate with its business partners and to efficiently establish, conduct and develop IT-supported business relationships with the objective to create value“ (vgl. [LeLe2007, S. 177])[46]. Im Kern geht es also darum, zwischenbetriebliche Unternehmenskooperationen auf Basis einer der jeweiligen Situation angepassten IuK-Unterstützung zu ermöglichen und effizient zu betreiben. Dabei beschäftigt sich das Themenfeld der Business interoperability nicht ausschließlich mit den technischen Aspekten einer überbetrieblichen Integration, sondern sieht diese im Zusammenhang mit der Geschäftsstrategie und dem organisatorischen Design (vgl. [LeWe2006, S. 2]).

Neben der Unterscheidung in inner- und überbetriebliche Integration lassen sich weitere Ausprägungen einer integrierten Informationsverarbeitung unterscheiden. In der folgenden Tab. 16 sind die zu differenzierenden Integrationsmerkmale mit ihren jeweiligen Ausprägungen aufgeführt, auf die danach eingegangen wird (vgl. hierzu auch [Mert2004, S. 2]).

Integrationsmerkmal	**Ausprägung**	**Bedeutung**
Integrationstyp	Datenintegration, Funktionsintegration, Integration über die Benutzerschnittstelle	Art der Kopplung zwischen Anwendungssystemen
Integration des Endkunden	Ja, Nein	Einbezug des Kunden in die Integration
Integrationsrichtung	Horizontale Integration, vertikale Integration	Beziehung der Integrationskomponenten in aufbauorganisatorischer bzw. funktionaler Sicht zueinander
Integrationsreichweite	Bereichsbezogen, innerbetrieblich, zwischenbetrieblich-branchenintern, zwischenbetrieblich-branchenübergreifend	Organisatorische Entfernung zwischen den Integrationskomponenten
Automatisierungsgrad	Vollautomation, Teilautomation	Arbeitsteilung zwischen Mensch und Maschine

Tab. 16: Ausprägungsformen der Integration

Das Merkmal Integrationstyp gibt an, in welcher Weise Anwendungssysteme miteinander verbunden werden können. Dabei ist zwischen Datenintegration, Funktionsintegration und der Integration über die Benutzerschnittstelle zu unterscheiden. Der Einsatz in einem Unternehmen beschränkt sich nicht nur auf eine dieser Integrationsmethoden sondern umfasst in der

[46] Eine geeignete deutschstämmige Entsprechung für den Begriff der business interoperability existiert nicht. Eine unscharfe Übersetzung wird an dieser Stelle vermieden. Im Folgenden findet daher ausschließlich der englische Terminus Verwendung.

Regel mehrere oder alle der Methoden mit verschieden starken Ausprägungen (vgl. [Kell2002, S. 60f.]).

Die Kopplung im Fall der Datenintegration erfolgt auf Datenebene zwischen den beteiligten Anwendungssystemen. Hierbei sind die direkte Kommunikation zwischen Anwendungssystemen und der gemeinsame Zugriff auf eine zentrale Datenhaltung zu unterscheiden. Im Fall einer direkten Kommunikation müssen die beteiligten IuK-Systeme so aufeinander abgestimmt sein, dass das Daten empfangende Anwendungssystem die vom liefernden Teilsystem stammenden Daten korrekt interpretieren kann (vgl. [Mert2004, S. 1], [HoWo2004, S. 41f.]). Der Zugriff mehrerer Anwendungssysteme auf eine zentrale Datenhaltung erfolgt dagegen entweder über eine gemeinsame Datenbank oder über den gemeinsam genutzten Bereich eines Dateisystems (vgl. [Hein1999, S. 135ff.]).

Die Integration von Funktionen besagt, dass diese integrationstechnisch miteinander verknüpft werden[47] (vgl. [Mert2004, S. 1]). Dabei erlauben bspw. die von Anwendungssystemen bereitgestellten Programmierschnittstellen (APIs[48]) einen kontrollierten Zugriff auf Anwendungslogik und Anwendungsdaten des Zielsystems.

Eine Integration über die Benutzerschnittstelle findet häufig statt, wenn Daten nur selten zwischen Anwendungssystemen ausgetauscht werden müssen. Dabei wird auf die Präsentationsschicht der Anwendungen zugegriffen.

Ein aus Sicht dieser Arbeit wichtiger Aspekt ist die Frage, ob der Endkunde in die Betrachtung einer Integration mit einbezogen wird oder nicht. Im Fall der Merkmalsausprägung „Ja" müssen die von Endkunden angegebenen Daten ohne Medienbrüche integriert werden. Im Fall von „Nein" ist die Integration des Endkunden nicht beabsichtigt oder die Datenübermittlung, bspw. zwischen einem Lieferanten um dem Endkunden, ist aufgrund von Medienbrüchen nur als mittelbar anzusehen (vgl. [Jung2003, S. 315]).

Als Beispiel für das Vorliegen einer Kundenintegration aus Sicht eines Lieferanten kann die direkte Dateneingabe durch den Kunden in Form eines Webformulars und die medienbruchfreie Übermittlung der relevanten Kundeninformation entlang des innerbetrieblichen Wertschöpfungsprozesses genannt werden. Im Fall von „Nein" existieren entweder bei der Datenaufnahme Medienbrüche (bspw. die Datenaufnahme im Rahmen eines Telefongesprächs im Call-Center) oder die Datenübermittlung entlang des Wertschöpfungsprozesses ist durch Medienbrüche bzw. eine unvollständige Integration entlang des Informationsflusses gekennzeichnet.

---

[47] Bspw. die Zusammenführung der Funktionen Planung und Disposition.

[48] Wörtlich: Application Programming Interface.

Hinsichtlich der Integrationsrichtung kann, bezogen auf die Aufbauorganisation eines Unternehmens, zwischen vertikaler und horizontaler Integration unterschieden werden. Während sich die horizontale Integration vor allem auf die Verbindung der Teilsysteme in der betrieblichen Wertschöpfungskette bezieht, steht im Zentrum der vertikalen Integration insbesondere die Datenversorgung der Planungs- und Kontrollsysteme aus den operativen Systemen heraus (vgl. [Mert2004, S. 12]).

Die Integrationsreichweite definiert aus Produktions- bzw. Leistungserstellungssicht, ohne Berücksichtigung des Kunden, welche „organisatorische Entfernung“ zwischen den Integrationskomponenten existiert (vgl. [Jung2003, S. 314]). Unterschieden werden kann hier zwischen innerbetrieblicher und zwischenbetrieblicher Integration. Im Fall der innerbetrieblichen Integration ist zwischen der bereichsbezogenen Integration, bei der Daten nur innerhalb eines betrieblichen Teilbereichs miteinander integriert werden und der (vollständigen) innerbetrieblichen Integration, bei der Daten innerhalb einer Organisation bereichsübergreifend integriert werden, zu unterscheiden. Im Fall der zwischenbetrieblichen Integration existieren brancheninterne und brachenübergreifende Integrationslösungen. Die Merkmalsausprägung „zwischenbetrieblich-branchenintern“ bedeutet, dass Daten unterschiedlicher Organisationen derselben Branche integriert werden, „zwischenbetrieblich-branchenübergreifend“ sieht eine Datenintegration zwischen Organisationen unterschiedlicher Branchen vor. Beiden Formen gemein ist, dass zwischen den Partnern eine marktartige Koordination oder eine gleichberechtigte Zusammenarbeit stattfindet (vgl. [Jung2003, S. 314]).

Als finales Merkmal kann hinsichtlich des Automatisierungsgrads einer Integrationslösung zwischen vollautomatisierten Ansätzen, also solchen ohne Einfluss eines Menschen und teilautomatisierten Ansätzen, bei denen Mensch und Maschine miteinander interagieren, unterschieden werden ([Holt2003, S. 49f.]).

Die dargestellten Merkmale deuten die Bandbreite möglicher Integrationslösungen an und können zugleich als Grundlage für die Beurteilung bereits existierender IuK-Systeme und ihrer Integrationseigenschaften herangezogen werden. Aus Sicht dieser Arbeit bieten die dargestellten Merkmale somit eine wichtige Grundlage für die Bestimmung eines inner- und zwischenbetrieblichen technologischen Reifegrades. Dabei beeinflusst der Reifegrad insbesondere die Selektions- und Allokationsfunktion innerhalb des Managements situativer Wertschöpfungsnetze (vgl. auch Abb. 10). Mittelbar wird aber auch die Regulationsfunktion vom technologischen Reifegrad insbesondere dann beeinflusst, wenn es darum geht, eine unternehmensübergreifende Vereinbarung über die Verwendung eher langfristig angelegter interorganisationaler Informationssysteme zu treffen. Für die Evaluation, also die Bestimmung und Verteilung von Kosten und Nutzen im Netzwerkzusammenhang, ist die Kenntnis eines technologischen Reifegrades dagegen nur von indirektem Interesse.

3.3.3 Standards und Referenzmodelle zwischenbetrieblicher Integration

Im Folgenden werden konkrete Standards und Referenzmodelle einer zwischenbetrieblichen Integration eingeführt. Ziel der Darstellung ist es, Anhaltspunkte für die spätere Identifikation von Beurteilungsindikatoren eines überbetrieblichen technologischen Reifegrades zu erhalten. Für eine strukturierte Darstellung wird zwischen etablierten Frameworks und systemnahen Standards differenziert. Die folgende Tab. 17 stellt die drei betrachteten Bereiche sowie die im Folgenden exemplarisch dargestellten Standards und Referenzmodelle der beiden Bereiche, dar.

Systemnahe Standards	• Electronic Data Interchange (EDI) • Xtensible Markup Language (XML) • Simple Object Access Protocol (SOAP)
Referenzmodelle	• SCOR (Supply Chain Operations Reference) • RosettaNet

Tab. 17: Exemplarische Standards, Referenzmodelle und Lösungen überbetrieblicher Integration

Grundlage einer zwischenbetrieblichen Kommunikation bilden systemnahe Standards die es den Wertschöpfungspartnern erlauben, relevante Informationen zeitnah auszutauschen. Die Entwicklung hierbei ist maßgeblich durch die Einführung von EDI-Systemen (Electronic Data Interchange-Systemen) in den 1980er Jahren geprägt, durch die es zu ersten Standardisierungen des Datenaustauschformats und somit zu einer Standardisierung auf syntaktischer Integrationsebene kam.

Der Begriff EDI bezeichnet den unternehmensübergreifenden Austausch von Geschäftsdaten in standardisierter Form unter Nutzung von Informations- und Kommunikationstechnologie (vgl. [Fisc1996]). Anwendungsbereiche von EDI umfassen insbesondere den „papierlosen Austausch von strukturierten Geschäftsdaten, wie bspw. Bestellungen oder Rechnungen, von Anwendung zu Anwendung über ein elektronisches Übertragungsmedium“ [Fisc1996]. Die durch den Einsatz von EDI für die Unternehmen zu erzielenden positiven Wirkungen können in die Bereiche Kostenreduktion, erhöhte Informationsqualität und zunehmende strategische und organisatorische Freiheitsgrade unterteilt werden (vgl. [ScMc1993, S. 86ff.], [Seff1996]).

In letzter Zeit setzt sich mehr und mehr die Xtensible Markup Language (XML) als übergreifender Standard durch (vgl. [FeTu2001]). XML ist eine textbasierte Meta-Auszeichnungssprache für Beschreibung, Austausch, Darstellung und Manipulation von strukturierten Daten. Sie wurde vom World Wide Web Consortium (W3C) 1998 als Standard verabschiedet (vgl. [BuLa2001]). XML gilt als syntaktische Standard-Infrastruktur zur Kopplung von Anwendungssystemen (vgl. [WeHB2001, S. 66]). Eine Klasse von XML-Dokumenten zur Kopplung von Anwendungssystemen bildet das Simple Object Access Protocol (SOAP) (vgl. [Holl2002, S. 98]). Das Protokoll definiert dazu eine modulare Struktur zum Aufbau und zur Kodierung von XML-Dokumenten. SOAP-Nachrichten können folglich als XML-Dokumente aufgefasst werden, die den strukturellen Vorgaben von SOAP entsprechen (vgl. [Holt2003, S. 43]).

Eine rein syntaktische Integration von Systemen, durch die beispielhaft dargestellten Standards, ist für sich genommen nicht ausreichend. Um Geschäftsprozesse zwischenbetrieblich integrieren zu können, müssen zusätzlich die domänenspezifischen Terminologien auf semantischer Ebene vereinheitlicht werden. Die Bedeutung dieser terminologischen Integration liegt in der Notwendigkeit begründet, zusätzlich zur Korrektheit der Strukturen auch die Korrektheit der Inhalte prüfen zu müssen (vgl. hierzu auch [Ortn2000, S. 11]). Hierbei kommt den in Tab. 17 aufgeführten Referenzmodellen eine besondere Bedeutung zu, da diese als Vorlagen zur Vereinheitlichung von Terminologien in konkreten Projekten herangezogen werden können. Als Beispiele für Referenzmodelle abgegrenzter Branchen werden im Folgenden das vom Supply Chain Council (SCC) entwickelte SCOR-Modell sowie RosettaNet kurz vorgestellt.

Das SCOR-Modell ist ein Referenzmodell zur Gestaltung und Kopplung von unternehmensübergreifenden Geschäftsprozessen (vgl. hierzu auch [Step2001], [SCC2006]). Das Modell bietet ein branchenübergreifendes System von Kennzahlen zur Unterstützung der Leistungsmessung, spezifiziert empfohlene Vorgehensweisen für einzelne Prozesse (best practices) und unterbreitet Vorschläge, wie sich diese Prozesse durch Softwarefunktionalitäten geeignet unterstützen lassen (vgl. [KaBl2000, S. 134]). Das SCOR-Modell ist in vier Ebenen gegliedert, Gegenstand der Ausarbeitungen des SCC in [SCC2006] sind jedoch lediglich die obersten drei:

- Auf der höchsten Ebene werden die Kernprozesse Planung (Plan), Beschaffung (Source), Produktion (Make), Vertrieb (Deliver) und Retouren (Return) definiert.
- Die zweite Ebene gliedert jeden Prozess in Prozesskategorien, die den drei bereits dargestellten Individualisierungskonzepten make-to-stock, make-to-order und engineer-to-order entsprechen.
- Die dritte Ebene definiert für jede Prozesskategorie die erforderlichen Prozesselemente.

Konkrete Prozessmodelle, die logisch der vierten Ebene des SCOR-Modells zuzuordnen sind, liefert bspw. RosettaNet (vgl. [Holt2003, S. 48]). Hierbei handelt es sich um ein unabhängiges Non-Profit-Konsortium welches u.a. Standards für die Abstimmung der Partner in konkreten Liefernetzen (bspw. der Informationstechnologie) entwickelt.

Die exemplarisch dargestellten sowie weitere, teils anwendungsspezifische Standards und Referenzmodelle, bilden die Grundlage einer zwischenbetrieblichen Kommunikation. Innerhalb von situativen Wertschöpfungsnetzen kann die umfassende Berücksichtigung von Standards und geeigneten Referenzmodellen zum Teil als Voraussetzung für die Bearbeitung bestimmter Kundenauftragstypen deklariert werden. Die zugleich existierende ausgeprägte Heterogenität in diesem Bereich, kann jedoch einen erheblichen Aufwand im konkreten Anwendungsfall verursachen. Abhängig von den zu integrierenden Systemen fallen hierbei zu berücksichtigende Kosten und Zeitverzögerungen an. Für eine umfassende Darstellung unternehmensübergreifender Leistungserstellung in situativen Wertschöpfungsnetzen sind die dabei entstehenden Aufwände folglich mit einzubeziehen. Der folgende Abschnitt 3.3.4 gibt daher einen Überblick über mögliche, im Fall einer inner- und zwischenbetrieblichen Integration anfallenden Kosten.

3.3.4 Kosten einer inner- und zwischenbetrieblichen Integration

Im Rahmen der Bewertung eines technologischen Reifegrades sind neben den Merkmalen und Konzepten einer Integration auch die Kosten zu berücksichtigen, die vor (ex-ante) oder nach (ex-post) Einführung der Integrationslösung entstehen. Die zu betrachtenden Integrationskosten lassen sich auf Basis der Transaktionskostentheorie darstellen. Zur Beurteilung anfallender Transaktionskosten und mit Blick auf eine spätere Operationalisierung bietet sich eine weitergehende Systematisierung der Transaktionskostentheorie anhand des klassischen Rechnungswesens an (vgl. hierzu bspw. [Möll2002, S. 110]).

Die Tab. 18 stellt die drei Teilsysteme der traditionellen Kostenrechnung den Merkmalen der Transaktionskostentheorie gegenüber.

Klassische Kostenrechnung	**Transaktionskostentheorie**	**Integrationskosten**
Kostenartenrechnung	Ex-ante, ex-post	Ex-ante, ex-post
Kostenstellenrechnung	Unternehmensintern, unternehmensübergreifend	Innerbetrieblich, zwischenbetrieblich
Kostenursachenrechnung	Transaktionsspezifische Investitionen, Unsicherheit, Häufigkeit	Spezifität, Unsicherheit, Häufigkeit

Tab. 18: Operationalisierung von Integrationskosten anhand der Transaktionskostentheorie

Die Kostenartenrechnung impliziert eine zeitliche Systematisierung der anfallenden Integrationskosten [Möll2002, S. 111]. Die Transaktionskostentheorie selbst differenziert zwischen den Transaktionsphasen Anbahnung, Vereinbarung, Abwicklung, Kontrolle und Anpassung. Im Rahmen der Beurteilung von Integrationskosten vor dem Hintergrund einer Gestaltung situativer Wertschöpfungsnetze bietet sich eine auf dieser Einteilung aufbauende, gröbere Differenzierung an. Daher wird an dieser Stelle lediglich nach den auch durch die Transaktionskostentheorie selbst vorgeschlagenen ex-ante und ex-post Transaktionskosten unterschieden.

Die ex-ante Integrationskosten umfassen alle Kosten, die bei der Einführung einer Integrationslösung anfallen. Dies umfasst bspw. Kosten für die Analyse des Integrationsproblems, die Entwicklung einer Integrationslösung oder die Beschaffung und Einführung einer am Markt vorhandenen Standardsoftware (vgl. [BaGT2007]). Ex-post Integrationskosten sind solche Kosten, die bei Bestehen einer Integrationslösung für Durchführung, Anpassung und Weiterentwicklung anfallen. Im Einzelnen können in diesen Kostenblock bspw. Kosten für die manuelle Nachbearbeitung von Daten, Kosten für die in Zusammenhang mit der Integrationslösung auftretenden Infrastruktur oder Kosten für die Nachbearbeitung und Korrektur integrierter Daten subsumiert werden.

Die folgende Tab. 19 fasst weitere Beispiele für Kostenarten in den genannten Transaktionsphasen zusammen, die jedoch nicht vertiefend betrachtet werden (vgl. zu den Kostenarten auch [Fric2008, S. 66f.]).

Phase	**Exemplarische Kostenarten**	**Erläuterung (Beispiele)**
Ex-ante	Analysekosten	Analyse des Integrationsproblems; Evaluation von Lösungen und Produkten
	Entwicklungskosten	Eigenentwicklungskosten oder Anpassungskosten bei Zukauf einer Fremdsoftware
	Beschaffungskosten	Lizenzkosten, Einkauf notwendiger Hardware und Kommunikationsinfrastruktur
	Einführungskosten	Installation, Test, Schulung
Ex-post	DV-Kosten	Kosten der Datenübertragung; bei Teilautomation auch Kosten einer manuellen Eingabe
	Recherchekosten	Manueller Nachbearbeitungsaufwand insbesondere bei Teilautomation
	Betriebskosten	Direkte Transaktionsgebühren, Providergebühren

Tab. 19: Exemplarische Integrationskostenarten

Hinsichtlich des Entstehungsortes der Kosten, also der Kostenstellenrechnung (vgl. bspw. [KlSS+2005, S. 120ff.]), wird in der Transaktionskostentheorie lediglich zwischen unternehmensinternen und unternehmensexternen Kosten differenziert (vgl. [PiSL1989]). Diese Unterscheidung soll bei der Integrationskostenbeurteilung durch die Differenzierung nach innerbetrieblichen und zwischenbetrieblichen Integrationskosten beibehalten werden. Dabei deuten die gewählten Termini bereits an, an welchen Stellen sie zur Beurteilung eines entsprechenden Reifegrades beitragen.

Die wohl entscheidendste Fragestellung im Zusammenhang mit den Integrationskosten ist die nach ihrer Ursache (innerhalb der klassischen Kostenrechnung als Kostenursachenrechnung bekannt). Bei den auch als „transaktionsrelevante Faktoren“ (vgl. [Möll2002, S. 112]) bezeichneten Kostenursachen handelt es sich um die bereits in Abschnitt 2.2.2 eingeführten transaktionsspezifischen Investitionen sowie Unsicherheit und Häufigkeit. Zur generellen Wirkung der Faktoren auf die Transaktionskosten wird auf Tab. 4 verwiesen. Die Wirkung der transaktionsrelevanten Faktoren auf die Integrationskosten wird im Rahmen der Integrationskostenbetrachtung analog zu der Wirkung innerhalb der Transaktionskostentheorie betrachtet.

Die hier dargestellten Integrationskosten stellen ein ergänzendes Instrument zur Beurteilung eines technologischen Reifegrades dar. Durch die Analogie zur klassischen Kostenrechnung bietet sich unter Berücksichtigung der Aussagen der Transaktionskostentheorie eine Möglichkeit, informationstechnische Verknüpfungen (sowohl bestehende als auch potenzielle) monetär zu bewerten. Auf diese Weise ist eine tiefergehende Beurteilung des technologischen Reifegrads einer dyadischen Verbindung in Wertschöpfungsnetzen möglich.

3.4 Forschungsbedarf und weiteres Vorgehen

Im Rahmen der vorangegangenen Ausführungen wurden die begrifflichen und konzeptionellen Grundlagen für die Gestaltung situativer Wertschöpfungsnetze gelegt. Dazu wurde ein für diese Arbeit geeigneter Wertschöpfungsnetzbegriff erarbeitet. Grundlage hierfür war ein allgemeines Verständnis von Unternehmensnetzwerken sowie eine vertiefende Betrachtung der zwischenbetrieblichen Kooperation. Als Resultat der Ausführungen wurde der Begriff des situativen Wertschöpfungsnetzes eingeführt, der dieser Arbeit als Betrachtungsgrundlage dient. Dieser wurde gegenüber verwandten Konzepten und Termini abgegrenzt. Darauf aufbauend haben die Darstellungen zum Management von Wertschöpfungsnetzen gezeigt, mit welchen Aufgaben sich dieses zu beschäftigen hat.

In Abschnitt 3.2 wurde durch die Beschreibung unterschiedlicher Individualisierungskonzepte der Fokus auf die zunehmende Kundenorientierung bei der betrieblichen Leistungserstellung gelegt. Dieser Abschnitt hat somit den Ausgangspunkt für die Identifikation und Beschreibung von Merkmalen einer situativen Wertschöpfungsnetzgestaltung gelegt.

Die sich in Abschnitt 3.3 anschließende Darstellung relevanter IuK-Konzepte hat die Bedeutung zuverlässiger Informationen für eine situative Wertschöpfungsnetzgestaltung hervorgehoben. Aus den Darstellungen lassen sich im Folgenden wichtige Anhaltspunkte für Merkmale ableiten, die bei der Selektion von Wertschöpfungspartnern zu berücksichtigen sind. Es wurde verdeutlicht, dass diese IuK-bezogenen Merkmale im Zusammenhang mit einer zunehmenden Leistungsindividualisierung erheblich an Bedeutung gewinnen.

Zusammenfassend kann konstatiert werden, dass die Darstellungen zur Kooperation in Netzwerken schwerpunktmäßig für eine Herleitung der relevanten Konzepte und Termini von Bedeutung sind. Desweiteren wurde der Betrachtungsfokus der Arbeit auf die Selektion- und Allokationsphase des Managements von Wertschöpfungsnetzen festgelegt. Die Ausführungen zu den Konzepten individueller Leistungserstellung sowie zur Mass Customization verdeutlichten in erster Linie, welche Individualisierungsmerkmale bei der Gestaltung situativer Wertschöpfungsnetze zu berücksichtigen sind. Insofern haben die Darstellungen eine wichtige Grundlage für die Identifikation der Merkmale gelegt, die einen Einfluss auf die Selektion und Allokation in Wertschöpfungsnetzen ausüben.

Von grundlegender Wichtigkeit für die folgenden Betrachtungen ist, dass Individualisierung nicht nur an der B2C-Schnittstelle betrachtet werden sollte, sondern in zweierlei Hinsicht auch innerhalb des Wertschöpfungsnetzes von Bedeutung ist:

- Die an der Endkundenschnittstelle angebotenen Leistungen erfordern mit zunehmendem Individualisierungsgrad immer reaktionsschnellere Wertschöpfungsnetze. Faktoren wie Flexibilität und die Ausstattung mit leistungsfähiger IT sind hierbei grundlegende Voraussetzung für ein verstärkt kundenauftragsorientiertes Leistungsangebot (vgl. bspw. [Forl2006, S. 32f.], [Forl2007, S. 13]). Nur Unternehmen, die bestimmten Anforderungen hinsichtlich solcher Faktoren genügen, werden zukünftig im Wertschöpfungsnetzverbund dazu beitragen können, die im Kontext der Mass Customization formulierten Anforderungen an kundenindividuelle Produkte zu erfüllen.
- Die zunehmende Individualisierung von Leistungen führt, wie in empirischen Arbeiten nachgewiesen werden konnte (vgl. [Kink2005]), zu stark zunehmender Variantenanzahl sowie sinkender Losgrösse bei der Leistungserstellung an den Knoten eines Wertschöpfungsnetzes[49]. Es kann bemerkt werden, dass die zunehmende Individualisierung des Endprodukts auch auf die Leistungserstellung von Vor- und Zwischenprodukten übergeht bzw. maßgeblichen Einfluss ausübt. Folglich ist auch diese innerhalb des Wertschöpfungsnetzes zu betrachten.

Es bleibt festzuhalten, dass Individualisierung und Mass Customization auch innerhalb des Wertschöpfungsnetzes betrachtet werden müssen. Dabei ist ein die vielfältigen situativen Bedingungen berücksichtigender Ansatz maßgeblicher Erfolgsfaktor für die Erreichung von Kosten-, Inovations- und Qualitätsvorteilen (vgl. bspw. auch [Gott2007, S. 395ff.]).

---

[49] Nur zum Teil werden diese Effekte dabei abgefedert durch Konzepte wie die bereits dargestellte Modularisierung oder eine optimierte Positionierung des KEP.

In der wissenschaftlichen Literatur finden sich allerdings nur wenige Anhaltspunkte für Forschungsarbeiten, welche die Konzepte der Individualisierung und der Mass Customization innerhalb eines Wertschöpfungsnetzes betrachten (vgl. hierzu bspw. auch [RePi2000, S. 11]). Zumeist finden sich bisher lediglich Arbeiten, die einer der drei folgenden Gruppen zugeordnet werden können:

- Die Arbeiten sind stark endkundenorientiert und fokussieren vorwiegend auf die B2C-Schnittstelle. Solche Arbeiten finden sich vor allem im Bereich der Mass Customization (für eine Übersicht vgl. bspw. [Pill2003, S. 390ff.]).
- Die Arbeiten sind auf die vielfältigen Konzepte einer unternehmensübergreifenden Kooperation sowie auf die Gestaltung von Wertschöpfungsnetzstrukturen fokussiert. Arbeiten die zugleich Konzepte der Individualisierung und der Mass Customization berücksichtigen finden sich dagegen nicht (vgl. [Sydo2006b]).
- Als dritte Gruppe können Arbeiten zur Gestaltung virtueller Unternehmen oder virtueller Netzwerke genannt werden (vgl. bspw. [MeFa1996], [MeRS1996]). Deren Prämissen weichen allerdings, wie gezeigt wurde, deutlich von denen ab, die im Rahmen dieser Arbeit an situative Wertschöpfungsnetze gestellt werden.

Durch die Berücksichtigung von Individualisierungsfaktoren innerhalb eines Wertschöpfungsnetzes sowie der Erarbeitung eines geeigneten Gestaltungsansatzes wird ein aktueller Bereich betriebswirtschaftlicher bzw. wirtschaftsinformatischer Forschung adressiert.

4 Gestaltungsansatz situativer Wertschöpfungsnetze

Unter Zugrundelegung des eingeführten begrifflichen und konzeptionellen Bezugsrahmens ist es das Ziel des folgenden Kapitels, den Gestaltungsansatz für situative Wertschöpfungsnetze zu entwickeln. Dabei orientiert sich die Struktur an der in Abschnitt 1.3 formulierten Forschungsfrage sowie der Beantwortung der daraus abgeleiteten Teilfragen.

Die folgende Abb. 24 veranschaulicht den Aufbau dieses Kapitels.

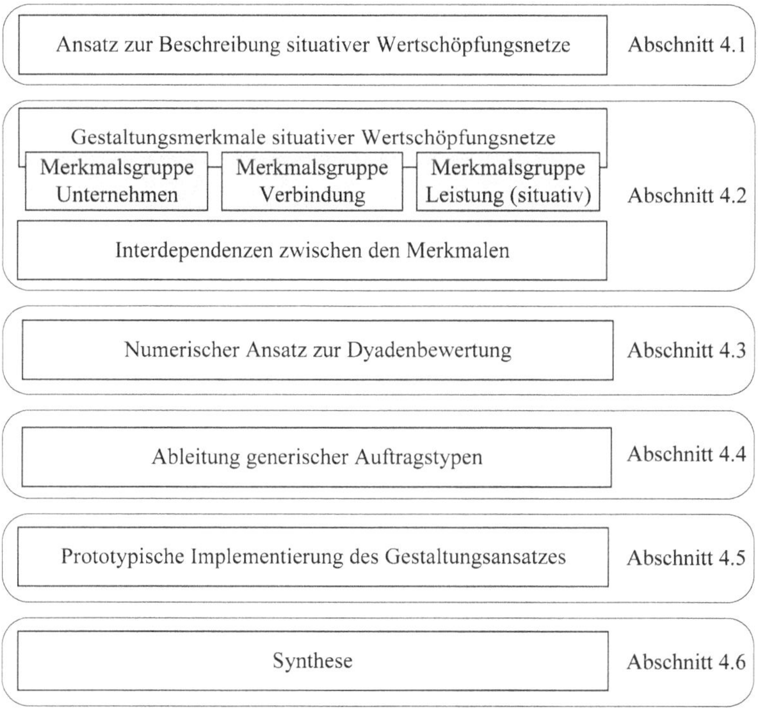

Abb. 24: Vorgehen beim Aufbau des Gestaltungsansatzes situativer Wertschöpfungsnetze

Zunächst findet in Abschnitt 4.1 die Erarbeitung eines Ansatzes zur Beschreibung situativer Wertschöpfungsnetze statt. Es ist, wie nachfolgend erläutert wird, ein wesentliches Merkmal aller Funktionen bei der Gestaltung von (situativen) Wertschöpfungsnetzen ihre Determiniertheit durch variierende Einflussfaktoren (situative Merkmale).

Dabei lassen sich die zu betrachtenden Merkmale in die drei Bereiche Unternehmen, Verbindung und Leistung unterteilen. Die Merkmalsgruppe Leistung nimmt hierbei eine Sonderstellung ein, da sie solche Merkmale enthält, die abhängig von ihrer jeweiligen Ausprägung die Bewertung der übrigen Merkmale beeinflusst. Auf diese Merkmale sowie ihre Interdependenzen wird in Abschnitt 4.2 ausführlich eingegangen.

Die Überführung der argumentativ-deduktiv hergeleiteten Ergebnisse in einen numerischen Ansatz findet in Abschnitt 4.3 statt. Dieser Ansatz dient dabei zum einen als weitere Veranschaulichung der gewonnenen Erkenntnisse, zum anderen ist er wichtiger Ausgangspunkt für die Ableitung und den Vergleich exemplarischer Auftragstypen in Abschnitt 4.4.

Eine prototypische Software-Implementierung des Gestaltungsansatzes in Abschnitt 4.5 führt alle dargestellten Aspekte zusammen und dient zugleich als Werkzeug zur Visualisierung der Zusammenhänge. Abschließend werden die Erkenntnisse des vorliegenden Kapitels im Rahmen einer Synthese in Abschnitt 4.6 zusammenfassend dargestellt.

4.1 Ansatz zur Beschreibung situativer Wertschöpfungsnetze

Die Untersuchung der Auswirkungen neuer, aber auch bestehender Ansätze zur Ausgestaltung überbetrieblicher Wertschöpfungsbeziehungen auf die Leistung des Wertschöpfungsnetzes setzt eine vollständige und zielgerichtete Beschreibung und Modellierung voraus. Dabei steht die Wahl eines adäquaten Abstraktionsgrades, d.h. die Auswahl allgemeingültiger und relevanter bzw. determinierender Merkmale zur vollständigen Beschreibung der Zusammenarbeit, im Vordergrund. In gleichem Maße ist aber auch der Forderung nach Operationalisierbarkeit des Beschreibungsmodells, d.h. der Möglichkeit zur Untersuchung konkreter Problemstellungen und Ableitung konkreter Handlungsempfehlungen zu entsprechen (vgl. hierzu auch [HaNe2004, S. 2]). Bestehende Modelle sind meist ungeeignet, da sie entweder nur bestimmte Aspekte des Wertschöpfungsnetzes beleuchten (vgl. bspw. das „Arm´s length Modell“ von Davies [Davi2000]) oder auf einer Fallstudie basieren und somit nicht verallgemeinerbar sind (vgl. bspw. [BiBF+2003], [ChHo2002]).

Um die Forderungen nach Allgemeingültigkeit und Vollständigkeit der Systembeschreibung bei gleichzeitiger Gewährleistung operationalisierbarer Ergebnisse zu erfüllen, basiert der in Abschnitt 3.1.2 eingeführte Terminus des situativen Wertschöpfungsnetzes auf dem Prinzip der Modularisierung. Das situative Wertschöpfungsnetz kann als eine Summe vieler dyadischer Verbindungen, so genannter Dyaden, beschrieben werden (vgl. hierzu bspw. auch [ZäHN2004a, S. 4f.], [JaTh2001, S. 437], [HaNe2004, S. 2], [ZäHN2004b]).

Jagdev&Thoben konstatieren in diesem Zusammenhang, dass Wertschöpfungsnetze beliebiger Komplexität letztendlich eine Aneinanderreihung bilateraler Beziehungen darstellen (vgl. [JaTh2001, S. 438]). Die grundlegende These hierbei ist, dass jedwedes Wertschöpfungsnetz durch eine limitierte Anzahl an Dyaden modelliert und beschrieben werden kann. Eine Dyade repräsentiert folglich eine bilaterale Kooperation zwischen zwei Partnern im Wertschöpfungsnetz. Sie entspricht damit der kleinsten möglichen Betrachtungseinheit innerhalb des Wertschöpfungsnetzes und besteht aus den Elementen Unternehmen, (ausgetauschte) Leistung und Verbindung (zwischen jeweils zwei Unternehmen).

Die Elemente Unternehmen und Verbindung werden im Folgenden zu den Beschreibungsmerkmalen gezählt, da diese die Dyade an sich beschreiben. Die ausgetauschte Leistung ist abhängig vom jeweiligen Kundenauftrag. Ihre Merkmale bilden insofern die Gruppe der situativen Merkmale. Auf abstrahierter Ebene werden alle Merkmale zusammengenommen als Gestaltungsmerkmale bezeichnet. Die folgende Abb. 25 veranschaulicht den Zusammenhang der Begrifflichkeiten auf die im Folgenden näher eingegangen wird.

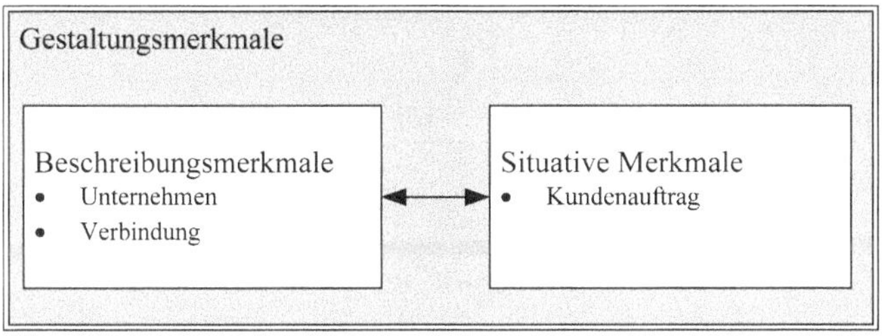

Abb. 25: Zusammenhang der Begrifflichkeiten im Kontext der Gestaltungsmerkmale

Die Unternehmens- und Verbindungsmerkmale (Beschreibungsmerkmale) haben einen passiven Charakter. Die Gruppe umfasst Merkmale, die einen potenziellen Wertschöpfungspartner (bspw. im Rahmen einer Lieferentenbewertung) charakterisieren bzw. die Verbindung zu diesem beschreiben. Zwar sind die Ausprägungen dieser Merkmalskategorie veränderlich, im Unterschied zu den im Folgenden dargestellten situativen Merkmalen, jedoch eher mittel- bis langfristig und nicht im Rahmen weniger Kundenaufträge. Durch diese Merkmale werden, übertragen auf die Graphentheorie, die Knoten und Kanten des situativen Wertschöpfungsnetzes beschrieben.

Die Merkmale, welche die Eigenschaften des jeweiligen Kundenauftrags beschreiben, werden als situative Merkmale bezeichnet. Sie besitzen einen dynamischen Charakter, da ihre Ausprägungen abhängig vom jeweiligen Kundenauftrag variieren. Die Merkmale dieser Gruppe tragen zu einer kundenauftragsabhängigen (also situativen) Dyadenbewertung bei.

Entscheidend für die Gestaltung situativer Wertschöpfungsnetze ist nun die Untersuchung der Wechselwirkungen zwischen situativen Merkmalen und Beschreibungsmerkmalen. Es wird folglich unterstellt, dass die sowohl Knoten als auch Kanten beschreibenden Unternehmens- und Verbindungsmerkmale unter Berücksichtigung bestimmter situativer Eigenschaften des jeweiligen Kundenauftrags zu bewerten sind. Daraus resultiert auch eine entsprechend fundiertere Durchführung der Selektion und Allokation. Die folgende Abb. 26 visualisiert den dargestellten Zusammenhang zwischen situativen Merkmalen und Beschreibungsmerkmalen.

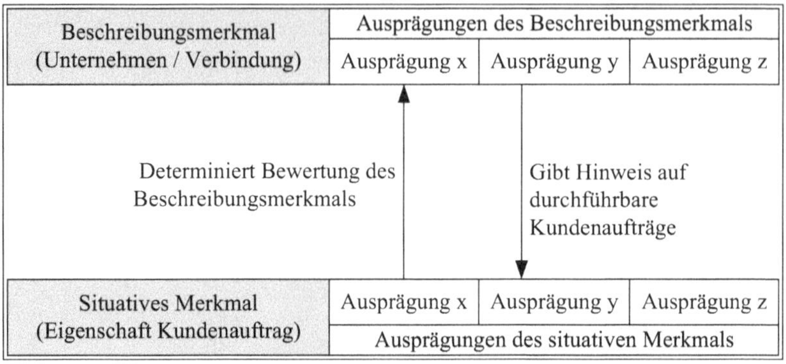

Abb. 26: Zusammenhang zwischen situativen und Beschreibungsmerkmalen

Wie deutlich wird, erfolgt die Bewertung der Dyade nicht absolut auf Basis von Unternehmens- und Verbindungsmerkmalen, sondern abhängig von Merkmalen der jeweils auszutauschenden Leistung bzw. auf Basis von Eigenschaften des vorliegenden Kundenauftrags.

Dabei sind die Einflüsse des jeweiligen Kundenauftrags in zweierlei Hinsicht von Interesse. Zum einen determiniert die konkrete Ausprägung eines situativen Merkmals die Bewertung der an den jeweiligen Knoten und Kanten vorliegenden Ausprägungen der Beschreibungsmerkmale. Zum anderen geben die konkreten Ausprägungen der Knoten und Kanten einer Dyade den Rahmen für die durch diese sinnvoll durchführbaren Kundenaufträge vor[50]. Die folgende Abb. 27 visualisiert die Dyade im Kontext situativer Wertschöpfungsnetze.

[50] Die Herleitung und Beschreibung der dargestellten Interdependenzen findet, aufbauend auf der Beschreibung der Merkmale, in Abschnitt 4.2.4 statt. Die Interdependenzen dienen dabei zugleich als Grundlage zur Herleitung von Auftragstypen. Im Rahmen der Ableitung eines geeigneten Bewertungsansatzes in Abschnitt 4.3 werden die Interdependenzen dann auch numerisch abgebildet.

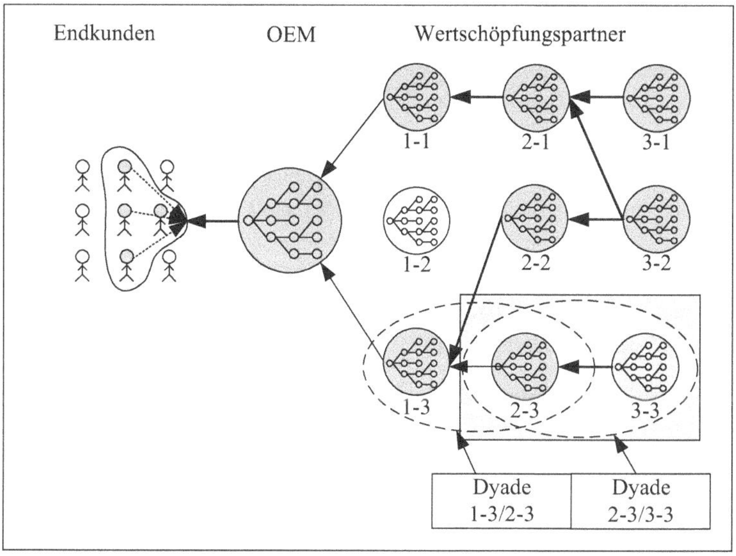

Abb. 27: Dyade im Kontext situativer Wertschöpfungsnetze

Den Ausgangspunkt der obigen Darstellung bildet der Endkundenauftrag, der hinsichtlich einer Reihe von Faktoren in unterschiedliche Auftragstypen differenziert werden kann. Da ein Auftragstyp eine Menge von Aufträgen umfasst, die in gleicher Konfiguration durch das Netzwerk abgewickelt werden können, ist es die Aufgabe des OEMs, entsprechende Endkundenaufträge zu bündeln und den jeweiligen Auftragstyp (abzüglich der selbst leistbaren Wertschöpfung) an das Netzwerk weiterzuleiten.

Im Zuge der Selektion und Allokation geht es nun darum, den jeweiligen Auftragstypen zum einen eine geeignete Partnerkombination, zum anderen aber auch eine sinnvolle Verteilung von Aufgaben und Ressourcen innerhalb des Netzwerks zuzuordnen. Da hierzu die Kenntnis über die an der jeweiligen Wertschöpfungsstufe theoretisch möglichen Dyaden und Dyadenkombinationen erforderlich ist, und gleichzeitig bei Vorliegen eines konkreten Kundenauftrags innerhalb der auftragsbezogenen Ebene eine zeitnahe (im Idealfall sofortige) Netzkonstitution erfolgen muss, müssen zwei Bedingungen bereits vor der eigentlichen Auftragsbearbeitung durch das Netz (also noch innerhalb der auftragsübergreifenden Ebene) erfüllt sein:

- Es muss ein Pool aus möglichen Partnern existieren, die Ihre Bereitschaft zur Teilnahme an situativen Wertschöpfungsnetzen erklären (Selektionsteil). Innerhalb dieses Partnerpools müssen Regeln der Zusammenarbeit festgelegt werden (bspw. hinsichtlich einer Informationstransparenz im Netz). Die Menge der an dem Pool beteiligten Partner kann als $V = \{v_{1-1}, v_{2-1}, v_{3-1}, v_{1-2}, v_{2-2}, v_{3-2}, v_{1-3}, v_{2-3}, v_{3-3}\}$ innerhalb der obigen Darstellung angegeben werden, umfasst also die Gesamtmenge aller abgebildeten Knoten.

- Eine Bewertung der Dyaden hinsichtlich Ihrer Eignung, an bestimmten Kundenauftragstypen als Netzwerkpartner teilzunehmen, muss schon innerhalb der auftragsübergreifenden Ebene, also noch vor der konkreten Auftragsweiterleitung, erfolgen. Dadurch lässt sich im Auftragsfall Komplexität reduzieren, da nicht mehr alle potenziell möglichen Dyaden angefragt werden müssen. Desweiteren dient diese Bewertung als Grundlage der Allokation. In Abb. 27 sind die für den jeweiligen Kundenauftrag geeigneten Knoten exemplarisch grau markiert. Die Menge der für den jeweiligen Kundenauftrag geeigneten Partner ist $V = \{v_{1-1}, v_{2-1}, v_{3-1}, v_{2-2}, v_{3-2}, v_{1-3}, v_{2-3}, v_{3-3}\}$.

Die Kenntnis der möglichen Partner und die rechtzeitige Bewertung der Dyaden erleichtert die konkrete Auftragsdurchführung innerhalb der auftragsbezogenen Ebene bei der Akquisition von geeigneten Aufträgen bzw. bei der Auftragsgrobplanung. Innerhalb der Konfigurationsphase ist insbesondere die Weiterleitung der für eine erfolgreiche Konfiguration und Durchführung der Wertschöpfung notwendigen Informationen (aus der bereits vorselektierten Menge in Frage kommender Dyaden) zu berücksichtigen.

Die folgende Tab. 20 fasst die in den jeweiligen Managementphasen zu berücksichtigenden Aufgaben bei der dyadischen Betrachtung situativer Wertschöpfungsnetze überblicksartig zusammen. Zu beachten ist dabei, dass innerhalb der Selektion zunächst ein Raum an potenziell geeigneten Dyadenkombinationen aufgespannt wird. Die konkrete Auftragsdurchführung erfolgt erst innerhalb der auftragsbezogenen Ebene.

Auftragsübergreifende Ebene	
Selektion	Aufbau eines Partnerpools. Bewertung von Dyaden auf Basis von situativen Merkmalen. Die situativen Merkmale können dabei zu Auftragstypen (vgl. Abschnitt 4.4) zusammengefasst werden.
Allokation	Bestimmung einer geeigneten Verteilung von Aufgaben und Ressourcen auf Basis der durchgeführten Dyadenbewertung.
Evaluation	Verteilung von Kosten und Nutzen im Netzwerkzusammenhang auf Basis der durchgeführten Dyadenbewertung und innerhalb der Dyade zwischen zwei Partnern.
Regulation	Abstimmung formeller und informeller Regeln der Zusammenarbeit innerhalb des Partnerpools. Entwicklung von Anreizsystemen zur weiteren Teilnahme am Partnerpool und zur ständigen Weiterqualifizierung (z.B. durch Qualifikation zur Bearbeitung weiterer Kundenauftragstypen).
Auftragsbezogene Ebene	
Akquisition	Dyadenbewertung dient als Basis für die Auftragsakquisition. Es werden nur solche Aufträge akquiriert, die durch den vorhandenen Partnerpool bzw. das sich daraus konstituierende Netzwerk auch bearbeitet werden können.
Konfiguration	Zerlegung der Auftragstypen in Aufgabenpakete, Bestimmung kritischer Knoten im Netzwerkzusammenhang und Zusammensetzung des konkreten Netzes.
Durchführung	Abwicklung des konkreten Endkundenauftrags durch das situative Wertschöpfungsnetz.
Auflösung	Auflösung des situativen Wertschöpfungsnetzes.

Tab. 20: Zuordnung von Gestaltungsmerkmalen zu Managementaufgaben

Innerhalb dieser Arbeit kann das Ziel einer Wertschöpfungsnetzmodellierung auf eine für den Kundenauftrag optimale Selektion von Partnern sowie eine geeignete Allokation von Aufgaben und Ressourcen eingegrenzt werden. Dabei sind folgende vier Faktoren zu berücksichtigen:

1. Die Partner im Netzwerk sind so zu spezifizieren, dass eine Aussage über ihre Leistungsfähigkeit innerhalb des situativen Wertschöpfungsnetzes möglich ist (erfolgt durch eine Bewertung von Merkmalen innerhalb der Merkmalsgruppe „Unternehmen").

2. Die Verbindung zwischen möglichen Partnern muss mit Blick auf ihre Erfolgskritizität hinsichtlich des Kundenauftrages beschrieben werden. Dabei sind Faktoren wie bspw. der physische Leistungsaustausch, die IuK-Anbindung sowie die juristische Bindung

zwischen den Partnern zu berücksichtigen (erfolgt durch eine Bewertung von Merkmalen innerhalb der Merkmalsgruppe „Verbindung").

3. Die zwischen den jeweiligen Partnern auszutauschenden Leistungen sind so zu beschreiben, dass ein Rückschluss auf die für den Kundenauftrag erfolgskritischen Faktoren möglich wird. Dabei muss die Spezifikation so gestaltet sein, dass eine sinnvolle Abstraktion der Ergebnisse zu Kundenauftragstypen möglich wird (erfolgt durch die Beschreibung situativer Faktoren innerhalb der Merkmalsgruppe „Leistung" sowie deren Einfluss auf die Beschreibungsmerkmale im Rahmen der Darstellung von Interdependenzen in Abschnitt 4.2.4).
4. Der Kundenauftrag muss sich in der Leistungsbeschreibung derart wiederspiegeln, dass eine Wertschöpfungsnetzgestaltung zielorientiert stattfinden kann. Insbesondere ist hierbei, neben der Leistung an der Kundenschnittstelle, auf eine hinreichende Beschreibung des Auftraggebers sowie seiner Präferenzneigung bezogen auf den Auftrag zu achten. Auf diese Weise kann bei entsprechender Transparenz dieser Präferenz gewährleistet werden, dass die Präferenzneigung eines Kunden entlang des gesamten Wertschöpfungspfades berücksichtigt wird (Präferenzneigung des Kundenauftrags ist in die Merkmalsgruppe „Leistung" integriert)[51].

Die innerhalb des situativen Wertschöpfungsnetzes entstehende Modellierungsaufgabe besteht darin, an jedem Knoten des Netzes die Dyade zu wählen, die aus Sicht des Kundenauftrags und der auf dieser Basis formulierten Ziele optimal ist. Abb. 28 veranschaulicht die bei der Dyadenbewertung zu berücksichtigenden Faktoren.

---

[51] Die hohe Präferenzneigung eines Kunden für Qualität führt zu einer stärkeren Berücksichtigung von Qualitätsfaktoren bei der Selektion eines Lieferanten. Wird die für die Lieferantenselektion relevante Präferenzneigung dem Lieferanten gegenüber transparent gemacht, wird dieser wiederum eine Partnerselektion unter besonderer Berücksichtigung von Qualitätsfaktoren durchführen.

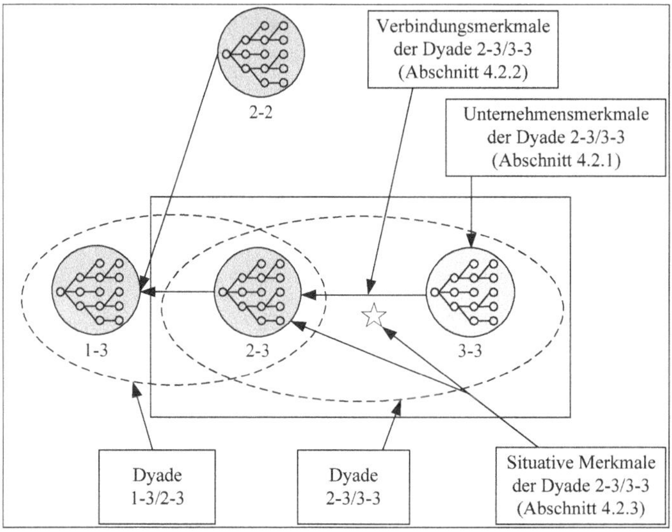

Abb. 28: Elemente einer Dyade

Im dargestellten Beispiel hat sich der Nachfrager 1-3 für den Wertschöpfungspartner 2-3 entschieden und bildet zusammen mit ihm eine Dyade (Dyade 1-3/2-3). Der potenzielle Wertschöpfungspartner 2-2 wurde bei der Selektion nicht ausgewählt. Das Unternehmen 2-3 nimmt nun innerhalb des Wertschöpfungsnetzes zwei Funktionen ein. Einerseits ist er Lieferant für das Unternehmen 1-3, zugleich aber auch Nachfrager einer Leistung, die er bei Unternehmen 3-3 bezieht. Dabei bildet er mit dem Unternehmen 3-3 eine weitere Dyade (Dyade 2-3/3-3). Jedes Unternehmen ist innerhalb des situativen Wertschöpfungsnetzes folglich innerhalb von mindestens zwei Dyaden repräsentiert. Eine Ausnahme bildet der OEM, der eine Dyade entweder mit dem Handel oder dem Endkunden bildet.

Die Selektion des Partners ist zunächst abhängig von bestimmten Eigenschaften der zwischen den Partnern existierenden Verbindung (bspw. zwischenbetriebliche IuK-Systeme oder vertragliche Vereinbarungen) sowie Merkmalen der Leistungserstellung (bspw. Flexibilitätseigenschaften). Unternehmen 1-3 wird zunächst die Verbindung zu den Unternehmen 2-3 und 2-2 sowie die den potenziellen Partner inhärenten Eigenschaften bewerten. Hierbei ist die klassische Lieferantenbewertung von Bedeutung (vgl. bspw. [Musc1998, S. 46ff]).

Die Selektion des Partners ist gleichzeitig auch von der auszutauschenden Leistung sowie bestimmten Leistungserstellungsverfahren des Nachfragers abhängig (situative Merkmale). Die Frage, ob Unternehmen 2-2 oder Unternehmen 2-3 selektiert wird, hängt also auch von der Leistung ab, die innerhalb der in Frage kommenden Dyaden (Dyade 1-3/2-3 bzw. Dyade 1-3/2-2) ausgetauscht werden soll. Ferner ist die Art und Weise, wie diese Leistung bei Unternehmen 1-3 als Vorleistung in die Leistungserstellung einfließt, von Bedeutung[52].

Die situativen Merkmale können zwischen den Dyaden deutlich variieren. Es ist denkbar, dass Unternehmen 1-3 Leistungen auf Basis eines Build-to-stock Individualisierungskonzepts fertigt und komplexe und hochwertige Vorleistungen mit schwankendem Bedarfsverlauf innerhalb von Dyade 1-3/2-3 ausgetauscht werden. Unternehmen 2-3 fertigt diese Leistung auf Basis eines Build-to-order Prinzips, beginnt also erst nach Vorliegen des konkreten Auftrags durch Unternehmen 1-3 mit der Produktion. Der Bezug von Vorleistungen über Dyade 2-3/3-3 sowie die Bewertung und Selektion des geeigneten Partners muss unter Berücksichtigung dieses Fertigungsprinzips erfolgen.

Zu beachten ist hierbei, dass bestimmte Verbindungs- und Unternehmensmerkmale abhängig von den situativen Merkmalen zu bewerten sind. Eine hohe Flexibilität kann zwar immer als positiv bewertet werden, wenn aufgrund des Individualisierungskonzepts des Nachfragers dem Merkmal Flexibilität aber eine besondere Bedeutung zukommt, muss diese als Differenzierungskriterium zwischen Unternehmen 2-3 und Unternehmen 2-2 stärker berücksichtigt werden.

Gegenüber der klassischen Sichtweise bietet der hier beschriebene dyadische Beschreibungsansatz eine Reihe von Vorteilen:

- Die in dieser Arbeit angewendete Dyadenbewertung umfasst nicht nur die isolierte Betrachtung der Leistungsfähigkeit möglicher Partner, sondern berücksichtigt als weitere Entscheidungsgrundlage die Verbindung zu diesen. Diese kann mit Blick auf eine Leistungsindividualisierung und damit abnehmender Losgrösse (vgl. [Pill2003]) als wichtiger Faktor angesehen werden.
- Die zwischen den jeweiligen Partnern einer Dyade existierenden situativen Bedingungen sind wesentliche Einflussfaktoren bei der Dyadenbewertung. Als ein Beispiel hierfür kann die Mengenflexibilität eines Lieferanten angeführt werden, deren Bedeutung im Fall stark schwankender Bedarfe deutlich stärker zu gewichten ist als im Fall eines gleichbleibenden Bedarfsverlaufs[53].
- Die Dyadenbewertung setzt stärkere Anreize zur überbetrieblichen Zusammenarbeit, da eine Bewertung nicht auf das einzelne Unternehmen begrenzt ist.

[52] Beispielsweise welches Individualisierungskonzept bei Unternehmen 1-3 Anwendung findet.

[53] Auf die Interdependenzen zwischen den verschiedenen Merkmalen einer Dyadenbewertung wird in Abschnitt 4.2.4 vertiefend eingegangen.

Ein grundlegendes Merkmal der Dyadenbewertung in situativen Wertschöpfungsnetzen ist es somit, alle am Netz beteiligten Partner sowie den zwischen diesen stattfindenden Leistungsaustausch mit Blick auf das beabsichtige Modellierungsziel problemadäquat zu spezifizieren. Die Bewertung der in diesen Merkmalsgruppen zusammengefassten Merkmale hängt dabei von den Eigenschaften des Kundenauftrags sowie den Spezifikationen der jeweils auszutauschenden Leistung ab. Dabei betont die Methode eine lokale Optimierung innerhalb des Netzes, unabhängig von einem fokalen Unternehmen. Das Netz wird polyzentrisch gesteuert, wobei in der Regel jedes Unternehmen abhängig vom jeweiligen Kundenauftrag (Auftragstyp) und der auszutauschenden Leistung die Dyade selektiert, die ihm zur Erfüllung dieses Kundenauftrags optimal erscheint.

Der vorgestellte dyadische Beschreibungsansatz kann somit auch als Werkzeug auf dem Weg zu einer situationsbezogenen ad-hoc Komposition von Wertschöpfungsnetzen verstanden werden. Dabei werden im Rahmen dieser Arbeit insbesondere Merkmale der auszutauschenden Leistung und der Leistungserstellung beim Nachfrager als die eine Selektion und Allokation beeinflussenden situativen Faktoren betrachtet.

Die für eine Dyadenbewertung notwendigen Merkmale werden im folgenden Abschnitt 4.2 eingeführt.

4.2 Gestaltungsmerkmale situativer Wertschöpfungsnetze

Aufbauend auf der Darstellung des in dieser Arbeit angewendeten Beschreibungsansatzes werden die Merkmale vorgestellt, die für die Bewertung einer Dyade hinsichtlich der formulierten Forschungsfragen von Relevanz sind. Da die Selektion der Merkmale unter Einbezug des theoretischen sowie des begrifflich-konzeptionellen Bezugsrahmens erfolgt, soll zunächst dargestellt werden, in welcher Weise sich diese aus den vorherigen Ausführungen ableiten. Die Abb. 29 veranschaulicht die Zusammenhänge. Im Folgenden werden diese überblicksartig erläutert.

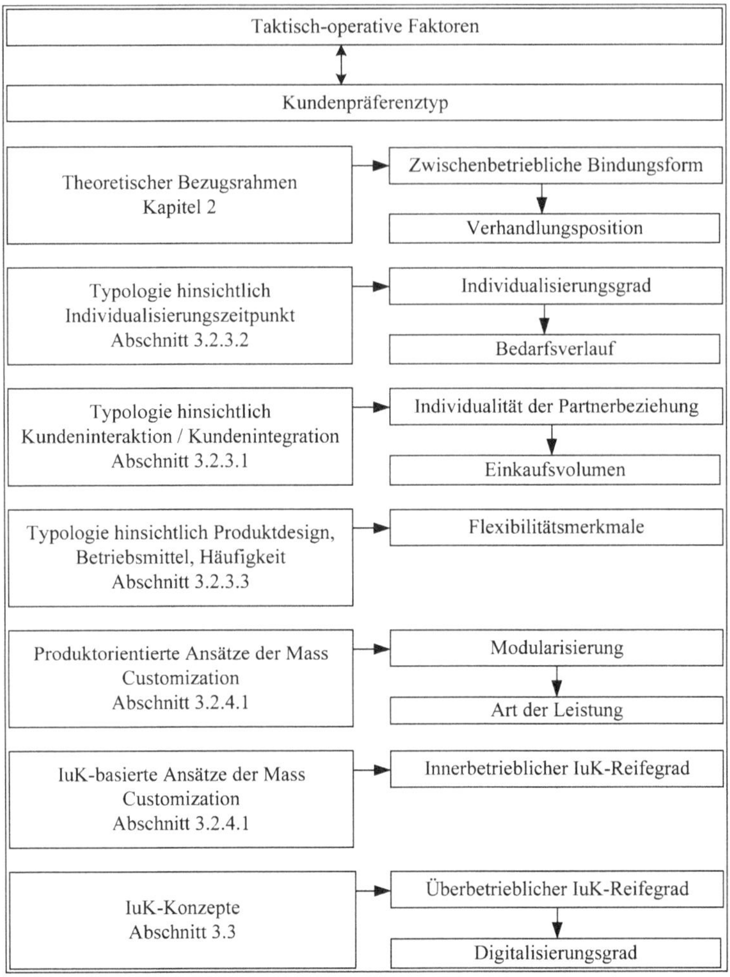

Abb. 29: Grundlage und Identifikation berücksichtigter Gestaltungsmerkmale

Die Abbildung visualisiert zunächst die innerhalb des Bezugsrahmens eingeführten, grundlegenden Konzepte. Aus diesen leiten sich, dargestellt durch Pfeile, Merkmale ab (schattiert dargestellt). Für eine vollständige Beschreibung der Zusammenhänge in situativen Wertschöpfungsnetzen werden aus den direkt abgeleiteten Merkmalen zusätzlich sekundäre Merkmale abgeleitet. Diese sind zur vollständigen und umfassenden Beschreibung der Wirkungszusammenhänge in situativen Wertschöpfungsnetzen notwendig. Im Gegensatz zu den direkt abgeleiteten Merkmalen handelt es sich hierbei um zum Teil etablierte Verfahren einer Lieferantenbewertung bspw. im Rahmen des SRM, SCM oder SNM[54].

Die sekundären Merkmale werden adäquat zu den direkten Merkmalen berücksichtigt. Entsprechend werden diese Merkmale anhand der dargestellten Grundlagen fundiert und hinsichtlich ihrer Interdependenzen mit anderen Merkmalen untersucht. Sie bilden somit ein Element des Gestaltungsansatzes, welches in Wissenschaft und Praxis teilweise bereits etabliert ist.

Grundlage der Selektion bilden die taktisch-operativen Faktoren der Merkmalsgruppe Unternehmen sowie die Formulierung eines Kundenpräferenztyps im Rahmen der situativen Merkmale. Auf die Gründe für ihre Berücksichtigung wird in den entsprechenden Ausführungen eingegangen.

Aus dem theoretischen Bezugsrahmen, insbesondere aus der Vertragstheorie, leitet sich das Merkmal der zwischenbetrieblichen Bindungsform ab. Die Ausprägungen des Merkmals entsprechen dabei den im Rahmen der Theorie vorgestellten Vertragstypen. Die Eigenschaften der Vertragstypen werden als Indikatoren zur Untersuchung von Wechselwirkungen genutzt. Da die Vertragstheorie auch als zusammenfassende Erweiterung der Transaktionskostentheorie sowie der Agenturtheorie beschrieben werden kann, basiert die Bindungsintensität zugleich auf den Ansätzen der Neuen Institutionenökonomik. Die Bindungsform begründet das institutionelle Arrangement zwischen den Partnern. Da die Verhandlungsposition auch von diesem institutionellen Arrangement abhängt, wird diese ebenfalls als Merkmal berücksichtigt.

Das Merkmal des Individualisierungsgrads leitet sich direkt aus der Typologie hinsichtlich des Individualisierungszeitpunktes ab. Differenziert wird hierbei zwischen ausgewählten Individualisierungskonzepten. Diese werden anhand von Indikatoren operationalisiert, die zugleich die Berücksichtigung des Bedarfsverlaufs als eigenständiges Merkmal motivieren.

Aus der in Abschnitt 3.2.3.1 eingeführten Typologie hinsichtlich Kundeninteraktion/Kundenintegration leitet sich direkt das Merkmal der Individualität der Partnerbeziehung ab. Die durch Hildebrand vorgeschlagenen strategischen Optionen der Marktbearbeitung (vgl. [Hild1997, S, 41ff.]) werden als Grundlage zur Operationalisierung des Merkmals anhand von Indikatoren genutzt. Wie die Interdependenzbetrachtung zeigen wird, ist die Individualität der Partnerbeziehung dabei auch von dem jeweiligen Einkaufsvolumen abhängig. Dieses wird entsprechend als eigenständiges Merkmal berücksichtigt.

Die von McCarthy beschriebenen Individualisierungstypen motivieren wesentlich die Berücksichtigung von Flexibilitätsfaktoren. Zugleich leitet sich die Notwendigkeit einer Berücksich-

[54] Vgl. auch Abb. 12.

tigung der Flexibilität als eigenständiges Merkmal aus den Theorieansätzen der Mass Customization ab und wird in diesem Zusammenhang von vielen Autoren betont (vgl. bspw. [GüHW2002, S. 8], [KiWe1998, S. 7f.], [LoWi2004, S. 17f.]).

Die Modularisierung wurde als herausragendes Konzept zur Komplexitätsreduktion im Bereich der produktorientierten Ansätze der Mass Customization beschrieben. Das Merkmal leitet sich direkt aus diesen Darstellungen ab. Die dabei eingeführten Modulvarianten werden als Merkmalsausprägungen berücksichtigt. Aus diesen sind Hinweise hinsichtlich der Eigenschaften einer auszutauschenden Leistung sowie Anforderungen an einen Wertschöpfungspartner ableitbar. Zur umfassenden Beschreibung der Leistungseigenschaften wird ebenfalls die mit der jeweiligen Modulvariante in Zusammenhang stehende Art der Leistung als eigenständiges Merkmal eingeführt.

Bereits motiviert wurde die Berücksichtigung eines innerbetrieblichen IuK-Reifegrads in situativen Wertschöpfungsnetzen. Das Merkmal basiert dabei aus den Ausführungen zu IuK-basierten Ansätzen der Mass Customization.

Grundlagen des überbetrieblichen IuK-Reifegrads wurden in Abschnitt 3.3 gelegt. Zur Operationalisierung des Merkmals werden Indikatoren abgeleitet, die sich direkt auf die entsprechenden Ausführungen beziehen. Ebenfalls kann die Differenzierung zwischen physischem und digitalem Leistungsaustausch durch die in diesem Abschnitt eingeführten Konzepte motiviert werden.

Die Darstellungen der Merkmale sind nach folgenden Gesichtspunkten strukturiert:

- Beschreibung des Merkmals unter Berücksichtigung der Relevanz für situative Wertschöpfungsnetze und unter Bezug zu den bisherigen Ausführungen.
- Darstellung einer geeigneten Operationalisierung des Merkmals mit dem Ziel, Anwendbarkeit und Messbarkeit des Merkmals zu verdeutlichen sowie die in der Praxis auftretenden Merkmalswerte den abstrahierten Merkmalsausprägungen dieser Arbeit zuzuordnen.

Aufbauend auf der Beschreibung und Operationalisierung der Merkmale werden in Abschnitt 4.2.4 die zwischen Ihnen existierenden Interdependenzen untersucht. Durch die Einführung eines numerischen Ansatzes in Abschnitt 4.3 werden die Darstellungen veranschaulicht und operationalisiert. Bei der Bildung exemplarischer Kundenauftragstypen in Abschnitt 4.4 werden Ausprägungen situativer Merkmale zu homogenen Gruppen zusammengefasst. Diese werden auf Basis eines numerischen Ansatzes gegenübergestellt, die Ergebnisse werden diskutiert. Auf diese Weise werden die Wirkungszusammenhänge in situativen Wertschöpfungsnetzen verdeutlicht. Zum anderen dient die exemplarische Darstellung einer Veranschaulichung der Anwendung des numerischen Ansatzes.

Die folgenden Darstellungen bewegen sich innerhalb des eingeführten theoretischen sowie des begrifflich-konzeptionellen Bezugsrahmens. Insofern wird für die vertiefende Darstellung der zugrunde gelegten Konzepte auf die vorherigen Ausführungen verwiesen.

4.2.1 Merkmalsgruppe Unternehmen

Die Merkmalsgruppe Unternehmen beinhaltet Faktoren die einen potenziellen Wertschöpfungspartner charakterisieren. Die in Tab. 21 aufgeführten Merkmale wurden dabei mit Blick auf das formulierte Forschungsziel ausgewählt und umfassen ganz wesentlich auch solche Elemente, die unter Berücksichtigung der dargestellten Individualisierungsstrategien als wichtige Kernkompetenzen eines Partners ableitbar sind.

Im Folgenden wird auf die Merkmale vertiefend eingegangen. Dabei wird mit Blick auf deren geeignete Operationalisierung, wo sinnvoll möglich, eine exemplarische Zuordnung von den in der Praxis beobachtbaren Merkmalsausprägungen (Wertebereichen) zu den in Tab. 21 formulierten - eher abstrakten Ausprägungen - vorgenommen.

Abschnitt	**Merkmal**	**Ausprägung**		
4.2.1.1	Taktisch-operative Faktoren:			
	1. Qualität	Hoch	Mittel	Gering
	2. Kosten	Hoch	Mittel	Gering
	3. Lieferzeit	Hoch	Mittel	Gering
4.2.1.2	Flexibilitätsmerkmale:			
	1. Mengenflexibilität	Hoch	Mittel	Gering
	2. Lieferflexibilität	Hoch	Mittel	Gering
	3. Produktionsvielfalt	Hoch	Mittel	Gering
	4. Innovationsflexibilität	Hoch	Mittel	Gering
4.2.1.3	Innerbetrieblicher IuK-Reifegrad	Hoch	Mittel	Gering

Tab. 21: Beschreibungsmerkmale der Merkmalsgruppe Unternehmen

4.2.1.1 Taktisch-operative Faktoren

Die in dieser Gruppe zusammengefassten Merkmalen umfassen die in Wissenschaft und Praxis gebräuchlichsten Faktoren einer Lieferantenbewertung (vgl. hierzu bspw. [Hart1994, S. 5ff.], [Larg2006, S. 44f.], [Stra2008]). Wie die Bezeichnung der Merkmalsgruppe andeutet, handelt es sich um taktisch-operative Faktoren einer Lieferantenbewertung. Diese können insbesondere der auftragsbezogenen Ebene beim Management von Wertschöpfungsnetzen zugeordnet werden[55]. Trotz der Fokussierung dieser Arbeit auf die auftragsübergreifende Ebene werden diese Faktoren aus folgenden Gründen berücksichtigt:

- Wie innerhalb der Darstellungen zum Management von Wertschöpfungsnetzen hervorgehoben wurde, beeinflussen sich die Entscheidungen der auftragsbezogenen und der auftragsübergreifenden Ebene gegenseitig. Insofern ist es angebracht, taktisch-operative Faktoren in einem sinnvollen Abstraktionsgrad (bspw. im Zuge der Partnerselektion) zu berücksichtigen. Die zu erwartende Dynamik situativer Wertschöpfungsnetze im Vergleich zu langfristig angelegten Kooperationen unterstreicht dabei deren Relevanz für die hier betrachtete Thematik.
- In dieser Arbeit wird für die Darstellung und Anwendung der Merkmale ein höherer Abstraktionsgrad genutzt als dies innerhalb einer taktisch-operativen Merkmalsbetrachtung (in der Regel) der Fall ist[56]. Dies berücksichtigt die Tatsache, dass es hier nicht um die Bestimmung eines exakten Wertes (wie bspw. eines exakten Lieferpreises) geht, sondern vielmehr um Größenordnungen von Faktoren bzw. deren Relationen zueinander.
- Die so abstrahierten taktisch-operativen Merkmale sind ein entscheidender Bestandteil der Selektion und Allokation (vgl. auch [Musc1998], [Jank2004]). Dabei können die aufgeführten Faktoren insbesondere sinnvoll genutzt werden, wenn umfassende Erfahrungswerte über die Eigenschaften der Partner in den jeweiligen Bereichen vorliegen.

Aufgrund der zahlreich verfügbaren Literatur zu den aufgeführten Faktoren werden diese mit Blick auf eine zielgerichtete Themenbearbeitung im Folgenden eher überblicksartig dargestellt. Fokussiert wird bei der Darstellung auf eine geeignete Operationalisierung der Merkmale und Ihrer Ausprägungen.

Unter dem Begriff Qualität wird „...das Vermögen der Gesamtheit inhärenter Merkmale eines Produkts, Systems oder Prozesses zur Erfüllung der Forderungen von Kunden und anderen interessierten Parteien“ [PfSp2002, S. 151] verstanden. Nach Herget ist Qualität dabei kein fest definierter Wert, sondern kann verstanden werden als "... die Übereinstimmung von zwischen dem Kunden und dem Produzenten vereinbarten Anforderungen..." [Herg1993, S. 173]. Qualität resultiert aus den kundenspezifischen Erwartungen an das gelieferte Produkt und kann entsprechend als eine Anpassung an vorgegebene Normen verstanden werden (vgl. [Herg1993, S. 174]). Es geht bei der Qualitätsbestimmung darum zu eruieren, in welchem

[55] Vgl. hierzu auch Abschnitt 3.1.3.

[56] So werden bspw. lediglich die Ausprägungen „Gering“, „Mittel“ und „Hoch“ als Entscheidungsgrundlage verwendet.

Maß die von dem Kunden gestellten Anforderungen an ein Produkt erfüllt werden. Von vielen Unternehmen wird dabei zunehmend nicht nur die reine Qualität von Produkten (also das Maß an Übereinstimmung mit den vorher definierten Eigenschaften) beurteilt, sondern schon vor der Berücksichtigung in einem Wertschöpfungsnetz der Nachweis verlangt, ob sie überhaupt in der Lage sind, die gewünschte Qualität zu produzieren (vgl. [Müll1993, S. 3626]).

Zur operativen Messung von Qualität werden unterschiedliche Bewertungsverfahren wie bspw. die Ratingmatrix oder spezielle Punktbewertungsverfahren eingesetzt (vgl. [Jank2004, S. 119])[57]. Den meisten Verfahren ist gemein, dass zunächst für den Anwendungsfall geeignete Unterkriterien definiert werden, die dann auf Basis eines ausgewählten Verfahrens bewertet werden. Zu den Unterkriterien gehören bspw.:

- Anzahl qualitätsbedingter Nachlieferungen.
- Erfüllung ausgewählter Qualitätsnormen.
- Prozentualer Anteil an Reklamationen.
- Anteil beanstandeter Lieferungen.
- Vollständigkeit der Lieferung.

Nach Abschluss der Bewertung werden die Unterkriterien zu einer Gesamtbewertung reaggregiert, die als ein Element in die taktisch-operative Lieferantenbewertung einfließt. Die im Einzelfall verwendeten Unterkriterien sowie die konkreten Punkte und Bewertungsgrenzen variieren deutlich zwischen den Unternehmen und sind von zahlreichen Faktoren wie der Branche, der jeweils auszutauschenden Leistung oder dem strategischem Qualitätsziel des Unternehmens abhängig (vgl. hierzu [Müss2007, S. 129], [Jank2004, S. 119ff.], [Kost2008]).

Für die Berücksichtigung als Unternehmensmerkmal in der vorliegenden Arbeit ist die in Tab. 21 aufgeführte Grobeinteilung in hohe, mittlere und niedrige Qualität ausreichend, da auf eine Darstellung relevanter Faktoren für die Gestaltung situativer Wertschöpfungsnetze fokussiert wird. Eine stark ausdifferenzierende Betrachtung des Qualitätsmerkmals, wie auch der weiteren zu behandelnden Unternehmens- und Verbindungsmerkmale, würde nicht dem formulierten Forschungsziel entsprechen.

Das Kostenkriterium wird häufig zu den wichtigsten Entscheidungsgrößen der Konfiguration von Netzwerken gezählt (vgl. [Musc1998, S. 46]). Vergleichbar zu der Qualität setzen sich auch die Kosten aus einer Reihe von Unterkriterien zusammen:

[57] Ein geeigneter Überblick über die in Theorie und Praxis etablierten Verfahren zur Lieferantenbewertung findet sich bspw. in [Müss2007]. An dieser Stelle soll mit Blick auf die Thematik nicht vertiefend auf diese Verfahren eingegangen werden.

- Gesamtpreis der auszutauschenden Leistung: Der Gesamtpreis setzt sich zusammen aus dem Preis für die auszutauschende Leistung sowie additiven Kosten für bspw. Verpackung und Transport.
- Preisniveau: Preissteigerungsrate des Lieferanten im Verhältnis zum Branchenindex (vgl. [HaOP2004, S. 81]). Branchenspezifische Preisindizes können bspw. über das statistische Bundesamt bezogen werden[58].
- Preisentwicklung/Preisstabilität: Berechnung der Preisentwicklung eines Lieferanten auf Basis historischer Daten (vgl. [Müss2007, S. 62], [DiSc2004, S. 91]).
- Preistreue: Anteil der Aufträge mit unangekündigten Preisänderungen an den gesamten Aufträgen einer Zeitperiode.

Zu beachten ist im Fall der hier dargestellten Unterkriterien, dass nicht in jedem konkreten Anwendungsfall auch alle Faktoren erfasst werden bzw. werden können. Vielfach, bspw. im Fall der Preisentwicklung oder der Preistreue, ist die Verfügbarkeit historischer Daten und somit entsprechender Informationssysteme Voraussetzung.

Bezogen auf die hier dargestellten situativen Wertschöpfungsnetze ist das Kostenmerkmal in zweifacher Hinsicht von Relevanz. Zum einen dient es in der dargestellten Form dem beauftragenden Unternehmen innerhalb der Dyade als eine taktisch-operative Entscheidungshilfe bei der Konfiguration einer Partnerbeziehung für einen konkreten Kundenauftrag. Zum anderen müssen, auf einer eher strategischen Ebene, auch die bei einer Kooperation entstehenden Transaktionskosten berücksichtigt werden. Diese sind deutlich schwieriger zu quantifizieren als es bei den bereits dargestellten Unterkriterien der Fall ist. Bei Betrachtung der Transaktionskostenanteile unterschiedlicher Industriezweige wird jedoch deutlich, dass die Transaktionskosten einen deutlichen Anteil der Gesamtkosten darstellen. Sie fallen sowohl bei dem Kundenunternehmen als auch beim Lieferanten an, können jedoch nicht oder nur teilweise auf eine auszutauschende Leistung herunter gebrochen werden. Darüber hinaus variiert der Transaktionskostenanteil wertschöpfender Aktivitäten, abhängig vom jeweiligen Funktionsbereich (vgl. bspw. [Will1985]). Die in der Literatur anzutreffenden Darstellungen der Transaktionskostenanteile an den Gesamtkosten orientieren sich vorwiegend am funktionalen Aufbau der Unternehmungen und ordnen den jeweiligen Wertschöpfungsstufen Transaktionskostenanteile zu. Die folgende Abb. 30 visualisiert dieses exemplarisch am Beispiel der Energieversorgungsbranche:

---

[58] Bspw. mit Hilfe des über das Internet abrufbaren statistischen Informationssystems „GENESIS-Online" (https://www-genesis.destatis.de/genesis/online/logon).

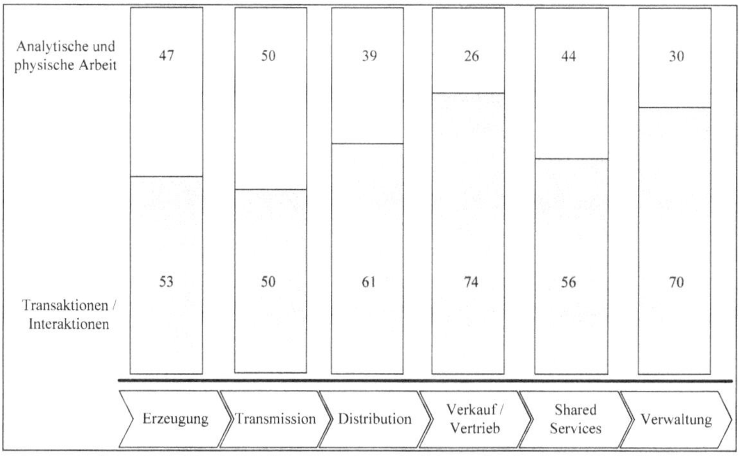

Abb. 30: Transaktionskostenanteile der Energieversorgungsbranche (vgl. [BuHH+1997])

Im Kontext einer föderierten Leistungserstellung in Wertschöpfungsnetzen zeigt hierzu bspw. Winnewisser [Winn2006] deutlich, dass - über eine Reduzierung des Spezifitätsgrades - ein wesentlicher Einfluss zwischen dem Einsatz von IOS und der Höhe der Transaktionskosten besteht (vgl. [Winn2006, S. 93ff.])[59]. Dieser Umstand wird innerhalb der Darstellung der Interdependenzen entsprechend berücksichtigt.

Die Lieferzeit, als abschließendes hier betrachtetes taktisch-operatives Kriterium, ist als die Zeitspanne definiert, die von der Auftragsvergabe bis zur Lieferung des Auftrags vergeht (vgl. [DiSc2004, S. 133]). Die Lieferzeit setzt sich zusammen aus der Produktionszeit beim Lieferanten und der Zeit, die für den Transport zwischen Lieferanten und Kunden benötigt wird. Unter die Produktionszeit beim Lieferanten wird die ggf. fällige Beschaffungszeit von Bauteilen subsumiert, die dann anfällt, wenn ein Lieferant die für die Produktion benötigten Materialien nicht vorrätig hat. Diese Beschaffungszeit besteht wiederum aus Liefer- und Transportzeit (vgl. hierzu bspw. auch [DiSc2004, S. 133], [Hart1994, S. 169]).

Die Lieferzeit kann, neben dem Preis und der Qualität einer Leistung, als wettbewerbsrelevantes Entscheidungskriterium angesehen werden. Die Angabe einer absoluten Lieferzeit (Z_i) ist im hier vorliegenden Fall jedoch nicht geeignet, da diese abhängig von zahlreichen Faktoren

[59] Auch wenn es bei der Transaktionskostentheorie im Kern um die Auswahl eines transaktionskostenminimalen institutionellen Arrangements geht, kann angenommen werden, dass es transaktionskostenbeeinflussende Faktoren gibt, die im Fall eines bereits festgelegten institutionellen Arrangements die Selektion von Partnern (bspw. über das operative Merkmal der Kosten) beeinflussen.

entlang des situativen Wertschöpfungsnetzes deutlich variieren kann[60]. Die in Tab. 21 aufgeführten Ausprägungen einer hohen, mittleren oder niedrigen Lieferzeit sind daher als relative Lieferzeiten (L_i) im Verhältnis zu den Lieferzeiten aller Alternativlieferanten zu betrachten. Auf Basis der tatsächlichen Lieferzeitwerte dieser Partner wird dazu zunächst die Unter- und Obergrenze der Gesamtmenge der Lieferzeiten (L_i^U und L_i^O) identifiziert[61]. Der über $L_i = \frac{z_i - L_i^U}{L_i^O - L_i^U}$ errechnete Wert der relativen Lieferzeit stellt prozentual dar, inwieweit das Unternehmen in der Lage ist, eine entsprechende Lieferzeit im Verhältnis zum Wettbewerb zu gewährleisten. Grundlage für eine Zuordnung zu den angeführten Ausprägungen sind entsprechende Schranken (bspw.: Hoch: 0,7 – 1,0; Mittel: 0,3 – 0,7: Gering: 0,1 – 0,3).

4.2.1.2 Flexibilitätsmerkmale

Die Flexibilitätsmerkmale sind insbesondere unter dem Aspekt der situativen Wertschöpfungsnetze von Interesse. Der Grund hierfür ist, dass im Gegensatz zu eher statischen Netzwerken vergleichsweise hohe Anforderungen an die Anpassungsfähigkeit der am Wertschöpfungsnetz teilnehmender Partner gestellt werden. Das Konzept der Mass Customization propagiert eine kundenindividuelle Fertigung ohne Nachteile hinsichtlich Preis, Qualität oder Wartezeit. Obwohl unterschiedliche Instrumente, wie eine optimierte Produktstruktur, die im Individualisierungsfall steigenden Anforderungen an die Lieferanten zum Teil abfedern, kann dennoch auf Basis empirischer Arbeiten nachgewiesen werden, dass die Fähigkeit zur Flexibilität einer der entscheidenden Faktoren zur Umsetzung einer kundenindividuellen Leistungserstellung ist (vgl. hierzu [KiWe1998, S. 7f.], [Kink2005, S. 3ff.], [LoWi2004, S. 17f.]).

Gleichzeitig muss allerdings auch konstatiert werden, dass eine beliebig hohe Flexibilität nicht im Interesse kooperierender Partner liegt (vgl. bspw. [EvSc1980, S. 230f.]). Vielmehr wird versucht, eine möglichst optimale Übereinstimmung zwischen den Anforderungen an bestimmte Flexibilitätsmerkmale und den Flexibilitätspotenzialen eines möglichen Partners herzustellen. Innerhalb der Selektion geht es folglich um die Identifikation von Partnern, deren Flexibilitätspotenziale mit dem Flexibilitätsbedarf des jeweiligen Kundenauftrags so weit wie möglich übereinstimmen.

Ganz allgemein kann Flexibilität verstanden werden als: „...die Fähigkeit eines soziotechnischen Systems, sich auf der Basis seiner Handlungsspielräume an relevante system- und umweltinduzierte Veränderungen, die sowohl Risiken als auch Chancen bedeuten können, zielge-

[60] Bspw. sind bestimmte Technologieprodukte nur von geographisch weit entfernten Lieferanten zu beziehen, andere dagegen erfordern ganz bestimmte Transportmittel.

[61] $\lfloor L_i^U \,;\, L_i^O \rfloor \; \forall \, i = 1, \dots, m.$

richtet anzupassen“ [Hock2004, S. 25]. Ausgehend von dieser Definition können zwei wesentliche Ansatzpunkte für die Flexibilitätsbetrachtung differenziert werden:

- Flexibilitätsbedarf: Unter diesem Begriff werden von außen induzierte (situative) Veränderungen subsumiert.
- Flexibilitätspotenzial: Handlungsspielräume der Systemelemente (Knoten) des Wertschöpfungsnetzes.

Zielsetzung eines Managements der Flexibilität ist es nun, Flexibilitätsbedarfe und Flexibilitätspotenziale bestmöglich zum Ausgleich zu bringen. Dies drückt sich auch im Grundsatz des Flexibilitätsmanagements aus, nach welcher Flexibilität so starr wie möglich und (nur) so flexibel wie nötig sein sollte (vgl. bspw. [EvSc1980, S. 230f.]).

Voraussetzung für die Berücksichtigung der Flexibilität in der vorliegenden Arbeit ist eine Kategorisierung und Operationalisierung der Flexibilitätsbedarfe und Flexibilitätspotenziale. Die Operationalisierung der Flexibilitätsbedarfe erfolgt dabei unter Bezugnahme der situativen Merkmale, eine vertiefende Darstellung erfolgt daher erst im Rahmen der Betrachtung von Interdependenzen in Abschnitt 4.2.4.

Die Flexibilitätspotenziale werden auf Basis von vier, insbesondere in der angloamerikanischen Literatur gebräuchlichen Dimensionen, operationalisiert (vgl. bspw. [Slac1983, S. 5ff.], [GuBu1989, S. 90ff.], [KoMa1999, S. 80ff.], [Hock2004, S. 26]). Im Folgenden werden diese auch als Indikatoren bezeichnet. Hierbei handelt es sich im Einzelnen um:

- Range: beschreibt die prinzipielle Fähigkeit eines Flexibilitätspotenzials, auf einen Flexibilitätsbedarf reagieren zu können. Anders formuliert handelt es sich um die Bandbreite potenziell realisierbarer Flexibilitätsbedarfe (vgl. [Slac1983, S. 7]). Als Beispielgröße kann hier die Anzahl realisierbarer Zusatzaufträge (z.B. im Bereich der Mengenflexibilität) genannt werden.
- Mobility: Bei der „mobility“ geht es um den Aufwand, den ein Knoten für die Bewegung innerhalb der Bandbreite benötigt. Zur Operationalisierung der Dimension werden Messgrößen wie finanzieller Aufwand oder benötigte Zeiteinheiten angewendet (vgl. [Upto1994, S. 80]). Beispielsweise wird innerhalb der Dimension erfasst, wie schnell ein Zusatzaufwand bedient werden kann. Im deutschsprachigen Raum propagieren auch Schäfer [Scha1980, S. 10] und Horváth/Mayer [HoMa1986, S. 75] die Berücksichtigung der Reaktionszeit als ein weiteres notwendiges Beschreibungselement zur Differenzierung von Flexibilitätspotenzialen.
- Uniformity: Nach erfolgter Anpassung des Knotens an den Flexibilitätsbedarf muss die langfristige Leistungsfähigkeit der Objekte kontrolliert werden (vgl. [GuBu1989, S. 95]). Mögliche Messgrößen sind Produktivität, Durchlaufzeit oder Stückkosten, bezogen auf die gemessenen Größen vor der Anpassung. Mit diesem Indikator ist eine

Differenzierung auch dann möglich, wenn die betrachteten Elemente (Knoten) vergleichbare „range“ und „mobility“ aufweisen.

- Cost of providing: Als vierte Dimension geben die cost of providing die Implementierungskosten einzelner Flexibilitätspotenziale an. Die Dimension steht dabei nicht direkt mit den Anpassungskosten in Verbindung sondern dient der Berücksichtigung von Fixkosten alternativer Flexibilitätspotenziale. Sie ist entsprechend als eigenständiges Kriterium anzusehen, das aber betrachtet werden muss, um eine umfassende Charakterisierung alternativer Flexibilitätspotenziale vornehmen zu können.

Mit den aufgezeigten Dimensionen ist eine Differenzierung der Flexibilitätspotenziale möglich. Eine weitergehende Operationalisierung findet, unter Zugrundelegung der genannten Dimensionen, durch eine Differenzierung zwischen den jeweiligen Betrachtungsbereichen statt. Hierzu werden die Indikatoren auf die Faktoren Ausbringungsmenge, Lieferflexibilität, Produktionsvielfalt und Innovationsrate bezogen. Unstrittig ist in der Literatur dabei, dass die genannten Bereiche die wichtigsten Flexibilitätsanforderungen im Kontext einer unternehmensübergreifenden Zusammenarbeit abdecken (vgl. [Beam1999, S. 294f.], [Zell2003, S. 23]). Insofern werden diese auch für das Konzept der hier betrachteten situativen Wertschöpfungsnetze verwendet. Konkret geht es im Folgenden darum, Aussagen zur Flexibilität eines Knotens hinsichtlich der vier Faktoren durch die Bestimmung der jeweiligen „range“, „mobility“, „uniformity“ und „cost of providing“ abzuleiten. Die folgende Abb. 31 veranschaulicht das Vorgehen:

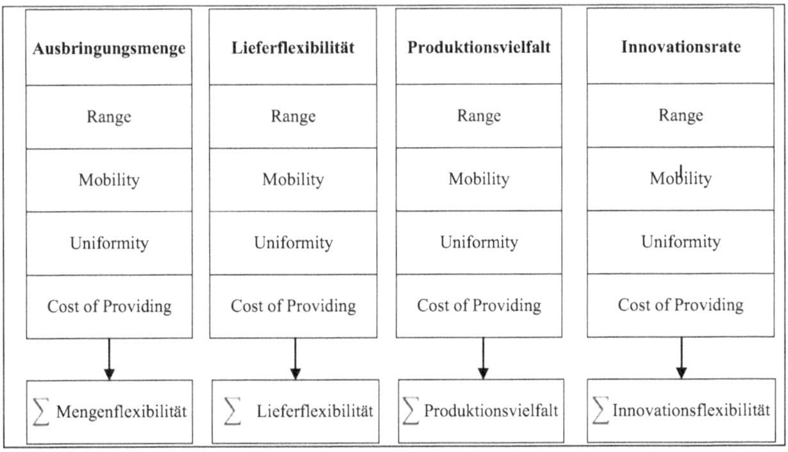

Abb. 31: Operationalisierung von Flexibilitätsfaktoren

Im Folgenden werden die Betrachtungsbereiche hinsichtlich der vier Dimensionen kurz dargestellt. Sofern möglich, werden dabei die in Literatur und Praxis gebräuchlichen Messgrößen dargestellt.

Mit dem Merkmal Mengenflexibilität wird der Grad der Anpassungsfähigkeit eines Unternehmens an veränderte Ausbringungsmengen bezeichnet (vgl. [Gräß2004, S. 217]). Formal wird die Mengenflexibilität in der Regel wie folgt ausgedrückt:

- $Mengenflexibilität\ (Range) = \frac{\text{Aktuell erbrachte Leistung / Gesamtnachfrage}}{\text{Maximale Kapazität / Gesamtnachfrage}}$

Bezogen auf die dargestellten Flexibilitätsdimensionen handelt es sich um die „range" des Knotens hinsichtlich einer Ausbringungsmenge. Ein hoher „range"-Wert besagt, dass der Knoten eine hohe Bandbreite an Ausbringungsmengen bedienen kann.

Die generelle Fähigkeit ist jedoch nicht ausreichend, da bspw. für eine kundenindividuelle Massenproduktion nicht alleine die Fähigkeit zur Bearbeitung der variierenden Losgrößen relevant ist, sondern zugleich auch Kosten- und Zeitaufwände für die Umstellung der Ausbringungsmengen („mobility") oder Durchlaufzeiten nach deren Variation („uniformity"). Die zusätzliche Erfassung von „mobility" und „uniformity" ist also für situative Wertschöpfungsnetze von großem Interesse. Hierbei muss festgestellt werden, dass die Messung dieser Größen bisher weder in der Praxis Einzug gehalten hat, noch in der wissenschaftlichen Literatur Anhaltspunkte für empirische ermittelte Messwerte aufzufinden sind.

Die Darstellung der Größen fokussiert sich daher an dieser Stelle auf eine Zusammenstellung der für situative Wertschöpfungsnetze relevantesten Messgrößen in den Dimensionen. Die folgende Tab. 22 stellt diese überblicksartig zusammen. Auf eine Darstellung der „cost of providing" wird an dieser Stelle verzichtet, da diese aufgrund ihres ex-post Charakters für die Selektions- und Allokationsfunktion nicht von bedeutendem Interesse sind.

Dimensionen	**Relevante Beispielgrößen einer Mengenflexibilität**
Range	• $\frac{\text{Aktuell erbrachte Leistung / Gesamtnachfrage}}{\text{Maximale Kapazität / Gesamtnachfrage}}$
Mobility	• Reaktionszeit zur Umstellung der Ausbringungsmenge • Kosten zur Umstellung der Ausbringungsmenge
Uniformity	• Produktivitätsdifferenz nach Umstellung • Unterschied der Durchlaufzeit • Veränderung der Stückkosten • Veränderung des Qualitätsniveaus

Tab. 22: Relevante Beispielgrößen einer Mengenflexibilität

Die Differenzierung zwischen hoher, mittlerer und niedriger Mengenflexibilität erfolgt auf Basis der hier dargestellten Größen. Eine hohe Mengenflexibilität liegt vor, wenn eine für die situativen Auftragsbedingungen geeignete „range“ vorliegt und keine für den Kundenauftrag relevante Veränderung der „mobility“ und „uniformity“ eines Knotens festzustellen ist[62].

Der „range“-Indikator der Lieferflexibilität kann als ein Maß für die Fähigkeit eines Knotens angesehen werden, Leistungen schon vor dem geplanten Fertigstellzeitpunkt ausliefern zu können. Sie stellt dabei, mathematisch formuliert, das Verhältnis der ausstehenden Leerlaufzeiten zu der aufsummierten Produktionszeit aller Aufträge in einer Periode dar (vgl. bspw. [Zeuc2002, S. 156]). Die Lieferflexibilität kann formal wie folgt dargestellt werden:

- $Lieferflexibilität\ (Range) = \frac{Ausstehende\ Leerlaufzeiten}{\sum\ (Produktionszeit \times Aufträge)}$

Synonym zu der Mengenflexibilität handelt es sich auch bei der hier betrachteten Größe zunächst ausschließlich um die „range“ des betrachteten Merkmals. Für die Bestimmung der „mobility“ kann hier ein auf historischen Daten basierender Verlauf der Termintreue genutzt werden (vgl. hierzu auch [GöHH2002, S. 329ff.]). Ebenso kann der durch Zeuch eingeführte Quotient aus Mengenänderungsquote und Vorschauzeitquote als „mobility“-Indikator verwendet werden (vgl. [Zeuc2002, S. 156]). Als wesentliches zusätzliches Merkmal integriert dieser die Realisierungszeit für Mengenänderungen in die Betrachtung. Die folgende Tab. 23 fasst die Darstellung der Lieferflexibilität zusammen.

Dimensionen	**Relevante Beispielgrößen einer Lieferflexibilität**
Range	• $\frac{Ausstehende\ Leerlaufzeiten}{\sum Produktionszeit \times Aufträge}$
Mobility	• $Termintreue = \frac{pünktlich\ gelieferte\ Aufträge}{Gesamtzahl\ Aufträge}$ • $\frac{Mengenänderungsquote}{Vorschauzeitquote} = \frac{\frac{Mengenänderung\ im\ Vorschauzeitraum}{Normalmenge\ im\ Vorschauzeitraum} \times 100}{\frac{Realisierungszeit}{Vorschauzeit} \times 100}$
Uniformity	• Veränderung der Lagerhaltungskosten • Veränderung der Stückkosten

Tab. 23: Relevante Beispielgrößen einer Lieferflexibilität

Eine hohe Lieferflexibilität ist bei Unternehmen und deren Lieferanten von mehreren Faktoren abhängig. Kurze Durchlaufzeit und ausreichende Lagerhaltung versetzen einen Knoten in die Lage, auch mit ungenügenden Lieferungen der vorgelagerten Knoten die Produktion zu beschleunigen. Dennoch hängt die Lieferflexibilität deutlich von dem Liefernetz des jeweili-

[62] Dabei ist jedoch festzuhalten, dass insbesondere die Messung der „uniformity“ auf Erfahrungswerten aufbaut, die erst nach mehrmaliger Kooperation mit dem jeweiligen Knoten vorliegen.

gen Knotens ab und kann insofern auch als ein Hinweis für die Leistungsfähigkeit der nachfolgenden Liefernetzbeziehungen angesehen werden.

Die Produktionsvielfalt eines Knoten gibt die Fähigkeit eines Unternehmens an, innerhalb einer Periode verschiedene Produkte und Leistungen herzustellen. Sie spiegelt insofern den „range"-Wert wieder. Formal kann das Merkmal wie folgt dargestellt werden:

- $Produktionsvielfalt = \frac{Anzahl\ verschiedener\ Produkte}{Periode}$

Die Produktionsvielfalt kann also als die Möglichkeit eines Unternehmens angesehen werden, sich mit vorhandenen Produktionssystemen an kurzfristige (situative) Nachfrageänderungen anzupassen[63]. Im Kontext situativer Liefernetze spielt hingegen die von Corsten [Cors2007] betrachtete Entwicklungsflexibilität keine Rolle, da diese eher langfristigen Charakter besitzt.

Als exemplarischer „mobility"-Indikator der Variantenvielfalt kann die Reaktionszeit für eine Umstellung von einem Produktionsprogramm auf ein anderes betrachtet werden. Ebenso sind aber auch andere Kosten- und Zeitgrößen denkbar. Diese werden von [Holz2000], [Cors2007] detailliert dargestellt und werden an dieser Stelle lediglich in Tab. 24 als exemplarische Betrachtungsgrößen aufgeführt. Für eine vertiefende Betrachtung sei auf die angegebene Literatur verwiesen.

Dimensionen	**Relevante Beispielgrößen einer Produktionsvielfalt**
Range	• $Produktionsvielfalt = \frac{Anzahl\ verschiedener\ Produkte}{Periode}$
Mobility	• Reaktionszeit zur Umstellung des Produktionsprogramms • Kosten zur Umstellung des Produktionsprogramms • Hohe Verrichtungsflexibilität der Produktionsanlagen • Rüstflexibilität
Uniformity	• Veränderung der Stückkosten • Veränderung der Lieferzeiten • Veränderung der Leistungsqualität

Tab. 24: Relevante Beispielgrößen einer Produktionsvielfalt

[63] Die Variantenvielfalt kann bspw. ganz wesentlich durch flexible Produktionsanlagen gewährleistet werden, die bspw. in der Lage sind, verschiedenartige Repetierfaktoren zu bearbeiten (bspw. Stahl und Kunststoff) als auch zur Ausbringung variierender Outputfaktoren in der Lage sind (bspw. Achsen und Türverkleidungen).

Sollen neue Produkte oder Teilleistungen von einem Unternehmen in einem Wertschöpfungsnetz erbracht werden, muss dieses in der Lage sein flexibel die Innovationsanforderungen umzusetzen. Der Grad an Flexibilität zur Umsetzung von Innovationsanforderungen wird durch das Merkmal der Innovationsflexibilität gemessen. Es umfasst sowohl die Möglichkeit neue Prozessabläufe zu integrieren als auch neuartige Produkte und Leistungen hervorzubringen. Innovationen sind das Ergebnis qualitativ neuartiger Produkte oder Verfahren, die sich gegenüber dem vorangegangenen Zustand merklich unterscheiden. Eine Innovation muss sich zumindest in der Rückschau am Markt oder innerhalb einer Organisation durchsetzen (vgl. hierzu [Goos2006, S. 28]).

Setzt man die Ausgaben für F&E und sonstige Innovationsausgaben ins Verhältnis zum Umsatz oder Gewinn im jeweiligen Bereich oder Produktsegment eines Unternehmens, erhält man die Innovationsaufwandsquote.

- $Innovationsaufwandsquote = \frac{F\&E-Ausgaben}{Umsatz}$

Diese kann als ein Maß für die Bemühungen eines Unternehmen angesehen werden, Innovationen zu generieren und bildet insofern den „range"-Indikator der Innovationsflexibilität. Für die Beurteilung von „mobility" bietet sich bspw. die Erfolgsquote von Innovationen an, bei der das Verhältnis aller Erfindungen zu den bis zur Marktreife gebrachten Erfindungen betrachtet wird. Einen weiteren „mobility"-Indikator schlagen Maidique/Zirger [MaZi1984, S. 193ff.] vor in dem sie propagieren, dass eine Innovation dann als erfolgreich anzusehen ist, wenn das Produkt durch den Verkauf auf dem Markt den Break-even-point erreicht oder überschreitet. Ebenso kann aber auch zur Bestimmung der Erfolgsquote von Innovationen das Verhältnis aller Erfindungen zu den bis zur Marktreife gebrachten Erfindungen betrachtet werden. Die folgende Tab. 25 stellt die exemplarischen Größen dar.

Dimensionen	Relevante Beispielgrößen einer Innovationsflexibilität
Range	• $Innovationsaufwandsquote = \frac{F\&E-Ausgaben}{Umsatz}$
Mobility	• $Erfolgsquote = \frac{Gesamtzahl\ der\ Innovationen}{Gesamtzahl\ der\ Inventionen}$ • Anzahl der Innovationen, die Break-even-point überschreiten
Uniformity	• Veränderung der Stückkosten durch höhere Innovationsaufwandsquote • Veränderung der Produktqualität bei Innovationsaufwandsquote

Tab. 25: Relevante Beispielgrößen einer Innovationsflexibilität

Die beschriebenen Merkmale der Flexibilität werden bei der Darstellung der Interdependenzen zur Beurteilung der möglichen Wertschöpfungspartner berücksichtigt. Die in Tab. 21 aufgeführten Merkmalsausprägungen „gering“, „mittel“ und „hoch“ sind für das formulierte Forschungsziel ausreichend, eine weitergehende Differenzierung kann Gegenstand aufbauender Forschungsarbeiten sein (bspw. im Rahmen einer vertiefenden Betrachtung spezifischer Branchen).

Die Ausprägung „hoch“ ist dann zutreffend, wenn ein Knoten hinsichtlich des jeweiligen Flexibilitätsmerkmals folgende Bedingungen erfüllt:

- Der Knoten weist eine optimal für die situativen Bedingungen geeignete Range auf. Flexibilitätspotenziale und Flexibilitätsbedarfe stimmen überein.
- Der potenzielle Wertschöpfungspartner weist eine hohe „mobility“ auf, für die Bewegung innerhalb der „range“ ist ein geringer Aufwand notwendig.
- Es sind keine signifikanten bzw. für den jeweiligen Kundenauftrag relevanten Veränderungen der „uniformity“ festzustellen.

Die Ausprägung „mittel“ impliziert einen suboptimalen „fit“ zwischen Flexibilitätsbedarf und Flexibilitätspotenzial. Es existiert ein messbarer „mobility“-Aufwand und hinsichtlich der „uniformity“ ist eine geringe Veränderung festzustellen, die sich bspw. in den Stückkosten wiederspeigelt. Im Fall der Ausprägung „gering“ stimmen Bedarfe und Potenziale des jeweiligen Flexibilitätsmerkmals nicht überein. Die Indikatoren „mobility“ und „uniformity“ sind entsprechend negativ zu bewerten.

4.2.1.3 Innerbetrieblicher IuK-Reifegrad

Die Beurteilung eines innerbetrieblichen IuK-Reifegrades baut auf den Darstellungen zu Anwendungsbereichen von IuK-Systemen im Kontext einer Mass Customization in Abschnitt 3.2.4.3 sowie auf den Ausführungen zu IuK-Konzepten in Abschnitt 3.3 auf. Dabei werden die bisherigen Darstellungen als Hilfsmittel zur Operationalisierung des innerbetrieblichen IuK-Reifegrades genutzt.

Als grundlegendes Strukturierungsmerkmal kann der Mass Customization Macro Prozess verwendet werden. Dabei ist für die Beurteilung eines potenziellen Wertschöpfungspartners innerhalb der Dyade insbesondere von Interesse, welche IuK-Systeme mit welchem Entwicklungsstand in den jeweiligen Prozessschritten eingesetzt werden. Unter Bezugnahme der situativen Bedingungen ist darüber hinaus zu klären, ob die vorhandenen IuK-Systeme den Anforderungen genügen, die durch die situativen Bedingungen an sie formuliert wurden. Dazu können auch die in Abschnitt 3.2.4.3 aufgeworfenen Fragen nach der Auswahl der im jeweiligen Fall notwendigen Information, dem richtigen Zeitpunkt der Informationsweitergabe sowie dem richtigen Empfänger der Information beitragen.

Aufgrund der Heterogenität in der Praxis eingesetzter Systeme ist die exakte Messung eines Reifegrads nicht möglich. Insofern müssen strukturierte Anhaltspunkte ausreichen um verwertbare Hinweise zu erhalten. Diese müssen so gewählt sein, dass das kundenseitige Unternehmen innerhalb der Dyade in der Lage ist, eine entsprechende Beurteilung vorzunehmen. Diese kann auf Basis eines Punktbewertungsverfahrens erfolgen, wobei für verschiedene Kriterien jeweils variierende Punktzahlen vergeben werden. Die Punktvergabe ist dabei zugleich signifikant von den jeweiligen Bedingungen des situativen Kundenauftrags abhängig.

Die folgende Tab. 26 stellt Beispiele für die zu bewertenden Indikatoren eines innerbetrieblichen IuK-Reifegrades dar. Im Folgenden werden die exemplarischen Größen und ihre Bedeutung im Kontext situativer Wertschöpfungsnetze kurz erläutert. Eine Berücksichtigung der Interdependenzen durch eine entsprechende Quantifizierung findet in Abschnitt 4.2.4 statt.

Merkmal	**Exemplarische Indikatoren**
Primäres Anwendungssytem	• Vollständiges, unternehmensweites ERP-System • Bereichsweites ERP-System • Individualsoftware, z.T. „Insellösungen"
Berücksichtigung von Prozess- und IT-Standards	• IT-Service-Management: ITIL • Informationssicherheit: ISO/IEC 27002:2005 • Entwicklung: CMMI
Kundenintegration in Systeme des Prozessbereichs	• Umfassende Kundenintegration • Teilweise Kundenintegration • Keine Kundenintegration
Weitere operative Indikatoren	• Anteil der IT Ausgaben am Gesamtumsatz im Vergleich zum Wettbewerb • Anzahl IT-Personal (des Funktionsbereichs) im Wettbewerbsvergleich

Tab. 26: Exemplarische Indikatoren zur Beurteilung eines innerbetrieblichen IuK-Reifegrads

ERP-Systeme können sowohl zu den verteilten als auch zu den integrierten IuK-Systemen gezählt werden und tragen maßgeblich zur Umsetzung einer innerbetrieblichen IuK-Integration bei (vgl. [Mert2004, S. 11]).

Die Existenz von ERP-Systemen in einem Unternehmen sowie der Umfang in dem diese eingesetzt werden, können insofern plausibel als ein Reifegradindikator genutzt werden. Dieser kann zugleich auch als indirekter Hinweis für die Potenziale anderer Bereiche (bspw. zur Beurteilung der Leistungsfähigkeit der Prozessorganisation) hinzugezogen werden. Dieser Kausalzusammenhang kann hergestellt werden, da in Literatur und Praxis völlig unstrittig ist, dass die Einführung komplexer ERP-Systeme entsprechend leistungsfähige und belastbare Prozesse voraussetzt (vgl. [HaNe2005, S. 230ff.]). Als Ausprägungsgrade können in diesem Bereich z.B. die vollständige, also unternehmensweite Implementierung eines ERP-Systems oder die bereichsweite Umsetzung (bspw. durch die Einführung separater Funktionsmodule in einem Funktionsbereich) voneinander differenziert werden.

Ist in einem Unternehmen keine ERP-Software vorhanden, kann für die Beurteilung der Leistungsfähigkeit auf das anstelle dessen existierende primäre Anwendungssystem oder auf die Durchführung von IT-Audits zurückgegriffen werden.

Dabei dienen insbesondere die Zertifizierungen eines Unternehmens nach anerkannten Zertifizierungsstandards und die Umsetzung von anerkannten Richtlinien zur Prozess- und IT-Gestaltung als ein weiterer wichtiger Indikator für den IuK-Reifegrad eines Unternehmens. Für die unterschiedlichen Ebenen einer IuK-Infrastruktur im Unternehmen können die in Tab. 26 aufgeführten Modelle/Zertifizierungen beispielhaft angegeben werden.

- Die IT Infrastructure Library (ITIL) beschreibt die mögliche Umsetzung eines IT-Service Managements und ist für diesen Bereich inzwischen als de-facto-Standard etabliert.
- Die ISO/IEC 27002:2005 beinhaltet verschiedene Kontrollmechanismen für die IT-Sicherheit und basiert, ähnlich wie ITIL, auf einem "best practice" Ansatz.
- Das Capability Maturity Model Integration (CMMI) kann als Reifegradmodell zur Beurteilung und Verbesserung der Qualität von Produkt-Entwicklungsprozessen angewendet werden.

Die Möglichkeit einer Kundenintegration in die Systeme des Anbieters kann, insbesondere unter dem Blickwinkel einer kundenindividuellen Massenproduktion, als drittes bedeutsames Merkmal aufgeführt werden. Als Anknüpfungspunkt dient hier insbesondere der Prozessbereich „Konfiguration" des Mass Customization Macro Prozesses. Die Verwendung von Konfigurationssystemen erlaubt eine direkte Kundenintegration in die unternehmensinterne Wertschöpfung. Zu beachten ist hierbei insbesondere die innerbetriebliche Integration dieser Systeme mit back-end Systemen bspw. im Bereich der Produktion. Ein mit den innerbetrieblichen IuK-Systemen sinnvoll verknüpftes Konfigurationssystem wird häufig im Kontext der Mass Customization auch als Mass Customization Information System (MCIS) bezeichnet (vgl. bspw. [Pill2003, S. 280f.], [AsPW2005, S. 13]). Ein Beispiel für die Umsetzung eines solchen MCIS findet sich bei Frutos und Borenstein [FrBo2004], die insbesondere die drei Elemente Benutzerschnittstelle, Datenbank und Datenbankmanagementsystem (DBMS), auf Basis eines hierzu entwickelten Prototypen als relevante Elemente eines MCIS identifizieren.

Entfernt man sich von der technischen Sichtweise gibt es eine Reihe weiterer Beurteilungsmöglichkeiten eines IuK-Reifegrads. So kann bspw. der Umsatzanteil an IT-Ausgaben mit entsprechenden Werten bei Wettbewerbern verglichen werden. Eine signifikante Abweichung von den branchenüblichen Größen kann hierbei als ein Anzeichen eines hohen oder niedrigen IuK-Reifegrads interpretiert werden. Ebenso sind weitere betriebswirtschaftliche Größen als Indikatoren nutzbar. Hierzu zählen der Anteil an IT-Personal im Unternehmen oder der Anteil an Ausgaben für IT-Dienstleister.

Insbesondere für die betriebswirtschaftlichen Indikatoren, zum Teil aber auch für die technischen, ist abschließend festzuhalten, dass deren Beurteilung zum Teil erhebliche Schwierigkeiten birgt. So ist fraglich, ob ein Unternehmen detaillierte Auskünfte über die Leistungsfähigkeit der eigenen IuK-Infrastruktur einem potenziellen Wertschöpfungspartner (Kunden) übermitteln wird. An dieser Stelle kann daher lediglich ein Hinweis auf mögliche Indikatoren gegeben werden, die tatsächlich ermittelbaren Größen sind vom Einzelfall abhängig.

4.2.2 Merkmalsgruppe Verbindung

Die im Folgenden dargestellte Merkmalsgruppe beinhaltet die Merkmale, die die Beziehungen zwischen potenziellen Wertschöpfungspartnern charakterisieren. Übertragen auf die Sichtweise der in Abschnitt 3.1.1 eingeführten graphentheoretischen Perspektive auf Netzwerke kann die zu beschreibende Verbindung insofern als die Kante $e \in E$ zwischen zwei Knoten $v_{x,} v_y \in V$ von jeweils einer Dyade des situativen Wertschöpfungsnetzes beschrieben werden.

Gemäß den in Abschnitt 4.1 formulierten Anforderungen an die Beschreibung situativer Wertschöpfungsnetze muss die Relation zwischen den Partnern mit Blick auf ihre Erfolgskritizität hinsichtlich des Kundenauftrages beschrieben werden. Wichtige Anhaltspunkte für die Selektion der Merkmale liefert dabei das in Form der neuen Institutionenökonomik und der Vertragstheorie formulierte erklärungstheoretische Fundament der Arbeit in Kapitel zwei. Die hieraus gewonnen Erkenntnisse sind wesentlich auf das Merkmal der zwischenbetrieblichen Bindungsform anwendbar (vgl. Abschnitt 4.2.2.1).

Weitere Merkmale sind insbesondere aus den Darstellungen zur Individualisierung von Leistungen ableitbar. Hierbei handelt es sich um die in Abschnitt 4.2.2.2 dargestellte Individualität der Partnerbeziehung sowie die in Abschnitt 4.2.2.3 eingeführte Verhandlungsposition. Als abschließendes Merkmal wird der überbetriebliche IuK-Reifegrad aufgrund seiner bereits geschilderten Bedeutung für situative Wertschöpfungsnetze in Abschnitt 4.2.2.4 dargestellt. Die Ausführungen dieses Merkmals bauen dabei auf den Ausführungen der Abschnitte 3.2.4.3 und 3.3 auf.

Die folgende Tab. 27 stellt die Merkmale der Merkmalsgruppe Verbindung sowie die jeweils relevanten Ausprägungen zusammenfassend dar.

Abschnitt	Merkmal	Ausprägung		
4.2.2.1	Zwischenbetriebliche Bindungsform	Klassischer Vertrag	Neoklassischer Vertrag	Relationaler-/ Symbiotischer-Vertrag
4.2.2.2	Individualität der Partnerbeziehung	Standardisierte Beziehung	Teilweise individualisierte Beziehung	Umfassend individualisierte Beziehung
4.2.2.3	Verhandlungsposition	Schlechte Verhandlungsposition	Ausgewogene Verhandlungsposition	Gute Verhandlungsposition
4.2.2.4	Überbetrieblicher IuK-Reifegrad	Gering	Mittel	Hoch

Tab. 27: Beschreibungsmerkmale der Merkmalsgruppe Verbindung

Im Folgenden wird auf die dargestellten Merkmale eingegangen. Die Einführung der relevanten Interdependenzen erfolgt, synonym zu dem Vorgehen bei der Betrachtung von Unternehmensmerkmalen, in Abschnitt 4.2.4.

4.2.2.1 Zwischenbetriebliche Bindungsform

Die Ausprägungen des Kriteriums Vertragstyp leiten sich im Wesentlichen aus der bereits in Abschnitt 2.3 dargestellten Vertragstheorie ab und lassen einen Rückschluss auf den Formalisierungsgrad und somit die Bindungsform einer zwischenbetrieblichen Kooperation zu. Klassische Verträge sind tendenziell eher explizit und vollständig spezifiziert und durch eine exakte, ausführliche Beschreibung der zwischen den Kooperationspartnern auszutauschenden Leistung gekennzeichnet. Bei der unternehmensübergreifenden Kooperation besitzen Verträge dagegen häufig einen organisationsbegründenden Charakter, da sie die Form der Zusammenarbeit zwischen den Unternehmen und damit letztendlich die Ausprägungsform der durch sie konstituierten Kooperation mitbegründen (vgl. [PiRW1998, S. 55]). Die Verträge in Wertschöpfungsnetzen sind daher häufig durch Unvollständigkeit und teils implizite Regelungen gekennzeichnet[64].

[64] Vgl. zu diesem Rückschluss auch [PiRW1998, S.54] sowie die Ausführungen in Abschnitt 2.3.

Das in dieser Arbeit betrachtete situative Wertschöpfungsnetz zeichnet sich durch rechtliche, wirtschaftliche und räumliche Selbständigkeit der Akteure aus. Es wird, wie im Kontext der virtuellen Unternehmen häufig propagiert, kein rechtlich selbständiges Unternehmen gegründet (vgl. hierzu auch [Thal2003b]). Die Teilnehmer des Wertschöpfungsnetzes handeln entsprechend autonom, die Entscheidungen zu Art und Weise einer Kooperation werden dezentral von den beteiligten Unternehmen getroffen. Als primärer Abstimmungsmechanismus zwischen den Partnern fungieren Verhandlungen und Marktpreise innerhalb der Austauschbeziehung einer Dyade.

Dabei können die hier beschriebenen situativen Wertschöpfungsnetze, juristisch betrachtet, als „eine Vielzahl zweiseitiger Verträge betrachtet werden" [Teub2001, S. 49], die allerdings zur gleichen Zeit durch die Befriedigung des Endkundenbedürfnisses in gewisser Weise eine kollektive Aufgabe erfüllen sollen. Zugleich variiert hierbei die durch den Vertragstyp operationalisierte Bindungsform zwischen den Akteuren des situativen Wertschöpfungsnetzes von Dyade zu Dyade.

Der in einer Dyade vorherrschende Vertragstyp kann folglich als juristische Repräsentation der Eigenschaften des Leistungsaustausches (vgl. hierzu auch die in Abschnitt 4.2.3 dargestellten Leistungsmerkmale) sowie interorganisationaler Verflechtungen[65] angesehen werden. Folgt man der Vertragstheorie, nach welcher die variierenden Vertragsformen die Grundlage aller Organisationsformen bilden (vgl. hierzu [AoGW1990, S. 209ff.], so begründet die in der Dyade vorherrschende Vertragsform folgerichtig auch die Organisationsform der Dyade selbst. Innerhalb des situativen Wertschöpfungsnetzes existiert insofern eine Menge an variierenden, jeweils dyadischen Organisationsformen im Spannungsfeld zwischen Markt und Hierarchie. Die über das vollständige situative Wertschöpfungsnetz betrachtete Summe aller jeweils dyadischen Vertragstypen kann daher auch als ein Element zur Begründung des institutionellen Arrangements des Gesamtnetzes betrachtet werden.

Die folgende Abb. 32 visualisiert mögliche Vertragsformen in diesem Spannungsfeld in Anlehnung an [PiRW1998, S. 55], ergänzt die Darstellung jedoch um die innerhalb dieser Arbeit beschriebenen, generischen Ausprägungen der zwischenbetrieblichen Bindungsform.

---

[65] In der wissenschaftlichen Literatur werden hierzu vorwiegend konzeptionelle Bindungen bspw. durch eine gemeinsame Marke sowie personell-organisatorische und technisch-organisatorische Verflechtungen genannt (vgl. bspw. [Sydo1995], [Thal2003b]).

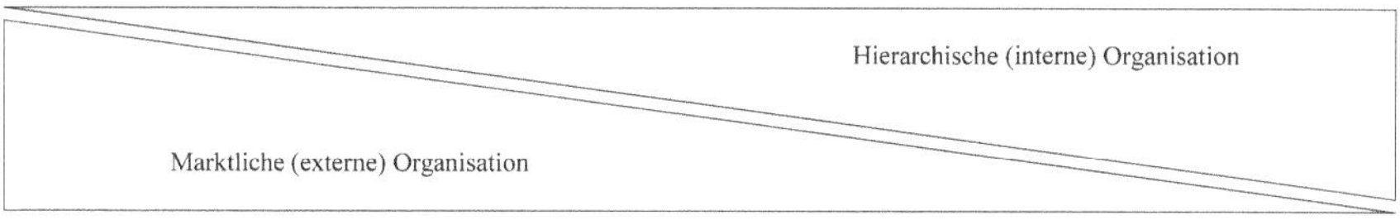

Klassische Verträge	**Neoklassische Verträge**	**Relationale/symbiotische Verträge**	
• Kurzfristige Kauf-, Werk-, Werklieferungsverträge • Kurz- und langfristige Dienstverträge	• Langfristige Kauf-, Werk-, Werklieferungsverträge	• Entwicklungskooperationen • Strategische Allianzen	• Innerbetriebliche Verträge • Arbeitsrechtliche Dienstverträge

Abb. 32: Vertragliche Formen der Organisation (in Anlehnung an [PiRW1998, S. 55])

Im Zuge der Selektion geht es nun darum, bezogen auf das Merkmal der Bindungsintensität, den Partner zu selektieren, der hinsichtlich der vorherrschenden vertraglichen Spezifikation der Bindungsform am ehesten den Gegebenheiten der beabsichtigten Leistungsaustauschbeziehung entspricht. Besteht noch keine vertragliche Verflechtung mit geeigneten Lieferanten, ist unter Berücksichtigung der situativen Bedingungen zu prüfen, welche Vertragsform für die geplante Leistungsaustauschbeziehung als die am besten geeignete erscheint. Für eine fundierte Beurteilung der optimalen Organisationsform können dabei die im Rahmen der neuen Institutionenökonomik eingeführten Indikatoren der Spezifität, Unsicherheit und Häufigkeit herangezogen werden. Zur Beurteilung der Eignung einer zwischenbetrieblichen Bindungsform sind die noch darzustellenden situativen Faktoren hinsichtlich ihres Einflusses auf die Indikatoren zu untersuchen. Dieses wird Bestandteil der Darstellung der Interdependenzen in Abschnitt 4.2.4 sein.

4.2.2.2 Individualität der Partnerbeziehung

Die Individualität der Partnerbeziehung ist anhand der in Abschnitt 3.2.3.1 eingeführten Typologie hinsichtlich der Dimensionen Kundeninteraktion/Kundenintegration ableitbar (vgl. hierzu auch Abb. 14). Hierbei kann die Dimension des Individualisierungsgrads der Leistung als Abstraktion des Individualisierungszeitpunktes einer Leistung, bspw. beschrieben durch die Lage des KEP[66], dargestellt werden. Hildebrand [Hild1997] verknüpft diese Dimension mit einer Betrachtung des Individualisierungsgrades einer Anbieter-Nachfrager-Beziehung und leitet aus der so entstehenden Matrix vier strategische Optionen der Marktbearbeitung ab (vgl. auch Abschnitt 3.2.3.1):

- Transaction Marketing: Im Fall des Transaction Marketing kann nicht von einer Individualisierung im eigentlichen Sinne gesprochen werden. Der Kunde ist erst spät oder gar nicht in die Produkterstellung integriert (bspw. beschrieben durch eine späte Lage

[66] Vgl. zur Lage des KEP insbesondere auch Abb. 17.

des KEP); es erfolgt eine standardisierte Marktbearbeitung. Ein Beispiel für diese Ausprägung ist die ad-hoc Anfrage nach einem standardisierten Produkt bspw. auf Basis eines klassischen Vertrags.

- Relationship Marketing: Trotz eines eher standardisierten Produkts besteht eine individuelle und langfristige Beziehung zwischen den Wertschöpfungspartnern.
- Customized Marketing: Im Fall des Customized Marketing ist der Kunde frühzeitig in die Produkterstellung integriert (frühe Lage des KEP), die Kundenbearbeitung erfolgt jedoch vorwiegend standardisiert. Die Beziehungsdauer kann in diesem Fall als vorwiegend sporadisch eingestuft werden.
- Individual Marketing: Die frühzeitige Einbindung des Kunden in den Produktentstehungsprozess wird durch eine entsprechend individuelle Verbindungsbeziehung begleitet.

Wie deutlich wird, erweitert die Lieferantenbeziehungsform als verbindungsspezifisches Merkmal den Betrachtungsraum der Individualisierungsperspektive der Leistung um eine eher abstrakte Beschreibung des Individualisierungsgrades der Beziehung zwischen den Partnern. Ziel hierbei ist es durch die Nutzung von Erfahrungswerten der Zusammenarbeit auf beiden Seiten der Lieferbeziehung wirtschaftliche Potenziale zu nutzen (bspw. durch eine auf Erfahrungswerten beruhende, optimierte Bestellmengenplanung). Hierbei sind aus Sicht dieser Arbeit einige wichtige Punkte zu berücksichtigen:

- Ziel einer individuellen Kundenbeziehung ist eine hohe Bindungsintensität. Diese wird in dieser Arbeit anhand der Vertragsform als organisationsbegründende Ausprägung operationalisiert. Insofern kann konstatiert werden, dass individuelle Anbieter-Nachfrage-Beziehungen, insbesondere im Fall einer hohen Kundenintegration, auch über eine entsprechend hohe Bindungssintensität verfügen sollten (bspw. in Form relationaler bzw. symbiotischer Verträge).
- Ein hoher Individualisierungsgrad der Partnerbeziehung muss durch entsprechende organisatorische Regelungen begleitet werden. Exemplarisch ist hier die Bildung kleiner Teams für die gesonderte Betreuung ausgewählter Kunden zu nennen.
- Wesentliche Grundlage einer individuellen Partnerbeziehung sind ausgereifte (überbetriebliche) IuK-Systeme. Als Beispiele können kundenindividuelle Webanwendungen oder entsprechende IOS angeführt werden.

Die genannten Punkte können im Folgenden als Indikatoren für die Beurteilung des Individualisierungsgrades einer Partnerbeziehung herangezogen werden. Die Ausprägungen „Standardisierte Beziehung“, „Teilweise individualisierte Beziehung“ und „Umfassend individualisierte Beziehung“ stellen dabei eine abstrahierte Interpretation des vorliegenden oder im Kooperationsfall zu erwartenden Individualisierungsgrades dar.

Dieser ist als hoch einzuschätzen, wenn eine durch langfristige (bspw. relationale oder symbiotische Verträge) geprägte Partnerbeziehung existiert, die durch entsprechend geeignete überbetriebliche IuK-Systeme individuell unterstützt wird. In diesem Fall wird von einer umfassend individualisierten Partnerbeziehung gesprochen. Im Fall einer teilweise individualisierten Beziehung liegt entweder eine geringe Bindungsintensität vor (bspw. auf Basis klassischer Verträge) oder die Unterstützung durch IuK-Systeme ist entsprechend niedrig. Liegt eine standardisierte Beziehung der Anbieter-Nachfrager-Beziehung vor, sind sowohl die Bindungsintensität zwischen den Partnern als auch die IuK-Anbindung als niedrig einzustufen.

Die dargestellte Verknüpfung der Merkmale IuK-Reifegrad, Bindungsintensität und Individualisierungsgrad der Anbieter-Nachfrager-Beziehung wird bei der Bildung von Kundenauftragstypen entsprechend berücksichtigt.

4.2.2.3 Verhandlungsposition

Neben der Individualität der Partnerbeziehung sowie der Bindungsintensität ist für die Beurteilung der Verbindung zu einem Wertschöpfungspartner von Interesse, welche Verhandlungsposition der jeweilige Abnehmerknoten innerhalb der Dyade (Kunde) gegenüber einem potenziellen Lieferknoten (Lieferant) besitzt. Die meisten in Literatur und Praxis etablierten Lieferantenbewertungsverfahren kombinieren dabei die Verhandlungsposition mit bestimmten Eigenschaften der auszutauschenden Leistung und berücksichtigen die resultierenden Faktoren als Entscheidungsvariablen einer strategischen Beschaffungsentscheidung (vgl. zu den verschiedenen Methoden auch [Hild2002, S. 11f.], [DyCC1998, S. 59], [OlEl1997, S. 103]).

Exemplarisch für diese Verfahren sei an dieser Stelle die Differenzierung anhand der zwei Dimensionen „Verhandlungsposition gegenüber dem Lieferanten“ und „Spezifität der Leistung“ eingeführt (vgl. auch [Camp1985, S. 35ff.], [Tang1999, S. 43]). Diese unterscheidet auf Basis der genannten Dimensionen vier grundlegende Verbindungseigenschaften:

- Captive Buying: Hohe Abhängigkeit des Kunden vom Lieferanten, innerhalb der Beziehung werden vorwiegend technisch-komplexe, aber ausgereifte Produkte ausgetauscht.
- Cooperative Buying: Strategische Abhängigkeit zwischen Lieferant und Kunde, die Beziehung umfasst komplexe, innovative Produkte.
- Command Buying: Geringe Abhängigkeit des Kunden vom Lieferanten, der Leistungsaustausch umfasst komplexe, innovative Produkte.
- Competitive Buying: Es existieren keinerlei Abhängigkeiten zwischen den Partnern, es werden standardisierte, ausgereifte Produkte ausgetauscht.

Die hier vorgestellte Analyse der Lieferantensituation wird im Folgenden insbesondere zur Bildung exemplarischer Auftragstypen noch einmal aufgegriffen. Die dabei eingeführten Dimensionen eignen sich jedoch nicht als verbindungsspezifische Ausprägungen der Verhandlungsposition, da das vorgestellte Verfahren die Leistungsdimension explizit in die Gruppenbildung mit einbezieht. Im Rahmen der vorliegenden Arbeit wird diese jedoch als eigenständige Merkmalsgruppe in Abschnitt 4.2.3 eingeführt. Dennoch lassen sich insbesondere aus der Dimension „Verhandlungsposition“ Indikatoren für das hier einzuführende Merkmal ableiten, die im Folgenden kurz dargestellt werden sollen. Im Einzelnen handelt es sich um:

- Grad der Fragmentierung des Lieferantenmarkts.
- Anzahl der Anbieter auf dem Markt.
- Relative Größe des Lieferanten gegenüber Auftraggeber.
- Strategische Position des Lieferanten auf dem Markt.
- Alleinstellungsmerkmale des Lieferanten.

Ganz allgemein bezeichnet der Begriff Fragmentierung die Aufteilung einer zusammengesetzten Einheit in kleinere Teile (vgl. [Dude2001]). Übertragen auf den zu betrachtenden Indikator kann der Grad der Fragmentierung eines Lieferantenmarktes anhand der Anzahl an Unternehmen angegeben werden, die in der Lage sind, die auszutauschende Leistung zu liefern. Liegt eine hohe Fragmentierung vor, ist der Markt durch eine Vielzahl an Unternehmen (hohe Anzahl an Anbietern) mit entsprechend kleinen Marktanteilen gekennzeichnet. Eine starke Marktfragmentierung wirkt sich positiv auf die Verhandlungsposition des Auftraggebers aus, da eine hohe Anzahl an möglichen Beschaffungsalternativen existiert. Neben der Größe eines Anbieters bezogen auf den Gesamtmarkt ist insbesondere auch dessen relative Größe bezogen auf den Nachfrager von Interesse. Es kann konstatiert werden, dass mit zunehmender relativer Größe des Anbieters dessen Marktmacht tendenziell eher zunimmt und sich entsprechend die Verhandlungsposition des Nachfragers verschlechtert (vgl. hierzu auch [Hopp1977], [Port1992, S. 307ff.]).

Neben den auf die Lieferantengröße fokussierten Indikatoren können als weitere Beurteilungskriterien der Verhandlungsposition die strategische Position des Lieferanten auf dem Markt sowie mögliche Alleinstellungsmerkmale herangezogen werden. Mit einer für den Abnehmer relevanten, strategisch herausragenden Positionierung des Lieferanten (bspw. als ausgeprägter Kostenführer), sinkt dessen Verhandlungsposition. Weist der Lieferant Alleinstellungsmerkmale auf, die für den Abnehmer von hoher Bedeutung sind (bspw. relevante Patente oder Innovationen), besteht aus Mangel an Alternativen ein Abhängigkeitsverhältnis zu dem Lieferanten. Auch hier kann von einer sich verschlechternden Verhandlungsposition ausgegangen werden.

4.2.2.4 Überbetrieblicher IuK-Reifegrad

Die Beurteilung des überbetrieblichen IuK-Reifegrades baut auf den Darstellungen zu Anwendungsbereichen von IuK-Systemen im Kontext einer Mass Customization in Abschnitt 3.2.4.3 sowie auf den Ausführungen zu IuK-Konzepten in Abschnitt 3.3 auf. Dabei werden die bisherigen Darstellungen als Hilfsmittel zur Operationalisierung sowie als Ansatzpunkt zur Identifikation geeigneter Indikatoren für eine Bestimmung der zutreffenden Ausprägung dieses Merkmals genutzt.

Bei der konkreten Anwendung des Merkmals „überbetrieblicher IuK-Reifegrad" geht es darum zu eruieren, in welcher Art und Weise ein potenzieller Wertschöpfungspartner in der Lage ist, einen zwischenbetrieblichen Informations- und Datenaustausch zu gewährleisten. Wichtig hierbei ist, neben der Fähigkeit des Datenaustauschs, der dabei bei den Wertschöpfungspartnern entstehende (finanzielle) Aufwand. Desweiteren hängt die Leistungsfähigkeit einer zwischenbetrieblichen IuK-Lösung, wie in Abschnitt 3.3.3 gezeigt wurde, ganz wesentlich auch von der Einhaltung der im jeweiligen Bereich etablierten Standards sowie der Berücksichtigung entsprechend etablierter Referenzmodelle ab. Diese sind daher ebenfalls als mögliche Indikatoren mit einzubeziehen.

Äquivalent zur Beurteilung des innerbetrieblichen IuK-Reifegrades ist, aufgrund der in Wissenschaft und Praxis vorherrschenden Heterogenität der Systeme, eine genaue Messung bzw. Quantifizierung des Merkmals nicht möglich. Insofern müssen gut strukturierte Anhaltspunkte zur Ableitung verwertbarer Indikatoren genutzt werden. Aufbauend auf den zugrunde liegenden Ausführungen bieten sich die folgenden, in Tab. 28 zusammengefassten Analysebereiche zur Identifikation von Indikatoren an.

Analysebereich	Exemplarische Indikatoren
Innerbetrieblicher IuK-Reifegrad	• Integrationsgrad der innerbetrieblichen IuK-Infrastruktur. • Art, Einsatzbereich und Umfang etablierter ERP-Systeme im Unternehmen. • Existenz überbetrieblicher IuK-Schnittstellen.
Standards und Referenzmodelle	• Umfang, in dem Standards bspw. bei der Kommunikation nach außen berücksichtigt werden. • Art und Umfang relevanter Referenzmodelle.
Möglichkeit der Integration des Kunden in eigene Systeme	• Art, Umfang und Intensität der Kundenintegration in die IuK-Systeme des Wertschöpfungspartners. • Spezielle Systeme an der Kundenschnittstelle.
Integrationskosten	• Ex-post Integrationskosten. • Für längerfristige Kooperationen auch ex-ante Kosten.

Tab. 28: Analysebereiche zur Identifikation eines überbetrieblichen IuK-Reifegrades

Die Grundlage der Beurteilung bildet der innerbetriebliche IuK-Reifegrad. Dabei dienen insbesondere die in diesem Zusammenhang in Tab. 26 betrachteten exemplarischen Indikatoren der durchzuführenden Beurteilung des überbetrieblichen IuK-Reifegrads als wesentlicher Ausgangspunkt.

Besondere Bedeutung erlangt in diesem Zusammenhang die Verwendung eines unternehmensweiten und etablierten ERP-Systems. Dieses kann als informationstechnischer Anknüpfungspunkt einer zwischenbetrieblichen Kommunikation dienen. Über fest definierte Schnittstellen können Daten zwischen den ERP-Systemen der Unternehmen ausgetauscht werden. Die Hersteller von ERP-Lösungen bieten hierzu Lösungen an, die eigens einer Kommunikation zwischen den ERP-Systemen kooperierender Unternehmen dienen. Dabei ist es mittlerweile unerheblich, ob diese von dem gleichen oder verschiedenen Herstellern stammen[67]. Probleme hinsichtlich heterogener Datentypen und Datenformate, wie sie häufig bei der Integration bzw. Anbindung nicht integrierter Systemlandschaften oder bei der Verwendung von Individuallösungen auftreten, sind hierbei als deutlich geringer einzustufen.

Anhaltspunkte für die Art der durch ERP-Systeme zwischen den Partnern auszutauschenden Informationen, insbesondere im Fall der Mass Customization, geben Rautenstrauch et. al. [RaTT2002, S. 106f.]. Die folgende Tab. 29 stellt diese, anlehnend an die Darstellung der Autoren, überblicksartig zusammen.

Die Darstellung dient dabei in erster Linie der Veranschaulichung der Vielzahl an Kommunikationsbeziehungen und der Art der auszutauschenden Informationen und hebt insofern die Bedeutung einer innerbetrieblichen Integration auch in Form von ERP-Systemen als Grundlage einer überbetrieblichen Leistungsaustauschbeziehung (mit zunehmender Bedeutung im Fall der Mass Customization) hervor. Auf die dargestellte Tabelle wird im Folgenden nicht detaillierter eigegangen, für eine vertiefende Betrachtung sei auf die Ausführungen in [RaTT2002] verwiesen.

[67] Die SAP AG bspw. bietet mit dem Modul SAP Process Integration (SAP PI), welches Bestandteil der SAP Netweaver Infrastruktur ist, eine Middleware Komponente an, welche in der Lage ist, SAP- und Nicht-SAP-Systeme miteinander zu verbinden.

Kommunikationspartner	Information
Lieferant	Materialanfragen, Mengenbedarfsänderungen, Informationen über Produktkonfigurationen, Auslastung der Produktionsanlagen
Kunde	Geplanter Lieferzeitpunkt, Produktverfügbarkeit, Informationen über mögliche Produktkonfigurationen
Logistikdienstleister	Geplanter Lieferzeitpunkt, Lieferziel, Inhalt und Umfang der Lieferung
Andere	Produktinformationen

Tab. 29: Klassifikation von Produktdatenaustauschbeziehungen eines ERP-Systems

Unabhängig von der Art des primären Warenwirtschaftssystems im Unternehmen ist als weiterer Anhaltspunkt zur Beurteilung des überbetrieblichen IuK-Reifegrades die Berücksichtigung von Standards und Referenzmodellen im jeweiligen Partnerunternehmen zu betrachten. Hierbei ist auf die Einhaltung branchenüblicher Standards und Referenzmodelle zu achten, wobei sich diese abhängig von der Branche teilweise erheblich voneinander unterscheiden. Insofern ist eine abstrakte Handlungsempfehlung an dieser Stelle nicht sinnvoll möglich.

Eine zwischenbetriebliche Kooperation setzt voraus, das Unternehmen ihre Informationsverarbeitung zu einem gewissen Mass nach außen öffnen. Je nach Ausgestaltung der zwischenbetrieblichen Kooperation kann eine Integration des Kunden in die IuK-Systeme des Lieferanten notwendig bzw. sinnvoll sein. Anhaltspunkte für die Position des Integrationsbereichs innerhalb der unternehmensinternen IuK-Infrastruktur liefert der Mass Customization Macro Prozess. Die in diesen Bereichen vorwiegend eingesetzten IuK-Systeme wurden bereits in Abschnitt 3.2.4.3 eingeführt. An dieser Stelle sei daher darauf hingewiesen, dass die Relevanz einer solchen Einbindung erheblich von den situativen Bedingungen des Kundenauftrags abhängt. So kann bspw. konstatiert werden, dass der Integrationsumfang u.a. auch von den bereits dargestellten Merkmalen der zwischenbetrieblichen Bindungsform sowie der Individualität der Partnerbeziehung abhängig ist. Bei der Bildung von Kundenauftragstypen wird diese Abhängigkeit entsprechend berücksichtigt.

Die Beurteilung des überbetrieblichen Reifegrades kann, synonym zu der des innerbetrieblichen Reifegrades, anhand von Punktbewertungsverfahren erfolgen. Genügt die Beurteilung dabei den durch die situativen Merkmale formulierten Anforderungen, sind die ex-post Integrationskosten als finaler Indikator eines überbetrieblichen IuK-Reifegrades mit einzubeziehen. Genügen die Anforderungen nicht, sind zusätzlich die ex-ante Integrationskosten zu berücksichtigen (vgl. hierzu auch Tab. 19). Bedingen die Anforderungen des Kundenauftragstyps eine umfassende zwischenbetriebliche Integration kann es von der Höhe dieser ex-ante Integrationskosten abhängen, ob der Wertschöpfungspartner selektiert wird oder nicht.

4.2.3 Merkmalsgruppe Leistung

Die Merkmalsgruppe Leistung umfasst alle situativen Faktoren und insofern die Merkmale, die von Kundenauftrag zu Kundenauftrag variieren. Die jeweils auszutauschende Leistung kann dabei durch eine Reihe von Merkmalen beschrieben werden. Die Kombination von Merkmalsausprägungen ermöglicht eine Zuordnung von Leistungen zu homogenen Gruppen die sich insbesondere dadurch auszeichnen, dass sich die Leistungen einer Gruppe hinsichtlich ihrer Eigenschaftsausprägung ähneln, während sie sich von Leistungen außerhalb der Gruppe unterscheiden.

Dieses Verfahren ähnelt dabei der aus der (strategischen) Beschaffung bekannten Beschaffungsobjektanalyse (vgl. hierzu [Larg2006, S. 63ff.], [Büsc2008])), unterscheidet sich davon jedoch insofern, als dass nicht nur das reine Beschaffungsobjekt (bzw. die Leistungsbeschreibung) im Fokus der Betrachtung steht, sondern insbesondere auch Elemente des Kundenauftrags sowie der Leistungserstellung. Dieses ist mit Blick auf die vorliegende Arbeit insbesondere bedeutend, da die bereits eingeführten Formen der Individualisierung (bspw. beschrieben durch die Lage des KEP) nicht nur der reinen Leistungsbeschreibung, sondern zugleich auch der Art und Weise der Leistungserstellung zuzuordnen sind.

In diesem Zusammenhang ist auch der hier verwendete Terminus der Leistung eher als Abstraktion zu interpretieren und beschreibt die Gesamtheit aller auf die Dyade wirkenden situativen Merkmale. Als Terminus für eine konkrete Merkmalskombination (d.h. eine homogene Gruppe auszutauschender Leistungen) wird dagegen der bereits im Rahmen der Gestaltung von Wertschöpfungsnetzen eingeführte Begriff des Auftragstyps verwendet.

Nach Hess umfasst ein Auftragstyp eine Menge von Aufträgen, die in gleicher Kombination durch das Netzwerk abgewickelt werden und bezieht sich somit auf die Betrachtungsebene des gesamten Wertschöpfungsnetzwerks (vgl. [Hess2002, S. 14]). Bezogen auf die dyadische Sichtweise des hier vorgestellten Ansatzes ist der Terminus des Auftragstyps entsprechend auf eine Zweierbeziehung im Netzwerk zu übertragen. Danach umfasst ein Auftragstyp eine Menge von Leistungen, die mit gleicher Merkmalskombination innerhalb einer Dyade ausgetauscht werden. Hierbei übt ein Auftragstyp immer denselben Einfluss auf die Dyadenbewertung aus. Unter Annahme eines statischen Netzwerks und stets gleicher an jeder Dyade auszutauschender Leistungen würde dies, der Definition nach Hess entsprechend, zu einer gleichartigen Kombination von Partnern im gesamten (situativen) Wertschöpfungsnetz führen[68].

---

[68] Es sei jedoch darauf hingewiesen, dass entsprechend der Definition situativer Wertschöpfungsnetze in dieser Arbeit nicht von statischen Netzwerken ausgegangen wird.

Die folgende Tab. 30 stellt die dieser Gruppe zugehörigen Merkmale sowie ihre Ausprägungen überblicksartig zusammen.

Abschnitt	Merkmal	Ausprägungen				
4.2.3.1	Präferenztyp	Qualität	Kosten	Lieferzeit		
4.2.3.2	Einkaufsvolumen	Hohes Einkaufsvolumen	Mittleres Einkaufsvolumen	Geringes Einkaufsvolumen		
4.2.3.3	Bedarfsverlauf	Gleichbleibend	Schwankend	Sporadisch bzw. stark schwankend		
4.2.3.4	Modulvarianten	Hauptmodule	Standardmodule	Module freigegeben	Module Änderungskonstruktion	Module nicht freigegeben
4.2.3.5	Digitalisierungsgrad	Digital	Physisch			
4.2.3.6	Art der Leistung	Standardprodukt	Engpassprodukt	Komplexes Marktprodukt	Komplexes Spezialprodukt	
4.2.3.7	Individualisierungsgrad	Selbstindividualisierung	Bundle-to-order	Make-to-stock	Make-to-order	Engineer-to-order

Tab. 30: Situative Faktoren der Merkmalsgruppe Leistung

Die Merkmalsgruppe Leistung fasst die Merkmale der Bereiche Kundenauftrag, Leistungsbeschreibung und Leistungserstellungsverfahren zusammen, die in sinnvoller Kombination zu homogenen Gruppen, so genannten Auftragstypen, zusammengefasst werden können.

In den folgenden Abschnitten wird auf die Merkmale und Ihre Ausprägungen vertiefend eingegangen. Die Zusammenfassung der Merkmale zu einer anwendbaren Menge exemplarischer Auftragstypen findet in Abschnitt 4.2.4 statt.

4.2.3.1 Kundenpräferenztyp

Über die Möglichkeit eine individuelle Präferenzgewichtung zu berücksichtigen, besteht für das beschaffende Unternehmen die Möglichkeit, die Bewertung potenzieller Wertschöpfungspartner verstärkt am Kundenauftrag auszurichten. Die Eigenschaft „Kundenpräferenztyp" besteht dabei aus den drei Ausprägungen Qualität, Kosten und Lieferzeit (p_i), die je nach Präferenz des Kunden oder Annahme einer Präferenzneigung durch den Lieferanten unterschiedlich gewichtet werden können[69]. Im Falle einer Gleichgewichtung aller drei Merkmale hat der Kunde entweder keine Präferenz, bewertet alle Faktoren als gleich wichtig oder es liegen keine Informationen über eine Präferenzverteilung vor.

Die innerhalb des Kundenpräferenztyps zusammengefassten Merkmale entsprechen den wichtigsten Entscheidungsfaktoren einer Partnerselektion beim Management von Wertschöpfungsnetzen (vgl. [Jank2004, S. 163]). Sie werden an dieser Stelle zu den situativen, also die Selektion und Allokation beeinflussenden Faktoren gezählt. Dabei geht es bei dieser Merkmalsgruppe um die Berücksichtigung der Kundenpräferenz und nicht um die Angabe eines konkret gemessenen Preises oder einer Liefermenge.

Ein entscheidender Grund für die Berücksichtigung des Kundenpräferenztyps ist in dem Ziel bei der Gestaltung von Wertschöpfungsnetzen begründet, diese möglichst auch am Endkundenauftrag (B2C-Schnitsttelle) auszurichten (vgl. bspw. [Pill2001, S. 20f.]. Da dieses im Fall der hier vorliegenden situativen und insofern polyzentrischen Wertschöpfungsnetze nicht ohne weiteres gewährleistet werden kann (jedes Unternehmen selektiert den aus seiner Sicht optimalen Partner), trägt die Berücksichtigung der Präferenz des Kunden dazu bei diese entsprechend über das Netz „zu vererben".

Berücksichtigt der OEM die Gewichtung von Präferenzen seiner Kunden als Basis für eine Partnerselektion und legt seine für die Selektion maßgebliche Präferenzneigung offen, ist ein direkter Lieferant des OEMs in der Lage, diese Präferenzstruktur im Rahmen seiner eigenen Lieferantenselektion ebenfalls zu berücksichtigen. Dabei ist jedoch auch zu konstatieren, dass entlang des Netzes von Knoten zu Knoten Abweichungen von der ursprünglich formulierten Präferenzstruktur auftreten können. Dies resultiert zum einen aus einem möglichen opportunistischen Verhalten eines Partners (bspw. ausgelöst durch Agenturprobleme, vgl. Abschnitt 2.2.3) sowie zum anderem aus den situativen Bedingungen eines Kundenauftrags. So hat bspw. die Lieferzeit eine hohe Relevanz bei Leistungen mit schnellem Wertverlust besonders wichtig, Leistungen mit geringem Wertverlust lassen dagegen, zumindest hinsichtlich dieses Merkmals, eine geringere Lieferzeitpräferenz vermuten. Dennoch kann davon ausgegangen

[69] $\sum_{i=1}^{3} p_i = 1$

werden, dass ein Lieferant aus Interesse an einer weitergehenden Berücksichtigung als Partner im Wertschöpfungsnetz, die Präferenzstruktur seines Kunden weitestgehend berücksichtigen wird.

Die Präferenzstruktur wird daher bei der Formulierung eines geeigneten Bewertungsverfahrens in Abschnitt 4.3.2 sowie bei der prototypischen Implementierung berücksichtigt.

4.2.3.2 Einkaufsvolumen

Das Einkaufsvolumen bietet eine für die vorliegende Thematik relevante Möglichkeit der Differenzierung auszutauschender Leistungen. Dabei existieren in der wissenschaftlichen Literatur eine Reihe etablierter Verfahren mit dem Ziel, eine operationalisierbare und vergleichende Metrisierung für das Merkmal Einkaufsvolumen je Beschaffungsobjekt vorzunehmen. Zu den einfacheren Methoden in diesem Bereich können die Wertstrukturanalyse und die Mengenstrukturanalyse gezählt werden.

Die Vorstellung zugrunde legend, dass hochpreisige Leistungen auch einen vergleichsweise hohen Einfluss auf den Erfolg eines Unternehmens ausüben, werden bei der Wertstrukturanalyse die einbezogenen Leistungen nach ihrem Preis (Durchschnittspreis oder letzter Einstandspreis) sortiert. Problematisch ist in diesem Zusammenhang die Abhängigkeit des Merkmals Preis von der Bestellmenge, da die gezahlten Stückpreise für eine Leistung in der Regel von der Bestellmenge abhängig sind.

Die Mengenstrukturanalyse sortiert die Leistungen dagegen nach den erhaltenen Mengen bezogen auf einen Zeitabschnitt. In diesem Fall ist eine zukunftsorientierte Materialbedarfsplanung, die entweder verbrauchsgebunden oder im Rahmen eines geplanten Produktionsprogramms und mit Hilfe von Materialstücklisten deterministisch geplant werden kann, von Bedeutung (vgl. bspw. [Groc1977, S. 181f.], [Temp2006, S. 31ff.]). Auch der Mengenstrukturanalyse liegt die Annahme zugrunde, dass mit steigender Menge ein zunehmender Einfluss der jeweiligen Leistung auf den Unternehmenserfolg verbunden ist. Die Beschaffungsmenge alleine kann jedoch nur eingeschränkt als Analyseobjekt herangezogen werden, da häufig Kleinteile mit einem geringen Preis zugleich auch in großen Mengen benötigt werden.

Aufgrund der dargestellten Einschränkungen hinsichtlich der Aussagekraft der aus den Methoden abgeleiteten Ergebnisse eignen sich diese nicht als eigenständige Analysemethoden für diese Arbeit. Da jedoch beide Merkmalsbereiche, also sowohl die zwischen zwei Partnern auszutauschende Leistungsmenge als auch deren Wertstruktur, zu den relevanten Einflussfaktoren für die Wertschöpfungsnetzgestaltung gezählt werden können, verspricht die Kombination beider Verfahren ein deutlich besseres Erkenntnispotenzial.

Die resultierende Methode ist als ABC-Analyse sowohl in der wissenschaftlichen Literatur als auch in der unternehmerischen Praxis etabliert und hat sich in beiden Bereichen bewährt (vgl.

bspw. [Pfei2001, S. 22ff.], [Haup1996, S. 2ff.]). Bei der ABC-Analyse werden für jede Leistung die Ausprägungen der ratioskalierten Merkmale „Preis" und „Periodenmenge" multiplikativ zum Klassifikationsmerkmal „Einkaufsvolumen je Beschaffungsobjekt" zusammengefasst. Der im Rahmen des Beschaffungsmanagements gebräuchliche Begriff des Einkaufsvolumens ist also eine Umsatzgröße und bezieht sich im Rahmen dieser Arbeit auf die innerhalb einer Dyade auszutauschende Leistung.

Ein Teil der ABC-Analyse wird auf die Pareto-80/20 Regel zurückgeführt[70]. Hierbei wird darauf verwiesen, dass in der Praxis häufig 20% der zu beschaffenden Leistungen 80% des Einkaufsvolumens ausmachen, die übrigen 80% dagegen nur 20%. Aus diesem Grund wird die ABC-Analyse auch als Pareto-Analyse bezeichnet (vgl. [Zoll2001], [Somb1967]).

Zur Durchführung einer ABC-Analyse werden zunächst alle Leistungen absteigend nach dem Einkaufsvolumen sortiert, danach wird der Umsatz kumuliert. Der Zusammenhang von Einkaufsvolumen und Anzahl der Beschaffungsobjekte wird nun genutzt, um die auszutauschenden Leistungen in die drei Klassen A, B, und C einzuteilen. Mit steigendem Einkaufsvolumen, d.h. mit hohem Preis, einer großen Menge oder beidem steigt die Bedeutung einer Leistung. Die Klasse A enthält die Leistungen mit hohem, B mit mittlerem und C mit geringem Einkaufsvolumen.

Die folgende Abb. 33 stellt den Zusammenhang zwischen Wertanteil und Mengenanteil einer Leistung sowie die Zuordnung zu den Klassen A, B, und C schematisch dar.

[70] Der italienische Volkswirtschaftler Wilfredo Pareto (1848-1923) beobachtete, dass im Italien des 19. Jahrhunderts 20% der Bevölkerung 80% des Landes besaßen. In der Folge hat Pareto diesen Effekt an anderen wirtschaftlichen und natürlichen Prozessen beobachtet. Als allgemeine Regel hat er diese Beobachtung in etwa so formuliert: "In einer beliebigen Menge von Elementen, die etwas bewirken sollen, bewirkt immer eine zahlenmäßig kleine Menge von Elementen den größten Effekt" [Somb1967].

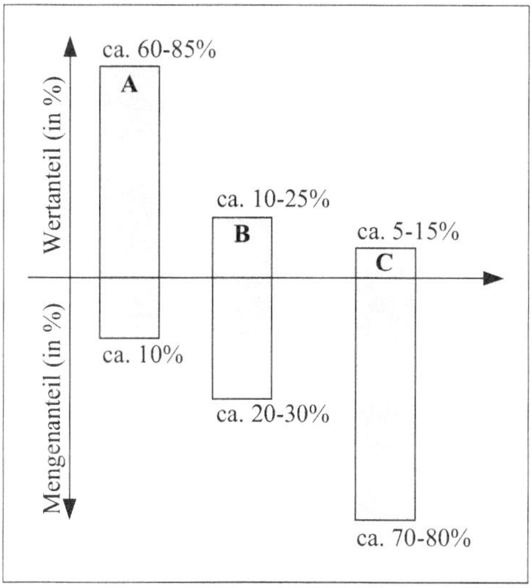

Abb. 33: Schematische Darstellung der Mengen- und Wertanteile einer ABC-Analyse

Die Zuordnung des Umsatzanteil einer Leistung zu einer Klasse ist eine Frage der Zweckmäßigkeit und wird vom jeweils beschaffendem Unternehmen entschieden, keineswegs werden jedoch immer die Leistungen der Klasse „A" 80% des Umsatzes umfassen müssen. Die in der Darstellung angegebenen Grenzwerte für Wertanteile und Mengenanteile sind in der Praxis auftretende Schwankungsbreiten, die auch theoretisch im Rahmen mathematischen Grenzwertbestimmungen der ABC-Analyse bestätigt werden konnten (vgl. bspw. [Ults2001, S. 12f.]).

Aus der thematischen Perspektive dieser Arbeit ist weniger der Schlüssel für die Klassenzuordnung einer Leistung von Interesse, zumal diese auch in der Regel vom beschaffenden Unternehmen autark festgelegt wird, sondern vielmehr die aus dieser Zuteilung ableitbaren Schlussfolgerungen. So kann festgestellt werden, dass A-Leistungen für das beschaffende Unternehmen eine hohe Wichtigkeit besitzen, also Faktoren wie Zuverlässigkeit, Qualität und Verlässlichkeit im Vordergrund stehen. Ebenfalls wird das beschaffende Unternehmen im Fall von A-Teilen der Selektion und Allokation von Wertschöpfungspartnern deutlich höhere Aufmerksamkeit schenken als im Fall (häufig standardisierter) C-Teile. Nicht selten werden in der Praxis kapitalintensive Analysen gänzlich nur für A-Teile durchgeführt und die Beschaffung von B bzw. C-Teilen aufgrund ihrer geringeren Bedeutung weniger intensiv oder gar nicht optimiert (vgl. [BeLu1994a, S. 42], [BeLu1994b, S. 23f.]).

4.2.3.3 Bedarfsverlauf

Eine am Bedarfsverlauf orientierte und vor allem auf die Auswahl produktspezifischer Bereitstellungsprinzipien beruhende Klassifizierung von Leistungen findet sich in der RSU-Analyse[71]. Hierbei werden auf Basis des ordinalskalierten Merkmals „Regelmäßigkeit" drei Gruppen von Leistungen gebildet (vgl. [Groc1978, S. 29-32], [Hart1997, S. 190-200]):

- Gruppe R: Leistungen mit gleichbleibendem Bedarf bei nur gelegentlichen Niveauveränderungen.
- Gruppe S: Leistungen mit veränderlichem, insbesondere trendförmigem und/oder saisonalem Verlauf.
- Gruppe U: Leistungen mit stark schwankendem, sporadischem Bedarf.

Durch die Klassenbildung können Aussagen über den Anteil regelmäßiger bzw. sporadischer Bezüge getroffen werden. Nach Ansicht einiger Autoren ist dabei zwischen der Zugehörigkeit einer Leistung zu einer Gruppe und der Art der Leistung ein klarer Zusammenhang erkennbar. So wird bspw. argumentiert, dass der Anteil regelmäßiger Bezüge bei Produktionsmaterial oft hoch ist, bei Ersatzteilen dagegen eher gering (vgl. bspw. [Temp2006, S. 32], [Larg2006, S. 74]). Im Kontext der zunehmenden Variantenproduktion oder der Mass Customization können jedoch auch bei Produktionsmaterial schwankende und sogar sporadische Bedarfe auftreten (vgl. bspw. [Pill2006], [Pine1993b]). Auf eine Darstellung der aus dieser Korrelationsannahme heraus entstandenen Kombination der zuvor dargestellten ABC-Analyse mit der hier eingeführten RSU-Analyse wird daher an dieser Stelle verzichtet. Hierzu sei auf die einschlägige Literatur verwiesen (vgl. bspw. [Temp2006, S. 32]).

Entsprechend der Zuordnung von Leistungen zu den Gruppen können, abgeleitet aus dem jeweiligen Bedarfsverlauf, Aussagen über anzuwendende Bereitstellungsprinzipien getroffen werden (vgl. [Groc1978, S. 29-32]). Dabei wird eine differenzierte Anwendung der Materialbereitstellungsprinzipien Vorratshaltung, Einzelbeschaffung im Bedarfsfall sowie einsatzsynchrone Materialbereitstellung abhängig vom Bedarfsverlauf empfohlen (vgl. bspw. [Temp2006, S. 32]).

- Für Leistungen mit gleichbleibendem Bedarf wird die einsatzsynchrone Materialbereitstellung als vorteilhaft deklariert. Diese wird auch als „Just-in-time" Prinzip bezeichnet. Mit den Partnern werden hierbei durch den Produktionsablauf determinierte Zeitpunkte der Materiallieferung vereinbart, so dass in der Produktion keine Wartezeiten entstehen und Lagerkosten im Idealfall weitestgehend entfallen.

---

[71] Häufig auch als XYZ-Analyse bezeichnet (vgl. bspw. [Groc1978]. In dieser Arbeit wird ausschließlich der Begriff RSU-Analyse verwendet.

- Für Leistungen mit veränderlichem Bedarf wird die Vorratshaltung empfohlen. Hierbei wird durch ein Zwischenlager der Produktionsprozess vom zeitlichen Bedarfsverlauf entkoppelt.
- Leistungen mit stark schwankendem bzw. sporadischem Bedarfsverlauf sollten erst dann von einem Lieferanten angefordert werden, wenn ein konkreter Kundenauftrag vorliegt.

Aus dieser Zuordnung lässt sich ein weiterer Anhaltspunkt für die Bildung von Auftragstypen ableiten. Dabei ist jedoch zu beachten, dass die Beurteilung eines Bedarfsverlaufs lediglich einen ersten Hinweis für die Zuordnung eines geeigneten Materialbereitstellungsprinzips darstellt und für sich genommen nicht ausreichend ist. Für eine hinreichend differenzierende Betrachtung der Zusammenhänge beider Merkmale sind weitere Kriterien überbetrieblicher Wertschöpfung (wie die Spezifität einer Leistung oder deren Wertstabilität) zu berücksichtigen. Diese werden im weiteren Verlauf dieses Kapitels betrachtet. Ebenfalls ist festzuhalten, das die Gestaltung situativer Wertschöpfungsnetze gerade darauf abzielt, Vorratshaltung durch einen optimierten Material- und Informationsfluss zu reduzieren, die Zuordnung von Materialbereitstellungsprinzipien zu Bedarfsverläufen jedoch eine eher starre Verknüpfung vornimmt.

In der Praxis erfolgt eine Zuordnung von Leistungen zu den Gruppen des Bedarfsverlaufs in der Regel erstmals dann, wenn ein Prognosesystem eingeführt werden soll. Die Prognose zukünftiger Bedarfsverläufe und die Zuordnung von Leistungen zu den Gruppen der RSU-Analyse erfolgt dabei auf Basis empirischer Aufzeichnung der Bedarfsmengen y_t $(t = 1,2,\dots,T)$. Als geeignete Mindestdatenbasis wird dabei ein Zeitraum von ein bis zwei Jahren angesehen (vgl. [Temp2006, S. 28], [Hütt1986, S. 10ff.]).

Für eine Zuordnung von Leistungen zu Bedarfsverlaufsgruppen existiert eine Reihe von mathematischen Verfahren. Zur Differenzierung von stark schwankendem und sporadischem Bedarf kann bspw. ein als Störpegel (SP) bekannter Wert errechnet werden (vgl. [Trux1972, S. 82]). Hierzu wird für jede Leistung über einen Zeitraum der Länge T der Mittelwert μ und die mittlere absolute Abweichung vom Mittelwert (MAD) berechnet:

- $\mu = \frac{1}{T} \times \sum_{t=1}^{T} y_t$
- $MAD = \frac{1}{T} \times \sum_{t=1}^{T} |y_t - \mu|$

Der Störpegel errechnet sich dann aus:

- $SP = \frac{MAD}{\mu}$

Als Grenzwerte für das Vorliegen stark schwankenden Bedarfs wird ein SP > 0,5 angesehen, sporadischer Bedarf liegt bei überschreiten eines SP von 0,3 bis 0,4 vor (vgl. [Temp2006, S. 28]).

Zur Identifizierung von Trendverläufen oder saisonalen Schwankungen finden bspw. die Berechnung des Autokorrelationskoeffizienten (vgl. [BaBK2007, S. 217ff.]), die lineare Regressionsrechnung oder die Durchführung eines Run-Tests (vgl. [BüTr1994, S. 104f.] Verwendung. Auf eine tiefergehende Betrachtung der Methoden wird an dieser Stelle verzichtet, da für die Untersuchung der Interdependenzen eine grobe Einteilung in Form der angegebenen Merkmalsausprägungen ausreichend erscheint. Für eine tiefergehende bzw. stärker differenzierende Betrachtung von Methoden der Zeitreihenanalyse sei bspw. auf [BüTr1994, S. 68ff.] oder [BaBK2007, S. 217ff.] verwiesen.

Für diese Arbeit stellt die Analyse des Bedarfsverlaufs und die Gruppierung entsprechend der in Tab. 30 angegebenen Ausprägungen ein wichtiges Kriterium der Differenzierung des Leistungsaustauschs innerhalb einer Dyade dar. Dabei ist in besonderer Weise der Zusammenhang zwischen dem Aspekt der Individualisierung und dem damit im Zusammenhang stehenden Bedarfsverlauf zu erwähnen. Durch Maßnahmen wie bspw. eine Verlagerung des KEP, die Umsetzung einer modularen Produktstruktur oder die Einführung softwaregestützter Prognosesysteme wird versucht, den Bedarfsverlauf zu beeinflussen bzw. möglichst genau vorherzusagen um auf diese Weise Lagerhaltungskosten zu reduzieren. Insofern ist die Berücksichtigung dieser Faktoren für ein zusammenhängendes Bild situativer Einflussfaktoren wichtig. Auf diese Weise lässt sich die entsprechende Ausprägung des Bedarfsverlaufs im Zusammenhang mit den diesen beeinflussenden Maßnahmen interpretieren.

4.2.3.4 Modulvarianten

Die Modularisierungsform einer Leistung kann als Repräsentation der Standardisierungs- bzw. Differenzierungsbemühungen des Auftraggebers innerhalb einer Dyade angesehen werden. Die Modularisierung einer Leistung trägt dazu bei, bei minimaler Produktkomplexität maximale Endproduktvarianz zu erzeugen. Insofern kann sie als ein Instrument der Individualisierung und als wirksame Methode zu Ihrer Umsetzung verstanden werden (vgl. [ScSc2001, S. 83], [Pill2001, S. 259f.]).

Gemäß Abb. 20 kann zwischen der generischen Modularisierung, der individuellen Modularisierung sowie der freien Modularisierung differenziert werden, wobei sich die unterschiedlichen Ausprägungen insbesondere hinsichtlich der Freiheitsgrade bei der Kombination von Modulen unterscheiden. Im Kontext der hier dargestellten situativen Merkmale ist nun von Interesse, ob und wenn ja welcher Modulvariante die jeweils auszutauschende Leistung zuzuordnen ist. Es wird hierzu zwischen den Ausprägungsformen Hauptmodul, Standardmodul, freigegebenes Modul, durch Änderungskonstruktion ableitbares Modul sowie nicht freigegebenes Modul unterschieden. Dabei besitzt jede der bereits innerhalb des konzeptionellen Bezugsrahmens eingeführten Varianten bestimmte, für die Wertschöpfungsnetzgestaltung relevante Eigenschaften, die im Folgenden dargestellt werden:

- Hauptmodule: Das häufig auch als Plattform bezeichnete Hauptprodukt bildet die Basis einer modular aufgebauten Leistung. Dabei ist die Produktplattform selbst definiert als: "...a set of interfaces and key-components that must be reused by a number of different product families" [Eren1996]. [Pill2001, S. 259] und [Elga1998] betonen neben den produktnahen Aspekten auch prozessnahe sowie organisatorische Aspekte und heben in diesem Zusammenhang die Bedeutung der Interdependenzen zwischen der Organisationsgestaltung und den Modulvarianten hervor. Als die für die Wertschöpfungsnetzgestaltung wichtigsten Eigenschaften können die herausragende Bedeutung eines Hauptmoduls für die Produktentwicklung, die Notwendigkeit einer exakten Spezifikation sowie die im Vergleich zu anderen Modulvarianten hohe Standardisierung eines einmal spezifizierten Hauptmoduls bei entsprechend hoher Bedarfsmenge (aufgrund der Verwendung des Moduls in allen Endproduktvarianten) angesehen werden (vgl. [JuMW2003, S. 92ff.]).
- Standardmodule: Standardmodule werden aktiv am Markt angeboten und sind durch positive Skaleneffekte aufgrund einer hohen Standardisierung und einer vergleichsweise hohen Produktionsmenge charakterisiert. Im Gegensatz zu Hauptmodulen sind sie nicht zwangsläufig kundenindividuell, sondern werden zu großen Teilen auch frei am Markt angeboten.
- Freigegebene Module: Freigegebene Module basieren im Wesentlichen auf einer technisch nicht relevanten Variation von Standardmodulen (vgl. bspw. [ScFr2000, S. 551ff.]). Relevant für die Wertschöpfungsnetzgestaltung ist die zunehmende Variantenvielfalt, die jedoch je nach technischer Spezifikation häufig durch eine weiterführende Modularisierung auf Seite des Lieferanten abgemildert werden kann. Dennoch sind zunehmende Planungsanforderungen im Fall freigegebener Module zu berücksichtigen (bspw. eine Bedarfsmengenplanung im Fall länderspezifischer Module) und eine daraus resultierende steigende Flexibilitätsanforderung an die Lieferanten.
- Module, die durch Änderungskonstruktion ableitbar sind: Hierbei handelt es sich um Varianten eines Produkts, die allerdings noch auf einem Standardmodul basieren. Die Änderung erfolgt durch die Integration kundenspezifischer Komponenten. Insofern liegt im Fall dieses Modultyps ein geringer Standardisierungsgrad vor. Die Lieferanten solcher Module müssen in der Lage sein, kundenindividuelle Anforderungen flexibel umzusetzen.
- Nicht freigegebene Module: Im Fall nicht freigegebener Module handelt es sich um kundenspezifische Auftragskonstruktionen. Zwar erleichtert die Integration solcher Module in einen Modulbaukasten deren Umsetzung, dennoch weisen sie einen geringen Standardisierungsgrad und entsprechenden Produktionsaufwand (insbesondere hinsichtlich einer entsprechenden Flexibilität) auf.

Als letzte, hier nicht explizit aufgeführte Variante ist das gänzliche Fehlen einer Modularisierung zu nennen. Dabei tauschen die Partner Leistungen aus, die nicht im Rahmen einer Modulstrategie spezifiziert wurden. Es trifft keine der genannten Merkmalsausprägungen zu. Da in diesem Fall keine Aussagen ableitbar sind wird das Merkmal bei der Selektion und Allokation nicht berücksichtigt und beeinflusst somit das Ergebnis einer Dyadenbewertung weder positiv noch negativ.

Bei dem Vergleich der dargestellten Modulvarianten und Ihrer Eigenschaften wird ersichtlich, dass abhängig von der jeweiligen Ausprägung des dargestellten Merkmals unterschiedliche Anforderungen an die Partner zu stellen sind. Auf diese wird im Rahmen der Darstellung der Interdependenzen eingegangen.

4.2.3.5 Digitalisierungsgrad

Mit dem Merkmal des Digitalisierungsgrades wird die Beschaffenheit der zwischen den Unternehmen ausgetauschten Leistungen charakterisiert. Die Differenzierung zwischen digitalen und physischen Leistungen ist für die Betrachtung situativer Wertschöpfungsnetze insofern relevant, als dass sich je nach Beschaffenheit der ausgetauschten Leistung die Anforderungen an die Verbindung zwischen den Partnern sowie deren Umgang mit der Leistung an sich verändert.

Im Folgenden soll die Darstellung auf die beiden Extrempunkte digital/physisch der Dimension beschränkt bleiben. Eine Darstellung von Zwischenformen bspw. der semi-digitalen oder semi-physischen Leistungen, wie sie u.a. von [Illi2002, S. 25ff.] vorgenommen wird, erfolgt an dieser Stelle nicht, da im Fall der hier behandelten dyadischen Betrachtungsweise kein entscheidender zusätzlicher Erkenntnisgewinn aus der weitergehenden Merkmalsdifferenzierung zu erwarten ist.

Unter digitalen Leistungen können solche Leistungen verstanden werden, bei denen alle Fertigungsschritte entlang des Netzwerks über (überbetrieblichen) Datenaustausch ermöglicht werden können. Digitale Leistungen können also beschrieben werden als eine Ansammlungen von Daten, die in vollständig digitaler Repräsentation gespeichert vorliegen und ohne Bindung an ein physisches Trägermedium über Kommunikationsnetzwerke vertrieben werden können (vgl. [Luxe2000], [Loeb1999, S. 5009]). Während physische Leistungen in einer materiellen Umgebung existieren, können immaterielle Leistungen auf Basis digitalisierter Informationen entwickelt, vertrieben und angewendet werden (vgl. [ScLo2002, S. 32]). Beispiele für digitale Leistungen sind komplexe Softwareprodukte, deren Komponenten von unterschiedlichen Lieferanten geliefert werden und erst spät innerhalb des Netzes (im Extremfall ggf. sogar erst beim Endkunden) zu einem Endprodukt zusammengesetzt werden (vgl. [BaPT2004, S. 45ff.]).

Digitalen Leistungen sind eine ganze Reihe besonderer Eigenschaften inhärent, mit denen sie sich deutlich von physischen Leistungen abgrenzen lassen:

- Digitale Leistungen sind prinzipiell immateriell, ortslos, nicht abnutzbar und schließen nur bedingt Dritte von deren Konsum aus. Eine Nutzenbeurteilung ist nur durch ihren Konsum möglich (vgl. [Pico2001, S. 23], [Vari1998, S. 5]).
- Die erstmalige Herstellung einer digitalen Leistung verursacht reine absatzmengenunabhängige Kosten. Diese auch als „first-copy costs" (vgl. [Buhs2001]) bezeichneten Kosten fallen fast ausschließlich für die erste Version an, die Grenzkosten weiterer Kopien tendieren im Fall digitaler Leistungen gegen null (vgl. [Zerd2001]). In diesem Fall kann auch von einer Fixkostendegression gesprochen werden, bei der die optimale Produktionsmenge unendlich groß ist (vgl. [ScLo2002, S. 33]).
- Digitale Leistungen sind maschinell leicht zu manipulieren, auf diese Weise ist eine vergleichsweise einfache Individualisierung der Leistung möglich (vgl. [Hofm2001, S. 48], [Wirt2001, S. 119ff.]).
- Durch eine leichte Differenzierbarkeit können bei digitalen Leistungen unterschiedliche Preise für das gleiche Grundprodukt erzielt werden (vgl. [Zerd2001, S. 19]).

Nicht-digitale Leistungen können zu einem gewissen Grad auch aus digitalen Elementen bestehen, ihr Produktionsprozess beinhaltet jedoch ganz wesentlich einen physischen Austausch von Leistungen oder Leistungsbestandteilen [BaPT2004, S. 45ff.]. Im Bereich nicht-digitaler Leistungen kann weitergehend zwischen materiellen und nicht-materiellen Leistungen differenziert werden. Versicherungen sind ein Beispiel für nicht-materielle Leistungen. Materielle Leistungen, bspw. Automobile, sind allgegenwärtig und bedürfen an dieser Stelle keiner weiteren Erläuterung. Innerhalb dieser Arbeit werden im Bereich der nicht-digitalen Leistungen ausschließlich solche mit materiellem Charakter betrachtet.

Es ist leicht ersichtlich, das der Austausch digitaler Leistungen in Wertschöpfungsnetzen deutlich andere Anforderungen an die Art, Form und Ausprägungen einer Kooperation stellt, als dies bei physischen Produkten der Fall ist. Insofern stellen digitale Leistungen hinsichtlich der vorliegenden Thematik einen Sonderfall dar, da die im Rahmen dieser Arbeit beschriebenen Herausforderungen nicht ohne Weiteres auf digitale Leistungen übertragbar sind. Insbesondere sind hierbei folgende Punkte zu beachten:

- Durch eine relativ einfache Manipulation sind digitale Leistungen vergleichsweise einfach zu individualisieren (vgl. [Hofm2001, S. 48]). Zur Differenzierung der Individualisierungsgrade muss jedoch das Konzept des KEP auf digitale Leistungen übertragen werden, da es sich in der in Abschnitt 3.2.3.2 dargestellten Form lediglich auf physische Leistungen bezieht.

- Die im Kontext der situativen Merkmale betrachteten Modulvarianten beziehen sich ausschließlich auf nicht-digitale Leistungen. Übertragen auf digitale Leistungen lässt sich hier die komponentenorientierte Softwareerstellung als vergleichbares Prinzip nennen (vgl. bspw. [Turo2001], [Turo2002]).
- Die Reproduktion einer digitalen Leistung ist problemlos und ohne Kostenaufwand möglich. Die Betrachtung von Bedarfsverläufen und Einkaufsvolumen ist daher nicht sinnvoll. Insofern ist bei der Bildung exemplarischer Auftragstypen darauf zu achten, dass im Fall digitaler Leistungen eine sinnvolle Selektion situativer Merkmale erfolgt.

Es ist festzustellen, dass im Fall eines Leistungsaustausches digitaler Leistungen innerhalb der Dyade abweichende situative Merkmale zu berücksichtigen sind. Tab. 31 stellt diese zusammenfassend dar. Im Folgenden wird vertiefend auf die Tabelle eingegangen. Fokussiert wird dabei auf die Abweichungen gegenüber den situativen Merkmalen im Fall nicht-digitaler Produkte.

<table>
<tr><th>Merkmal</th><th colspan="12">Ausprägungen</th></tr>
<tr><td>Präferenztyp</td><td colspan="4">Qualität</td><td colspan="4">Kosten</td><td colspan="4">Lieferzeit</td></tr>
<tr><td>Komponentarisierung</td><td colspan="6">Monolithisch</td><td colspan="6">Komponentenorientiert</td></tr>
<tr><td>Art der Leistung</td><td colspan="3">Standard-
produkt</td><td colspan="3">Engpass-
produkt</td><td colspan="3">Komplexes
Marktprodukt</td><td colspan="3">Komplexes
Spezial-
produkt</td></tr>
<tr><td>Individualisierungsgrad</td><td colspan="4">Individualsoftware</td><td colspan="4">Komponenten-
software</td><td colspan="4">Standardsoftware</td></tr>
</table>

Tab. 31: Situative Merkmale im Fall digitaler Leistungen

Die Betrachtung von Bedarfsverläufen und Einkaufsvolumina ist im Fall digitaler Leistungen nicht sinnvoll, die entsprechenden situativen Merkmale sind daher in Tab. 31 nicht enthalten.

Das Konzept der Modularisierung physischer Leistungen (vgl. 3.2.4.1) wurde durch das Konzept der Komponentenorientierung substituiert. Eine Komponente stellt in diesem Zusammenhang einen „...wiederverwendbaren, abgeschlossenen und vermarktbaren Softwarebaustein dar, der Dienste über eine wohl definierte Schnittstelle zur Verfügung stellt und zur Zeit der Entwicklung in nicht unbedingt vorhersehbaren Kombinationen mit anderen Komponenten einsetzbar ist“ [Turo2001, S. 19]. Eine Fachkomponente ist eine solche Komponente, die bestimmte Funktionen aus einem betrieblichem Anwendungssystem anbietet (vgl. [Turo2001, S. 19]). Im Gegensatz dazu wird eine digitale Leistung als monolithisch bezeichnet, wenn die Leistung aus Sicht der Softwaretechnik aus teilweise nicht klar abgrenzbaren Systemteilen besteht oder die Systemteile so eng miteinander vermascht sind, dass diese nur schwer herausgelöst oder ersetzt werden können (vgl. [Turo2001, S. 29]).

Will man das Konzept des Individualisierungszeitpunktes auf digitale Leistungen übertragen muss berücksichtigt werden, dass sich die Prozessschritte bei der Erstellung digitaler Leistungen von denen einer Leistungserstellung nicht-digitaler Produkte unterscheiden. Während im Fall tangibler Leistungen die physische Erstellung der Leistung im Vordergrund steht und es bei der Bestandsbetrachtung um die Anzahl an Leistungen geht, ist die Produktionsmenge im Fall digitaler Leistungen nicht von Bedeutung. Vielmehr ist in diesem Fall von Interesse, für welchen Abnehmerkreis die Leistung erstellt wird. Dabei kann postuliert werden, dass mit zunehmender Entfernung des KEP von der Endkundenschnittstelle der potenzielle Abnehmerkreis tendenziell sinkt. Je früher der Kunde also in die Softwareerstellung integriert wird, desto individueller ist auch die digitale Leistung.

Auf Grundlage dieser Argumentation lassen sich Individualsoftware, Komponentensoftware und Standardsoftware als drei wesentliche Ausprägungen der Softwareerstellung differenzieren (vgl. hierzu auch [Stüt2002, S. 33ff.], [Taub2001, S. 85ff.] sowie die Ausführungen in Abschnitt 3.3.1). Besondere Eigenschaft von Standardsoftware ist, dass sie auf Allgemeingültigkeit ausgelegt ist, d.h. dass sie in Unternehmen unterschiedlicher Branchen sowie in Unternehmen mit unterschiedlichen Organisations- und Ablaufstrukturen verwendet werden kann (vgl. [Dieh2000, S. 13f.]). Insofern kann konstatiert werden, dass Standardsoftware, wenn überhaupt, erst nah an der Kundenschnittstelle (im Extremfall erst beim Kunden selbst) individualisiert wird.

Komponentensoftware wird dagegen schon in den Prozessschritten der Produktion/Konstruktion durch zusammenführen unterschiedlicher Komponenten individualisiert. Wesentliche Merkmale von Komponenten sind ihre Eigenschaften der Wiederverwendbarkeit, Vermarktbarkeit und Abgeschlossenheit. Diese Eigenschaften werden über wohldefinierte Schnittstellen erreicht.

Individualsoftware wird für eine einzelne Unternehmung bzw. eine spezialisierte Aufgabenstellung entwickelt, es handelt sich um eine „maßgeschneiderte" Software. Sie dient dazu, ein kundenindividuelles Problem zu lösen (vgl. [Dieh2000, S. 12], [ScKr1996, S. 222]). Der KEP im Fall der Individualsoftware liegt hier bei den ersten Software-Architekturentwürfen und ist demnach vergleichbar mit einem Engineer-to-order im Fall physischer Leistungen.

Zusammenfasend kann festgestellt werden, dass es sich bei den genannten Konzepten um Ausprägungen von Individualisierungsgraden einer digitalen Leistung handelt. Das Konzept des Individualisierungszeitpunktes (Lage des KEP) ist in der beschriebenen Form auf digitale Leistungen übertragbar. Die hierbei in dieser Arbeit berücksichtigten Ausprägungen sind Individualsoftware, Komponentensoftware und Standardsoftware.

Die dargestellten Besonderheiten bei der Betrachtung digitaler Leistungen werden bei der Bildung von Auftragstypen sowie bei der Interdependenzbetrachtung berücksichtigt. Liegt ein Leistungsaustausch digitaler Leistungen vor, bildet die für diese Leistungen entsprechend angepasste Tab. 31 die Betrachtungsgrundlage.

4.2.3.6 Art der Leistung

Die innerhalb einer Dyade auszutauschenden Leistungen werden auf Basis einer Vielzahl von Merkmalen voneinander unterschieden. Es werden hierzu in dieser Arbeit Kriterien vorgestellt, die zum einen auf die Bedeutung der Leistung für das Kundenprodukt fokussieren (Modulvariante), die Beschaffenheit der Leistung bzgl. des Digitalisierungsgrades darstellen oder die Leistungen hinsichtlich ihrer jeweiligen Mengen- und Wertanteile voneinander differenzieren (Einkaufsvolumen).

Für die Beurteilung des Einflusses einer Leistung auf die Bewertung eines Knotens reichen die genannten Merkmale jedoch nicht aus, da keine ausreichend differenzierenden Aussagen hinsichtlich der Beschaffungseigenschaften einer Leistung möglich sind. Die folgende Abb. 34 visualisiert daher eine Klassifikation von Leistungen auf Basis der Dimensionen Substituierbarkeit und Spezifizierbarkeit. Im Folgenden wird vertiefend auf die Darstellung eingegangen.

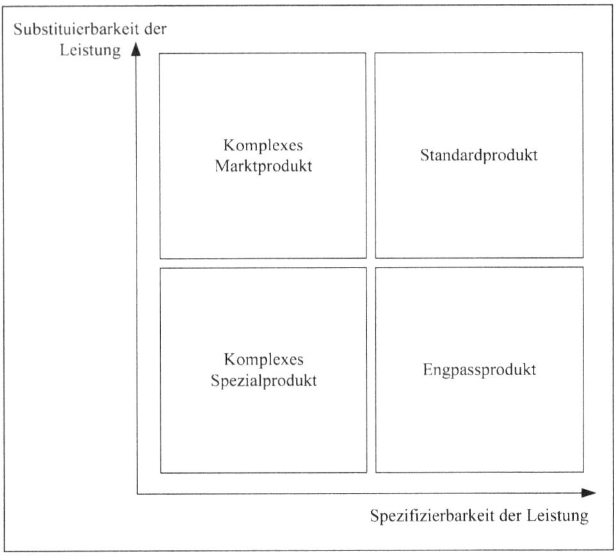

Abb. 34: Substituierbarkeit und Spezifizierbarkeit einer Leistung

Die Dimension der Substituierbarkeit der Leistung gibt an, wie schwer die auszutauschende Leistung durch Alternativen ersetzt werden kann.

Liegt eine hohe Substituierbarkeit vor ist der Nachfragerknoten in der Lage die Leistung von mehr als einem Lieferanten (im Extremfall frei am Markt) zu beziehen. Bei geringer Substituierbarkeit handelt es sich dagegen um eine schwer, im Extremfall sogar nur von einem einzigen Lieferanten, beschaffbare Leistung. Konkret geht es also um die Bestimmung der Abhängigkeit eines Nachfragers von einem potenziellen Lieferanten in Bezug auf die jeweils auszutauschende Leistung.

Die Leistung selbst wird durch das Merkmal der Spezifizierbarkeit charakterisiert. Dabei drückt die Achse aus, wie schwer die Angabe des exakten Leistungsaufbaus und der Eigenschaften der Leistung sind. Je komplexer die Leistung und je weniger offensichtlich die ihr inhärenten Eigenschaften, desto schwerer spezifizierbar ist diese. Gut spezifizierbare Leistungen dagegen sind durch einfache Beschreibungen oder klar abgrenzbare Kriterien gekennzeichnet.

Die beschriebenen Dimensionen spannen einen Raum auf, in welchem vier Arten von Leistungen zu differenzieren sind. Ein komplexes Marktprodukt ist durch eine gute Substituierbarkeit bei gleichzeitig schlechter Spezifizierbarkeit gekennzeichnet. Ein Beispiel für ein solches Produkt sind Autoreifen. Diese sind hinsichtlich ihrer genauen Eigenschaften schwer spezifizierbar, da bestimmte Eigenschaften immer nur unter bestimmten Witterungs- und Umweltbedingungen zu bestimmen sind. Gleichzeitig ist dieses Produkt frei am Markt verfügbar und kann leicht durch das Produkt eines anderen Herstellers substituiert werden.

Standardprodukte sind solche, die einfach zu spezifizieren und zugleich bei vielen Anbietern am Markt verfügbar sind. Beispiele für Standardprodukte sind Schrauben oder einfache Werkzeuge.

Komplexe Spezialprodukte sind schwer spezifizierbar und schwer substituierbar. Hierbei handelt es sich häufig um Leistungen, die unter Beteiligung von zwei Partnern für ein bestimmtes Endprodukt entwickelt wurden und daher nicht oder nur schwer von einem alternativen Lieferanten bezogen werden können. Der mit einem Lieferanten gemeinschaftlich entwickelte Motor ist ein Beispiel für ein solches Produkt.

Ein Engpassprodukt ist gut spezifizierbar, da es allerdings im Extremfall nur von wenigen Anbietern angeboten wird (bspw. aufgrund von Patenten oder einer Monopolstellung des Lieferanten) ist es zugleich schwer substituierbar. Exemplarisch kann hier der Grafikchip eines PCs genannt werden.

Die dargestellten Leistungsarten werden im weiteren Verlauf der Arbeit zur Darstellung von Interdependenzen zwischen situativen Merkmalen und Beschreibungsmerkmalen noch einmal aufgegriffen.

4.2.3.7 Individualisierungsgrad

Während das Prinzip der Modularisierung Skaleneffekte in der Leistungserstellung erschließt, bestimmt der Zeitpunkt der Kundenintegration innerhalb der Wertschöpfung den Grad der Individualisierung der Leistung (vgl. hierzu auch [DWMB2000, S. 606f.]). Gemäß der in Abschnitt 3.2.3.2 eingeführten Typologie können verschiedene Individualisierungskonzepte, abhängig von der Lage des KEP innerhalb des Wertschöpfungsprozesses, differenziert werden. Im Folgenden werden die entsprechenden Ausprägungen im Kontext ihrer Bedeutung als situative Merkmale für die Selektion und Allokation in Wertschöpfungsnetzen dargestellt.

Die als situative Merkmale berücksichtigten Ausprägungen einer Individualisierung sind im Folgenden kurz dargestellt:

- Selbstindividualisierung: Massenproduzierte Standardleistung mit integrierten Individualisierungsoptionen.
- Bundle-to-order: Individuelle Bündelung von Standardleistungen.
- Make-to-stock: Prognosegetriebene Fertigung des Grundprodukts auf Lager. Kundenauftragsbezogene Komplettierung nach Vorlage des Kundenauftrags.
- Make-to-order: Alle Fertigungsprozesse sowie nachgelagerte Wertschöpfungsstufen werden erst durch den konkreten Kundenauftrag ausgelöst.
- Engineer-to-order: Einbezug des Kunden in die Konstruktion der individuellen Leistung.

Obwohl eine Vielzahl von Fallstudien und Praxisberichten die variierenden Individualisierungsgrade ausschließlich an der B2C-Schnittstelle beleuchten und entsprechend auf eine Individualisierung der Endkundenleistung fokussieren (für eine Übersicht vgl. bspw. [Pill2003, S. 390ff.]) ist jedoch hervorzuheben, dass auch innerhalb von Wertschöpfungsnetzen unterschiedliche KEP und somit variierende Individualisierungsgrade existieren. Es gilt innerhalb des situativen Wertschöpfungsnetzes zu ergründen, welches Leistungserstellungsverfahren ein Unternehmen innerhalb der Dyade für ein außerhalb der Dyade positioniertes Unternehmen anwendet und welche Auswirkungen dies auf die Selektion und Allokation eines nachgelagerten Wertschöpfungspartners ausübt. Die folgende Abb. 35 visualisiert die dargestellten Zusammenhänge.

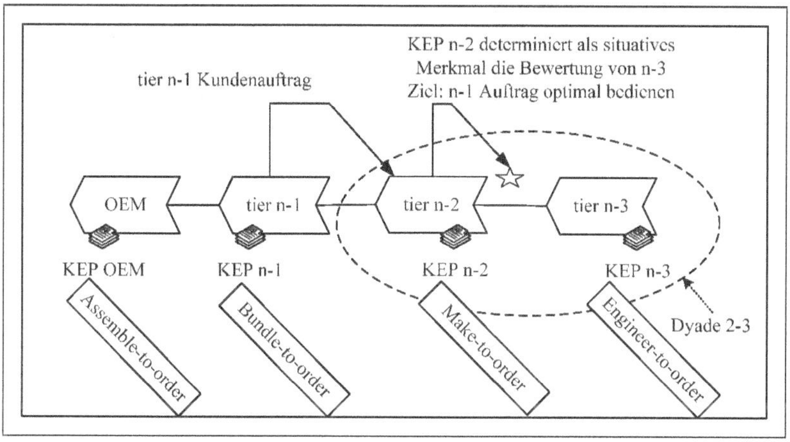

Abb. 35: Variierende Individualisierungsgrade innerhalb des Wertschöpfungsnetzes

Die vereinfachte Wertschöpfungskette innerhalb der Darstellung veranschaulicht die Bedeutung variierender KEPs innerhalb des situativen Wertschöpfungsnetzes. Der hierbei dargestellte Grundgedanke sei exemplarisch anhand eines Automobilproduzenten verdeutlicht, welcher im Rahmen einer auftragsbezogenen Endmontage (Assemble-to-order) Endkundenaufträge im Rahmen einer Plattformstrategie bearbeitet. Vorleistungen für die Endmontage im Werk beschafft der OEM bei einem Zulieferer (tier n-1). Dieser führt die beauftrage Leistung des OEM erst nah an der Schnittstelle zu diesem (späte Lage des KEP) durch Bündelung von Standardleistungen zu der konkret angefragten Leistung zusammen (Bundle-to-order). Tier n-2 wiederum fertigt Elemente der Vorleistung erst nach Vorliegen des konkreten Kundenauftrags durch tier n-1 (Make-to-order). Das Make-to-order Fertigungsprinzip von tier n-2 determiniert nun als situatives Merkmal die Bewertung seiner potenziellen Wertschöpfungspartner. Dabei wird es das Ziel von tier n-2 sein solche Lieferanten auszuwählen, die das eigene Fertigungsprinzip (im Beispiel Make-to-order) am besten durch die Bereitstellung benötigter Vorleistungen unterstützen. Die Leistungserstellung bei tier n-3 erfolgt dann durch Integration von tier n-2 in die Konstruktion der angefragten Leistung im Rahmen eines Engineer-to-order.

Entscheidend für eine differenzierende Anwendung der aufgeführten Individualisierungskonzepte ist ihre jeweilige Relevanz für die Selektion eines potenziellen Wertschöpfungspartners. Hierbei ist insbesondere von Interesse, welche Implikationen sich bei Durchführung der aufgeführten Individualisierungskonzepte für die Zusammenarbeit mit diesem ergeben. Mit dem Ziel einer Identifikation dieser Implikationen werden im Folgenden zunächst relevante unternehmensinterne Effekte bei Applikation der dargestellten Individualisierungskonzepte dargestellt. Diese können bei der Erarbeitung von Interdependenzen in Abschnitt 4.2.4 als anwendbare Repräsentation des jeweiligen Individualisierungskonzepts genutzt werden. Die folgende Abb. 36 stellt das Vorgehen schematisch dar.

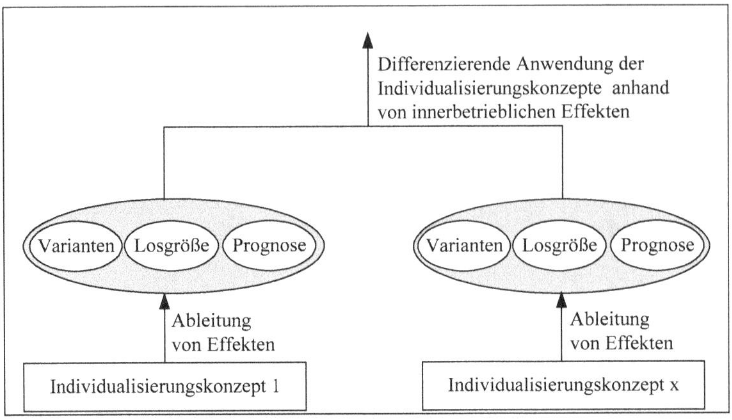

Abb. 36: Differenzierung der Individualisierungskonzepte

Auf Basis der in Kapitel 3.2.3.2 erfolgten grundlegenden Einführung in die auf Basis der Lage des KEP zu differenzierenden Individualisierungskonzepte lassen sich im Folgenden drei innerbetriebliche Effekte bei ihrer Anwendung aufzeigen. Diese wurden dabei sowohl in der wissenschaftlichen Literatur mehrfach argumentativ plausibilisiert als auch in empirischen Arbeiten nachgewiesen (vgl. bspw. [MoSS2007, S. 54ff.], [VoSS2007, S. 65ff]).

Individualisierung und das Strategiekonzept der Mass Customization sind eng verbunden mit dem Begriff der Varietät. Dabei werden zwei verschiedene Betrachtungsperspektiven der Varietät unterschieden:

- Die interne Varietät beschreibt die Anzahl an Varianten, mit denen die internen Prozesse konfrontiert werden. Sie bestimmt den Grad der Verschiedenheit der Aufgaben, verursacht Komplexitätskosten und ist insofern zu vermeiden.
- Die externe Varietät beschreibt die Zahl an möglichen Varianten, die von den kundenseitigen Wertschöpfungspartnern (bzw. Endkunden) wahrgenommen werden.

Mit dem Ziel einer wettbewerbsfähigen Individualisierung wird eine Minimierung der internen Varietät bei gleichzeitiger Maximierung externer Varietät angestrebt. Die Modularisierung sowie die Optimierung des Vorfertigungsgrades (Lage des KEP) haben sich innerhalb der Mass Customization als Möglichkeiten hervorgetan, dies zu erreichen. Es kann festgehalten werden, dass mit zunehmender Entfernung des KEP von der Endkundenschnittstelle die interne Varietät tendenziell ansteigt. Zugleich zeigen empirische Arbeiten, das die interne Varietät eines Produzenten auch an nachgelagerte Wertschöpfungspartner weitergegeben wird. Diese sind entsprechend gefordert, eine mit steigendem Individualisierungsgrad des Kunden steigende externe Varietät anzubieten und sind infolgedessen ebenfalls mit einer Zunahme der internen Varietät konfrontiert (vgl. hierzu auch [Beck2004, S. 35], [GrBu2005, S. 63f.], [MaTo1999, S. 13], [Delf1999, S. 364f.]).

Die Losgröße als zweiter Aspekt ist ebenfalls als von der Lage des KEP abhängige Größe zu betrachten. Unter einem Los wird die Menge einer Serie verstanden, die ohne Umrüsten produziert werden kann. Große Lose senken die Rüstkosten, da seltener umgerüstet werden muss, erhöhen jedoch zugleich die Lager- und Zinskosten für das in den Produkten gebundene Kapital (vgl. [Thal2003, S. 129]). Mit abnehmender Entfernung des KEP von der Endkundenschnittstelle steigt die Losgröße tendenziell an, was zu einer Reduzierung von Bestell- bzw. Rüstkosten führt (vgl. hierzu auch [Koet2006, S. 27f.], [Kirs1988]). Zugleich steigen dabei aber auch die Lager- und Zinskosten an[72]. An dieser Stelle kommt der Anbindung des Lieferanten eine besondere Bedeutung zu. Je schneller ein Lieferant in der Lage ist, benötigte Vorleistungen bereitzustellen, desto geringer fallen Lager- und Zinskosten aus und desto weiter lässt sich der KEP, unter Berücksichtigung einer optimalen Losgröße, zum Kunden hin verschieben.

Ziel bei der Prognose zukünftiger Bedarfe ist eine möglichst exakte Vorhersage des Kaufverhaltens der Kunden mit dem Ziel einer Reduktion von Lager- und Bestellkosten. Wie dargestellt wurde nehmen mit zunehmender Entfernung des KEP von der Kundenschnittstelle die interne Varietät zu und die Losgröße ab. Diese Effekte führen dabei gleichzeitig zu einer zunehmenden Prognoseunsicherheit. Der Leistungsersteller kann Kundenprodukte mit zunehmender Individualisierung immer weniger aus dem Lager bzw. auf Basis vorproduzierter Module ad-hoc zu einem Kundenauftrag zusammenstellen. Um benötigte Vorleistungen dennoch in möglichst exakter Menge zum benötigten Fertigungszeitpunkt vorliegen zu haben, werden für eine möglichst genaue Berechnung erhebliche Anstrengungen unternommen (vgl. bspw. [MoSS2007, S. 53ff.]).

Zusammenfassend kann festgestellt werden, dass mit zunehmender Individualisierung (also zunehmender Distanz des KEP von der Kundenschnittstelle) die Prognoseunsicherheit hinsichtlich Art und Umfang ausgetauschter Leistungsspezifikationen steigt (vgl. hierzu bspw. auch [Pico1991, S. 241]). Die Genauigkeit der Vorhersage (forecast accuracy) nimmt, anders formuliert, mit steigender Entfernung des KEP von der Endkundenschnittstelle ab (vgl. auch [GrBu2005, S. 63]). Abb. 37 visualisiert die dargestellten Zusammenhänge.

---

[72] Es existiert eine Reihe an numerischen Verfahren zur Losgrößenoptimierung, die jedoch an dieser Stelle nicht vertiefend betrachtet werden. Es sei daher auf die einschlägige Literatur, insbesondere [Thal2003] oder [Kirs1988] verwiesen.

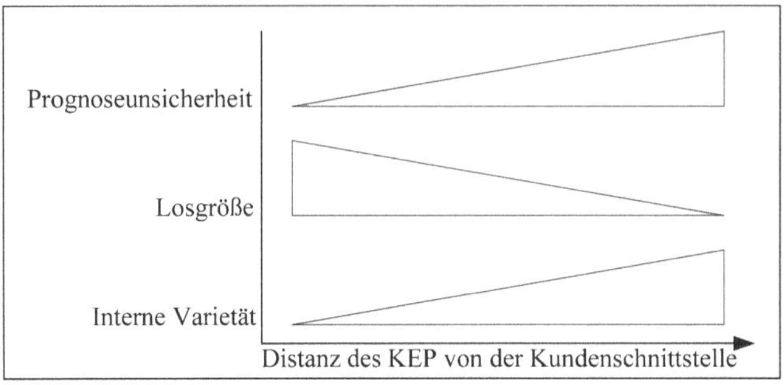

Abb. 37: Effekte unterschiedlicher Individualisierungsgrade

Die dargestellten Effekte variierender KEPs eines Auftraggebers werden im Folgenden als ein Merkmal zur Identifikation des Einflusses unterschiedlicher Individualisierungsgrade auf die Bewertung von Knoten und Kanten innerhalb einer Dyade des situativen Wertschöpfungsnetzes herangezogen.

4.2.4 Interdependenzen zwischen den betrachteten Merkmalen

Aufbauend auf der Darstellung der Beschreibungsmerkmale in den Abschnitten 4.2.1 und 4.2.2 sowie den situativen Merkmalen in Abschnitt 4.2.3 werden im Folgenden die zwischen den Merkmalsgruppen existierenden wechselseitigen Einflüsse dargestellt. Die folgende Abb. 38 stellt schematisch den Betrachtungsraum der folgenden Ausführungen dar.

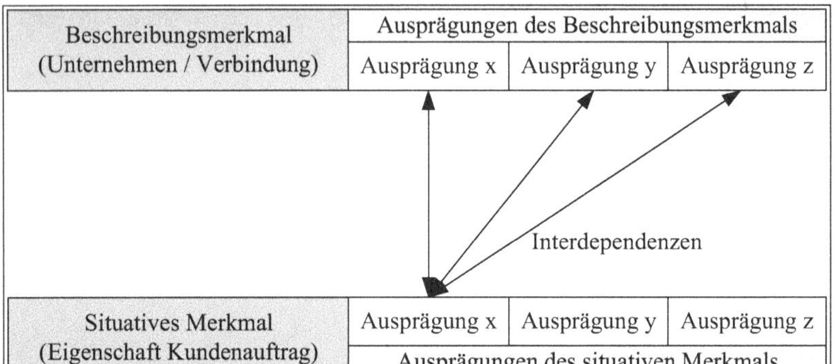

Abb. 38: Interdependenzen zwischen den Merkmalsgruppen

Bei der Untersuchung der Interdependenzen geht es um die Beantwortung von zwei grundlegenden Fragen:

1. Wie sind die einzelnen Ausprägungen eines Beschreibungsmerkmals unter dem Gesichtspunkt einer jeweiligen Ausprägung des situativen Merkmals zu bewerten? Dabei ist bspw. die Frage zu beantworten, wie die hohe Mengenflexibilität eines potenziellen Lieferanten unter dem Aspekt eines stark schwankenden Bedarfsverlaufs zu be-

werten ist. Bezogen auf das Beispiel ist hierbei auch von Interesse, wie die Bewertung der Mengenflexibilität zwischen den jeweiligen Ausprägungen des Bedarfsverlaufs variiert.

2. Welche Ausprägung eines Beschreibungsmerkmals ist für die Bearbeitung einer bestimmten Eigenschaft eines Kundenauftrags notwendig bzw. besser geeignet als andere? Die Beantwortung dieser Frage gibt Hinweise darauf wie bestimmte, bisher nicht berücksichtigte, Wertschöpfungspartner so zu qualifizieren sind, dass eine entsprechende Berücksichtigung in Zukunft erfolgen kann.

Berücksichtigt man die Anzahl der in den vorherigen Abschnitten dargestellten Merkmale und betrachtet alle Interdependenzen zwischen den Ausprägungen der situativen und der Beschreibungsmerkmale, wäre eine Gesamtmenge von 925 Querbeziehungen zu untersuchen und durch entsprechende Referenzen zu validieren. Aufgrund dieser Menge ist eine Gesamtmengenbetrachtung innerhalb der vorliegenden Arbeit keinesfalls angebracht. Ziel muss also eine geeignete und begründete Selektion der betrachteten Interdependenzen sein. Diese muss dabei das Betrachtungsspektrum auf ein sinnvoll validierbares Maß reduzieren, gleichzeitig aber auch so beschaffen sein, dass eine hinreichend fundierte Dyadenbewertung ermöglicht wird.

Die Abb. 39 visualisiert die im Folgenden betrachteten Interdependenzen. Auf die Gründe für ihre Berücksichtigung in dieser Arbeit wird im Rahmen der folgenden Darstellungen eingegangen.

		Merkmalsgruppe Unternehmen			Merkmalsgruppe Verbindung			
		Taktisch-operative Faktoren	Flexibilitätsmerkmale	Innerbetrieblicher IuK-Reifegrad	Zwischenbetriebliche Bindungsform	Individualität der Partnerbeziehung	Verhandlungsposition	Überbetrieblicher IuK-Reifegrad
Situative Merkmale	Präferenztyp							
	Einkaufsvolumen	Einfluss auf taktisch-operative Faktoren wird über den jeweiligen Präferenztyp ausgeübt						
	Bedarfsverlauf							
	Modulvarianten							
	Digitalisierungsgrad							
	Art der Leistung							
	Individualisierungsgrad							

Abb. 39: Betrachtete Interdependenzen zwischen situativen und Beschreibungsmerkmalen

Die Interdependenzen sind in sieben Bereiche strukturiert, in denen jeweils die wechselseitigen Einflüsse zwischen einem situativem Merkmal und den betrachteten Beschreibungsmerkmalen (jeweils grau hinterlegter Bereich in Abb. 39) dargestellt werden. Die folgenden Ausführungen bauen auf den vorherigen Ausführungen auf und werden gemäß der formulierten Forschungsmethode argumentativ-deduktiv aus diesen hergeleitet. Die auf diese Weise plausibilisierten Schlussfolgerungen werden zusätzlich, soweit möglich, durch existierende Fallstudien oder geeignete (empirische) Referenzen validiert.

Wichtig für das grundlegende Verständnis der Vorgehensweise ist die Aussagekraft der jeweiligen Zeilen- und Spaltensummen der Matrix im Fall konkreter Ausprägungen der Merkmale. Ausgehend von der Interdependenzbetrachtung eines einzelnen situativen Merkmals sind Aussagen dahingehend möglich, wie ein Beschreibungsmerkmal hinsichtlich dieses situativen Merkmals zu bewerten ist. Durch eine kumulative Betrachtung der Interdependenzen kann eine Aussage hinsichtlich der Eignung einer konkreten Dyade, bezogen auf das isolierte situative Merkmal, abgeleitet werden. Die Aussagekraft der Interdependenzen muss jedoch dahingehend relativiert werden, als dass die Bewertung eines Beschreibungsmerkmals in der Regel von mehr als nur einem isolierten situativen Merkmal abhängig ist. Insofern sind auch die im Folgenden dargestellten Interdependenzen als Elemente der gesamten Dyadenbewertung zu sehen. Eine geeignete Kombination der situativen Merkmale zu Auftragstypen erfolgt in Abschnitt 4.4.

Die Betrachtung der Spaltensummen der in Abb. 39 dargestellten Matrix erlaubt Aussagen darüber, wie die Ausprägung eines einzelnen Beschreibungsmerkmals für eine konkrete Leistung (beschrieben durch die Gesamtmenge der hier betrachteten situativen Merkmalen) zu bewerten ist. So wird bspw. eine hohe Mengenflexibilität immer unter dem Gesichtspunkt der zutreffenden Ausprägungen aller situativen Merkmale bewertet. Auch hier sind die Aussagen der einzelnen Interdependenz als Bestandteil der gesamten Spaltenbewertung und diese wiederum als Element der gesamten Dyadenbewertung zu betrachten.

Die erarbeiteten Ergebnisse werden zur übersichtlichen Darstellung in Tabellenform zusammengefasst. Hierbei wird folgende Symbolik genutzt:

Symbolik	Bedeutung
---	Die Ausprägung des Beschreibungsmerkmals ist unter dem Gesichtspunkt der Ausprägung des situativen Merkmals sehr negativ zu bewerten.
--	Die Ausprägung des Beschreibungsmerkmals ist unter dem Gesichtspunkt der Ausprägung des situativen Merkmals negativ zu bewerten.
-	Die Ausprägung des Beschreibungsmerkmals ist unter dem Gesichtspunkt der Ausprägung des situativen Merkmals leicht negativ zu bewerten..
0	Die Ausprägung des Beschreibungsmerkmals ist unter dem Gesichtspunkt der Ausprägung des situativen Merkmals neutral zu bewerten.
+	Die Ausprägung des Beschreibungsmerkmals ist unter dem Gesichtspunkt der Ausprägung des situativen Merkmals leicht positiv zu bewerten.
++	Die Ausprägung des Beschreibungsmerkmals ist unter dem Gesichtspunkt der Ausprägung des situativen Merkmals positiv zu bewerten.
+++	Die Ausprägung des Beschreibungsmerkmals ist unter dem Gesichtspunkt der Ausprägung des situativen Merkmals sehr positiv zu bewerten.

Tab. 32: Symbolik für die Kennzeichnung der Interdependenzen

Die Überführung der untersuchten Interdependenzen in einen geeigneten numerischen Ansatz findet in Abschnitt 4.3 statt.

4.2.4.1 Einfluss des Präferenztyps

Durch die Angabe einer individuellen Präferenzgewichtung zwischen den Ausprägungen Qualität, Kosten und Lieferzeit hat das beschaffende Unternehmen die Möglichkeit, die Bewertung potenzieller Wertschöpfungspartner hinsichtlich der taktisch-operativen Merkmale zu beeinflussen. Über das in Abschnitt 4.3.2 noch darzustellende Verfahren zur Dyadenbewertung können hierzu für die drei Ausprägungen Qualität, Kosten und Lieferzeit, jeweils individuelle Gewichte (p_i) berücksichtigt werden, welche die Bewertung einer Ausprägung des Beschreibungsmerkmals (x_{mn}) beeinflussen. Die folgende Abb. 40 veranschaulicht die Beziehung zwischen dem Präferenztyp und den taktisch-operativen Merkmalen am Beispiel hoher Qualität mit Gewichtung p_1.

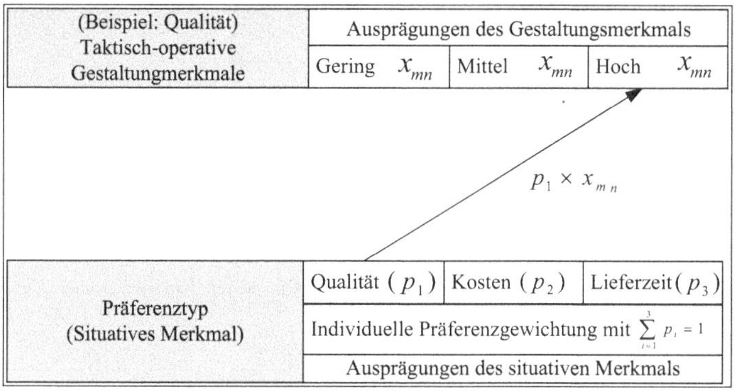

Abb. 40: Einfluss des Präferenztyps auf taktisch-operative Merkmale

Im dargestellten Beispiel fließt eine hohe Qualität, durch Multiplikation der zutreffenden Ausprägung x_{mn} des Qualitätsmerkmals mit dem Gewichtungsfaktor p_1 des Präferenztyps Qualität, in die Bewertung des Merkmals „taktisch-operative Faktoren" ein[73]. Berücksichtigt wird bei der Bewertung dabei nur die tatsächlich zutreffende Ausprägung des Beschreibungsmerkmals, da ein Knoten nicht zur gleichen Zeit mehrere der angegebenen Ausprägungen annehmen kann. Das dargestellte Verfahren ist dabei für alle drei taktisch-operativen Faktoren getrennt voneinander durchzuführen. Auf diese Weise ist es möglich, sowohl alle Merkmale der Gruppe getrennt voneinander zu bewerten als auch durch entsprechende Summenbildung den Gesamteinfluss der taktisch-operativen Merkmale auf die Dyadenbewertung zu ermitteln.

Die Untersuchung von Interdependenzen der taktisch-operativen Merkmale ist auf die Wechselwirkungen mit dem Präferenztyp beschränkt. Es wird angenommen, dass die übrigen situativen Merkmale einen indirekten Einfluss auf die Gewichtung und somit auf die Bewertung der taktisch-operativen Merkmale ausüben. Liegt bspw. ein hohes Einkaufsvolumen vor, wird der Nachfragerknoten unter Berücksichtigung dieser Tatsache Lieferzeit, Qualität und Preis entsprechend so gewichten, dass diese seiner jeweiligen Präferenzneigung entsprechen. Das genaue Vorgehen der Bewertung wird in Abschnitt 4.3.2 dargestellt.

Der Interdependenz zwischen dem Präferenztyp und dem taktisch-operativem Faktor kommt insofern eine gesonderte Bedeutung zu, als dass die in der Gruppe subsumierten Beschreibungsmerkmale (Qualität, Kosten und Lieferzeit) und die Ausprägungen des situativen Merkmals „Präferenztyp" identisch sind. Da diese sich direkt aufeinander beziehen, der Einfluss variabel vom Nachfragerknoten festgelegt wird und somit nicht bestimmten Regeln un-

[73] $\sum_{i=1}^{3} p_i = 1$

terliegt, ist eine argumentative Plausibilisierung der Zusammenhänge, wie sie in den folgenden Abschnitten vorgenommen wird, an dieser Stelle nicht erforderlich.

4.2.4.2 Einfluss des Einkaufsvolumens

Im Folgenden werden die Interdependenzen zwischen dem Einkaufsvolumen als situatives Merkmal sowie den Beschreibungsmerkmalen „Individualität der Partnerbeziehung" und „Verhandlungsposition" dargestellt. Die Interdependenzen werden gemäß der eingeführten Symbolik in Tabellenform (vgl. Tab. 33) dargestellt und in den folgenden Ausführungen plausibilisiert.

Einkaufsvolumen / Individualität der Partnerbeziehung	Standardisierte Beziehung	Teilweise individualisierte Beziehung	Umfassend individualisierte Beziehung
Hohes Einkaufsvolumen	--	0	++
Mittleres Einkaufsvolumen	0	+	+
Geringes Einkaufsvolumen	0	0	0

Tab. 33: Interdependenzen zwischen Einkaufsvolumen und Individualität der Partnerbeziehung

Das Einkaufsvolumen wurde in Abschnitt 4.2.3.2 auf Basis einer Differenzierung der Leistungsklassen A, B und C eingeführt. Es wurde konstatiert, dass Leistungen der Klasse A für das beschaffende Unternehmen von großer Bedeutung sind und einen entsprechend hohen Wertanteil in Verbindung mit einem niedrigen Mengenanteil aufweisen. Die Transaktionshäufigkeit ist folglich gering, die Bedeutung jeder einzelnen Transaktion und die Notwendigkeit einer möglichst vollständigen Spezifikation der auszutauschenden Leistung steigen gegenüber den Klassen B und C.

Die Beziehungsform wurde anhand der Indikatoren der Bindungsintensität und der Verfügbarkeit geeigneter überbetrieblicher IuK-Systeme operationalisiert. Der Individualisierungsgrad der Beziehung steigt dabei mit steigenden Aufwendungen für vertragliche, informationstechnische und organisatorische Maßnahmen. Es liegt, anders ausgedrückt, eine mit steigenden transaktionsspezifischen Investitionen zunehmende Individualität der Beziehung vor. Je höher das Einkaufsvolumen einer Leistung ist, desto eher rechnen sich für den Lieferknoten transaktionsspezifische Investitionen. Diese führen zu einer Zunahme der Transaktionskosten, reduzieren aber zugleich auch die Produktionskosten. Für den Nachfragerknoten ist die individualisierte Beziehung insofern von Bedeutung, als dass er zunehmenden Einfluss auf die Leistungserstellung beim Lieferknoten nehmen kann. Zugleich erhöhen sich der Grad und die Geschwindigkeit der verfügbaren Informationen.

Neben der Individualität der Partnerbeziehung ist für den Nachfragerknoten dabei zugleich seine Verhandlungsposition gegenüber dem Lieferknoten von Bedeutung. Tab. 34 stellt die Zusammenhänge zwischen den beiden Merkmalen dar.

Einkaufsvolumen / Verhandlungsposition	Schlechte Verhandlungsposition	Ausgewogene Verhandlungsposition	Gute Verhandlungsposition
Hohes Einkaufsvolumen	---	0	+++
Mittleres Einkaufsvolumen	--	0	++
Geringes Einkaufsvolumen	-	0	+

Tab. 34: Interdependenzen zwischen Einkaufsvolumen und Verhandlungsposition

Als Indikatoren der Verhandlungsposition wurden in Abschnitt 4.2.2.3 der Grad der Fragmentierung des Lieferantenmarktes, die Anzahl der Anbieter sowie ggf. vorhandene strategische Alleinstellungsmerkmale identifiziert. Es kann einfach begründet werden, dass die Bedeutung einer guten Verhandlungsposition mit steigendem Einkaufsvolumen ansteigt. Dabei ist eine gute Verhandlungsposition positiver zu bewerten als eine schlechte. Bei der Interdependenzbetrachtung wird dieser Umstand durch die stark positive bzw. entsprechend stark negative Bewertung im Fall hohen Einkaufsvolumens berücksichtigt. Mit sinkendem Einkaufsvolumen sinkt entsprechend auch die Bedeutung einer guten Verhandlungsposition.

4.2.4.3 Einfluss des Bedarfsverlaufs

Der Bedarfsverlauf einer Leistung ermöglicht Aussagen zur Regelmäßigkeit von Bezügen. Die Ausprägungen wurden innerhalb der Darstellungen zu diesem Merkmal auf Basis etablierter mathematischer Verfahren operationalisiert. Maßgebliche Variable ist in diesem Zusammenhang die Quantität einer Leistung, deren Schwankung im Zeitverlauf die Zugehörigkeit der Leistung zu einer Klasse determiniert.

Die Flexibilitätsfaktoren wurden auf Basis der Darstellung ihrer jeweiligen „range", „mobility" und „uniformity" operationalisiert. Als Merkmale wurden in dieser Gruppe Mengenflexibilität, Lieferflexibilität, Produktionsvielfalt und Innovationsflexibilität differenziert. Für die Betrachtung der Interdependenzen mit dem Bedarfsverlauf können die Mengen- und Lieferflexibilität als einzig relevante Merkmale genannt werde, da das situative Merkmal ausschließlich auf den Verlauf der Quantität der Bestellmengen fokussiert. Aussagen zu Wechselwirkungen zwischen dem Bedarfsverlauf und der Produktions- und Innovationsflexibilität können nicht abgeleitet werden, da bei diesen variierende Quantitäten der Bestellmenge nicht betrachtet werden.

Die folgende Tab. 35 visualisiert den Zusammenhang zwischen den Merkmalen. Im Folgenden wird dieser erläutert.

Bedarfsverlauf / Flexibilitätsmerkmale	Mengenflexibilität			Lieferflexibilität		
	H	M	G	H	M	G
Gleichbleibend	+	0	-	+	0	-
Stark schwankend	++	-	--	++	-	--
Sporadisch	+++	--	---	+++	--	---
H = Ausprägung hoch; M = Ausprägung mittel; G = Ausprägung gering						

Tab. 35: Interdependenzen zwischen Bedarfsverlauf und Flexibilitätsmerkmalen

Unabhängig von der konkreten Ausprägung des Bedarfsverlaufs ist eine hohe Flexibilität besser zu bewerten als eine niedrige. Dies kann plausibel begründet werden, da die Flexibilitätsbetrachtung auf den bestmöglichen Ausgleich zwischen Flexibilitätsbedarfen und Flexibilitätspotenzialen fokussiert und nicht die Maximierung des Merkmals zum Ziel hat. Bei sonst gleichen Bewertungen ist ein Knoten mit hoher Flexibilität einem Knoten mit niedriger Flexibilität zu präferieren, da dieser auch unerwartete Änderungen im Bedarfsverlauf seines Kunden reaktionsschnell bedienen kann („mobility") ohne hierfür bspw. in wesentlichem Umfang entstehende Kosten auf die Preise der Leistung umlegen zu müssen („uniformity").

Gleichzeitig variiert jedoch die Bedeutung der Flexibilität abhängig von dem zu erwartendem Bedarfsverlauf. Während bei gleichbleibendem Verlauf planbare Bezugsmengen frühzeitig dem Partner mitgeteilt werden können, muss dieser mit steigender Prognoseunsicherheit des Nachfragers in der Lage sein, zunehmend kurzfristig auf Mengenänderungen zu reagieren. Die Kosten der Umstellung auf die veränderte Ausbringungsmenge dürfen sich dabei nicht erheblich auf den Preis der Leistung auswirken („mobility" der Mengenflexibilität). Aufgrund einer zu erwartenden hohen Änderungshäufigkeit der Ausbringungsmengen des Lieferknotens im Fall sporadischen Bedarfsverlaufs, ist hierbei ein Knoten mit hoher Mengenflexibilität zu präferieren. Dieser besitzt auch nach Veränderung der Ausbringungsmenge eine konstante „mobility". Die Bedeutung der „mobility" nimmt dabei in gleichem Maß wie die Häufigkeit notwendiger Umstellungen zu.

Die vor allem auf die Mengenflexibilität fokussierten Aussagen sind im Wesentlichen auf das Merkmal der Lieferflexibilität übertragbar. Der „range" Indikator der Lieferflexibilität gibt die Fähigkeit des Knotens an, Leistungen schon vor dem geplanten Termin ausliefern zu können. Die „range" kann damit im Fall eines sporadischen Bedarfsverlaufs als wichtiger angesehen werden als im Fall konstanten Bedarfsverlaufs. Der in Tab. 23 eingeführte Quotient aus Mengenänderungsquote und Vorschauzeitquote berücksichtigt die Realisierungszeit für Mengenänderungen und kann wie dargestellt als „mobility" Indikator der Lieferflexibilität betrachtet werden. Folgerichtig ist eine hohe „mobility" im Fall sporadischen Bedarfsverlaufs ebenfalls höher zu gewichten als im Fall gleichbleibenden Bedarfsverlaufs. Synonym zu der Argumentation der „uniformity" im Bereich der Mengenflexibilität kann auch für die Lieferflexibilität die Bedeutung einer konstanten „uniformity" im Fall schwankenden Bedarfsverlaufs höher bewertet werden als im Fall gleichbleibender Bedarfe. Zusammenfassend lässt sich so plausibel festhalten, dass dem Merkmal der Lieferflexibilität mit schwankendem bzw. sporadischem Bedarfsverlauf eine zunehmende Bedeutung zukommt; die Bewertungen der Mengenflexibilität sind somit auf die der Lieferflexibilität übertragbar

Eine Zunahme sporadischer Bezüge ist zugleich mit einem deutlich erhöhten Kommunikationsaufwand zwischen den Wertschöpfungspartnern verbunden (vgl. [VoSS2007]). Ein gleichbleibender Bedarfsverlauf kann dabei im Vorfeld klar spezifiziert und durch entsprechende Verträge bspw. hinsichtlich Preisen und Lieferterminen abgesichert werden. Im Fall schwankender und sporadischer Bezüge ist von einer zunehmenden Unsicherheit hinsichtlich dieser Größen auszugehen (vgl. [MoSS2007]). Das für diese Indikatoren relevante Beschreibungsmerkmal ist die Individualität der Partnerbeziehung, deren Interdependenzen mit dem Bedarfsverlauf die folgende Tab. 36 verdeutlicht.

Bedarfsverlauf / Individualität der Partnerbeziehung	Standardisierte Beziehung	Teilweise individualisierte Beziehung	Umfassend individualisierte Beziehung
Gleichbleibend	-	0	+
Schwankend	--	+	++
Sporadisch	---	++	+++

Tab. 36: Interdependenzen zwischen Bedarfsverlauf und Individualität der Partnerbeziehung

Die Beziehung zwischen den Wertschöpfungspartnern ist im Fall sporadischer Bezüge durch geeignete überbetriebliche IuK-Systeme, die eine schnelle Kommunikation der Bedarfsänderungen ermöglichen, zu unterstützen. Aufgrund zunehmender Prognoseunsicherheit ist die Beziehung durch neoklassische, je nach Dauer und Art der Beziehung auch relationale Verträge zu festigen. Es kann festgestellt werden, das mit zunehmend schwankendem Bedarfsverlauf eine zunehmend individualisierte Beziehung aus Sicht des Nachfragers positiver zu bewerten ist als eine standardisierte Beziehung. Im Extremfall muss daraus abgeleitet werden, dass eine standardisierte Beziehung im Fall eines sporadischen Bedarfsverlaufs ungeeignet ist (vgl. hierzu bspw. auch [Kran2004, S. 58f.], [Brem2005]).

4.2.4.4 Einfluss der Modulvarianten

Im Folgenden werden die in Abschnitt 3.2.4.1 und 4.2.3.4 eingeführten Modulvarianten hinsichtlich Ihrer Interdependenzen mit den Flexibilitätsmerkmalen untersucht. Tab. 37 visualisiert die Zusammenhänge zwischen den Ausprägungen der beiden Merkmale.

Modulvarianten / Flexibilitätsmerkmale	Produktionsvielfalt			Innovationsflexibilität		
	H	M	G	H	M	G
Hauptmodule	+	0	-	+	0	-
Standardmodule	+	0	-	+	0	-
Freigegebene Module	++	0	--	+	0	-
Ableitbare Module	++	0	--	+	0	-
Nicht freigegebene Module	+++	0	---	++	0	--
H = Ausprägung hoch; M = Ausprägung mittel; G = Ausprägung gering						

Tab. 37: Interdependenzen zwischen Modulvarianten und Flexibilitätsmerkmalen

Eingeführt wurde die Modularisierung als eine Methode zur Reduzierung von Komplexität bei der Produkterstellung und damit als geeignete Maßnahme zur Umsetzung einer kundenindividuellen Massenproduktion. Für sich allein betrachtet kann die Modularisierung dabei zugleich als ein Hinweis für die Standardisierungs- und Differenzierungsbemühungen eines Nachfragers und entsprechend als Indikator für den Individualisierungsgrad der auszutauschenden Leistung beschrieben werden (vgl. hierzu bspw. [ScSc2001, S. 83]).

Während Hauptmodule und Standardmodule einen hohen Standardisierungsgrad aufweisen und durch entsprechend hohe Produktionsmengen gekennzeichnet sind, ist bei freigegebenen Modulen eine Zunahme der Variantenvielfalt zu verzeichnen. Die an die Anbieter zu stellenden Flexibilitätsanforderungen steigen (vgl. [Pill2001, S. 259f.]). Durch Änderungskonstruktionen ableitbare Module und insbesondere nicht-freigegebene Module weisen dagegen einen geringen Standardisierungsgrad auf. Sie sind trotz Modularisierung durch einen vergleichsweise hohen Grad an Individualität gekennzeichnet.

Aus der Zuordnung der auszutauschenden Leistung zu einer Modulvariante lässt sich demnach der Grad an Individualisierung bzw. Standardisierung der auszutauschenden Leistung ableiten. Dieser differenziert sich dabei insofern von dem durch die Lage des KEP beschriebenen Individualisierungsgrad, als dass sich die Modulvariante ausschließlich auf die Leistung an sich und nicht auf das Leistungserstellungsverfahren des Nachfragers bezieht. Infolgedessen sind auf Basis der Modulvarianten die aus der Beschreibung des KEP bekannten Indikatoren Losgröße und Prognoseunsicherheit nicht ableitbar. Die Varietät hingegen nimmt, wie gezeigt wurde, mit steigendem Individualisierungsgrad zu. Sie ist also im Fall der Hauptmodule als deutlich niedriger einzuschätzen als im Fall nicht-freigegebener Module. Bezogen auf die Betrachtung der Interdependenzen lässt sich somit der Betrachtungsraum der Flexibilität auf die Produktionsvielfalt und die Innovationsflexibilität eingrenzen.

Die Fähigkeit eines Anbieters innerhalb einer Periode verschiedene Produkte anzubieten wird durch den „range"-Indikator des Merkmals der Produktionsvielfalt ausgedrückt. Steigt die

Varietät der auszutauschenden Leistung, gewinnt der Indikator zunehmend an Bedeutung. Der potenzielle Wertschöpfungspartner ist in diesem Fall bspw. in der Lage, mit vorhandenen Produktionssystemen eine hohe Modulvarietät zu gewährleisten. Betrachtet man zusätzlich Kosten- und Zeitaspekte bei Fertigung der unterschiedlichen Modulvarianten ist zu konstatieren, dass auch die Indikatoren „mobility" und „uniformity" mit steigender Varietät der auszutauschenden Leistung an Bedeutung gewinnen. Zusammen genommen ist eine hohe Produktionsvielfalt mit steigendem Anteil individualisierter Leistungskomponenten innerhalb der Module zunehmend wichtig. Tab. 37 bewertet diese daher im Fall nicht-freigegebener Module als sehr positiv, im Fall von Hauptmodulen dagegen lediglich als leicht positiv. Die Unterschiede zwischen Haupt- und Standardmodulen sowie zwischen freigegebenen Modulen und durch Änderungskonstruktion ableitbaren Modulen sind nicht signifikant und werden deswegen nicht differenziert bewertet.

Die Innovationsflexibilität, als zweites hier betrachtetes Merkmal, misst den Grad an Flexibilität, mit dem ein potenzieller Wertschöpfungspartner Innovationsanforderungen eines Nachfragers umsetzt. Hinsichtlich der Interdependenzen mit den Modulvarianten ist zu hinterfragen, ob die Innovationsanforderungen an einen Anbieter mit zunehmendem Bestandteil individueller Komponenten steigen, ob also die Bewertung der Ausprägungen zwischen den einzelnen Modulen variiert. Dieses kann für die Modularisierungsformen, die auf einem Hauptmodul (Plattform) basieren, verneint werden. Zwar kann davon ausgegangen werden, dass individuelle Komponenten einen hohen Anteil neuartiger Lösungen integrieren, ein signifikanter Unterschied zu den Hauptmodulen, welche als Plattform für weitere Module dienen, ist hierbei jedoch nicht festzustellen. Eine zumindest leicht herausgehobene Stellung besitzen dagegen die nicht-freigegebenen Module. Da es sich hierbei um kundenspezifische Auftragskonstruktionen handelt, kann der Freiheitsgrad bei der Integration von Innovationen als hoch eingeschätzt werden. Ein Knoten mit hoher Innovationsflexibilität kann daher ggf. einen wichtigen Wettbewerbsvorteil gegenüber einem Knoten mit niedriger Innovationsflexibilität ermöglichen. Die entsprechenden Ausprägungen im Fall nicht-freigegebener Module sind daher geringfügig positiver bewertet worden (vgl. auch [MoSS2007, S. 53ff.]).

4.2.4.5 Einfluss des Digitalisierungsgrads

Innerhalb der Arbeit werden digitale und physische Leistungen getrennt voneinander betrachtet. Liegt ein physischer Leistungsaustausch vor fungieren die in Tab. 30 eingeführten situativen Merkmale als Einflussfaktoren der Dyadenbewertung. Für den Fall eines Austauschs digitaler Leistungen wurde in Abschnitt 4.2.3.5 eine angepasste Tabelle situativer Einflussfaktoren eingeführt (siehe auch Tab. 31). Für eine Untersuchung der Interdependenzen zwischen dem Digitalisierungsgrad einer Leistung und den Beschreibungsmerkmalen sind folglich zwei Fälle zu differenzieren:

- Im Fall eines Leistungsaustauschs physischer Leistungen sind keine weitergehenden Betrachtungen des Merkmals „Digitalisierungsgrad“ notwendig. Für eine Interdependenzbetrachtung sind ausschließlich die in Tab. 30 aufgeführten Merkmale zu berücksichtigen.
- Werden digitale Leistungen innerhalb der Dyade ausgetauscht, dienen entsprechend die in Tab. 31 aufgeführten situativen Merkmale als Grundlage der Interdependenzbetrachtung. Insbesondere wird hierbei auf die Merkmale „Komponentarisierung“ und „Individualisierungsgrad“ fokussiert. Der Präferenztyp sowie die Art der Leistung können im Fall physischer und digitaler Leistungen auf gleiche Art und Weise angewendet werden und weisen gleiche Interdependenzen mit den Beschreibungsmerkmalen auf. Sie werden dementsprechend für sich genommen betrachtet.

Die folgende Tab. 38 veranschaulicht die für den Fall digitaler Leistung untersuchten Interdependenzen.

Digitale Leistung / Individualität der Partnerbeziehung	Standardisierte Beziehung	Teilweise individualisierte Beziehung	Umfassend individualisierte Beziehung
Merkmal: Komponentarisierung			
monolithisch	-	0	+++
komponentenorientiert	0	+	++
Merkmal: Individualisierungsgrad			
Individualsoftware	---	0	+++
Komponentensoftware	--	0	++
Standardsoftware	-	0	+

Tab. 38: Interdependenzen zwischen digitalen Leistungen und der Individualität der Beziehung

Fokussiert wird die Darstellung zunächst auf die Individualität der Partnerbeziehung, da hier wesentliche Unterschiede bei den Interdependenzen zwischen individuellen und standardisierten digitalen Leistungen zu erwarten sind.

Indikatoren des Beschreibungsmerkmals sind die Bindungsintensität, organisatorische Regelungen und überbetriebliche IuK-Systeme. Es gilt im Folgenden festzustellen, in welcher Weise diese Indikatoren für die Ausprägungen der situativen Merkmale digitaler Leistungen geeignet sind.

Hinsichtlich der Komponentarisierung der auszutauschenden Leistung ist anzunehmen, dass im Fall einer monolithischen Leistung ein höherer Kommunikations- und Serviceaufwand bei der Leistungsbeschaffung sowie ebenfalls bei der Integration in bestehende Systeme zu erwarten ist. Für den Nutzer ergibt sich die Notwendigkeit einer engeren Bindung zum Hersteller, zugleich steigt die Abhängigkeit zu diesem (vgl. hierzu insbesondere [KrZa2003, S. 157]).

Verursacht die von einem Zulieferer entwickelte monolithische Leistung einen Fehler bspw. im Steuergerät eines Fahrzeugs, so ist eine umfassend individualisierte Beziehung zur reaktionsschnellen Fehlerbehebung von großer Wichtigkeit (vgl. bspw. auch [HeSi2003, S. 2ff.]). Komponentenorientiert entwickelte digitale Leistungen bieten hier den Vorteil der leichteren Austauschbarkeit einer Komponente bspw. durch die eines anderen Herstellers sowie einen geringeren Wartungsaufwand bei auftretenden Fehlern (vgl. [KrZa2003, S. 159]). Folgerichtig reduziert sich bei komponentenorientiert entwickelten Leistungen auch der Bedarf einer individuellen Kommunikation. Diese muss jedoch, auch im Fall einer Komponentensoftware, als immer noch deutlich positiver bewertet werden als eine standardisierte Kommunikation.

Nicht unabhängig von der Frage, ob die Leistung komponentenorientiert oder monolithisch entwickelt wurde, ist das Merkmal des Individualisierungsgrades zu betrachten, da die hier genannten Ausprägungen sowohl komponentenorientiert als auch - mit Ausnahme der Komponentensoftware - monolithisch gestaltet sein können. Die Verknüpfung beider Merkmale (bspw. zu einer „komponentenorientierten Individualsoftware“) wird daher bei der Darstellung der Auftragstypen beschrieben.

Hinsichtlich des Individualisierungsgrades als alleinstehendes Merkmal ist an dieser Stelle vorwiegend der Zeitpunkt der Individualisierung von Interesse. Auf Grundlage der Ausführungen in Abschnitt 4.2.3.5 kann im Fall der Individualsoftware von einer frühen Individualisierung, im Fall der Standardsoftware dagegen von einer späten Individualisierung gesprochen werden.

Mit zunehmender Einbindung des Kunden in die Erstellung der digitalen Leistung ist von einer Zunahme des Kommunikations- und Abstimmungsaufwands zwischen den Wertschöpfungspartnern auszugehen. Zugleich ist festzustellen, dass die exakte Spezifikation einer noch nicht entwickelten Individualsoftware deutlich schwieriger ist, als dies bei einer am Markt existierenden Standardsoftware der Fall ist.

Die Verträge zwischen den Wertschöpfungspartnern sind im Fall einer Individualsoftwareerstellung häufig durch Unvollständigkeit und implizite Regelungen gekennzeichnet. Es dominieren insofern relationale, teilweise auch symbiotische Vertragstypen. Der Erwerb einer Standardsoftware findet dagegen in der Regel auf Grundlage klassischer, bei umfassend integrierten Servicevereinbarungen auch auf Basis neoklassischer Verträge statt.

Zusammenfassend kann konstatiert werden, dass für die Erstellung einer individuellen digitalen Leistung (Individualsoftware) eine ebenso individuelle Partnerbeziehung am besten geeignet ist.

Zugleich nimmt die Bedeutung der individuellen Partnerbeziehung mit abnehmender Entfernung des KEP von der Kundenschnittstelle ab. Im Fall einer Komponentensoftware kann diese positiv, im Fall einer Standardsoftware als leicht positiv bewertet werden. Entsprechend ist eine standardisierte Beziehung zur Beschaffung einer Individualsoftware eher ungeeignet.

4.2.4.6 Einfluss der Art der Leistung

Der folgende Abschnitt beschäftigt sich mit den Interdependenzen zwischen der Art der Leistung als situatives Merkmal sowie dem Beschreibungsmerkmal der Verhandlungsposition. Tab. 39 stellt die Beziehung zwischen den Merkmalen dar, im Folgenden wird auf diese eingegangen.

Art der Leistung / Verhandlungsposition	Schlechte Verhandlungsposition	Ausgewogene Verhandlungsposition	Gute Verhandlungsposition
Komplexes Marktprodukt	-	0	+
Standardprodukt	-	0	+
Komplexes Spezialprodukt	--	+	+++
Engpassprodukt	--	+	++

Tab. 39: Interdependenzen zwischen Art der Leistung und Verhandlungsposition

Die Ausprägungen des Merkmals „Art der Leistung" kennzeichnen die auszutauschende Leistung im Spannungsfeld zwischen Spezifizierbarkeit und Substituierbarkeit. Die entsprechenden Ausprägungen wurden in Abschnitt 4.2.3.6 dargestellt. Das Beschreibungsmerkmal „Verhandlungsposition" kann auf Basis der in Abschnitt 4.2.2.3 eingeführten Indikatoren operationalisiert werden.

Offensichtlich ist, dass eine gute Verhandlungsposition positiv zu bewerten ist, eine schlechte entsprechend negativ. Der hier zu klärende Sachverhalt beschränkt sich also auf die Frage, ob die Bewertung der Verhandlungsposition abhängig von der Art der innerhalb der Dyade auszutauschenden Leistung variiert. In diesem Zusammenhang ist zunächst anzumerken, dass die Dimension der Substituierbarkeit, als eine die Ausprägung der Leistungsart beschreibende Größe, zugleich auch einen Indikator zur Bestimmung der Verhandlungsposition darstellt. Ein Engpassprodukt bspw. ist definiert als eine gut spezifizierbare Leistung, die jedoch zugleich nur von wenigen Anbietern am Markt angeboten wird (schwer substituierbar). Der Indikator deutet einen Zusammenhang bspw. zwischen dem Austausch eines Engpassproduktes und der Existenz einer schlechten Verhandlungsposition an.

Da jedoch eine Reihe weiterer Indikatoren, wie bspw. die relative Größe des Lieferanten gegenüber dem Auftraggeber oder dessen strategische Positionierung auf dem Markt, existieren, können beide Betrachtungspositionen dennoch als weitestgehend unabhängig angesehen werden. Insofern ist denkbar, dass trotz des Leistungsaustauschs eines Engpassprodukts eine gute Verhandlungsposition des Abnehmers vorherrscht.

Es kann festgehalten werden, dass eine gute Verhandlungsposition im Fall eines Engpassproduktes positiver zu bewerten ist als im Fall eines Standardprodukts oder komplexen Marktprodukts. Für die Bewertung der Dyade bedeutet dies konkret, dass die Bewertung eines Knotens mit schlechter Verhandlungsposition - bei Austausch eines Engpassproduktes - deutlich stärker von der Bewertung eines Knotens mit guter Verhandlungsposition abweicht, als dies bspw. im Fall eines Leistungsaustauschs standardisierter Leistungen der Fall ist. Ursächlich hierfür ist eine zu unterstellende hohe Abhängigkeit des Abnehmers von diesen Leistungen. Diese kann zu einer unerwünschten Abhängigkeit gegenüber einem Lieferanten führen. Hat der Abnehmer im Fall von Standardprodukten noch die Möglichkeit, bspw. bei massiven Preiserhöhungen, den Anbieter zu wechseln, ist dies bei Engpassprodukten deutlich schwieriger. Im Fall komplexer Spezialprodukte ist dieser Umstand noch stärker zu gewichten, da hier, neben der Beschaffungsproblematik, ein zusätzlicher Spezifikationsaufwand gegenüber einem potenziellen Ersatzlieferanten hinzukommt.

4.2.4.7 Einfluss des Individualisierungsgrads

Unter den situativen Merkmalen nimmt der Individualisierungsgrad aufgrund der thematischen Perspektive dieser Arbeit eine hervorzuhebende Position ein. Im Kontext der Interdependenzbetrachtung ist hier zu untersuchen, inwieweit die jeweilige Position des KEP die Bewertung der Ausprägungen der Beschreibungsmerkmale beeinflusst. Dazu werden die in Abschnitt 4.2.3.7 eingeführten Indikatoren „Prognoseunsicherheit", „Losgröße" und „interne Varietät" auf ihre Wechselwirkungen mit den Ausprägungen (bzw. Indikatoren) des jeweiligen Beschreibungsmerkmals untersucht.

Als ersten Untersuchungsbereich stellt Tab. 40 die Interdependenzen mit den Flexibilitätsfaktoren dar. Auf diese wird im Folgenden eingegangen.

Individualisierungsgrad / Flexibilitätsmerkmale	Mengenflexibilität			Lieferflexibilität			Produktionsvielfalt			Innovationsflexibilität		
	H	M	G	H	M	G	H	M	G	H	M	G
Selbstindividualisierung	+	0	-	+	0	-	+	0	-	+	0	-
Bundle-to-order	+	0	-	+	0	-	+	0	-	+	0	-
Make-to-stock	+	0	-	+	0	-	+	0	-	+	0	-
Make-to-order	++	0	--	++	0	--	++	0	--	+	0	-
Engineer-to-order	+++	0	---	+++	0	---	+++	0	---	+	0	-
H = Ausprägung hoch; M = Ausprägung mittel; G = Ausprägung gering												

Tab. 40: Interdependenzen zwischen Individualisierungsgrad und Flexibilitätsmerkmalen

Aus der tabellarischen Darstellung ist ersichtlich, dass die Anforderungen an die Flexibilitätsmerkmale eines potenziellen Wertschöpfungspartners mit zunehmendem Individualisierungsgrad, also steigender Entfernung des KEP von der Kundenschnittstelle, steigen.

Im Fall eines Engineer-to-order ist der Kunde in die Konstruktion der auszutauschenden Leistung integriert, diese wird also gezielt für diesen Kunden hergestellt. Die Losgröße bei der Leistungserstellung ist niedrig, da die Leistung im Extremfall nur für diesen einen Kunden konstruiert wird. Da vor Konstruktionsbeginn keine vollständigen Informationen über die zu produzierende Leistung vorliegen und zugleich unterstellt werden kann, dass hohe Freiheitsgrade bei der Konstruktion einer Leistung angestrebt werden, ist von einer hohen Prognoseunsicherheit auszugehen. Im Beauftragungsfall müssen benötigte Vorleistungen zeit- und mengenflexibel zur Verfügung stehen. Für die Bewertung potenzieller Lieferanten bedeutet dies, dass Mengen- und Lieferflexibilität im Fall eines Engineer-to-order eine bedeutende Rolle einnehmen und entsprechend hoch zu bewerten sind.

Weiterhin hängen die einem Kunden bei auftragsabhängiger Konstruktion zu ermöglichenden Freiheitsgrade wesentlich von der Fähigkeit des Lieferanten ab, innerhalb einer bestimmten Zeiteinheit verschiedenartige Leistungen bereitstellen zu können. Insofern kann auch die Lieferflexibilität als entscheidendes Merkmal eines Engineer-to-order angesehen werden.

Die Innovationsflexibilität als ein Maßstab für die Fähigkeit des Lieferanten zur Umsetzung von Innovationsanforderungen kann als positives Merkmal in die Dyadenbewertung mit einbezogen werden, signifikante Unterschiede zwischen den jeweiligen Individualisierungsgraden lassen sich, zumindest auf der Abstraktionsebne dieser Arbeit, nicht erklären.

Je weiter der KEP nun in Richtung der Kundenschnittstelle verschoben wird, desto größer ist der kundenanonyme Wertschöpfungsteil. Wie gezeigt wurde, sinken in diesem Fall die interne Varietät und die Prognoseunsicherheit, die Losgröße steigt.

Im Fall eines Make-to-order werden alle Fertigungsprozesse sowie alle nachgelagerten Prozesse durch den Kundenauftrag ausgelöst. Insofern kann hier eine hohe Bedeutung der Flexibilitätsmerkmale des Lieferanten unterstellt werden. Im Fall des Make-to-stock, Bundle-to-stock und der Selbstindividualisierung nimmt die Bedeutung der Flexibilitätsfaktoren ab, da benötigte Vorleistungen zu immer größeren Anteilen standardisiert sind und erst nah an der Kundenschnittstelle zur fertigen Leistung zusammengeführt werden.

Als zweiter Untersuchungsbereich werden im Folgenden die Interdependenzen zwischen dem Individualisierungsgrad der auszutauschenden Leistung und der zwischenbetrieblichen Bindungsform dargestellt. Diese Betrachtung kann zugleich auch als Identifikation des optimalen institutionellen Arrangements für den jeweiligen Individualisierungsfall bezeichnet werden. Eingrenzend wird in Bezug auf die sich anschließenden Darstellungen die Prämisse formuliert, dass ein Nachfragerknoten an einer möglichst zeitnahen Bereitstellung der benötigten Vorleistungen interessiert ist. Die unterschiedlichen Vertragstypen besitzen organisationsbegründenden Charakter und bilden die Grundlage für marktliche, hybride und hierarchische Koordinationsformen[74]. Wesentliche Unterscheidungskriterien zwischen den Vertragstypen sind ihre Vollständigkeit, der Umfang der Leistungsspezifikation sowie die zeitliche Orientierung. Die Individualisierungsgrade wurden durch die Indikatoren Varietät, Prognoseunsicherheit und Losgröße operationalisiert. Überträgt man die durch die variierenden KEP dargestellten Verläufe der Indikatoren auf die Eigenschaften der jeweiligen Vertragstypen, so lassen sich Tendenzen hinsichtlich des am ehesten geeigneten institutionellen Arrangements für den jeweiligen Individualisierungsfall ableiten. Die folgende Tab. 41 stellt diese dar.

Individualisierungsgrad / Zwischenbetriebliche Bindungsform	Klassischer Vertrag	Neoklassischer Vertrag	Relationaler / Symbiotischer Vertrag
Selbstindividualisierung	0	+	+
Bundle-to-order	0	+	+
Make-to-stock	0	+	+
Make-to-order	--	0	++
Engineer-to-order	--	0	++

Tab. 41: Interdependenzen zwischen Individualisierungsgrad und zwischenbetrieblicher Bindungsform

[74] Vgl. hierzu auch die grundlegenden Darstellungen zur Vertragstheorie in Abschnitt 2.3 sowie zum Merkmal der zwischenbetrieblichen Bindungsform in Abschnitt 4.2.2.1.

Im Fall des Make-to-order und des Engineer-to-order produziert bzw. konstruiert das beschaffende Unternehmen Leistungen erst bei Vorliegen eines konkreten Kundenauftrags. Für die Beschaffung von Vorleistung bedeutet dies eine entsprechend hohe Unsicherheit hinsichtlich zeitlicher und mengenmäßiger Bedarfe. Gleichzeitig liegt es im Interesse des Nachfragers, Vorleistungen möglichst zeitnah zu erhalten. Würde in diesem Fall ein klassischer Vertrag die Grundlage der Kooperation bilden, käme es aufgrund der Notwendigkeit vollständiger und expliziter Regelungen zu Zeitverzögerungen. Für jede Transaktion müsste aufgrund der Zeitpunktorientierung im Extremfall ein eigener Vertrag geschlossen werden, da die exakten Leistungsspezifika (bspw. benötigte Menge, Preise, exakte Konfigurationen) erst bei Konstruktion der einzelnen Leistung vorliegen. Es kann festgestellt werden, dass in den genannten Fällen ein klassischer Vertrag eher ungeeignet ist.

Ein neoklassischer Vertrag berücksichtigt die Tatsache der Unvollständigkeit der Informationen zum Zeitpunkt des Vertragsabschlusses. Er ist zeitlich begrenzt, erstreckt sich aber im Gegensatz zum klassischen Vertrag über einen längeren Zeitraum. Für den Fall einer auftragsorientierten Konstruktion bzw. Produktion ist ein neoklassischer Vertrag daher als deutlich positiver zu bewerten. Liegt ein neoklassischer oder symbiotischer Vertrag zwischen den Wertschöpfungspartnern vor, existiert eine enge Partnerbindung, die durch implizite Regelungen und eine ausgeprägte Vertrauensbasis geprägt ist. Für den Austausch im Vorfeld nicht exakt spezifizierbarer Leistungen kann diese Vertragsform (bspw. in Form strategischer Allianzen) sehr positiv bewertet werden.

Hinsichtlich einer Differenzierung der Vorteilhaftigkeit institutioneller Arrangements im Fall der Individualisierungsgrade Make-to-stock, Bundle-to-order und Selbstindividualisierung können zeitlich auf Dauer angelegte Verträge leicht positiver bewertet werden als klassische Verträge. Steht der Nachfragerknoten vor der Alternative der Selektion eines Wertschöpfungspartners auf Basis eines zu schließenden klassischen Vertrags oder eines existierenden neoklassischen Vertrags (bei sonst gleichen Bewertungen der übrigen Merkmale), wird er in der Regel den Partner mit existierender, neoklassischer Vertragsbindung vorziehen. Existiert noch kein Vertrag zu einem Wertschöpfungspartner hängt die Eignung eines Vertrages auch von der beabsichtigten Transaktionshäufigkeit bzw. dem Einkaufsvolumen ab.

Den dritten Untersuchungsbereich bilden die Interdependenzen zwischen dem Individualisierungsgrad und dem überbetrieblichem IuK-Reifegrad. Die folgende Tab. 42 visualisiert die Zusammenhänge, auf die im Folgenden eingegangen wird.

Individualisierungsgrad / Überbetrieblicher IuK-Reifegrad	Gering	Mittel	Hoch
Selbstindividualisierung	-	0	+
Bundle-to-order	-	0	+
Make-to-stock	-	0	+
Make-to-order	---	0	+++
Engineer-to-order	---	0	+++

Tab. 42: Interdependenzen zwischen Individualisierungsgrad und überbetrieblichem IuK-Reifegrad

Die in Tab. 28 eingeführten Indikatoren bilden die Grundlage zur Beurteilung des überbetrieblichen IuK-Reifegrades und können zugleich als Ausgangspunkt für die Bewertung der zwischenbetrieblichen Informationstransparenz herangezogen werden. Ein hoher IuK-Reifegrad ist hierbei Grundvoraussetzung für die Schaffung symmetrischer Informationen zwischen den Wertschöpfungspartnern. Das Vorliegen eines niedrigen IuK-Reifegrades kann als eine wesentliche Ursache für das Auftreten von - durch asymmetrische Informationen entstehende - Agenturkosten genannt werden (vgl. auch [ReRu1992, S. 408ff.]). Unter der Annahme, dass es das Ziel des Nachfragers ist, die in der Regel zu seinen Lasten gehenden Agenturkosten zu vermeiden und somit eine Steigerung seines möglichen Kooperationsgewinns zu ermöglichen, kann konstatiert werden, dass der Nachfrager Wertschöpfungspartner mit einem hohen IuK-Reifegrad vor solchen mit einem niedrigen bevorzugt. Im Kontext der Interdependenzbetrachtung ist hierbei von Interesse, inwieweit die Bedeutung des überbetrieblichen IuK-Reifegrades zwischen den Individualisierungsgraden variiert.

Im Fall einer kundenauftragsorientierten Leistungserstellung kann die zeitnahe Kommunikation mit einem Zulieferer als Grundvoraussetzung für ihre wettbewerbsfähige Umsetzung propagiert werden (vgl. hierzu auch [PiSc1999, S. 1120]). Dabei weisen zahlreiche Autoren darauf hin, dass mit zunehmendem Individualisierungsgrad die Bedeutung von (überbetrieblichen) IuK-Systemen zunimmt, im Fall der Mass Customization sogar als grundlegende Voraussetzung des Strategiekonzepts betrachtet werden muss (vgl. [Pill2006, S. 239], [Blat1994, S. 9]). Eggs und Englert betonen in diesem Zusammenhang, dass die interorganisationale Vernetzung maßgeblich insbesondere die Differenzierungsstrategie unterstützt (vgl. [EgEn1998, S. 4ff.]). Als wichtiger Grund hierfür wird in der wissenschaftlichen Literatur häufig angegeben, dass die Kundenwünsche durch Einbeziehung des Kundenunternehmens genauer identifiziert werden können, wodurch eine gezieltere Individualisierung möglich wird (vgl. bspw. [DaMa1992], [JoLa1988]). Gleichzeitig steigen im Fall eines hohen überbetrieblichen Reifegrads die an den jeweiligen Wertschöpfungspartner übermittelbare Informationsmenge und deren Qualität an. Dieser Umstand gewinnt mit zunehmendem Individualisierungsgrad aufgrund der dabei steigenden Faktoren Kommunikationshäufigkeit und Informationsumfang an Bedeutung (vgl. auch [WyWe2004, S. 80ff.]). Dementsprechend ist ein hoher IuK-Reifegrad im Fall der kundenauftragsgetriebenen Individualisierungsgrade (Engineer-to-order, Make-to-order) als deutlich wichtiger einzuschätzen als im Fall der prognosegetriebenen Individualisierungsgrade. Die Interdependenzbetrachtung berücksichtigt diese Tatsache durch eine entsprechend stark positive Bewertung der IuK-Reifegrade in den Fällen Engineer-to-order und Make-to-order sowie eine leicht positive Bewertung im Fall der übrigen Individualisierungsgrade.

Nach Abschluss der Interdependenzbetrachtung wird im Folgenden zunächst ein numerischer Ansatz zur Dyadenbewertung eingeführt. Dieser dient als Ansatzpunkt zur Quantifizierung der hier erarbeiteten Wirkungszusammenhänge. Die Zusammenführung der dargestellten Interdependenzen zu Kundenauftragstypen findet in Abschnitt 4.4 statt.

4.3 Numerischer Ansatz zur Dyadenbewertung

Der folgende Abschnitt hat zum Ziel, einen geeigneten Algorithmus für die Bewertung und den Vergleich von Dyaden auf Basis der eingeführten Merkmale zu identifizieren. Dabei werden zunächst in Abschnitt 4.3.1 bereits etablierte Verfahren auf ihre Anwendbarkeit hin überprüft. Anschließend wird in Abschnitt 4.3.2 unter Zugrundelegung eines zu definierenden Skalenniveaus eine problemadäquate Methodik abgeleitet.

4.3.1 Abgrenzung existierender Verfahren

Ein Wertschöpfungsnetz kann mit Hilfe der Graphentheorie dargestellt werden. In solchen Graphen können Optimierungsprobleme je nach Modellstruktur mit einer Vielzahl von Algorithmen gelöst werden. Im Folgenden werden die für diese Arbeit relevantesten Verfahren dargestellt und hinsichtlich Ihrer Eignung zur Bewertung und dem Vergleich von Dyaden bewertet.

4.3.1.1 Branch and Bound-Verfahren

Die folgende Erläuterung des Branch and Bound-Verfahrens erfolgt anhand eines Maximierungsproblems. Auf die Darstellung eines Minimierungsproblems wird an dieser Stelle aufgrund des fehlenden Themenbezugs verzichtet. Angemerkt sei jedoch, dass dieses mit einer vergleichbaren wie der im Folgenden dargestellten Verfahrensweise, dabei jedoch geringfügig zu modifizierenden Aussagen, ebenfalls anwendbar ist.

Das Branch and Bound-Verfahren löst ganzzahlige, kombinatorische, nicht mit polynomialem Aufwand lösbare Optimierungsprobleme. Indem suboptimale Lösungen von der Enumeration ausgeschlossen werden, soll eine optimale Lösung gefunden werden. Aus der Bezeichnung kann abgeleitet werden, dass das Grundprinzip aus den zwei Komponenten Branching (Verzweigen) und Bounding (Berechnung von Schranken) besteht (vgl. hier und im Folgenden auch [DoDr2005, S. 132ff.]).

Beim Branching wird das zu lösende Ausgangsproblem (P_0) in eine Menge von Teilproblemen (P_i bis P_k) zerlegt, welche P_0 verlustfrei ersetzen.

Dabei müssen folgende Bedingungen erfüllt sein:

- $X(P_0) = \bigcup_{i=1}^{k} X(P_i)$: Die Teilprobleme enthalten alle zulässigen Lösungen.
- $X(P_i) \cap X(P_j) = \emptyset$: In den Teilproblemen wird keine Lösung doppelt erfasst.

Jedes Teilproblem kann wieder verzweigt werden. Durch die fortschreitende Aufspaltung werden die Teilprobleme immer kleiner und somit leichter lösbar. Es resultiert ein Enumerationsbaum. Die optimale Lösung des Ausgangsproblems ist die beste Lösung seiner Teilprobleme. Die folgende Abb. 41 visualisiert die Aufspaltung in resultierende Teilprobleme.

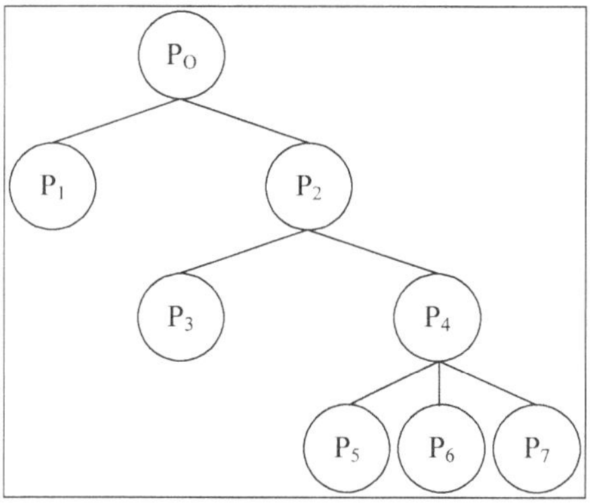

Abb. 41: Lösungsbaum Branch and Bound-Verfahren

Das Bounding-Prinzip beschränkt den Verzweigungsprozess nun, indem Schranken berechnet und Teilbäume ausgelotet (nicht weiter betrachtet/verzweigt) werden. Die Mindesthöhe des maximalen Zielfunktionswertes wird durch eine untere Schranke $\underline{F}$ festgelegt. Diese wird entweder auf $\underline{F} := -\infty$ oder durch Anwendung einer Heuristik auf einen besseren, höheren Wert gesetzt.

Mit Hilfe einer Relaxation (Lockerung oder Weglassen von Nebenbedingungen) wird das Problem P_i in P_i' vereinfacht:

- $X(P_i) \subseteq X(P_i') \Rightarrow F^*(P_i) \leq F^*(P_i')$ Das nicht relaxierte Problem ist eine Teilmenge des relaxierten Problems. $\Rightarrow$ Die optimale Lösung des relaxierten Problems ist mindestens so gut wie die optimale Lösung des nicht relaxierten Problems.

Für jedes Teilproblem P_i kann so eine obere Schranke $\overline{F}$ durch den Optimalwert der Relaxation abgeschätzt werden: $\overline{F_i} = F^*(P_i')$

Ein Teilproblem P_i wird ausgelotet, wenn einer der drei folgenden Fälle eintritt:

a) $\overline{F_i} \leq \underline{F}$: Die obere Schranke des Teilproblems i ist kleiner oder gleich der aktuellen unteren Schranke. („Es gibt schon etwas Besseres")

b) $\overline{F_i} > \underline{F}$ und $x^*(P_i') \in X(P_i)$: Die obere Schranke des Teilproblems i ist besser als die aktuelle untere Schranke und eine zulässige Lösung. Sie wird als neue untere Schranke gesetzt. („Eine bessere Lösung ist gefunden")

c) $X(P_i') = \{\ \}$: Die Lösung des Teilproblems i ist unzulässig. („Unzulässig")

Das Verfahren ist beendet, wenn alle Knoten voll verzweigt und/oder ausgelotet sind (vgl. [DoDr2005, S. 132ff.]).

4.3.1.2 Roll-Back-Verfahren

Das Roll-Back-Verfahren ist ein dynamisches Auswahlmodell bei dem der Graph vom letzten Entscheidungszeitpunkt zur Ausgangsentscheidung betrachtet wird (Rückwärtsrechnung).

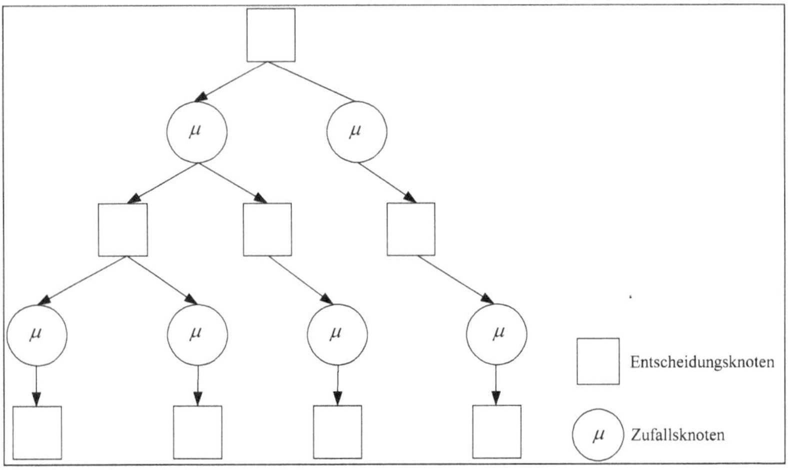

Abb. 42: Entscheidungsbaum des Roll-back Verfahrens

Zu jedem Entscheidungszeitpunkt wird die optimale Alternative gewählt. Dabei wird die Annahme vorausgesetzt, dass für die nachfolgenden Entscheidungsknoten die jeweils optimale Alternative bereits gewählt wurde. Die nicht optimalen Alternativen werden aus dem Entscheidungsprozess eliminiert. Hat man den ersten Entscheidungsknoten erreicht und wählt dort die optimale Alternative, so hat man auch gemäß dem Bellmanschen Prinzip[75] die insgesamt optimale Alternative gewählt.

Ein Zufallsknoten spiegelt den mit der bedingten Wahrscheinlichkeit gewichteten Erwartungswert μ wider. An den Entscheidungsknoten wird die Aktion mit dem besten Erwartungswert gewählt.

4.3.1.3 Kürzeste Entfernung / Wege in Graphen

Die Verfahren zur Ermittlung von kürzesten Wegen in Graphen lassen sich in zwei Klassen unterteilen. Zum einen in solche, die den kürzesten Weg von einem Startknoten zu allen anderen Knoten ermitteln (Baumalgorithmen), zum anderen in solche, die kürzeste Wege zwischen allen Knotenpaaren bestimmen (z.B. Tripel-Algorithmus). Im Weiteren werden nur Baumalgorithmen (Dijkstra-Algorithmus und FIFO-Algorithmus) betrachtet, da diese am ehesten auf die Problemstellung dieser Arbeit anwendbar sind. Vorausgesetzt sind nicht negative Kantengewichte.

Beim Dijkstra-Algorithmus wird zunächst der Knoten mit der kleinsten Entfernung vom Startknoten ausgewählt. In den nächsten Schritten wird dann immer der Knoten mit der kürzesten Entfernung gewählt der bisher noch nicht besucht wurde. Am Ende des Verfahrens erhält man somit die kürzeste Entfernung bzw. den kürzesten Weg vom Startknoten zu allen anderen Knoten im Netz.

Beim FIFO-Algorithmus (First In First Out) werden die direkten Nachfolger eines Knotens in Form einer Warteschlange angeordnet. Es wird derjenige Knoten aus der Schlange genommen, der als erstes in diese gelangt ist. Knoten, die neu in die Schlange kommen, werden am Ende angehängt.

Dijkstra-Algorithmus und FIFO-Algorithmus unterscheiden sich in der Anzahl der Iterationen und im Sortieraufwand. Während beim Dijkstra-Algorithmus wenige Iterationen zur Bestimmung der optimalen Lösung nötig sind, entfällt beim FIFO der Sortieraufwand. Die Entscheidung für ein Verfahren hängt somit von der konkreten Problemstellung ab (vgl. [DoDr2005, S. 71ff.]).

4.3.1.4 Evaluation der vorgestellten Verfahren

Im Folgenden sollen die dargestellten Verfahren hinsichtlich Ihrer Anwendbarkeit für die vorliegende Problemstellung bewertet werden. Dabei werden insbesondere der bereits in Ab-

---

[75] Das Bellmansche Optimalitätsprinzip besagt, dass sich eine optimale Politik durch stufenweise Ermittlung optimaler Teilpolitiken generieren lässt [vgl. DoDr2005, S. 162f.].

schnitt 4.1 dargestellte Ansatz zur Beschreibung situativer Wertschöpfungsnetze sowie die dargestellten Merkmale der Dyadenbewertung berücksichtigt.

Das Branch and Bound-Verfahren basiert auf den beiden Elementen Verzweigen und Beschränken. Dabei kann insbesondere das Bounding bei der Dyadenbewertung hilfreich sein (z.B. bei Nichterfüllung der Mindestanforderungen vom Lieferanten), der Aspekt des Verzweigens entfällt aber, da ein situatives Wertschöpfungsnetz gemäß der Definition dieser Arbeit eine vorgegebene endliche Knotenmenge besitzt. Das resultiert insbesondere daraus, dass die potenziellen Partner eines Netzes bereits vor der eigentlichen Netzkonstitution bekannt sein müssen. Darüber hinaus berücksichtigt das Branch and Bound-Verfahren keine Kantenbewertungen, diese sind jedoch, wie dargestellt, ein wesentliches Element situativer Wertschöpfungsnetze. Es kann somit festgehalten werden, dass sich das Branch and Bound-Verfahren als eigenständige Methode nicht für die vorliegende Thematik eignet.

Das Roll-Back-Verfahren arbeitet mit Eintrittswahrscheinlichkeiten von Ereignissen (Implementierung mit Zufallsknoten). Das vorgegebene Liefernetz ist hingegen nicht mit Wahrscheinlichkeiten versehen, da die Merkmalsausprägungen des Unternehmens und der Verbindung fest bewertet sind. Das Verfahren ist demnach für Problemstellungen bei stochastischen Prozessen (z.B. Nachfrage nach Produkten) gut geeignet, liefert aber keine Lösung für das beschriebene Problem in situativen Wertschöpfungsnetzen.

Die Darstellung des kürzesten Wege-Problems beruht auf der Bewertung von Kanten. Die Knoten haben keine Eigenschaften und infolgedessen auch keinen Einfluss auf die Lösung. Innerhalb des Wertschöpfungsnetzes repräsentieren die Knoten jedoch konkrete Unternehmen mit Merkmalsausprägungen und müssen daher in der Bewertung durch ein Verfahren berücksichtigt werden. Folglich kann auch dieses Verfahren für sich genommen nicht zur Lösung der vorliegenden Problemstellung eingesetzt werden.

Die Analyse der dargestellten Verfahren ergibt, dass eine Dyadenbewertung nicht durch eines der vorgestellten Verfahren alleine durchgeführt werden kann. Ziel des folgenden Abschnitts ist es daher, einen geeigneten Algorithmus zu definieren, der allen Anforderungen der in dieser Arbeit geschilderten Dyadenbewertung in situativen Wertschöpfungsnetzen gerecht wird. Dieser enthält dabei zugleich bewährte Grundelemente des Branch and Bound-Verfahrens und des kürzeste Wege-Problems enthalten.

4.3.2 Ableitung eines geeigneten Bewertungsansatzes

Da sich die Ausprägungen der Merkmalsgruppe Leistung direkt auf die Merkmalsklassen Unternehmen und Verbindung auswirken, muss ein Bewertungsverfahren gefunden werden, mit welchem die Beziehungen zwischen den Merkmalsgruppen in geeigneter Art und Weise beschrieben werden können. Dieses Verfahren muss dabei in der Lage sein, zum einen den dargestellten Wirkungszusammenhang darzustellen sowie zum anderen verschiedene Einflüsse sinnvoll zu aggregieren.

Aufgrund der aufgeführten Anforderungen erscheint es sinnvoll, für ein Bewertungsverfahren eine numerische Skalierung zu verwenden. Die nicht-numerischen Skalierungen (z.B. Ranking A – B – C) liefern zwar ein aussagekräftiges Ergebnis, sind aber weniger genau als die numerischen. Außerdem ist die Durchführung mathematisch-statistischer Operationen innerhalb nicht-numerischer Skalen nicht möglich.

Numerische Skalierungen werden in der Statistik in topologische Skalen und Kardinalskalen unterteilt. Zu den topologischen Skalen zählen die Nominalskala und Ordinalskala. Bei einer Nominalskala werden die Ausprägungen des untersuchten Merkmals durch die zugeordneten Zahlen unterschieden (z.B.: 1 = gut, 2 = mittel, 3 = schlecht). Mathematische Operationen wie Addition, Subtraktion sowie das Bilden von Mittelwerten können nicht durchgeführt werden. In einer Ordinalskala oder Rangskala ist es möglich, die zugeordneten Zahlen in eine Rangfolge zu bringen (z.B. Notenvergabe) und willkürlich in andere Zahlen zu transformieren. Abstände zwischen den einzelnen Skalenpunkten sind jedoch nicht interpretierbar.

Zu den Kardinalskalen (metrische Skalen) zählen die Intervallskala und die Verhältnisskala. Die Intervallskala ermöglicht den Vergleich der Abstände zwischen den Ausprägungen (z.B. Qualität = 50, Kosten = 25 $\Rightarrow$ Qualität wird doppelt so hoch gewichtet wie Kosten). Als Basis dient ein relativer Nullpunkt. Es kann ein Durchschnitts- und Mittelwert gebildet werden. Die Verhältnisskala arbeitet im Vergleich zur Intervallskala mit einem absoluten (natürlichen) Nullpunkt. Somit können alle statistisch-mathematischen Operationen durchgeführt werden (vgl. hierzu auch [Voge1992, S. 5f.], [BaBK2007, S. 6f.]).

Um den Einfluss der Ausprägungen situativer Merkmale auf die Bewertung der Unternehmens- und Verbindungsmerkmale numerisch abzubilden, eignet sich am besten die Intervallskala. Da mit zunehmender Granularität die Festlegung auf einen bestimmten Wert zunehmend schwieriger zu begründen ist und gleichzeitig auch negative Einflüsse bei der Betrachtung von Interdependenzen zwischen den Merkmalen zu berücksichtigen sind, wird im Rahmen der folgenden numerischen Dyadenbewertung eine ganzzahlige Skala von minus drei bis plus drei (-3 bis +3) festgelegt[76]. Dabei bedeutet minus drei, dass das Gestaltungs- bzw. Verbindungsmerkmal unter dem Aspekt der Ausprägung des situativen Merkmals sehr negativ zu bewerten ist, im Fall von plus drei dagegen sehr positiv. Im Fall von plus drei ist das entspre-

[76] Hierbei ist anzumerken, dass sich diese Skala auch im Rahmen von im Vorfeld durchgeführten, umfassenden Tests, als hinreichend breit zur Identifikation von Einflüssen auf die Wertschöpfungsnetzgestaltung herausgestellt hat. Aufbauende, insbesondere empirische Forschungsarbeiten, können hier bspw. an einer Vergrößerung der Skala mit dem Ziel ansetzen, stärker differenzierte Ergebnisse zu erhalten.

chende Beschreibungsmerkmal also bei einem entsprechenden Leistungsaustausch deutlich positiv zu bewerten. Null (0) bedeutet, dass die Ausprägung des situativen Merkmals keine oder nur eine zu vernachlässigende Wirkung auf das betrachtete Beschreibungsmerkmal ausübt. Bei dem dargestellten Verfahren handelt es sich im Wesentlichen um eine numerische Repräsentation der bereits im Rahmen der Betrachtung von Interdependenzen in Abschnitt 4.2.4 eingeführten Bewertungen (vgl. hierzu auch Tab. 32).

Um die Bewertung der Verbindungs- und Unternehmensmerkmale abhängig von der Ausprägung des situativen Leistungsmerkmals veranschaulichen zu können, werden beide Merkmalsgruppen innerhalb einer Matrix zusammengefasst. Die Abszisse beinhaltet dabei die Merkmalsgruppen Unternehmen und Verbindung, auf der Ordinate sind die situativen Leistungsmerkmale aufgeführt. Die folgende Tab. 43 visualisiert einen Ausschnitt der resultierenden Matrix, die in Anlage I vollständig dargestellt ist.

Beschreibungsmerkmale / Situative Merkmale	**Qualität**	Hoch	Mittel	Gering	**Kosten**	Gering	Mittel	Hoch	**Lieferzeit**	Gering	Mittel	Hoch	**Mengenflexibilität**	Hoch	Mittel	Gering	**Lieferflexibilität**	Hoch	Mittel	Gering
Präferenztyp																				
Qualität		X11	X12	X13																X1n
Kosten		X21																		
Lieferzeit		X31																		
Einkaufsvolumen																				
Hohes Einkaufsvolumen																				
Mittleres Einkaufsvolumen																				
Geringes Einkaufsvolumen																				
Modulvarianten																				
Hauptmodul																				
Standardmodul																				
Freigegebenes Modul																				
Ableitbares Modul																				
Nicht-freigegebenes Modul																				
Individualisierungsgrad																				
Selbstindividualisierung																				
Bundle-to-order																				
Make-to-stock																				
Make-to-order		Xm1																		Xmn

Tab. 43: Einfluss der situativen Merkmale auf die Beschreibungsmerkmale

Die Matrixwerte (x_{11} bis x_{mn}) charakterisieren die Bewertungen der Ausprägungen der Merkmalsklassen Unternehmen bzw. Verbindung bezogen auf die jeweilige Ausprägung des situativen Merkmals. Die Werte richten sich nach der bereits definierten Skala und reichen entsprechend von minus drei bis plus drei. Anhand der tatsächlichen Werte kann pro Zeile i

eine Unter- und Obergrenze $\left(x_i^U \text{ und } x_i^O\right)$ gebildet werden[77]. Die Untergrenze spiegelt dabei die schlechteste mögliche Bewertung eines Knotens wieder, die Obergrenze entsprechend die bestmögliche Knotenbewertung (jeweils bezogen auf eine Ausprägung des situativen Merkmals).

Ein konkreter Kundenauftrag wird durch die im jeweiligen Fall zutreffenden Ausprägungen der situativen Merkmale beschrieben, wobei jedes Merkmal immer nur eine konkrete Ausprägung annehmen kann. Für den Leistungsaustausch innerhalb der Dyade bedeutet das, dass zur Bildung exemplarischer Auftragstypen geeignete Kombinationen von Ausprägungen (also Kundenauftragstypen) identifiziert werden müssen.

Für eine konkrete Dyade mit identifiziertem Kundenauftragstyp (also eine bestimmten Kombination aus situativen Leistungsmerkmalen) kann die Matrix entsprechend so angepasst werden, dass nur die für den jeweiligen Leistungsaustausch tatsächlich in Frage kommenden Merkmalsausprägungen der situativen Merkmale gezeigt werden[78]. Auf diese Weise lässt sich die Komplexität bei der Darstellung der Merkmalsinterdependenzen reduzieren. Die folgende Tab. 44 stellt einen exemplarischen Ausschnitt einer angepassten Matrix dar.

Beschreibungsmerkmale / Situative Merkmale	**Qualität**	Hoch	**Kosten**	Mittel	**Lieferzeit**	Hoch	**Mengenflexibilität**	Gering	**Lieferflexibilität**	Gering	**Produktionsvielfalt**	Mittel	**Innovationsflexibilität**	Gering	**Innerbetrieblicher IuK-Reifegrad**	Hoch	**Zwischenbetriebliche Bindungsform**	Neoklassischer Vertrag	**Individualität der Partnerbeziehung**	Teilweise individualisierte Beziehung	**Verhandlungsposition**	Gute Verhandlungsposition	**Überbetrieblicher IuK-Reifegrad**	Gering
Präferenztyp																								
Qualität		X11		X12		X13																		X1n
Kosten								X24		X25		X26												X2n
Lieferzeit																								
Einkaufsvolumen																								
Hohes Einkaufsvolumen																								
Bedarfsverlauf																								
Sporadisch																								
Modulvarianten																								
Nicht-freigegebenes Modul																								
Digitalisierungsgrad																								
Physisch																								
Art der Leistung																								
Komplexes Spezialprodukt																								
Individualisierungsgrad																								
Make-to-order		Xm1																						Xmn

Tab. 44: Angepasste Einflussmatrix einer konkreten Dyade

---

[77] $\left[x_i^U;\ x_i^O\right] \; \forall \; i = 1, \dots, m.$

[78] Alle folgenden Berechnungen und Indizes basieren auf der angepassten Matrix.

Ausgehend von dieser angepassten Matrix, kann für jede Zeile i die Summe s_i über alle Spalten j gebildet werden[79]. Da die Intervallgrenzen je nach Merkmal unterschiedlich sind und deshalb die Interpretation der Summen $s_{i=1,\dots,m}$ schwer fällt, wird ein Zielerreichungsgrad g_i pro Zeile gebildet[80]. Dieser stellt prozentual dar, inwieweit das Unternehmen in der Lage ist das entsprechende Merkmal eines Kundenauftrages zu erfüllen. Die Eigenschaft „Kundenpräferenztyp" hat drei Ausprägungen (Qualität, Kosten und Lieferzeit), die je nach Präferenz des Kunden unterschiedlich gewichtet werden können (p_i)[81]. Um diesem Aspekt gerecht zu werden, müssen die Zielerreichungsgrade dieser Ausprägungen mit dem gewünschten Gewicht multipliziert und dann addiert werden[82]. Als Ergebnis erhält man so den Zielerreichungsgrad für den Kundenpräferenztyp $g_{i=1,\dots,3}$. Abschließend wird der Gesamtmittelwert mw über alle Zielerreichungsgrade der Merkmale des Kundenauftrages errechnet[83]. Dieser stellt dann die kumulierte Dyadenbewertung dar.

4.3.3 Fazit

Zu Beginn dieses Abschnitts wurden drei Verfahren der Graphentheorie (Branch and Bound, Roll-Back sowie das kürzeste Wege Verfahren in Graphen) beschrieben und es wurde untersucht, ob diese auf die gegebene Problemstellung einer Dyadenbewertung in situativen Wertschöpfungsnetzen anwendbar sind. Als Ergebnis dieser Betrachtung konnte festgehalten werden, dass sich die genannten Verfahren nicht oder nur bedingt für die vorliegende Problemstellung eignen.

Die daraufhin entwickelte und in Abschnitt 4.3.2 eingeführte Methode einer numerischen Dyadenbewertung wird allen Anforderungen gerecht. Sie basiert einerseits auf einer Intervallskala, die aus topologischen und kardinalen Skalentypen selektiert wurde, andererseits auf Zielerreichungsgraden, die anhand von Ober- und Untergrenzen der Merkmalsausprägungen errechnet werden. Dadurch sind zahlreiche Interpretationen der resultierenden Berechnungsergebnisse möglich.

Die bereits vorher formulierten Einflüsse der situativen Merkmale auf die Gestaltung des Wertschöpfungsnetzes lassen sich unter Anwendung der beschriebenen Methode numerisch

---

[79] $s_i = \sum_{j=1}^{n} x_{ij} \forall\, i = 1, \dots, m.$

[80] $g_i = \frac{s_i - x_i^U}{x_i^O - x_i^U}\ \forall\, i = 1, \dots, m.$

[81] $\sum_{i=1}^{3} p_i = 1.$

[82] $g_{i=1,\dots,3} = \sum_{i=1}^{3} g_i p_i.$

[83] $mw = \frac{g_{i=1,\dots,3} + \sum_{i=4}^{m} g_i}{m-2}.$

abbilden. Anders formuliert ist am konkreten Wert eines Zielerreichungsgrads erkennbar, welche situativen Leistungsmerkmale einen besonderen Einfluss auf die positive oder negative Bewertung einer Dyade ausüben und an welchen Stellen und in welchem Maß die Bewertung der Dyade von den variierenden Kundenauftragstypen beeinflusst wird. Mit Blick auf ein ggf. zu qualifizierendes Partnerunternehmen ist über die Berechnung der Vertikalen innerhalb der Matrix ebenfalls eine Aussage darüber möglich, welche Bereiche bei der Bewertung des Unternehmens oder der Verbindung das Gesamtergebnis positiv oder negativ beeinflusst haben.

Zur Entscheidung, ob ein Partner für die Zusammenarbeit bei einem bestimmten Kundenauftrag in Frage kommt, können für jedes Merkmal oder die Gesamtbewertung Schranken definiert werden, die unbedingt erfüllt werden müssen (z.B. Lieferzeit darf drei Tage nicht überschreiten).

Neben der Einzelbewertung können die gewonnenen Werte (z.B. Gesamtmittelwerte) auch für den Vergleich von Dyaden herangezogen werden. Anhand der Gesamtmittelwerte kann eine ordinale Nutzenfunktion[84] gebildet werden. Zweierbeziehungen mit höheren Gesamtmittelwerten sind gegenüber solchen mit niedrigeren zu bevorzugen. Auf dieser Basis kann eine Rangfolge der betrachteten Dyaden aufgestellt werden.

Die Ergebnisse zeigen, dass das entwickelte Verfahren sowohl den Vergleich von Zweierbeziehungen ermöglicht, als auch die in dieser Arbeit thematisierten Einflüsse auf die Bewertung einer Dyade veranschaulicht. Der hier vorgestellte Ansatz zur numerischen Dyadenbewertung trägt in erster Linie dazu bei, die in den vorherigen Kapiteln erarbeiteten Ergebnisse numerisch abzubilden, um auf diese Weise sichtbare Erkenntnisse ableiten zu können. Dabei führt der Ansatz die in Abschnitt 4.1 eingeführte Methode zur Beschreibung situativer Wertschöpfungsnetze, die darauf aufbauend eingeführten Merkmale zurr Dyadenbewertung (Abschnitt 4.2) sowie insbesondere die Interdependenzen zwischen situativen Merkmalen und Beschreibungsmerkmalen in einem zentralen Ansatz zusammen.

Zur Veranschaulichung der Vorgehensweise werden die im Folgenden zu definierenden Kundenauftragstypen gemäß dem hier beschriebenen Ansatz numerisch abgebildet. Anhand einer konkreten Dyade werden dabei die unterschiedlichen Kundenauftragstypen zueinander in Relation gesetzt.

Weiterhin dient das vorgestellte Verfahren in Abschnitt 4.5 als Grundlage zur Einführung einer prototypischen Visualisierung des in dieser Arbeit entwickelten Gestaltungsansatzes. Die Anwendung bietet sich dazu an, verschiedene Szenarien in situativen Wertschöpfungsnet-

---

[84] $u(x) > u(y)$: Der Nutzen von Dyade x ist größer als der von Dyade y.

zen miteinander zu vergleichen. Von Interesse ist hierbei bspw. die Dyadenbewertung bei variierenden Kundenauftragstypen oder die Darstellung von Effekten bei der Variation des Skalenniveaus bzw. der Bewertung von Interdependenzen. Mit der im Rahmen der Forschungsarbeit entwickelten Anwendung wird zugleich eine wichtige Grundlage für weitere wissenschaftliche Auseinandersetzungen mit dem vorliegenden Themenkomplex gelegt.

4.4 Kundenauftragstypen

Im folgenden Abschnitt 4.4 werden aus der Gesamtmenge situativer Merkmale exemplarische Kundenauftragstypen definiert. Die bisherigen Ausführungen dienen dabei als Grundlage zur Ableitung plausibler Ausprägungskombinationen. Eine Kombination von Ausprägungen aller situativen Merkmale bildet den Auftragstyp. Ein Auftragstyp umfasst also jeweils Leistungen mit gleichen Eigenschaften (Ausprägungen). Dabei übt ein Auftragstyp immer den gleichen Einfluss auf die Bewertung der Dyade aus.

Die Selektion der jeweils zu einem Auftragstyp aggregierten Ausprägungen erfolgt unter folgenden Gesichtspunkten:

- Es werden vorwiegend solche Ausprägungen der situativen Merkmale kombiniert, die bereits bei der Merkmalsdarstellung als zusammengehörig identifiziert wurden.
- Die Auftragstypen unterscheiden sich deutlich hinsichtlich der Anforderungen, die durch diese an die Dyaden gestellt werden. Als Beurteilungsgrundlage dient hierbei die Interdependenzbetrachtung. Ziel ist eine klare Abgrenzung der Eigenschaften des Auftragstyps.
- Die Auftragstypen können real existierenden Leistungen zugeordnet werden.

Insgesamt wird auf die Darstellung von fünf Auftragstypen fokussiert. Diese teilen sich in drei physische Auftragstypen (I-III) und zwei digitale Auftragstypen (IV und V) auf. Die Tab. 45 visualisiert die Ausprägungen der situativen Merkmale sowie ihre Zuordnung zu den im Folgenden betrachteten Kundenauftragstypen.

Situatives Merkmal / Auftragstyp	**Auftragstyp I**	**Auftragstyp II**	**Auftragstyp III**	Auftragstyp IV	**Auftragstyp V**
Einkaufsvolumen	Hohes Einkaufsvolumen	Mittleres Einkaufsvolumen	Geringes Einkaufsvolumen	Entfällt bei digitalen Leistungen	Entfällt bei digitalen Leistungen
Bedarfsverlauf	Sporadischer Bedarfsverlauf	Stark schwankend	Gleichbleibender Bedarfsverlauf		
Modulvarianten	Nicht-freigegebene Module	Nicht-freigegebene Module	Standardmodule	Monolithisch	Komponente
Digitalisierungsgrad	Physische Leistung	Physische Leistung	Physische Leistung	Digitale Leistung	Digitale Leistung
Art der Leistung	Komplexes Spezialprodukt	Engpassprodukt	Standardprodukt	Standard-produkt	Komplexes Spezialprodukt
Individualisierungsgrad	Make-to-order	Make-to-stock	Bundle-to-order	Standard-software	Individual-software

Tab. 45: Merkmalsausprägungen abgeleiteter Auftragstypen

Auftragstyp I umfasst die Leistungserstellung kundenindividueller Leistungen (Make-to-order) bei einem Nachfrager. Da es sich bei der nachgefragten Leistung um komplexe Spezialprodukte handelt, sind diese als schwer spezifizierbar und schwer substituierbar zu charakterisieren. Es wird von einem sporadischen Bedarfsverlauf des Nachfragers ausgegangen, wobei das Einkaufsvolumen insgesamt hoch ist. Gemäß den erarbeiteten Interdependenzen sind in diesem Fall die an einen Knoten zu formulierenden Anforderungen, insbesondere hinsichtlich der Flexibilitätsmerkmale, als hoch einzuschätzen.

Auftragstyp II unterscheidet sich von Auftragstyp I vorwiegend durch den Individualisierungsgrad der Leistungserstellung beim Nachfrager. Die Leistung wird prognosegetrieben auf Lager produziert (Make-to-stock), der Bedarfsverlauf der angefragten Leistung ist stark schwankend. Es wird ein mittleres Einkaufsvolumen unterstellt, wobei die Leistung nur von sehr wenigen Anbietern am Markt bezogen werden kann (Spezialprodukt).

Bei Auftragstyp III handelt es sich um ein Standardprodukt mit gleichbleibendem Bedarfsverlauf. Das Individualisierungskonzept des Nachfragers basiert auf dem Bundle-to-order Konzept. Aufgrund des geringen Einkaufsvolumens kann hierbei von tendenziell hohen Mengenanteilen und geringen Wertanteilen ausgegangen werden, wie sie bspw. im Fall von Verbrauchsmaterialien auftreten.

Die Auftragstypen IV und V beschreiben Auftragstypen digitaler Leistungen. Während bei Auftragstyp IV eine monolithische Standardsoftware Gegenstand der Betrachtung ist (bspw. eine Standardsoftware für ein Steuergerät im Fahrzeug), handelt es sich bei Auftragstyp V um eine komponentenorientiert entwickelte Individualsoftware (bspw. eine Softwarekomponente für einen Fahrzeug-Bordcomputer).

Um die Wirkung der Auftragstypen auf die Dyadenbewertung zu verdeutlichen, veranschaulicht Abb. 43 zwei konkrete Dyaden mit ihren jeweiligen Beschreibungsmerkmalen.

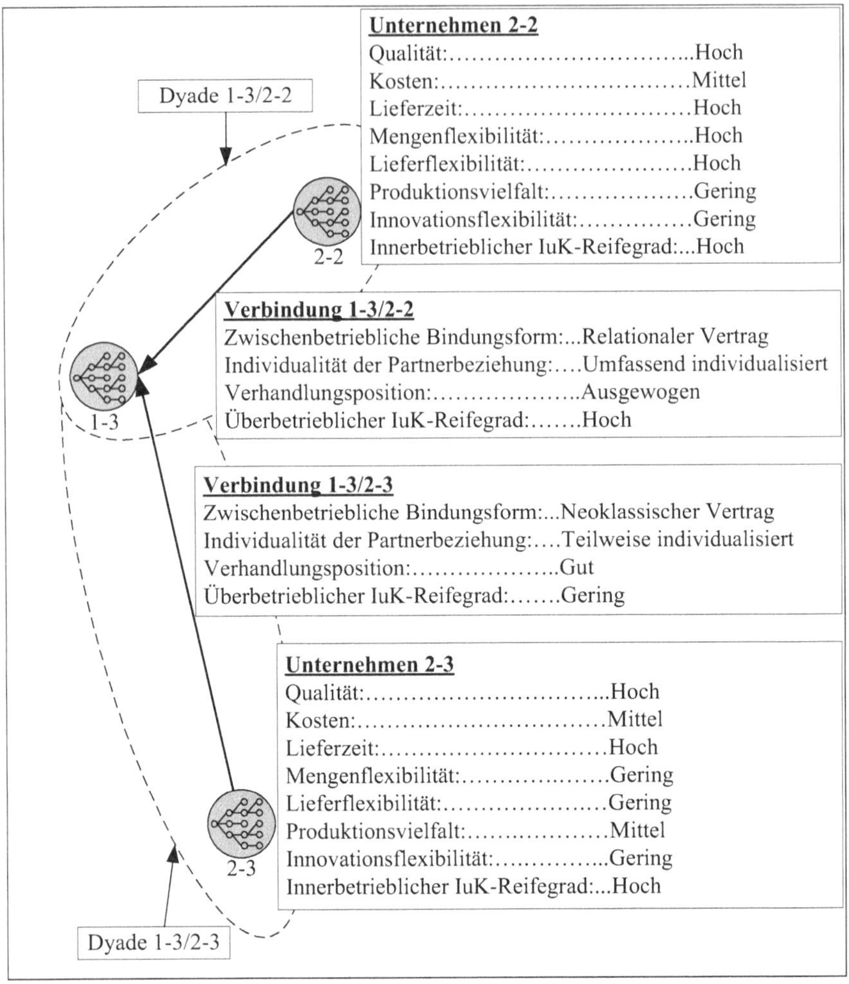

Abb. 43: Alternativdyaden mit konkreten Merkmalsausprägungen

In der dargestellten Situation steht das Unternehmen 1-3 vor der Selektion eines geeigneten Wertschöpfungspartners. Ziel ist der Austausch eines bestimmten Auftragstyps. Die dargestellten Auftragstypen werden im Folgenden als alternative Szenarien betrachtet.

Innerhalb des Partnerpools des situativen Wertschöpfungsnetzes existieren zwei Unternehmen, die für diesen Leistungsaustausch in Frage kommen (Unternehmen 2-2 und Unternehmen 2-3). Die Beziehungen zwischen Unternehmen 1-3 und den potenziellen Wertschöpfungspartnern werden durch die Dyaden 1-3/2-2 und 1-3/2-3 repräsentiert.

Zu beiden Unternehmen bestehen vertragliche Vereinbarungen auf Basis relationaler (Unternehmen 2-2) bzw. neoklassischer Verträge (Unternehmen 2-3). Es wird angenommen, dass hinsichtlich der taktisch-operativen Merkmale keine Unterschiede zwischen den Dyaden bestehen. Die Präferenz des Nachfragers hinsichtlich der taktisch-operativen Faktoren ist gleich gewichtet. Die Unterschiede zwischen den übrigen Ausprägungen zeigt Abb. 43, auf diese wird im Rahmen der folgenden Bewertung eingegangen. Die Abb. 44 visualisiert die Dyadenbewertung der Dyade 1-3/2-2 für den Fall des Leistungsaustauschs von Auftragstyp I.

Beschreibungsmerkmale / Situative Merkmale	Qualität	Hoch	Kosten	Mittel	Lieferzeit	Hoch	Mengenflexibilität	Hoch	Lieferflexibilität	Hoch	Produktionsvielfalt	Gering	Innovationsflexibilität	Gering	Innerbetrieblicher IuK-Reifegrad	Hoch	Zwischenbetriebliche Bindungsform	Relationaler Vertrag	Individualität der Partnerbeziehung	Umfassend individualisierte Beziehung	Verhandlungsposition	Ausgewogene Verhandlungsposition	Überbetrieblicher IuK-Reifegrad	Hoch	Min	Max	Auftragstyp I (si)	Zielerreichung Typ I (gi)
Präferenztyp																												
Qualität		3		0		0																			-3	3	3	0,33
Kosten		0		0		0																			-3	3	0	0,17
Lieferzeit		0		0		-3																			-3	3	-3	0,00
Einkaufsvolumen																												
Hohes Einkaufsvolumen																				2		0			-5	5	2	0,70
Bedarfsverlauf																												
Sporadisch								3		3										3					-9	9	9	1,00
Modulvarianten																												
Nicht-freigegebenes Modul												-3		-2											-5	5	-5	0,00
Digitalisierungsgrad																												
Physisch																				0								
Art der Leistung																												
Komplexes Spezialprodukt																						1			-2	3	1	0,60
Individualisierungsgrad																												
Make-to-order								2		2		-2		-1		3		2						3	-16	16	9	0,78
																											Dyadenbewertung (*mw*):	0,60

Abb. 44: Bewertung der Dyade 1-3/2-2 auf Basis Auftragstyp I

Die Ordinate führt die Ausprägungen der situativen Merkmale auf (siehe auch Tab. 45), die Abszisse die der Beschreibungsmerkmale. Die Felder der Matrix beinhalten die bei der Interdependenzbetrachtung berücksichtigten Bewertungen des Beschreibungsmerkmals bezogen auf das jeweilige situative Merkmal. Gemäß dem eingeführten Bewertungsansatz werden zunächst für alle Zeilen i die Unter- und Obergrenzen ($x_i^U und\ x_i^O$) gebildet[85]. Weiterhin wird für jede Zeile i die Summe s_i über alle Spalten j gebildet[86]. Der Zielerreichungsgrad g_i der Ausprägung Make-to-order berechnet sich dann bspw. zu $g_i = 0{,}78$[87].

---

[85] Für die Ausprägung Make-to-order ergibt sich im dargestellten Beispiel $x_i^U = -16\ und\ x_i^O = 16$.

[86] Im Fall Make-to-order ergibt sich im dargestellten Beispiel $s_i = 9$.

[87] $g_i = \frac{s_i - x_i^U}{x_i^O - x_i^U} = \frac{9+16}{32} = 0{,}78$.

Da der Präferenztyp eine gleiche Gewichtung von Qualität, Kosten und Lieferzeit vorsieht, wird der Zielerreichungsgrad der Ausprägungen des Präferenztyps (Qualität=1; Kosten=0,5; Lieferzeit=0) mit den Präferenzgewichten p_i multipliziert[88]. Auf diese Weise ergibt sich für den Präferenztyp der Zielerreichungsgrad $g_{i=1,\dots,3}$. Die kumulierte Dyadenbewertung entspricht dem Gesamtmittelwert mw aller Zielerreichungsgrade der Merkmale des Kundenauftrags und errechnet sich im dargestellten Beispiel zu $mw = 0{,}60$ [89].

Die nachfolgende Abb. 45 veranschaulicht das Berechnungsbeispiel der zweiten möglichen Dyade 1-3/2-3, wobei die zuvor formulierten Prämissen hinsichtlich der Bewertung der taktisch-operativen Faktoren und des Präferenztyps ihre Gültigkeit behalten. Das Vorgehen bei der Berechnung des Gesamtmittelwerts der Dyade erfolgt analog zum vorherigen Beispiel.

Beschreibungsmerkmale / Situative Merkmale	Qualität	Hoch	Kosten	Mittel	Lieferzeit	Hoch	Mengenflexibilität	Gering	Lieferflexibilität	Gering	Produktionsvielfalt	Mittel	Innovationsflexibilität	Gering	Innerbetrieblicher IuK-Reifegrad	Hoch	Zwischenbetriebliche Bindungsform	Neoklassischer Vertrag	Individualität der Partnerbeziehung	Teilweise individualisierte Beziehung	Verhandlungsposition	Gute Verhandlungsposition	Überbetrieblicher IuK-Reifegrad	Gering	Min	Max	Auftragstyp I (si)	Zielerreichung Typ I (gi)
Präferenztyp																												
Qualität		3		0		0																			-3	3	3	0,33
Kosten		0		0		0																			-3	3	0	0,17
Lieferzeit		0		0		-3																			-3	3	-3	0,00
Einkaufsvolumen																												
Hohes Einkaufsvolumen																				0		3			-5	5	3	0,80
Bedarfsverlauf																												
Sporadisch								-3		-3										2					-9	9	-4	0,28
Modulvarianten																												
Nicht-freigegebenes Modul												0		-2											-5	5	-2	0,30
Digitalisierungsgrad																												
Physisch																				0								
Art der Leistung																												
Komplexes Spezialprodukt																						3			-2	3	3	1,00
Individualisierungsgrad																												
Make-to-order								-2		-3		0		-1		3		0						-3	-16	16	-6	0,31
																											Dyadenbewertung (*mw*):	0,53

Abb. 45: Bewertung der Dyade 1-3/2-3 auf Basis Auftragstyp I

Wie deutlich wird, weicht die kumulierte Dyadenbewertung der zweiten Dyade nach unten von der Bewertung der ersten Dyade ab[90]. Der kumulierte Mittelwert errechnet sich hier zu $mw = 0{,}53$.

Die Zielerreichungsgrade der situativen Merkmale ermöglichen eine grobe Ursachenanalyse. Es ist erkennbar, dass eine geringe Liefer- und Mengenflexibilität bei Unternehmen 2-3 einen

[88] $\sum_{i=1}^{3} g_i p_i = 1 \times 0{,}33 + 0{,}5 \times 0{,}33 + 0 \times 0{,}33 = 0{,}495$ (mit $g_1 \times p_1 = 0{,}33$ *und* $g_2 \times p_2 = 0{,}17$).

[89] $mw = \frac{g_{i=1,\dots,3} + \sum_{i=4}^{m} g_i}{m-2} = \frac{0{,}495 + 3{,}08}{6} = 0{,}60.$

[90] u(1-3/2-3) < u(1-3/2-2).

wesentlichen Beitrag zu der schlechten Dyadenbewertung beigetragen haben[91]. Da eine schwer spezifizierbare und schwer substituierbare Leistung ausgetauscht wird (Auftragstyp I) trägt die gute Verhandlungsposition der im Fall der Dyade 1-3/2-3 dagegen positiv zum Gesamtergebnis bei. Für die schlechter bewertete Dyade könnte in diesem Fall bspw. eine Empfehlung lauten, die eigene Mengen- und Lieferflexibilität bspw. durch die Anschaffung geeigneter Maschinen zu erhöhen, um sich so für Kundenaufträge des Typs I zu qualifizieren.

Neben dem Vergleich von Dyaden hinsichtlich eines Auftragstyps ist insbesondere auch deren Eignung bezogen auf variierende Auftragstypen von Interesse. In der nachfolgend dargestellten Tab. 46 sind die kumulierten Zielerreichungsgrade aller fünf Auftragstypen für beide Dyaden aufgeführt.

Auftragstyp / Dyade (*mw*)	Auftragstyp I	Auftragstyp II	Auftragstyp III	Auftragstyp IV	Auftragstyp V
Dyade 1-3/2-2	0,60	0,59	0,53	0,63	0,68
Dyade 1-3/2-3	0,53	0,56	0,59	0,49	0,55

Tab. 46: Dyadenergebnisse exemplarischer Auftragstypen

Es ist deutlich zu erkennen, dass Dyade 1-3/2-2 insbesondere bei Auftragstyp I, IV und V deutlich positiver bewertet wurde als Dyade 1-3/2-3. Werden dagegen eher standardisierte Leistungen ausgetauscht, verliert die Mengen- und Lieferflexibilitätsvorteil von Dyade 1-3/2-2 an Bedeutung. Dyade 1-3/2-3 wird hier aufgrund einer besseren Verhandlungsposition und einer höheren Variantenvielfalt sogar als die Dyade mit höherem Nutzen für den Nachfrager bewertet.

Auf Basis der dargestellten Berechnungsmethodik können alle Dyaden eines Wertschöpfungsnetzes bewertet werden. Es wird davon ausgegangen, dass ein Nachfrager die Dyade selektieren wird, deren Nutzwert für ihn maximal ist.

[91] Zielerreichungsgrad Make-to-order bspw. beträgt lediglich 0,31 gegenüber 0,78 bei Dyade 1-3/2-2.

4.5 Prototypische Implementierung

Im Folgenden wird der im Rahmen dieser Arbeit entwickelte „Customer Driven Supply Net-Prototyp“ (CDSN-Prototyp) vorgestellt. Dieser dient zur Visualisierung des erarbeiteten Gestaltungsmodells, als Beispiel einer systemtechnischen Umsetzung des Gestaltungsansatzes sowie als Plattform zukünftiger Forschungsarbeiten in diesem Bereich. Die Darstellungen sind in zwei Abschnitte strukturiert. Abschnitt 4.5.1 gibt einen zusammenfassenden Überblick über das der Entwicklung zugrunde liegende Konzeptmodell der Software. Auf die Funktionsweise des Prototypen wird darauf aufbauend in Abschnitt 4.5.2 eingegangen.

4.5.1 Konzeptmodell

Die folgende Abb. 46 visualisiert überblicksartig das Konzeptmodell des Software-Prototypen, auf das im Folgenden eingegangen werden soll. Eine vollständige Darstellung des Modells findet sich in Anlage II.

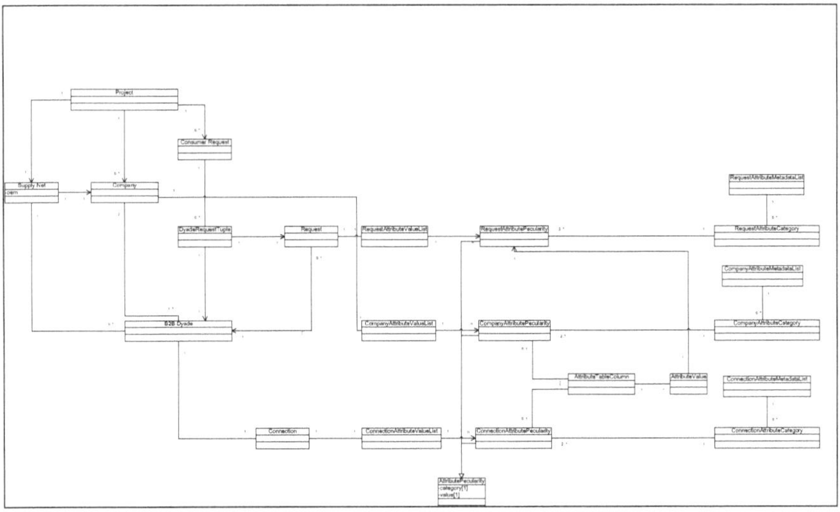

Abb. 46: Konzeptmodell CDSN-Prototype

Das Konzeptmodell ist in vier Kategorien eingeteilt, die sich wie folgt differenzieren lassen:

- Primärkonzepte
- Merkmale (Eigenschaften der Modellierungsprimitive)
- Container (Konzepte haben keine Entsprechung in der Realwelt)
- Hilfskonzepte für das Bewertungsmodul

Im Folgenden werden die Kategorien dargestellt.

Die folgende Abb. 47 visualisiert die Primärkonzepte des Prototypen.

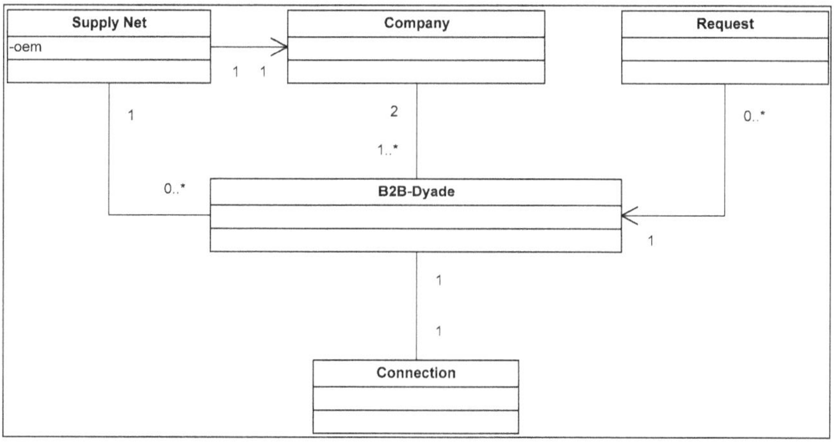

Abb. 47: Primärkonzepte des CDSN-Prototypen

Das Konzept Wertschöpfungsnetz („SupplyNet“) repräsentiert das gesamte Wertschöpfungsnetz. Einem Wertschöpfungsnetz ist genau ein Unternehmen (Konzept „Company“) als OEM zugeordnet. Betrachtet man ein Wertschöpfungsnetz als Baum, kann man den OEM auch als Wurzel verstehen.

Ein Wertschöpfungsnetz besteht aus null bis beliebig vielen B2B-Dyaden (Konzept „B2B-Dyade“), wohingegen jede B2B-Dyade genau einem Wertschöpfungsnetz zugeordnet ist.

Die B2B-Dyade stellt das zentrale Konzept der Anwendung dar. Eine B2B-Dyade besteht immer aus zwei Unternehmen und genau einer Verbindung (Konzept „Connection“). Über eine B2B-Dyade kann eine Leistung (Konzept „Request“) ausgetauscht werden, die B2B-Dyade existiert aber auch, wenn keine Leistung darüber ausgetauscht wird.

Die Eigenschaften der Primärkonzepte werden durch Merkmale repräsentiert. Ein exemplarischer Ausschnitt ist in Abb. 48 abgebildet und wird im Folgenden beschrieben.

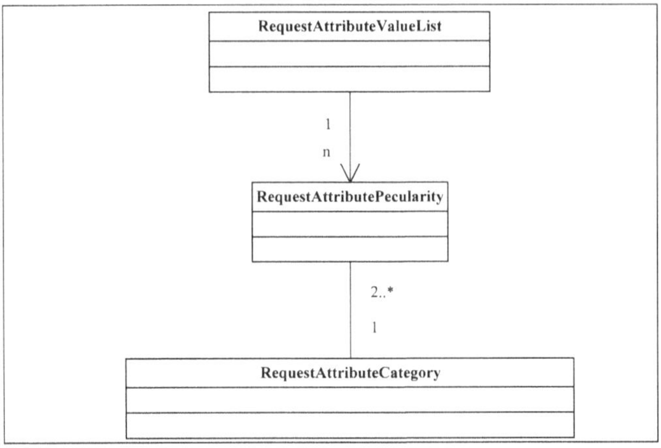

Abb. 48: Eigenschaften der Modellierungsprimitive des CDSN-Prototypen

In der Merkmalskategorie des Konzeptmodells werden die Beschreibungsmerkmale Unternehmen und Verbindungen sowie die situativen Merkmale der Leistung abgebildet. Ebenfalls werden hier die Ausprägungen sowie ihre Differenzierung hinterlegt.

Als exemplarisches Merkmal kann der Bedarfsverlauf einer angeforderten Leistung genannt werden. Dieses Merkmal wird innerhalb des Konzepts „RequestAttributeCategory" hinterlegt. Dabei kann das Merkmal die Ausprägungen „gleichbleibend", „schwankend" und „sporadisch" annehmen. Die Ausprägungen werden durch das Konzept „RequestAttributePeculari-ty" dargestellt. Das Konzept „RequestAttributeValueList" enthält dann genau eine der genannten Ausprägungen, da einer konkreten Leistung immer genau eine Ausprägung zugeordnet ist.

Es ist erkennbar, dass jedes Merkmal immer mindestens zwei Ausprägungen besitzt. Eine Merkmalsliste (Konzept „RequestAtributeValueList") enthält für jedes Merkmal genau eine Ausprägung. Folglich enthält jede Merkmalsliste genau so viele Ausprägungen, wie es Merkmale innerhalb des Konzepts „RequestAttributeCategory" gibt. Für die Konzepte Unternehmen und Verbindung gilt das dargestellte Prinzip äquivalent.

Nachfolgend werden in Abb. 49 zwei exemplarische Container des Konzeptmodells veranschaulicht (Konzepte „Project" und „ConsumerRequest").

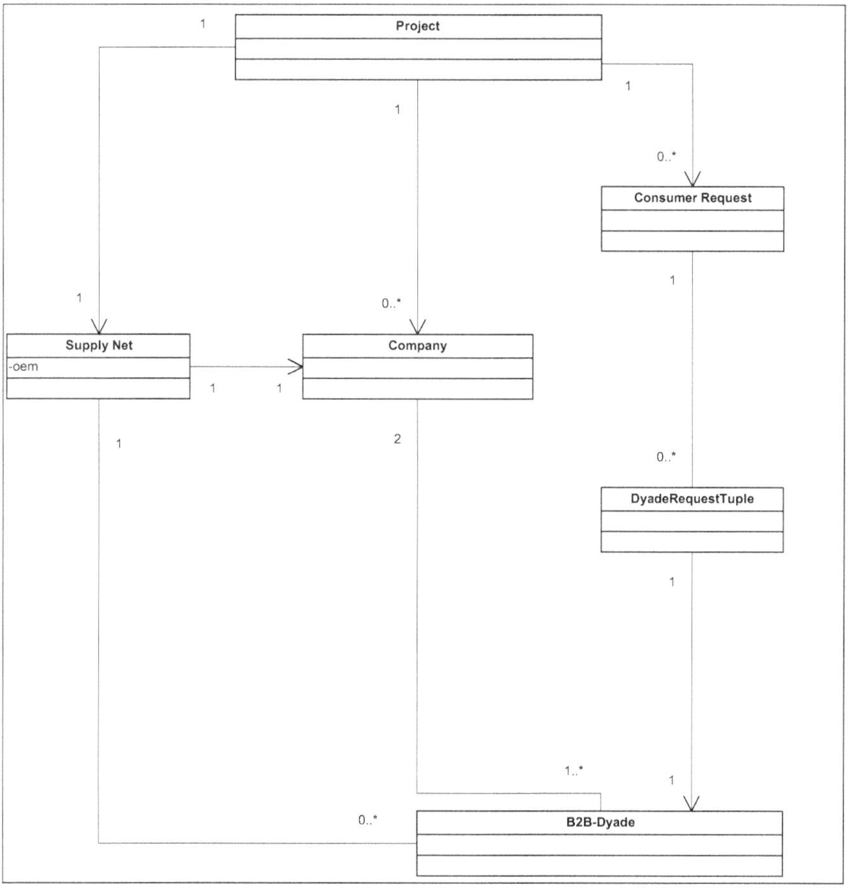

Abb. 49: Exemplarische Container des CDSN-Prototypen

Der Container Projekt (Konzept „Project") stellt die größte Verwaltungseinheit dar. In einem Projekt gibt es genau ein Wertschöpfungsnetz (Konzept „SupplyNet"). Es gibt null bis beliebig viele Unternehmen (Konzept „Company"), die Teil einer oder mehrerer B2B-Dyaden (Konzept „B2B-Dyade") sein können. Ein Unternehmen, welches in keiner B2B-Dyade enthalten ist, ist auch nicht Teil des Wertschöpfungsnetzes.

Außerdem verwaltet das Projekt die Kundenaufträge (Konzept „ConsumerRequest"), von dem es keinen bis beliebig viele geben kann. Der Kundenauftrag (Konzept „ConsumerRequest"), als zweiter hier darzustellender Container, speichert für eine B2B-Dyade im Liefernetz genau eine Leistung. Dabei kann ein Kundenauftrag mindestens null Leistungen verwalten und maximal so viele, wie es B2B-Dyaden im Liefernetz gibt.

Abschließend stellt Abb. 50 die Hilfskonzepte „AttributeTableColumn" und „AttributeValue" dar.

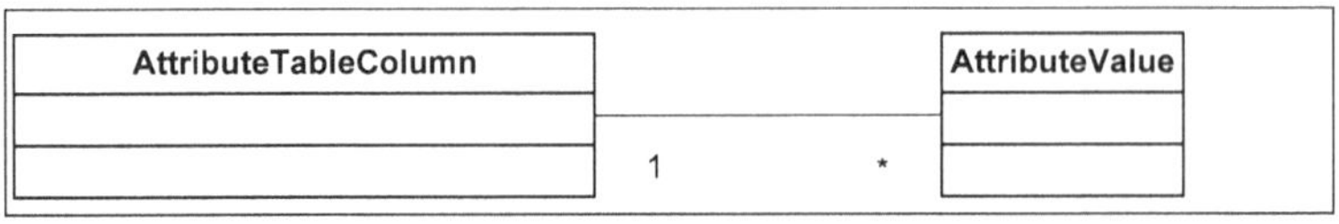

Abb. 50: Exemplarische Hilfskonzepte des CDSN-Prototypen

Die Bewertungstabelle besteht aus Spalten (Konzept „AttributeTableColumn"). Für alle Merkmalsausprägungen der Beschreibungsmerkmale (Unternehmen und Verbindung) existiert eine solche Spalte. Die Anzahl der Zeilen innerhalb der Bewertungstabelle entspricht der Anzahl an Merkmalsausprägungen aller situativen Merkmale (Konzept „AttributeValue"). Die sich ergebende Bewertungstabelle kann hinsichtlich ihres Aufbaus sowie der Zuordnung von Merkmalen und Ausprägungen zu den Achsen mit der in Anlage I abgebildeten Matrix verglichen werden.

Im Folgenden soll, aufbauend auf dem hier dargestellten Konzeptmodell, ein grober Überblick über die Funktionsweise des Prototypen gegeben werden. Dabei orientiert sich die Darstellung an dem eingeführten Konzeptmodell.

4.5.2 Funktionsweise

Die nachfolgende Abb. 51 veranschaulicht die Primäranzeige des CDSN-Prototypen. Diese besteht aus mehren Bereichen (A-E), auf die im Folgenden näher eingegangen werden soll.

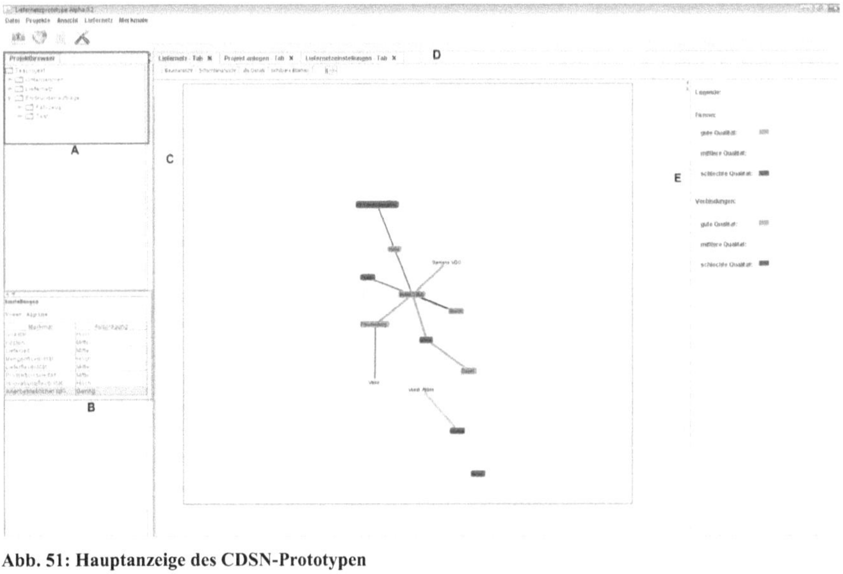

Abb. 51: Hauptanzeige des CDSN-Prototypen

Die Anwendung startet mit der Anlage eines Projekts (siehe Konzept „Project"). Dieses Projekt repräsentiert innerhalb der Anwendung die oberste Ebene, wobei für jedes angelegte Projekt genau ein Wertschöpfungsnetz existiert. Notwendig ist die Einführung der Projektebene oberhalb des eigentlichen Wertschöpfungsnetzes insbesondere aufgrund der Möglichkeit, gleichzeitig mehrere Endkundenaufträge[92] innerhalb eines Projekts zu verwalten und innerhalb eines einmal angelegten Wertschöpfungsnetzes (bestehend aus vielen Dyaden und Leistungsaustauschbeziehungen) zu simulieren.

Zur Anlage konkreter Unternehmen (Konzept „Company"), Dyaden (Konzept „B2B-Dyade") und Aufträge (Konzept „DyadeRequestTuple") dient Bereich „A". Innerhalb des als Projektbrowser bezeichneten Bereichs können Unternehmen mit ihren jeweiligen Ausprägungen angelegt werden, zwei Unternehmen zu einer Dyade verbunden werden sowie zu jeder Dyade die jeweils auszutauschende Leistung spezifiziert werden. Es ist möglich, diesen Vorgang für jeden angelegten Endkundenauftrag separat durchzuführen oder auch bestimmte Kundenaufträge von einem alternativen Endkundenauftrag zu übernehmen.

Die Darstellung des aus den einzelnen Dyaden bestehenden Wertschöpfungsnetzes erfolgt in Bereich „C" der Hauptanzeige. Auf Grundlage der in die Anwendung eingearbeiteten Merkmalsbewertungen, auf die später vertiefend eingegangen wird, erfolgt eine Visualisierung des Netzes sowie eine Darstellung der resultierenden Bewertung in Form eines „Ampelsystems". Die Schranken für die Zuordnung von Bewertungen zu Farben können frei gewählt werden. Bereich „E" stellt die zugehörige Legende dar. Zur besseren Anwendbarkeit sind verschiedene Darstellungsformen des Wertschöpfungsnetzes möglich. Die Abb. 51 zeigt das Netz in Form einer „Schichtenansicht", eine Darstellung in Form einer „Baumansicht" ist äquivalent möglich (siehe Bereich „F" in Abb. 53).

Grundlegend für die Bewertung der Dyaden ist der in Abschnitt 4.3 eingeführte numerische Ansatz zur Dyadenbewertung, welcher vollständig innerhalb der Anwendung implementiert ist. Die Bewertung der Beschreibungsmerkmale erfolgt innerhalb der Software synonym zu dem in Abschnitt 4.4 anhand von exemplarischen Kundenauftragstypen dargestellten Verfahren. Die entsprechende Matrix (vgl. hierzu auch Anlage I) wurde in ein exemplarisches Projekt eingepflegt, die erarbeiteten Interdependenzen wurden dabei übernommen.

Die folgende Abb. 52 zeigt das Anwendungsfenster zur Eingabe von Merkmalen und Bewertung der Merkmale (Bereich „I").

[92] Ein Endkundenauftrag (bspw. Fahrzeug BMW X5) besteht aus vielen Leistungsaustauschbeziehungen (Kundenaufträgen) zwischen den Wertschöpfungspartnern.

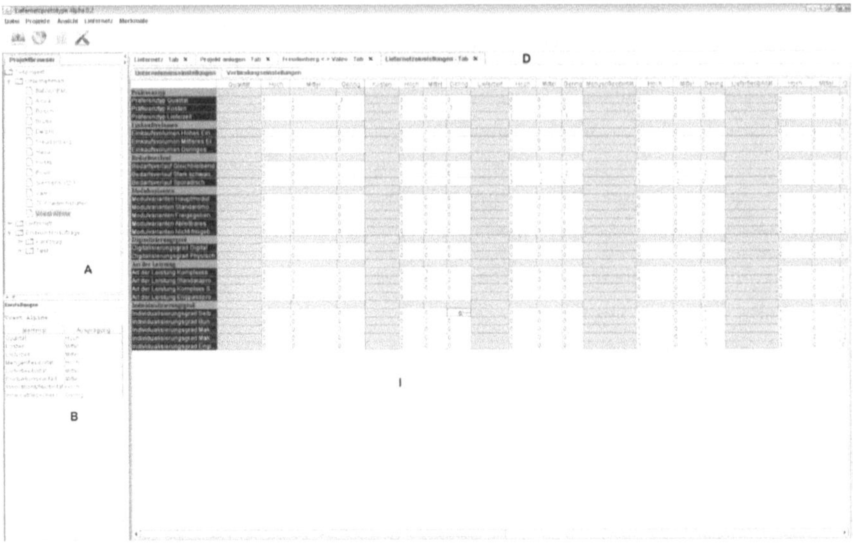

Abb. 52: Bewertungsmatrix innerhalb des CDSN-Prototypen

Hierbei ist anzumerken, dass über die in dieser Arbeit festgelegte Bewertungsskala von minus drei (-3) bis plus drei (+3) hinaus, innerhalb der Anwendung eine beliebig hohe Bewertung der Interdependenzen möglich ist. Damit wird dem Gedanken Rechnung getragen, dass die Anwendung in zukünftigen wissenschaftlichen oder praktischen Arbeiten als Grundlage weiter ausdifferenzierender Untersuchungen genutzt werden kann.

Für eine vertiefende Analyse des Wertschöpfungsnetzes besteht die Möglichkeit, innerhalb der Hauptanzeige (Bereich „C“) eine konkrete Dyade zu selektieren. Auf Grundlage der detaillierten Dyadenansicht (vgl. Abb. 53) sind alle Merkmale, deren Bewertungen und gegenseitigen Interdependenzen in einer zentralen Ansicht dargestellt. Bereich „F“ zeigt zur Orientierung innerhalb des Wertschöpfungsnetzes die selektierte Dyade, Bereich „G“ visualisiert selbige auf Grundlage der dargestellten Bewertung. Die Merkmale und ihre jeweiligen Ausprägungen sind in Bereich „H“ dargestellt. Durch Wechsel der Ansicht sind ebenfalls die detaillierten Berechnungsergebnisse abrufbar.

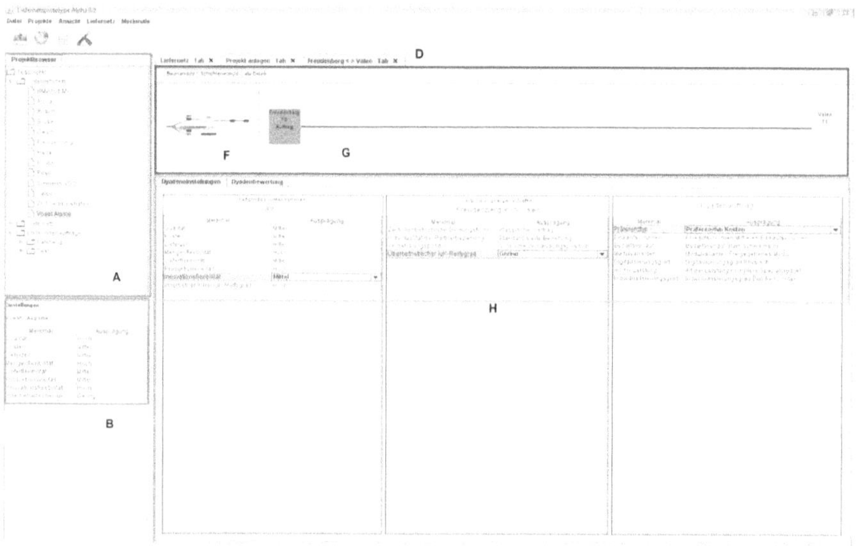

Abb. 53: Detailansicht einer Dyade im CDSN-Prototypen

Abschließend sei angemerkt, dass sich die Anwendung im Rahmen der vorliegenden Forschungsarbeit bereits als Hilfsmittel zur Visualisierung von Wertschöpfungsnetzen, der Evaluation eines geeigneten Skalenniveaus für die Bewertung und zur Validierung des numerischen Ansatzes bewährt hat. Es ist beabsichtigt, den hier vorgestellten Prototypen zu einer umfassenden Plattform für die Visualisierung, Bewertung und Optimierung von Wertschöpfungsnetzen weiter zu entwickeln.

4.6 Fazit

Der im Rahmen dieses Kapitels eingeführte Gestaltungsansatz basiert auf einer dyadischen Sichtweise. Diese ermöglicht es den Netzteilnehmern, Beziehungen zu potenziellen Wertschöpfungspartnern detailliert zu analysieren.

Grundlegend hierfür ist der Aufbau einer Dyade, bestehend aus zwei Unternehmen und ihrer Verbindung zueinander. Zur Beschreibung der Dyade wurden aus dem theoretisch-konzeptionellen Bezugsrahmen Merkmale abgeleitet, die den Wertschöpfungspartner und die zwischen den Partnern existierende Verbindung charakterisieren.

Wesentliches Merkmal des Gestaltungsansatzes ist die Bewertung dieser Merkmale (Beschreibungsmerkmale) auf Grundlage von Ausprägungen der situativen Merkmale. Diese situativen Merkmale repräsentieren Eigenschaften der jeweils auszutauschenden Leistung sowie der Leistungserstellung beim Nachfrager. Die Merkmale wurden vergleichbar den Beschreibungsmerkmalen aus dem Bezugsrahmen der Arbeit abgeleitet.

Im Rahmen einer ausführlichen Interdependenzbetrachtung wurde der Einfluss der situativen Merkmale auf die Beschreibungsmerkmale untersucht. Die auf diese Weise abgeleiteten Interdependenzen wurden in einen numerischen Ansatz überführt. Dieser wurde daran anschließend anhand von Kundenauftragstypen exemplarisch verdeutlicht. Die abschließende Darstellung der prototypischen Umsetzung des Gestaltungsansatzes hat Möglichkeiten aufgezeigt, wie die hier vorgestellten Konzepte in Wissenschaft und Praxis genutzt werden können.

Durch die Berücksichtigung von Individualisierungskonzepten innerhalb des Wertschöpfungsnetzes wurden bisher vorwiegend an der Endkundenschnittstelle angewendete Ansätze auf den zwischenbetrieblichen Bereich übertragen. Die Einflüsse auf die Bewertung der Beschreibungsmerkmale haben verdeutlicht, dass im Fall einer zwischenbetrieblichen Individualisierung deutlich andere Anforderungen an die Beschreibungsmerkmale zu stellen sind, als dies ohne Berücksichtigung dieser Faktoren der Fall ist.

Auf Grundlage der Darstellungen ist die Bedeutung der Flexibilitätsmerkmale für eine auftragsorientierte Produktindividualisierung deutlich geworden. Die exemplarischen Berechnungen der Nutzwerte der Dyaden für die eingeführten Kundenauftragstypen haben gezeigt, dass dem auftragsorientiertem Ausgleich zwischen Flexibilitätsbedarfen eines Nachfragers und Flexibilitätspotenzialen des Anbieters hohe Bedeutung zukommt. Dabei konnte konstatiert werden, dass die Flexibilität des Gesamtmodells des situativen Wertschöpfungsnetzes maßgeblich von den Flexibilitätspotenzialen seiner Teilnehmer abhängt. Zugleich wurde durch den dyadischen Gestaltungsansatz ein Beitrag zur Schaffung von Flexibilität des Wertschöpfungsnetzes geschaffen. Dieses ermöglicht durch die dem Modell inhärenten Freiheitsgrade, hohe Verhaltensvarietät und insofern große Handlungsspielräume innerhalb der Systemgrenzen.

Mit der Berücksichtigung von inner- und zwischenbetrieblichen IuK-Reifegraden wurde der Bedeutung einer zeitnahen Informationsweitergabe innerhalb des Wertschöpfungsnetzes Rechnung getragen. Die Untersuchungen haben eine mit zunehmender Individualisierung steigende Bedeutung ausgereifter IuK-Systeme verdeutlicht. Durch eine Unterscheidung zwischen digitalen und physischen Leistungen wurde die Tatsache berücksichtigt, dass zwischenbetriebliche Wertschöpfung zu immer größeren Anteilen auch aus dem Austausch digitaler Leistungen besteht. Die Einführung angepasster situativer Merkmale für den Austausch digitaler Leistungen hat eine wichtige Unterscheidung zwischen komponentenorientierten und monolithischen digitalen Leistungen vorgenommen. Es ist in diesem Zusammenhang zu erwarten, dass in Zukunft innerhalb eines Wertschöpfungsnetzes verstärkt Softwarekomponenten ausgetauscht werden. Insofern gibt die Darstellung einen ersten Anhaltspunkt für weitere Forschungsarbeiten in diesem Bereich.

Insgesamt ermöglicht der Gestaltungsansatz ein detailliertes Gesamtbild der im Fall einer auftragsorientierten Produktindividualisierung zu berücksichtigenden Merkmale und ihrer wechselseitigen Einflüsse. Die Gesamtbetrachtung aller Dyaden ermöglicht auf diese Weise einen den tatsächlichen Bedingungen entsprechendes, realistisches Bild eines situativen Wertschöpfungsnetzes. Insofern leistet der Ansatz einen Beitrag zur Schaffung leistungsfähiger Wertschöpfungsnetzstrukturen, die der zu Beginn der Arbeit formulierten Forderung nach umfassender Flexibilität entsprechen.

5 Schlussbetrachtungen

5.1 Zusammenfassung

In Kapitel 1 wurde die Motivation zur Bearbeitung der Thematik situativer Wertschöpfungsnetze gelegt. Dabei wurde zunächst, durch die Darstellung des Kontexts sowie der Explikation der Problemstellung, ein erster Überblick über das Betrachtungsspektrum der Arbeit gegeben. Es ist deutlich geworden, dass Unternehmen sich verstärkt in einem Spannungsfeld zwischen zunehmender Produktindividualisierung und wachsender Bedeutung von Wertschöpfungsnetzstrukturen bewegen. Aus den sich daraus ergebenden Herausforderungen wurde die Bedeutung geeigneter Wertschöpfungsnetzmodelle hervorgehoben. Es wurde herausgearbeitet, dass ein solches Modell den sich aus dem Spannungsfeld ergebenden Herausforderungen vor allem durch flexible und sich der jeweiligen Situation anpassender Strukturen begegnen muss. Der aus dieser Schlussfolgerung resultierende Bedarf nach einem geeigneten Modell wurde bei der Explikation von Zielsetzung und Forschungsfragen aufgegriffen. Als Ziel der Arbeit wurde hierbei die Gestaltung eines fundierten Ansatzes zur Untersuchung der Auswirkungen individueller Auftragstypen auf die Gestaltung von Wertschöpfungsnetzen expliziert. Aufbauend auf der wissenschaftstheoretischen Positionierung und dem Beitrag der Arbeit wurde das Vorgehen zur Erreichung der Zielsetzung vorgestellt. Die Bedeutung eines theoretischen sowie begrifflich-konzeptionellen Bezugsrahmens wurde betont.

In Kapitel 2 wurde zunächst der theoretische Bezugsrahmen eingeführt. Dieser diente der Arbeit als Grundlage zur Erklärung der Wirkungsmechanismen in Wertschöpfungsnetzen. Die Darstellungen zur Systemtheorie haben gezeigt, dass Wertschöpfungsnetze als soziotechnische Systeme aufgefasst werden können. Aus den Überlegungen konnte insbesondere hergeleitet werden, dass zur Schaffung möglichst großer Handlungsspielräume eine flexible Gestaltung der Wertschöpfungsnetzstrukturen von grundlegender Wichtigkeit ist. Es wurde verdeutlicht, dass die Voraussetzung für die Schaffung dieser Flexibilität eine der jeweiligen Situation entsprechende Anpassung an situative Umweltbedingungen ist. Durch die Darstellung der Theorien der NIÖ wurde darauf aufbauend eine Grundlage zur Beschreibung der Wirkungszusammenhänge in Wertschöpfungsnetzen gelegt. Die sich anschließende Vertragstheorie hat schließlich deutlich gemacht, dass Wertschöpfungsnetze als Geflecht von Verträgen angesehen werden können, wobei diese durch ihre unterschiedlichen Eigenschaften einen organisationsbegründenden Charakter besitzen. Insofern wurde die Grundlage zur Berücksichtigung unterschiedlicher institutioneller Arrangements innerhalb des Wertschöpfungsnetzwerks gelegt.

In Kapitel 3 wurden die thematischen Grundlagen der Arbeit durch die Erarbeitung des begrifflich-konzeptionellen Bezugsrahmens gelegt. Dieser wurde in die Bereiche Kooperation, Individualisierung und IuK-Konzepte strukturiert. Im Bereich der Kooperation wurde der durch Sydow geprägte, eher allgemeine Netzwerkbegriff, durch eine umfassende Darstellung des Kooperationsbegriffs weiter ausdifferenziert. Zusammen mit einer graphentheoretischen Betrachtung von Netzwerken und einer umfassenden Darstellung von Klassifikationskriterien, dienten die Darstellungen der Ableitung des dieser Arbeit zugrundeliegenden Begriffs des situativen Wertschöpfungsnetzes. Die Ausführungen zum Management von Wertschöpfungsnetzen haben gezeigt, dass sich dieses in eine auftragsbezogene und eine auftragsübergreifende Ebene differenzieren lässt. Die Arbeit wurde der auftragsübergreifenden Ebene und hierbei insbesondere der Selektions- und Allokationsfunktion zugeordnet. Der erarbeitete Begriff wurde abschließend gegenüber verwandten Konzepten abgegrenzt. Im Bereich der Individualisierung von Produkten wurde eine grundlegende Selektion relevanter Typologien sowie eine umfassende Darstellung des Strategiekonzepts der Mass Customization vorgenommen. Die Darstellung von IuK-Konzepten hat abschließend die Basis zur Beurteilung eines inner- und zwischenbetrieblichen IuK-Reifegrades gelegt. Insgesamt hat das dritte Kapitel der Arbeit somit die Grundlage zur Beantwortung der Frage gelegt, welche Kriterien zur Beschreibung von Wertschöpfungsnetzen und zur Differenzierung von Auftragstypen relevant sind.

Kapitel 4 umfasste die Entwicklung des Gestaltungsansatzes situativer Wertschöpfungsnetze und bildete insofern den zentralen Kern der Arbeit.

Im Rahmen der Darstellungen wurde zunächst ein geeignetes Beschreibungsmodell eingeführt. Dieses basiert auf einer dyadischen Sichtweise des Wertschöpfungsnetzes und sieht eine lokale Optimierung bei der Selektion von Wertschöpfungspartnern im Vordergrund. Es wurde deutlich gemacht, dass Regeln der Zusammenarbeit innerhalb des Partnerpools und eine netzwerkweite Informationstransparenz, trotz der postulierten lokalen Optimierung, wichtig sind. Motiviert wurde dies u.a. durch die Relevanz der Dyadenbewertungen für die nachfolgende Allokationsaufgabe. Die Darstellungen dieses Abschnitts beantworten die eingangs formulierte Teilfrage, welchen Bedingungen das Modell eines situativen Wertschöpfungsnetzes genügen muss und wie dieses Modell sinnvoll zu beschreiben ist.

Die Dyade selbst wurde anhand ihrer wesentlichen Merkmale beschrieben. Hierzu zählen die Beschreibungsmerkmale (Unternehmen und Verbindung) sowie situative Merkmale, welche die Bewertung der Beschreibungsmerkmale beeinflussen. Die Herleitung der Merkmale erfolgte unter Zugrundelegung des theoretischen sowie begrifflich-konzeptionellen Bezugsrahmens. Bei den Merkmalsdarstellungen wurde auf eine geeignete Operationalisierung, bspw. durch die Herleitung sinnvoller Indikatoren, fokussiert. Die Relevanz des jeweiligen Merkmals für den Kontext situativer Wertschöpfungsnetze wurde herausgearbeitet. Wesentlicher Beitrag der Ausführungen zum Gesamtziel der Arbeit war somit die Beantwortung der Frage, welche Kriterien zur Beschreibung von Wertschöpfungsnetzen und zur Differenzierung von Auftragstypen relevant sind.

Die Interdependenzbetrachtung hat gezeigt welcher Art die Einflüsse der situativen Merkmale sein können. Diese wurden auf Basis der argumentativ-deduktiven Forschungsmethode der

Arbeit, auf Grundlage von Indikatoren und einer argumentativen Plausibilisierung fundiert. Wo immer möglich, wurden die Ergebnisse zusätzlich durch empirische oder fallstudienbasierte Referenzen validiert. Durch Einführung eines geeigneten numerischen Bewertungsansatzes und dessen Abgrenzung gegenüber existierenden Verfahren wurden die Ergebnisse der Interdependenzbetrachtung in ein mathematisches Modell überführt. Auf diese Weise ist die Berechnung konkreter Zielerreichungsgrade einer Dyade möglich, Alternativen können zueinander in Relation gesetzt werden. Anhand der Eigenschaften der situativen Merkmale sowie der Interdependenzbetrachtung wurden diese zu exemplarischen Auftragstypen zusammengefasst. Es wurde postuliert, dass ein Auftragstyp immer den gleichen Einfluss auf die Dyadenbewertung ausübt. Differenziert sich ein Endkundenauftrag innerhalb des situativen Wertschöpfungsnetzes in die gleichen Auftragstypen, werden auch immer dieselben Teilbereiche des Netzes aktiviert. Das sich auf diese Weise bildende Netzwerk im Netzwerk entspricht den Prämissen, die an situative Wertschöpfungsnetze formuliert wurden. Bei unveränderten Ausprägungen der Beschreibungsmerkmale ergibt sich, bezogen auf das Gesamtnetz, für jeden Endkundenauftrag die gleiche Kombination an Partnern. Zur Verdeutlichung der Berechnungsmethodik wurden die Berechnungen exemplarisch anhand der Auftragstypen durchgeführt. Die errechneten Gesamtmittelwerte der Dyade wurden gegenübergestellt, die Ergebnisse diskutiert. Insgesamt wurde auf diese Weise die Frage beantwortet, wie sich der besondere Einfluss kundenauftragsabhängiger Faktoren auf die Gestaltung situativer Wertschöpfungsnetze beschreiben lässt.

Durch die Überführung der zuvor theoretisch erarbeiteten Ergebnisse in einem Softwareprototyp wurde eine Möglichkeit zur Visualisierung auch komplexer Netze geschaffen. Die innerhalb der Anwendung eingebundene Datenbank schafft die Möglichkeit, auf Basis des in dieser Arbeit entwickelten Gestaltungsmodells, weiterführende Forschungsarbeiten einzubinden.

Auf den sich aus den Forschungsarbeiten ableitenden, weiteren Forschungsbedarf wird im folgenden Abschnitt vertiefend eingegangen. Die abschließenden Darstellungen beantworten dabei die verbleibende Teilfrage, welche Implikationen sich aus einem situativen Wertschöpfungsnetzmodell für die weitere Forschung ableiten. Da sich die Forschungsfrage aus den formulierten Teilfragen zusammensetzt, wurde durch deren Beantwortung das als Forschungsfrage formulierte Ziel der Arbeit erreicht.

5.2 Fazit und weiterer Forschungsbedarf

Der in dieser Arbeit erarbeitete Gestaltungsansatz situativer Wertschöpfungsnetze hat die dyadische Austauschbeziehung zwischen Partnern innerhalb eines Netzwerks in den Vordergrund gerückt. Die Dyade wurde hierbei anhand von Beschreibungsmerkmalen charakterisiert. Es wurden situative Merkmale erarbeitet, die einen Einfluss auf die Selektion von Dyaden ausüben. Die Herleitung der Merkmale erfolgte auf Grundlage der konzeptionell-deduktiven Forschungsmethode aus dem begrifflich-konzeptionellen Bezugsrahmen der Arbeit. Die eingeführte Bewertungsmethodik erlaubt einen Vergleich alternativer Dyaden.

Aus den Ergebnissen sind für Verantwortliche in Unternehmen Hinweise darauf ableitbar, welche Faktoren bei Selektionsentscheidungen von Wertschöpfungspartnern zu berücksichtigen sind. Dabei hat diese Arbeit deutlich gemacht, dass eine Bewertung von Lieferanten nur dann zielführend sein kann, wenn die konkreten Bedingungen der jeweiligen Leistungsaustauschbeziehung berücksichtigt werden. Bei einer Veränderung der situativen Bedingungen, bspw. einer Veränderung des Individualisierungskonzepts oder der Einführung einer bestimmten Modularisierungsform, müssen diese bei der Lieferantenselektion berücksichtigt werden. Die Arbeit hat gezeigt, welcher Art und Intensität die Einflüsse auf die Beschreibungsmerkmale einer Dyade sein können. Darüber hinaus bieten die Ergebnisse die Möglichkeit für qualifizierende Schritte innerhalb des eigenen Unternehmens mit dem Ziel, in dem sich entwickelndem Trend zunehmend individuellerer Leistungserstellung als geeigneter Wertschöpfungspartner berücksichtigt zu werden. Konkret kann dies bspw. durch ein sinnvolles Flexibilitätsmanagement erfolgen, welches die an das Unternehmen herangetragenen Flexibilitätsbedarfe durch die Schaffung adäquater Flexibilitätspotenziale abdeckt.

Für die Zielgruppe der Systemplaner und Systementwickler legt diese Arbeit eine Grundlage zur Berücksichtigung kundenauftragsbezogener Faktoren im Rahmen anstehender (System-) Entwicklungen. Insbesondere kann für diese Zielgruppe das Gesamtmodell des situativen Wertschöpfungsnetzes von Interesse sein, welches das aus einem geschlossenen Partnerpool bestehende Wertschöpfungsnetz auf Grundlage vieler Dyaden modelliert. Der im Rahmen dieser Arbeit entwickelte Software-Prototyp veranschaulicht, wie eine solche Implementierung aussehen könnte.

Für die Wissenschaft leitet sich aus den Erkenntnissen dieser Arbeit weitergehender Forschungsbedarf insbesondere hinsichtlich einer verstärkt differenzierenden Betrachtung der Merkmale und ihrer Interdependenzen ab. Dies kann bspw. im Rahmen fallstudienbasierter bzw. empirischer Arbeiten erfolgen, die dann zugleich einen engeren Betrachtungsfokus bspw. auf spezielle Branchen oder einzelne Unternehmen legen. Der entwickelte Software-Prototyp kann dabei als Plattform zur Integration weitergehender Ergebnisse dienen. Als weiterer Ansatzpunkt bietet sich die Übertragung der Ergebnisse von dem eher langfristig orientierten, auftragsübergreifenden Blickwinkel dieser Arbeit, auf eine operative und somit auftragsbezogene Ebene an. Dabei ist zu prüfen, inwieweit der eingeführte numerische Ansatz auf die operative Ebene übertragbar ist.

Grundsätzlich legt diese Forschungsarbeit eine wichtige Grundlage für die über diese Arbeit hinausgehende Vision einer ad-hoc Konfiguration von Wertschöpfungsnetzen. Nach dieser Vorstellung bildet sich ein Wertschöpfungsnetz erst bei Vorliegen eines konkreten Endkundenauftrags und hat nur solange Bestand, bis dieser durch das Netz bearbeitet wurde. Zur Realisierung dieser Vision sind hoch flexible und dynamische Wertschöpfungsnetze erforderlich. Durch die Einführung eines Gestaltungsansatzes situativer Wertschöpfungsnetze unter Berücksichtigung einer auftragsorientierten Produktindividualisierung wurde hierzu ein wichtiger Beitrag geleistet.

Anhang I: Bewertungsmatrix

	Qualität	Hoch	Mittel	Gering	Kosten	Gering	Mittel	Hoch	Lieferzeit	Gering	Mittel	Hoch
Präferenztyp												
Qualität		3	0	-3		0	0	0		0	0	0
Kosten		0	0	0		3	0	-3		0	0	0
Lieferzeit		0	0	0		0	0	0		3	0	-3
Einkaufsvolumen												
Hohes Einkaufsvolumen												
Mittleres Einkaufsvolumen												
Geringes Einkaufsvolumen												
Bedarfsverlauf												
Gleichbleibend												
Stark schwankend												
Sporadisch												
Modulvarianten												
Hauptmodul												
Standardmodul												
Freigegebenes Modul												
Ableitbares Modul												
Nicht-freigegebenes Modul												
Digitalisierungsgrad												
Digital												
Physisch												
Art der Leistung												
Komplexes Marktprodukt												
Standardprodukt												
Komplexes Spezialprodukt												
Engpassprodukt												
Individualisierungsgrad												
Selbstindividualisierung												
Bundle-to-order												
Make-to-stock												
Make-to-order												
Engineer-to-order												

	Mengenflexibilität	Hoch	Mittel	Gering	Lieferflexibilität	Hoch	Mittel	Gering	Produktionsvielfalt	Hoch	Mittel	Gering
Präferenztyp												
Qualität												
Kosten												
Lieferzeit												
Einkaufsvolumen												
Hohes Einkaufsvolumen												
Mittleres Einkaufsvolumen												
Geringes Einkaufsvolumen												
Bedarfsverlauf												
Gleichbleibend		1	0	-1		1	0	-1				
Stark schwankend		2	-1	-2		2	-1	-2				
Sporadisch		3	-2	-3		3	-2	-3				
Modulvarianten												
Hauptmodul										1	0	-1
Standardmodul										1	0	-1
Freigegebenes Modul										2	0	-2
Ableitbares Modul										2	0	-2
Nicht-freigegebenes Modul										3	0	-3
Digitalisierungsgrad												
Digital												
Physisch												
Art der Leistung												
Komplexes Marktprodukt												
Standardprodukt												
Komplexes Spezialprodukt												
Engpassprodukt												
Individualisierungsgrad												
Selbstindividualisierung		1	0	-1		1	0	-1		1	0	-1
Bundle-to-order		1	0	-1		1	0	-1		1	0	-1
Make-to-stock		1	0	-1		1	0	-1		1	0	-1
Make-to-order		2	0	-2		2	0	-3		2	0	-2
Engineer-to-order		3	0	-3		3	0	-3		3	0	-3

	Innovationsflexibilität	Hoch	Mittel	Gering	Innerbetrieblicher IuK-Reifegrad	Hoch	Mittel	Gering	Zwischenbetriebliche Bindungsform	Klassischer Vertrag	Neoklassischer Vertrag	Relationaler Vertrag	Symbiotischer Vertrag
Präferenztyp													
Qualität													
Kosten													
Lieferzeit													
Einkaufsvolumen													
Hohes Einkaufsvolumen													
Mittleres Einkaufsvolumen													
Geringes Einkaufsvolumen													
Bedarfsverlauf													
Gleichbleibend													
Stark schwankend													
Sporadisch													
Modulvarianten													
Hauptmodul		1	0	-1									
Standardmodul		1	0	-1									
Freigegebenes Modul		1	0	-1									
Ableitbares Modul		1	0	-1									
Nicht-freigegebenes Modul		2	0	-2									
Digitalisierungsgrad													
Digital													
Physisch													
Art der Leistung													
Komplexes Marktprodukt													
Standardprodukt													
Komplexes Spezialprodukt													
Engpassprodukt													
Individualisierungsgrad													
Selbstindividualisierung		1	0	-1		1	0	-1		0	1	1	1
Bundle-to-order		1	0	-1		1	0	-1		0	1	1	1
Make-to-stock		1	0	-1		1	0	-1		0	1	1	1
Make-to-order		1	0	-1		3	0	-3		-2	0	2	2
Engineer-to-order		1	0	-1		3	0	-3		-2	0	2	2

	Individualität der Partnerbeziehung	Standardisierte Beziehung	Teilweise individualisierte Beziehung	Umfassend individualisierte Beziehung	Verhandlungsposition	Schlechte Verhandlungsposition	Ausgewogene Verhandlungsposition	Gute Verhandlungsposition	Überbetrieblicher IuK-Reifegrad	Gering	Mittel	Hoch
Präferenztyp												
Qualität												
Kosten												
Lieferzeit												
Einkaufsvolumen												
Hohes Einkaufsvolumen		-2	0	2		-3	0	3				
Mittleres Einkaufsvolumen		0	1	1		-2	0	2				
Geringes Einkaufsvolumen		0	0	0		-1	0	1				
Bedarfsverlauf												
Gleichbleibend		-1	0	1								
Stark schwankend		-2	1	2								
Sporadisch		-3	2	3								
Modulvarianten												
Hauptmodul												
Standardmodul												
Freigegebenes Modul												
Ableitbares Modul												
Nicht-freigegebenes Modul												
Digitalisierungsgrad												
Digital		-1	0	1								
Physisch		0	0	0								
Art der Leistung												
Komplexes Marktprodukt						-1	0	1				
Standardprodukt						-1	0	1				
Komplexes Spezialprodukt						-2	1	3				
Engpassprodukt						-2	1	2				
Individualisierungsgrad												
Selbstindividualisierung										-1	0	1
Bundle-to-order										-1	0	1
Make-to-stock										-1	0	1
Make-to-order										-3	0	3
Engineer-to-order										-3	0	3

Anhang II: Konzeptmodell CDSN-Prototyp

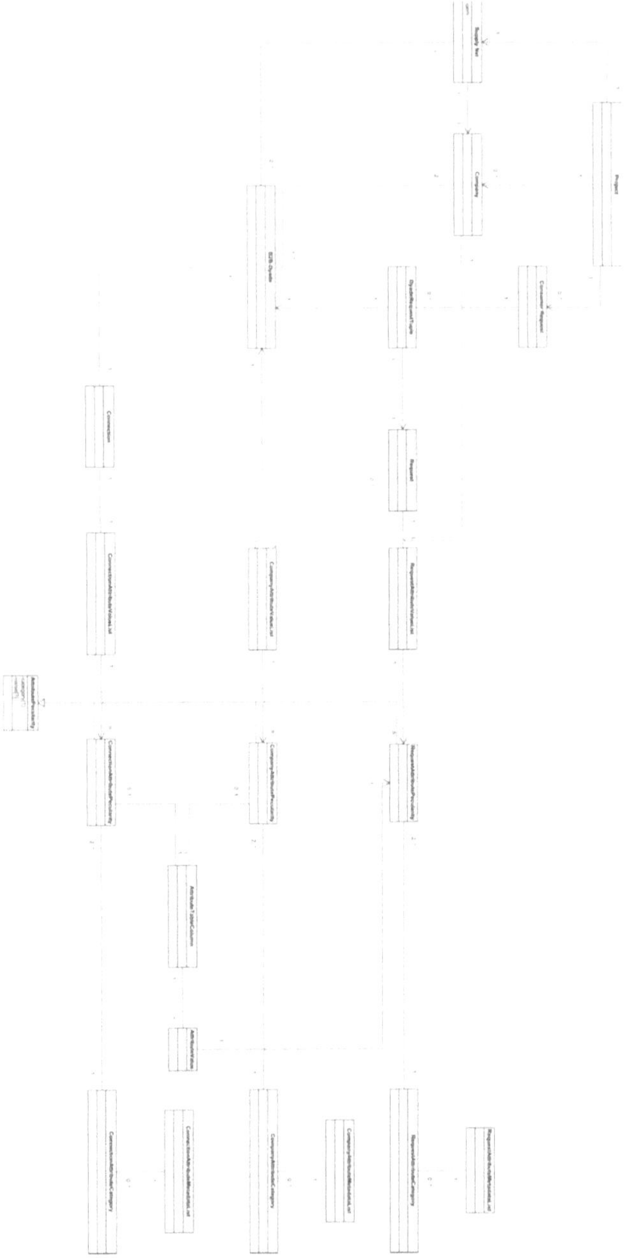

Literarturverzeichnis

[AbMü2002] *Abts, D.; Mülder, W.:* Grundkurs Wirtschaftsinformatik: eine kompakte und praxisorientierte Einführung. 4. Aufl., Vieweg, Braunschweig 2002.

[Affe2002] *Affeld, D.:* Mit Best Practice im Supply Chain Management (SCM) zur Optimierung der Wertschöpfungskette. In: *A. Voegele; M. Zeuch (Hrsg.)*: Supply Network Management - Mit Best Practice der Konkurrenz voraus. Gabler, Wiesbaden 2002, S. 13-30.

[AlDe1972] *Alchian, A. A.; Demsetz, H.:* Production, information costs and economic organization. In: The American Economic Review 62 (1972) 5, S. 777-795.

[AlZO2006] *Al-Mashari, M.; Zairi, M.; Okazawa, K.:* Enterprise Resource Planning (ERP) implementation: a useful road map. In: International Journal of Management and Enterprise Development 3 (2006) 1-2/2006, S. 169-180.

[Ange2002] *Angeli, R.:* Aufbau und Koordination dynamischer Unternehmensnetzwerke. In: *B. L. (BVL) (Hrsg.)*: Dokumentation zum Wissenschaftssymposium Logistik der BVL 2002. Huss-Verlag, München 2002, S. 537-549.

[AoGW1990] *Aoki, M.; Gustaffson, B.; Williamson, O. E.:* The Firm as a Nexus of Treaties. Sage Publishing, London 1990.

[Appl1994] *Applegate, L. M.:* Managing in an Information Age: Transforming the Organization for the 1990s. In: *R. Baskerville; S. Smithson; O. Ngwenyama; J. I. DeGross (Hrsg.)*: Transforming Organizations with Information Technology. Bd. A-49, North-Holland Publishing Co., Amsterdam, London, New York, Tokyo 1994, S. 15-94.

[Ashb1974] *Ashby, W. R.:* Einführung in die Kybernetik. Suhrkamp, Frankfurt am Main 1974.

[AsPW2005] *Asperen, E. v.; Pinchetti, T.; Wezel, M. v.:* IT support for mass customization. Nr. EI 2005-52, Erasmus School of Economics (ESE), Econometric Institute Report, Rotterdam 2005.

[BaBE2003] *Bach, N.; Buchholz, N.; Eichler, B.:* Geschäftsmodelle für Wertschöpfungsnetzwerke - begriffliche und konzeptionelle Grundlagen. In: *W. Krüger (Hrsg.)*: Geschäftsmodelle für Wertschöpfungsnetzwerke: Wilfried Krüger zum 60. Geburtstag. Gabler, Wiesbaden 2003, S. 1-20.

[Ball1998] *Balling, R.:* Kooperation: strategische Allianzen, Netzwerke, Joint-Ventures und andere Organisationsformen zwischenbetrieblicher Zusammenarbeit in Theorie und Praxis. 2. Aufl., Frankfurt am Main, Berlin, Bern 1998.

[Balt2000] *Baltes, G.:* Synergiemanagement in vernetzten Organisationen: synergetische Koordination durch Intranet gestützte Geschäftsprozesse, gezeigt am Beispiel des Einkaufs eines internationalen Grossunternehmens. München 2000.

[BaBK2007] *Bamberg, G.; Baur, F.; Krapp:* Statistik. 14. Aufl., Oldenbourg, 2007.

[BaDa1999] *Baumgarten, H.; Darkow, I. L.:* Gestaltung und Optimierung von Logistiknetzwerken. In: *R. Hossner (Hrsg.)*: Jahrbuch der Logistik 1999. Verlagsgruppe Handelsblatt, Düsseldorf 1999, S. 146-151.

[BaGT2007] *Bazijanec, B.; Gausmann, O.; Turowski, K.:* Parsing Effort in a B2B Integration Scenario - An Industrial Case Study. In: *R. J. Goncales; J. P. Müller; K. Martins; M. Zelm (Hrsg.)*: Enterprise Interoperability II - New Challenges and Approaches. Springer, London 2007, S. 783-794.

[BaPT2004] *Bazijanec, B.; Pousttchi, K.; Turowski, K.:* An Approach for Assessment of Electronic Offers. In: *et.al. (Hrsg.)*: Applying Formal Methods: Testing, Performance and M/E-Commerce. Bd. 3236, Toledo, Spanien 2004.

[Beam1999] *Beamon, B. M.:* Measuring Supply Chain Performance. In: International Journal of Operations and Production Management 19 (1999) 3, S. 275-292.

[BHKN1993] *Becker, J.; Holten, R.; Knackstedt, R.; Niehavens, B.:* Forschungsmethodische Positionierung in der Wirtschaftsinformatik : epistemologische, ontologische und linguistische Leitfragen. Bd. Arbeitsbericht Nr. 93, Institut für Wirtschaftsinformatik, Münster 2003.

[BKS+1999] *Becker, J.; König, W.; Schütte, R.; Wendt, O.; Zelewski, S.:* Wirtschaftsinformatik und Wissenschaftstheorie: Bestandsaufnahme und Perspektiven. Gabler, Wiesbaden 1999.

[BeSc1999] *Becker, J.; Schütte, R.:* Handelsinformationssysteme. Verlag moderne Industrie, Frankfurt am Main 1999.

[Beck2004] *Beckmann, H.:* Supply Chain Management: Strategien und Entwicklungstendenzen in Spitzenunternehmen. Springer, Berlin 2004.

[Bell1999] *Bellmann, K.:* Produktion im Netzwerkverbund - strategischer Faktor im globalen Wettbewerb. In: *K. Nagel; R. Erben; F. Piller (Hrsg.)*: Produktionswirtschaft 2000 - Persepktiven für die Fabrik der Zukunft. Gabler, Wiesbaden 1999, S. 195-214.

[BeHi1996] *Bellmann, K.; Hippe, A.:* Management von Unternehmensnetzwerken : interorganisationale Konzepte und praktische Umsetzung. Gabler, Wiesbaden 1996.

[Bert1976] *Bertalanffy, L. v.:* Zu einer allgemeinen Systemlehre. In: *E. Grochla (Hrsg.)*: Organisationstheorie. Bd. 2, Schäffer-Poeschel Verlag, Stuttgart 1976, S. 542-553.

[BeLu1994a] *Beßlich, J.; Lumbe, H.-J.:* Die Implementierung eines Konzepts zur Neugestaltung der Lieferantenbeziehung in einem Großunternehmen. In: *U. Koppelmann; H.-J. Lumbe (Hrsg.)*: Prozessorientierte Beschaffung. Schäffer-Poeschel, Stuttgart 1994, S. 25-84.

[BeLu1994b] *Beßlich, J.; Lumbe, H.-J.:* Siemens: Neugestaltung der Lieferantenbeziehung - Teil II. Erster Schritt: Bestandsaufnahme der Material- und Lieferantenstruktur. In: Beschaffung aktuell o.Jg. (1994) 10, S. 22-25.

[BiSc2000] *Bichler, K.; Schröter, N.:* Praxisorientierte Logistik. Bd. 2, Kohlhammer, Stuttgart 2000.

[BiBF+2003] *Bilczo, T.; Bugbee, L.; Fitzhugh, J.; Gilbert, D.; Halladin, S.; Rubert, J.; Budiman, B.:* Aerospace Supply Chain Dynamics. In: *T. P. Harrison; H. L. Lee; J. J. Neale (Hrsg.)*: The practice of Supply Chain Management: Where Theory and Application Converge. Kluwer Academic Publications, Boston 2003, S. 294-314.

[Blat1994] *Blattberg, R. C.; Glaser, R.:* Marketing in the information revolution. In: *R. C. Blattberg (Hrsg.)*: The Marketing Information Revolution. Harvard Business School Press, Boston 1994, S. 9-29.

[Blei1999] *Bleicher, K.:* Das Konzept integriertes Management: Visionen, Missionen, Programme. Bd. 1, 5. Aufl., Campus-Verlag, Frankfurt/Main 1999.

[BöKr2006] *Böhmann, T.; Krcmar, H.:* Komplexitätsmanagement als Herausforderung hybrider Wertschöpfung im Netzwer. In: *F. Wojda; A. Barth (Hrsg.)*: Innovative Kooperationsnetzwerke. Bd. 16, DUV, Wiesbaden 2006, S. 81-106.

[BoUr2003] *Borchert, M.; Urspruch, T.:* Unternehmensnetzwerke. Diskussionsbeitrag der Universität Dusiburg-Essen, Institut für strategische Unternehmensführung, Duisburg 2003.

[BoDo2002] *Bortz, J.; Döring, N.:* Forschungsmethoden und Evaluation : für Human- und Sozialwissenschaftler ; mit 70 Tabellen. 3. Aufl., Springer, Berlin u.a. 2002.

[Boza2006] *Bozarth, C.:* ERP implementation efforts at three firms: Integrating lessons from the SISP and IT-enabled change literature. In: International journal of operations & production management 26 (2006) 11-12, S. 1223-1239.

[BrMc2004] *Brabazon, P. G.; Maccarthy, B.:* Virtual-Build-to-Order as a Mass Customization Order Fulfilment Model. In: Concurrent engineering 12 (2004) 2, S. 155.

[BrEs2006] *Braun, R.; Esswein, W.:* Eine Methode zur Konzeption von Forschungsdesigns in der konzeptuellen Modellierungsforschung. In: *K. Turowski (Hrsg.)*: Integration, Informationslogistik und Architektur: DW2006. Bd. LNI P-90, Friedrichshafen 2006.

[Brem2005] *Bremer, W.:* Beschaffungsmanagement eines industriellen IT-Dienstleisters - vom Einkauf zum Supply Network Management. In: *J. Scheja (Hrsg.)*: Logistische Entscheidungsprobleme in der Praxis - Festschrift für Günther Diruf zum 65. Geburtstag. DUV, Wiesbaden 2005, S. 93-116.

[BüTr1994] *Büning, H.; Trenkler, G.:* Nichtparametrische statistische Methoden. 2. Aufl., deGruyter, Berlin, New-York 1994.

[Büsc2008] *Büsch, M.:* Praxishandbuch strategischer Einkauf: Methoden, Verfahren, Arbeitsblätter für professionelles Beschaffungsmanagement. 1. Aufl., Gabler, Wiesbaden 2008.

[Buhs2001] *Buhse, W.:* WI - State of the Art - Systematisierung von Geschäftsmodellen für Online-Musik unter Berücksichtigung von Marktunsicherheiten. In: Wirtschaftsinformatik 43 (2001) 4, S. 383-392.

[Bull1999] *Bullinger, H. J.:* Wissen und Information als Produktionsfaktor. In: ZWF 94 (1999) 3, S. 83-84.

[BuHH+1997] *Butler, P.; Hall, T.; Hanna, A.; Mendonca, L.; Auguste, B.; Manyika, J.; Sahay, A.:* A Revolution in Interaction. In: The McKinsey Quarterly 1 (1997), S. 4-23.

[BuLa2001] *Buxmann, P.; Ladner, F.:* Anwendung der Xtensible Markup Language (XML): Konzeption und Implementierung einer WebEDI-Lösung. In: Wirtschaftsinformatik 43 (2001) 3, S. 257-267.

[Camp1985] *Campbell, N. C. G.:* An Interaction Approach to Organizational Buying Behaviour. In: Journal of Business Research 13 (1985), S. 35-48.

[ChHo2002] *Choi, T. Y.; Hong, Y.:* Unveiling the structure of supply networks: case studies in Honda, Acura, and DaimlerChrysler. In: Journal of Operations Management 20 (2002), S. 469-493.

[ChKC2006] *Chong, L.; Kennedy, D.; Chan, W. M.:* Direct shipping logistic planning for a hub-and-spoke network with given discrete intershipment times. In: International transactions in operational research 13 (2006) 1, S. 17-32.

[Coas1937] *Coase, R. H.:* The nature of the firm. In: Economica 4 (1937) 16, S. 386-405.

[Coas1960] *Coase, R. H.:* The problem of social costs. In: Journal of Law and Economics 3 (1960), S. 1-44.

[CoHo2001] *Corsten, D.; Hofstetter, J. S.:* Supplier Relationship Management: Prozessmanagement in Lieferantenbeziehungen. In: *C. Belz; J. Mühlmeyer (Hrsg.)*: Key Supplier Management. St. Gallen 2001, S. 130-147.

[Cors2007] *Corsten, H.:* Produktionswirtschaft : Einführung in das industrielle Produktionsmanagement. 11. Aufl., Oldenbourg, München 2007.

[CoDK1994] *Coulouris, G.; Dollimore, J.; Kindberg, T.:* Distributed Systems - Concepts and Designs. 2. Aufl., Addisson-Wesley, Menlo Park 1994.

[CzRe1998] *Czap, H.; Reiter, J.:* Offene und verteilte betriebswirtschaftliche Anwendungssysteme. In: *F. Lehner; S. Dustdar (Hrsg.)*: Telekooperation in Unternehmen. Gabler, Wiesbaden 1998, S. 245-264.

[Dabi2005] *Dabic, M.:* Produkte nach Maß für jedermann? Report Nr. 1+2/2005, Institut für Werbewissenschaft und Marktforschung, Wien 2005.

[Dave1998] *Davenport, T. H.:* Putting the Enterprise Into the Enterprise System. In: Harvard Business Review 76 (1998) 4, S. 121-131.

[DaMa1992] *Davidow, W. H.; Malone, M. S.:* The Virtual Corporation: Structuring and Revitalizing the Corporation for the 21st century. 1. Aufl., Harper Business, New York 1992.

[Davi2000] *Davies, W.:* Partner Risk: Managing the Downside of Strategic Alliances. In: Purdue University Press (2000).

[Davi1987] *Davis, S.:* Future Perfect. Addison-Wesley, Reading, Massachusetts 1987.

[Delf1999] *Delfmann, W.:* Logistische Segmentierung. In: *C. Schukte (Hrsg.)*: Lexikon der Logistik. Oldenburg Verlag, München 1999, S. 363-367.

[Deut1962] *Deutsch, M.:* Cooperation and Trust: Some Theoretical Notes. In: *M. Jones (Hrsg.)*: Nebraska Symposium on Motivation. Nebraska University Press, Lincoln 1962.

[Dieh2000] *Diehl, H.-J.:* Marketing für betriebswirtschaftliche Standardanwendungssoftware: Bewältigung von Unsicherheit und Spezifität im Systemgeschäft. DUV, Wiesbaden 2000.

[DiSc2004] *Disselkamp, M.; Schüller, R.:* Lieferantenrating - Instrumente, Kriterien, Checklisten. 1. Aufl., Gabler, Wiesbaden 2004.

[Doll2002] *Dolles, H.:* Spielt Vertrauen eine Rolle? Analysen deutsch-japanischer Unternehmenskooperationen. Working Paper Nr. 02/5, Deutsches Institut für Japanstudien, Tokyo 2002.

[DoDr1998] *Domschke, W.; Drexl, A.:* Einführung in Operations Research. 4. Aufl., Springer, Berlin, Heidelberg, New-York 1998.

[DoDr2005] *Domschke, W.; Drexl, A.:* Einführung in Operations Research. 5. Aufl., Springer, Berlin, Heidelberg 2005.

[Dude2001] *Duden:* Duden, Das Fremdwörterbuch. Bd. 7, Bibliogr. Inst. und Brockhaus, Mannheim, Leipzig, Wien 2001.

[DuHL1996] *Dudenhausen, H.-M.; Halmosi, H.; Lickefett, M.:* Auftragsmanagement in virtuellen Unternehmen. In: Industrie Management 12 (1996) 6, S. 18-22.

[DWMB2000] *Duray, R.; Ward, P. T.; Milligan, G. W.; Berry, W. L.:* Approaches to mass customization: configurations and empirical validation. In: Journal of operations management 18 (2000) 6, S. 605-626.

[DyCC1998] *Dyer, J. H.; Cho, D. S.; Chu, W.:* Strategic Supplier Segmentation: The Next "Big Practice" in Supply Chain Management. In: California Management Review Reprint Series 40 (1998) 2, S. 57-77.

[EbGo2002] *Ebers, M.; Gotsch, W.:* Institutionenökonomische Theorien der Organisation. In: *A. Kieser (Hrsg.)*: Organisationstheorien. Bd. 5, Kohlhammer, Stuttgart, Berlin, Köln 2002, S. 199-252.

[EcSF2004] *Eckert, S.; Schissler, M.; Ferstl, O. K.:* Einsatz einer Entwicklungsmethodik für die überbetriebliche Integration von Anwendungssystemen im Rahmen einer Fallstudie aus der Automobilzulieferindustrie. In: *D. Bartmann (Hrsg.)*: Überbetriebliche Integration von Anwendungssystemen (FORWIN-Tagung 2004. Shaker, Aachen 2004, S. 41-59.

[EgEn1998] *Eggs, H.; Englert, J.:* Vernetzung als Wettbewerbsfaktor kleiner und mittlerer Unternehmen und zugrundeliegende Einflußgrößen – eine Strukturierung. Tagungsband des Workshops "Kooperationsnetze und Elektronische Koordination" am 14. und 15.9.1998. Frankfurt am Main 1998.

[Eigl1996] *Eigler, J.:* Transaktionskosten als Steuerungsinstrument für die Personalwirtschaft. Bd. 11, Lang, Frankfurt am Main u.a. 1996.

[Elga1998] *Elgard, P.:* Industrial Practice with Product Platforms in USA. 4th WDK Workshop on Product Structuring. Delft University of Technology, Delft 1998.

[Eren1996] *Erens, F.-J.:* The synthesis of variety developing product families. Dissertation, Technische Universität Eindhoven. Eindhoven, 1996.

[EvSc1980] *Eversheim, W.; Schaefer, F.-W.:* Planung des Flexibilitätsbedarfs von Industrieunternehmen. In: Die Betriebswirtschaft 40 (1980), S. 229-248.

[EyKM2002] *Eyholzer, K.; Kuhlmann, W.; Münger, T.:* Wirtschaftlichkeitsaspekte eines partnerschaftlichen Lieferantenmanagements. In: *K. Hildebrand (Hrsg.)*: Supplier Relationship Management. dpunkt. Verlag, Heidelberg 2002, S. 66-75.

[FeTu2001] *Fellner, K. J.; Turowski, K.:* XML in der betrieblichen Praxis : Standards, Möglichkeiten, Praxisbeispiele. 1. Aufl., dpunkt-Verl., Heidelberg 2001.

[Fisc1996] *Fischer, J.:* EDI auf dem Information Highway. In: *J. Fischer (Hrsg.)*: EDI/EDIFACT, Internet, Multimedia...Innovative Standards und Services der Geschäftsdatenkommunikation. Online 96, 19. Europäische Kongressmesse für Technische Kommunikation. Hamburg 1996.

[Forl2006] *ForLog:* Der Bayerische Forschungsverbund ForLog präsentiert erste Ergebnisse für die Automobilindustrie. In: Logistik heute (2006) 12/2006, S. 32-34.

[Forl2007] *ForLog:* Abschlussbericht 2007 - Bayerischer Forschungsverbund Supra-adaptive Logistiksysteme. Lehrstuhl Fördertechnik Materialfluss Logistik (fml), Technische Universität München, München, Erlangen-Nürnberg, Regensburg 2007.

[Fran1995] *Franck, E.:* Die ökonomischen Institutionen der Teamsportindustrie: eine Organisationsbetrachtung. Dt. Univ.-Verl. [u.a.], Wiesbaden 1995.

[Fran1994] *Frank, U.:* Multiperspektivische Unternehmensmodellierung: Theoretischer Hintergrund und Entwurf einer objektorientierten Entwicklungsumgebung. Oldenbourg, München 1994.

[Fran2001] *Frank, U.:* Informatik und Wirtschaftsinformatik? Grenzziehungen und Ansätze zur gegenseitigen Befruchtung. In: *J. Desel (Hrsg.)*: Das ist Informatik. Springer, Berlin, Heidelberg, New York 2001, S. 47-66.

[Fran2003] *Frank, U.:* Einige Gründe für eine Wiederbelebung der Wissenschaftstheorie. In: Die Betriebswirtschaft 63 (2003) 3, S. 278-292.

[FKKT1999] *Frank, U.; Klein, S.; Krcmar, H.; Teubner, H.:* Aktionsforschung in der Wirtschaftsinformatik - Einsatzpotentiale und Einsatzprobleme. In: *S. Zelewski (Hrsg.)*: Wirtschaftsinformatik und Wissenschaftstheorie - Grundpositionen und Theoriekerne. Essen 1998, S. 71 - 90.

[FAZ2005] *Frankfurter-Allgemeine-Zeitung: Wer zahlt für die Panne bei Bosch?, Frankfurter Allgemeine Zeitung, Frankfurt am Main, S.15, 07.02.2005*

[Fric2008] *Fricke, B.:* Flexible B2B-Architekturen - Bewertung und Gestaltung von Integrationssystemen für die flexible Implementierung zwischenbetrieblicher Geschäftsprozesse. Diskussionspapier des Lehrstuhls WI-SE Universität Augsburg, Augsburg 2008.

[Frie1990] *Friedrichs, J.:* Methoden empirischer Sozialforschung. Bd. 28, 14. Aufl., Westdt. Verl., Opladen 1990.

[Frie1998] *Friese, M.:* Kooperation als Wettbewerbsstrategie für Dienstleistungsunternehmen. Dt. Univ. Verlag, Wiesbaden 1998.

[Fros1997] *Froschmayer, A.:* Konzepte für die strategische Führung von Unternehmensverbindungen. Verlag Kirsch, München 1997.

[FrBo2004] *Frutos, J. D.; Borenstein, D.:* A framework for Customer-Company interaction in Mass Customization Environments. In: Computer in Industry 54 (2004), S. 115-135.

[FuPe1975] *Furubotn, E. G.; Pejovich, S.:* The Economics of property rights. Ballinger Publishing Company, Cambridge 1975.

[GaSC2003] *Gable, G. G.; Sedera, D.; Chan, T.:* Enterprise Systems Success: A Measurement Model. 14th International Conference on Information Systems. Seattle 2003.

[Galb1998] *Galbraith, J. R.:* Designing the networked organization. In: *E. E. Lawler (Hrsg.)*: Tomorrow´s organization. Crafting winning capabilities in a dynamic world. San Fransisco 1998, S. 76-102.

[GöHH2002] *Göbel, C.; Hocke, S.; Heinzl, A.:* Simulative Flexibilitätsanalyse interorganisatorischer Geschäftsprozesse. In: *D. Bartmann (Hrsg.)*: Kopplung von Anwendungssystemen - FORWIN-Tagung 2002. Shaker Verlag, Aachen 2002, S. 321-347.

[Göbe2002] *Göbel, E.:* Neue Institutionenökonomik. Konzeption und betriebswirtschaftliche Anwendung. Lucius & Lucius, Stuttgart 2002.

[Göbe2002] *Göbel, E.:* Neue Institutionenökonomik. Konzeptionen und betriebswirtschaftliche Anwendungen. UTB, Stuttgart 2002.

[Goet2000] *Goetschalckx, M.:* Strategic Network Planning. In: *H. Stadtler; C. Kilger (Hrsg.)*: Supply Chain Management and Advanced Planning. Springer, Berlin 2000, S. 79-95.

[Goos2006] *Goos, P.:* Strategisches Innovationsmanagement in fokalen Unternehmensnetzwerken: Gestaltung von Instrumenten. 1. Aufl., Eul, Lohmar 2006.

[Gott2007] *Gottschalk, B.:* Netzwerkmanagement: Ein strategischer Imperativ für die Automobilindustrie. In: *F. J. Garcia Sanz; K. Semmler; J. Walther (Hrsg.)*: Die Automobilindustrie auf dem Weg zur globalen Netzwerkkompetenz. Effiziente und flexible Supply Chains erfolgreich gestalten. Berlin 2007, S. 395-410.

[GrBu2005] *Graman, G. A.; Bukovinsky, D. M.:* From mass production to mass customization: Postponement of inventory differentiation. In: The journal of corporate accounting & finance 17 (2005) 1, S. 61-66.

[Gras2006] *Grasmugg, S.:* Mass Customization als strategische Anwendung des Electronic Business: eine empirische Untersuchung zu Status, Determinanten und Erfolgswirksamkeit. Bd. 33, 1. Aufl., Eul Verlag, Lohmar, Köln 2006.

[Gräß2004] *Gräßler, I.:* Kundenindividuelle Massenproduktion: Entwicklung, Vorbereitung der Herstellung, Veränderungsmanagement. Springer, Berlin 2004.

[Groc1977] *Grochla, E.:* Der Weg zu einer umfassenden betriebswirtschaftlichen Beschaffungslehre. In: Die Betriebswirtschaft 37 (1977) 2, S. 181-191.

[Groc1978] *Grochla, E.:* Grundlagen der Materialwirtschaft: das materialwirtschaftliche Optimum im Betrieb. 3. Aufl., Gabler, Wiesbaden 1978.

[Gron2002] *Gronau, N.:* Kollaborative Engineering Communities - Architektur und Integrationsansätze. In: *P. Loos; N. Gronau (Hrsg.)*: E-Business - Integration industrieller ERP-Architekturen. Cuvillier, Göttingen 2002, S. 1-15.

[Groo1997] *Groos, S. A.:* Integriertes Zielkostenmanagement: Ausrichtung der Variantenvielfalt auf die Kundenbedürfnisse durch Leistungssysteme im Business-to-Business- Markt. Dissertation. St. Gallen, 1997.

[Gros2004] *Grosse-Wilde, J.:* WI - Schlagwort - SRM -- Supplier-Relationship-Management. In: Wirtschaftsinformatik 46 (2004) 1, S. 61-63.

[GüHW2002] *Günthner, W.; Heinecker, M.; Wilke, M.:* Materialflusssysteme für wandelbare Fabrikstrukturen. In: Industrie Management 18 (2002) 5, S. 8-10.

[Gumm1991] *Gummesson, E.:* Qualitative methods in management research. 1. Aufl., Sage Publications, Newburry Park 1991.

[GuBu1989] *Gupta, D.; Buzacott, J. A.:* A Framework for Understanding in Flexibility of Manufacturing Systems. In: Journal of Manufacturing Systems 8 (1989) 2, S. 89-97.

[Gute1957] *Gutenberg, E.:* Die Stellung der Betriebswirtschaftslehre im Rahmen der Wirtschaftswissenschaft. Berlin 1957.

[Habe1975] *Haberfellner, R.:* Die Unternehmung als dynamisches System. Verlag industrielle Organisation, Zürich 1975.

[Habe1983] *Habermas, J. r.:* Moralbewußtsein und kommunikatives Handeln. Bd. 422, 1. Aufl., Suhrkamp, Frankfurt am Main 1983.

[HaNe2004] *Habicht, C.; Neise, P.:* Gemeinsam Werte schaffen - Studie zur Gestaltung von Unternehmensbeziehungen. Report Institut für Werkzeugmaschinen und Betriebswissenschaften (iwb), München 2004.

[Hage2001] *Hagenhoff, S.:* Ein Geschäftsmodell für universitäre Bildungskooperationen: Kooperationsmangement. Arbeitsbericht Nr. 13/2001, Abteilung Wirtschaftsinformatik II, Universität Göttingen, Göttingen 2001.

[Hage2004] *Hagenhoff, S.:* Kooperationsformen: Grundtypen und spezielle Ausprägungen. Nr. 4/2004, Georg-August-Universität Göttingen, Institut für Wirtschaftsinformatik, Göttingen 2004.

[HaMi2004] *Hamerman, P.; Miller, B.:* ERP applications – Market maturity, consolidation and the next generation. Forrester Research Report, 2004.

[Hans1996] *Hansen, H. R.:* Wirtschaftsinformatik 1 - Grundlagen betrieblicher Informationsverarbeitung. 7. Aufl., UTB, Stuttgart 1996.

[HaNe2005] *Hansmann, H.; Neumann, S.:* Prozessorientierte Einführung von ERP-Systemen. In: *J. Becker; M. Kugeler; M. Rosemann (Hrsg.)*: Prozessmanagement - Ein Leitfaden zur prozessorientierten Organisationsgestaltung. Springer, Berlin, Heidelberg 2005, S. 329-372.

[Harl1996] *Harland, C. M.:* Supply Chain Management: Relationships, Chains and Networks. In: British Journal of Management 7 (Special Issue) (1996), S. 63-80.

[Hart1994] *Harting, D.:* Lieferanten-Wertanalyse: ein Arbeitshandbuch mit Checklisten und Arbeitsblättern für Auswahl, Bewertung und Kontrolle von Zulieferern. Bd. 11, 2. Aufl., Schäffer-Poeschel, Stuttgart 1994.

[Hart1997] *Hartmann, H.:* Materialwirtschaft: Organisation, Planung, Durchführung, Kontrolle. 7. Aufl., Deutscher Betriebswirte-Verlag, Gernsbach 1997.

[HaOP2004] *Hartmann, H.; Orths, H.; Pahl, H.-J.:* Lieferantenbewertung - aber wie? Lösungsansätze und erprobte Verfahren. 3. Aufl., Deutscher Betriebswirte Verlag GmbH, Gernsbach 2004.

[Haup1996] *Haupt, R.:* ABC-Analyse. In: *C. Schulte (Hrsg.)*: Lexikon des Controlling. Oldenbourg, 1996, S. 857.

[HaAl2000] *Haupt, R.; Albach, H.:* Industriebetriebslehre. Einführung. Management im Lebenszyklus industrieller Geschäftsfelder (Die Wirtschaftswissenschaften). Bd. 1, Gabler, Wiesbaden 2000.

[Heil1989] *Heilmann, H.:* Integration: Ein zentraler Begriff der Wirtschaftsinformatik im Wandel der Zeit. In: Handbuch der modernen Datenverarbeitung (HMD) 26 (1989) 150, S. 46-58.

[Hein1999] *Heine, P.:* Unternehmensweite Datenintegration: modular- integrierte Datenlogistik in betrieblichen Informationssystemen. Teubner, Stuttgart 1999.

[Hein1991] *Heinen, E.:* Industriebetriebslehre : Entscheidungen im Industriebetrieb. 9. Aufl., Gabler, Wiesbaden 1991.

[HeSi2003] *Heinisch, C.; Simons, M.:* Telematikmoderierter Software-Download in Kfz-Steuergeräte". Entwicklerforum Kfz-Elektronik. Ludwigsburg 2003.

[Hein1993] *Heinrich, L. J.:* Wirtschaftsinformatik - Einführung und Grundlegung. Oldenbourg Verlag, München, Wien, Oldenburg 1993.

[Hein2001] *Heinrich, L. J.:* Wirtschaftsinformatik: Einführung und Grundlegung. 2. Aufl., Oldenbourg, München u.a. 2001.

[HeHR2007] *Heinrich, L. J.; Heinzl, A.; Roithmayr, F.:* Wirtschaftsinformatik : Einführung und Grundlegung. 3. Aufl., Oldenbourg, München u.a. 2007.

[Heis2002] *Heiserich, O.-E.:* Logistik: eine praxisorientierte Einführung. 3. Aufl., Gabler, Wiesbaden 2002.

[HeLN2004] *Hellingrath, B.; Laakmann, F.; Nayabi, K.:* Auswahl und Einführung von SCM Softwaresystemen. In: *H. Beckmann (Hrsg.)*: Supply Chain Management - Strategien und Entwicklungstendenzen in Spitzenunternehmen. 1. Aufl., Springer, Berlin, Heidelberg 2004, S. 99-122.

[HeJa2000] *Helm, R.; Janzer, T. M.:* Vertrauen aufbauen und erfolgreich kooperieren - Professionalisierung durch Institutionalisierung der Beziehung in Netzwerken. In: IO Management 69 (2000) 12, S. 24-31.

[Herg1993] *Herget, J.:* Qualitätsbewertung von Informationsdiensten - Ansätze, Methoden, Ergebnisse. In: *W. Schwuchow (Hrsg.)*: Qualität von Informationsdiensten. Frankfurt am Main 1993, S. 172-181.

[Hess1998] *Hess, T.:* Unternehmungsnetzwerke: Abgrenzung, Ausprägung und Entstehung. Arbeitspapier Nr. 04/1998, Universität Göttingen, Göttingen 1998.

[Hess1999] *Hess, T.:* Implikationen der Prinzipal-Agent-Theorie für das Management von Unternehmensnetzwerken. Nr. 3/1999, Institut für Wirtschaftsinformatik und Neue Medien, München 1999.

[Hess2002] *Hess, T.:* Netzwerkcontrolling: Instrumente und ihre Werkzeugunterstützung. Bd. 298, 1. Aufl., Dt. Univ.-Verl., Wiesbaden 2002.

[HeSc2000a] *Hess, T.; Schumann, M.:* Auftragscontrolling in Unternehmensnetzwerken. In: Zeitschrift für Planung 11 (2000) 4, S. 411-432.

[Hild2002] *Hildebrand, K.:* Supplier Relationship Management. Bd. HMD 228, dpunkt.Verlag, Heidelberg 2002.

[Hild1997] *Hildebrand, V.:* Individualisierung als strategsiche Option der Marktbearbeitung: Determinanten und Erfolgswirkungen kundenindividueller Marketingkonzepte. Deutscher Universitätsverlag, Wiesbaden 1997.

[HiWi2003] *Hippner, H.; Wilde, K. D.:* CRM - Ein Überblick. In: *S. Helmke; M. Uebel; W. Dangelmaier (Hrsg.)*: Effektives Customer-Relationship-Management. Instrumente-Einführungskonzepte-Organisation. Bd. 3, Gabler, Wiesbaden 2003, S. 6-32.

[Hock2004] *Hocke, S.:* Flexibilitätsmanagement in der Logistik - Systemtheoretische Fundierung und Simaulation logistischer Gestaltungsparameter. 1. Aufl., Verlag Peter Lang, Frankfurt am Main 2004.

[Hofm2001] *Hofmann, U.:* Netzwerk-Ökonomie. Physica-Verlag, Heidelberg 2001.

[HoWo2004] *Hohpe, G.; Woolf, B.:* Enterprise Integration Patterns: Designing, Building, and Deploying Messaging Solutions. Addison-Wesley, Boston 2004.

[Holl2002] *Hollingsworth, D.:* An XML based Architecture for Collaborative Process Management. In: *L. Fischer (Hrsg.)*: Workflow Handbook 2002. Future Strategies. Lighthouse Point, Florida 2002.

[Holt2003] *Holten, R.:* Integration von Informationssystemen. In: Wirtschaftsinformatik 45 (2003) 1, S. 41-52.

[Holz2000] *Holzer, H.:* PPS-Systeme als Voraussetzung für ein wirksames operatives Controlling am Beispiel der Einzelfertigung. Shaker, Aachen 2000.

[Hopp1977] *Hoppmann, E.:* Marktmacht und Wettbewerb: (Beurteilungskriterien und Lösungsmöglichkeiten) ; Vortrag gehalten am 25.2.1977 auf dem zehnten FIW-Symposion in Innsbruck. Bd. 471, Mohr, Tübingen 1977.

[Horv2001] *Horváth, P.:* Controlling. Bd. 7, Vahlen, München 2001.

[HoMa1986] *Horváth, P.; Mayer, R.:* Produktionswirtschaftliche Flexibilität. In: Wirtschaftswissenschaftliches Studium 15 (1986) 2, S. 69-76.

[Hütt1986] *Hüttner, M.:* Prognoseverfahren und Ihre Anwendung. Walter de Gruyter, 1986.

[Illi2002] *Illik, J. A.:* Electronic commerce: Grundlagen und Technik für die Erschließung elektronischer Märkte. 2. Aufl., Oldenbourg, München 2002.

[Jäck1991] *Jäckel, K.:* Kooperationsstrategien im Linienluftverkehr vor dem Hintegrund. Josef Eul, Bergisch Gladbach, Köln 1991.

[JaTh2001] *Jagdev, H. S.; Thoben, K.-D.:* Anatomy of Enterprise Collaborations. In: Production Planning & Control 12 (2001) 5, S. 437-451.

[Jank2004] *Janker, C. G.:* Multivariate Lieferantenbewertung. 3. Aufl., Deutscher Universitäts Verlag, Wiesbaden 2004.

[Jari1988] *Jarillo, C. J.:* On Strategic Networks. In: Strategic Management Journal 9 (1988), S. 31-41.

[JoLa1988] *Johnston, R.; Lawrence, P. R.:* Beyond Vertical Integration – the Rise of the Value-Adding Partnership. In: Harvard Business Review 7-8/1988 (1988) 4, S. 94-101.

[JoLa1988] *Johnston, R.; Lawrence, P. R.:* Beyond Vertical Integration – the Rise of theValue-Adding Partnership. In: Harvard Business Review 7-8/1988 (1988) 4, S. 94-101.

[JoLa1989] *Johnston, R.; Lawrence, P. R.:* Vertikale Integration II: Wertschöpfungs-Partnerschaften leisten mehr. In: Harvard Business Manager 1 (1989).

[Jost2000] *Jost, P.-J.:* Konfliktmanagement und das Organisationsproblem. In: Das Wirtschaftsstudium 29 (2000) 4, S. 510-524.

[Jung2003] *Jung, R.:* Datenintegration im Kontext unternehmerischer Strategien und Konzepte - Ein Ansatz zur Spezifikation von Anforderungen. In: *H. Österle; R. Winter (Hrsg.)*: Business Engineering - Auf dem Weg zum Unternehmen des Informationszeitalters. Bd. 2, Springer, Berlin, Heidelberg, New York 2003, S. 305-328.

[JuMW2003] *Junge, K.; Mildenberger, U.; Wittmann, J.:* Perspektiven und Facetten der Produktionswirtschaft: Schwerpunkte der Mainzer Forschung. 1. Aufl., DUV, Wiesbaden 2003.

[Jung1994] *Jungnickel, D.:* Graphen, Netzwerke und Algorithmen. 3. Aufl., BI-Wissenschaftsverlag, Mannheim 1994.

[Kaib2002] *Kaib, M.:* Enterprise Application Integration. Grundlagen, Integrationsprodukte, Anwendungsbeispiele. Deutscher Universitätsverlag, Wiesbaden 2002.

[KaBl1999] *Kaluza, B.; Blecker, T.:* Dynamische Produktdifferenzierungsstrategie udn Produktionsnetzwerke. In: *K. Nagel; R. Erben; F. Piller (Hrsg.)*: Produktionswirtschaft 2000. Gabler, Wiesbaden 1999, S. 265-280.

[KaBl2000] *Kaluza, B.; Blecker, T.:* Supply Chain Management und Unternehmung ohne Grenzen - Zur Verknüpfung zweier interorganisationaler Konzepte. In: *H. Wildemann (Hrsg.)*: Supply Chain Management. TCW Transfer-Centrum-Verlag, München 2000, S. 117-152.

[KaMa1993] *Kappe, F.; Maurer, H.:* Hyper-G: Ein verteiltes Informationssystem und seine Anwendungen. Proc.Hochschul-Computer-Forum '93. Berlin 1993.

[Kargl1998] *Kargl, H.:* Grundlagen von Informations- und Kommunikationssystemen. Oldenbourg, München, Wien 1998.

[Kauf1996] *Kaufmann, F.:* Internationalisierung durch Kooperation: Strategien für mittelständische Unternehmen. 2. Aufl., Deutscher Universitäts Verlag, Iserlohn 1996.

[Kell2002] *Keller, W.:* Enterprise Application Integration, Erfahrungen aus der Praxis. dpunkt.verlag, Heidelberg 2002.

[Kink2005] *Kinkel, S.:* Anforderungen an die Fertigungstechnik von morgen - Wie verändern sich Variantenzahlen, Losgrößen, Materialeinsatz, Genauigkeitsanforderungen und Produktlebenszyklen tatsächlich? Mitteilungen aus der Produktionsinnovationserhebung. Fraunhofer Institut für System- und Innovationsforschung, 2005.

[KiWe1998] *Kinkel, S.; Wengel, J.:* Produktion zwischen Globalisierung und regionaler Vernetzung. Mitteilungen aus der Produktionsinnovationserhebung. Nr. 10, Fraunhofer Institut für Systemtechnik und Innovationsforschung, 1998.

[Kirk1997] *Kirkham, R. L.:* Theories of truth: a critical introduction. 4. Aufl., MIT Press, Cambridge 1997.

[Kirs1988] *Kirsch, A.:* Losgrössenoptimierung und Just-in-time-Prinzip bei der Produktionsplanung für industrielle Sortenfertigung. 1988.

[KlSS+2005] *Kloock, J.; Sieben, G.; Schildbach, T.; Homburg, C.:* Kosten- und Leistungsrechnung. 9. Aufl., Lucius & Lucius, Stuttgart 2005.

[Knob1969] *Knoblich, H.:* Zwischenbetriebliche Kooperation. Wesen, Formen und Ziele. In: Zeitschrift für Betriebswirtschaft 39 (1969) 8, S. 497-514.

[KoCS1997] *Kocian, C.; Corrèca, G. N.; Scheer, A. W.:* Das virtuelle Zentrum: Rahmenkonzept für Entstehung und Management virtueller Unternehmen. In: Information Management 12 (1997) 3, S. 59-64.

[Koet2006] *Koether, R.:* Taschenbuch der Logistik. 2. Aufl., Carl-Hanser-Verlag, München 2006.

[KöWR1994] *König, W.; Wendt, O.; Rittgen, P.:* Das Wirtschaftsinformatik-Schwerpunktprogramm "Verteilte DV-Systeme in der Betriebswirtschaft" der deutschen Forschungsgemeinschaft. In: Wirtschaftsinformatik 35 (1994) 5, S. 488-501.

[Korn2007] *Kornmeier, M.:* Wissenschaftstheorie und wissenschaftliches Arbeiten. Eine Einführung für Wirtschaftswissenschaftler. Physica-Verl., Heidelberg 2007.

[Kost2008] *Kostal (Hrsg.):* Lieferantenbewertung. http://www.kostal.de/german/downloads/Lieferantenbewertung.pdf, Abruf 02.04.2008.

[KoMa1999] *Koste, L. L.; Malhotra, M. K.:* A theoretical framework for analyzing the dimensions of manufacturing flexibility. In: Journal of Operations Management 18 (1999) 1, S. 75-93.

[Krae1997] *Kraege, R.:* Controlling strategischer Unternehmungskooperationen: Aufgaben, Instrumente und Gestaltungsempfehlungen. Bd. 9, Hampp, München 1997.

[KrZa2003] *Krammer, A.; Zaha, J. M.:* Komponentenfindung in monolithischen betrieblichen Anwendungssystemen. In: *K. Turowski (Hrsg.)*: Tagungsband 5. Workshop Komponentenorientierte betriebliche Anwendungssysteme. Augsburg 2003, S. 155-166.

[Kran2004] *Kranke, A.:* Vertrauen und Verträge gehören zusammen. In: Logitik-inside 3 (2004), S. 58-60.

[Krcm2000] *Krcmar, H.:* Informationsmanagement. 2. Aufl., Springer, Berlin u.a. 2000.

[Krom2000] *Kromrey, H.:* Empirische Sozialforschung : Modelle und Methoden der standardisierten Datenerhebung und Datenauswertung. Bd. 1040, 9. Aufl., Leske und Budrich, Opladen 2000.

[Kron2006] *Kron, T.:* Individualisierung – von der Entbettung und Entfremdung über die riskante Autonomie zur „Schaumgeborgenheit". In: *B. Dollinger (Hrsg.)*: Individualität als Risiko? Soziale Pädagogik als Modernisierungsmanagement. Bd. 1, Lit Verlag, Münster 2006, S. 1-21.

[Kurb1999] *Kurbel, K.:* Produktionsplanung und -steuerung: methodische Grundlagen von PPS-Systemen und Erweiterungen. Bd. 13.2, 4. Aufl., Oldenbourg, München 1999.

[Kuts1994] *Kutschker, M.:* Strategische Allianzen als Alternative zu Akquisitionen? In: *L. Schuster (Hrsg.)*: Die Unternehmung im internationalen Wettbewerb. Berlin 1994, S. 121-157.

[LaMi1996] *Lampel, J.; Mintzberg, H.:* Customizing Customization. In: Sloan Management Review 38 (1996) 1, S. 21-30.

[Larg2006] *Large, R.:* Strategisches Beschaffungsmanagement: eine praxisorientierte Einführung; mit Fallstudien. 3. Aufl., Gabler, Wiesbaden 2006.

[Laud1984] *Laudan, L.:* Science and values: the aims of science and their role in scientific debate. Bd. 11, Univ. of California Press, Berkeley 1984.

[LeLe2007] *Legner, C.; Lebreton, B.:* Preface to the Focus Theme Section: 'Business Interoperability' Business Interoperability Research: Present Achievements and Upcoming Challenges. In: Electronic markets 17 (2007) 3, S. 176-186.

[LeWe2006] *Legner, C.; Wende, K.:* Towards an Excellence Framework for Business Interoperability. 19th Bled eConference eValues. Bled, Slovenia 2006.

[Leve2003] *Levering, V.:* Mass Customization : ein Konzept für das Komplexitätsmanagement von Investitionsgütern. Dissertation, Difo-Druck GmbH. Bamberg, 2003.

[Lewi1946] *Lewin, K.:* Action Research and Minority Problems. In: Journal of Social Issues 2 (1946) 4, S. 34-46.

[LiSS1998] *Lincke, D.-M.; Schmid, B.; Stanoevska-Slabeva, K.:* Mediating Electronic Product Catalogs. In: Proceeding of the 7th Mini Euroconference, Bruges 41 (1998) 7, S. 86-88.

[LiHi1997] *Link, J.; Hildebrand, V. G.:* Grundlagen des Database Marketing. In: *R. E. Kehl (Hrsg.)*: Handbuch Database Marketing. IM Fachverlage Marketing Forum, Ettlingen 1997, S. 15-37.

[Loeb1999] *Loebbecke, C.:* Electronic Trading in On-line Delivered Content. In: *R. H. Sprague (Hrsg.)*: Thirty-second Annual Hawaii International Conference on System Sciences. Bd. 5, 1999.

[LoWi2004] *Lopitzsch, J.; Wiendahl, H.-P.:* Flexibilitätssteigerung durch adaptive Fertigungssteuerung - das hybride Verfahren SAPCO. In: Zeitschrift für Produktion und Logistik 1/2004 (2004), S. 17-20.

[Lück1996] *Lücke, W.:* Wertschöpfungsketten und Wertketten im Prozesskettenmanagement. In: Zeitschrift für Planung (1996) 7, S. 193-204.

[Luhm1984] *Luhmann, N.:* Soziale Systeme - Grundriss einer allgemeinen Theorie. Suhrkamp, Frankfurt am Main 1984.

[Luxe2000] *Luxem, R.:* Digital Commerce: Electronic Commerce mit digitalen Produkten. Bd. 3, Josef Eul Verlag, Lohmar, Köln 2000.

[MaBB2003] *MacCarthy, B.; Brabazon, P. G.; Bramham, J.:* Fundamental modes of operation for mass customization. In: International journal of production economics 85 (2003) 3, S. 289-304.

[MacN1974] *MacNeil:* The many futures of contracts. In: Southern California Law Review 47 (1974), S. 691-816.

[MacN1978] *MacNeil, I. R.:* Contracts: Adjustment of Long-Term Economic Relations under Classical, Neoclassical, and Relational Contract Law. In: Northwestern University Law Review 72 (1978), S. 854-905.

[MaZi1984] *Maidique, M. A.; Zirger, B. J.:* A study of success, and failure in productinnovation: the case of the US electronics industry. In: IEEE Transactions on Engineering Management 31 (1984) 4, S. 192-203.

[MaTo1999] *Mason-Jones, R.; Towill, D. R.:* Concepts, Theory and Techniques - Using the Information Decoupling Point to Improve Supply Chain Performance. In: The international journal of logistics management 10 (1999) 2, S. 13-26.

[Math1986] *Mathews, R. C.:* The Economics of Institutions and the Sources of Economic Growth. In: Economic Journal 96 (1986), S. 903-918.

[MaMK2001] *Matthies, M.; Malchow, H.; Kriz, J.:* Integrative Systems Approaches to Natural and Social Dynamics. Springer, Berlin 2001.

[Maye1993] *Mayer, R.:* Strategien erfolgreicher Produktgestaltung: Individualisierung und Standardisierung. Deutscher Universitätsverlag, Wiesbaden 1993.

[McHM1997] *McIvor, R. T.; Humphreys, P. K.; McAleer, W. E.:* The evolution of the purchasing function. In: The Journal of Strategic Change 6 (1997) 5, S. 169-179.

[McKi2003] *McKinsey&Company; VDA:* Materialien zur Automobilindustrie - Wissensbasierte Veränderung der automobilen Wertschöpfungskette. Nr. 30, McKinsey & Company in Kooperation mit dem Institut für Produktionsmanagement der FH-Wolfenbüttel, Frankfurt am Main 2003.

[MeRS1996] *Mehler, B.; Reinhardt, G.; Schliffenbacher, K.:* Virtuelle Unternehmen. Chance für produzierende Unternehmen in Deutschland. In: Industrie Management 12 (1996) 6, S. 6-9.

[Mert2004] *Mertens, P.:* Integrierte Informationsverarbeitung 1 - Operative Systeme in der Industrie. 14. Aufl., Gabler, Wiesbaden 2004.

[MBKP+2001] *Mertens, P.; Bodendorf, F.; König, W.; Picot, A.; Schumann, M.:* Grundzüge der Wirtschaftsinformatik. 7. Aufl., Springer, Berlin, Heidelberg 2001.

[MeFa1996] *Mertens, P.; Faisst, W.:* Virtuelle Unternehmen – eine Organisationsstruktur für die Zukunft? In: Wirtschaftswissenschaftliches Studium 25 (1996) 6, S. 280-285.

[MeFa1996] *Mertens, P.; Faisst, W.:* Virtuelle Unternehmen nutzen weltweite Netze. In: DSWR 25 (1996) 4, S. 93-98.

[MiSn1992] *Miles, R. E.; Snow, C. C.:* Causes of failure in Network Organizations. In: California Management Review 34 (1992) 4, S. 53-72.

[Möll2002] *Möller, K.:* Gestaltungsbeitrag der Neuen Institutionenökonomik für das Controlling. In: *R. Gleich; K. Möller; W. Seidenschwarz; R. Stoi (Hrsg.)*: Controllingfortschritte. Bd. 1, Vahlen, München 2002, S. 95-120.

[MoSS2007] *Monsees, H.; Saatmann, M.; Schorr, S.:* Das Flexibilitätsverständnis in der Automobilwirtschaft - aufgezeigt am Beispiel eines Zulieferunternehmens. In: *W. A. Günthner (Hrsg.)*: Neue Wege in der Automobillogistik - Die Vision der SupraAdaütivität. Bd. 1, Springer, Berlin, Heidelberg 2007, S. 53-59.

[Mors2003] *Morschett, D.:* Formen von Kooperationen, Allianzen und Netzwerken. In: *J. Zentes; D. Swoboda; D. Morschett (Hrsg.)*: Kooperationen, Allianzen und Netzwerke. Gabler, Wiesbaden 2003, S. 387-413.

[Moss1996] *Moss Kanter, R.:* Collaborative Advantage: The art of Alliances. In: Harvard Business Review 72 (1996) 4, S. 96-108.

[Müll1993] *Müller-Böling, D.:* Qualitätsmanagement. Enzyklopädie der Betriebswirtschaftslehre. Schäffer-Pöschel, Stuttgart 1993, S. 3625-3638.

[Müss2007] *Müssigmann, N.:* Strategische Liefernetze. Evaluierung, Auswahl, kritische Knoten. Bd. 1, Deutscher Universitätsverlag, 2007.

[Musc1998] *Muschinski, W.:* Lieferantenbewertung in Deutschland. In: Beschaffung aktuell 9 (1998), S. 46-61.

[NäSt1996] *Nägler, G.; Stopp, F.:* Graphen und Anwendungen: eine Einführung für Studierende der Natur-, Ingenieur- und Wirtschaftswissenschaften. B.G. Teubner Verlagsgesellschaft, Stuttgart, Leipzig 1996.

[Neum1975] *Neumann, K.:* Operations-Research-Verfahren - Band III. Hanser, München, Wien 1975.

[OlEl1997] *Olsen, R. F.; Ellram, L. M.:* A Portfolio Approach to Supplier Relationships. In: Industrial Marketing Management 26 (1997), S. 101-113.

[Ortn2000] *Ortner, E.:* Terminologiebasierte, komponentenorientierte Entwicklung von Anwendungssystemen. In: *R. Flatscher; K. Turowski (Hrsg.)*: 2. Workshop komponentenorientierte betriebliche Anwendungssysteme (WKBA 2). Wirtschaftsuniversität Wien 2000.

[Öste2001] *Österle, H.:* Business Engineering, Prozessentwicklung und Systementwicklung. Bd. 1, 2. Aufl., Springer, Berlin u.a. 2001.

[ÖsBH1991] *Österle, H.; Brenner, W.; Hilbers, K.:* Unternehmensführung und Informationssystem. Der Ansatz des St. Galler Informationssystem-Managements. Teubner, Stuttgart 1991.

[ÖsFA2002] *Österle, H.; Fleisch, E.; Alt, R.:* Business Networking in der Praxis. Springer, Berlin, Heidelberg 2002.

[ÖzVa1990] *Özsu, M. T.; Valduriez, P.:* Principles of Distributed Database Systems. Prentice-Hall, New York 1990.

[Pfaf1996] *Pfaffmann, E.:* Die vertragstheoretische Perspektive in der Neuen Institutionenökonomik - Von der neoklassischen Theorie der Unternehmung zum Transaktionskostenansatz. In: WiST 25 (1996) 12, S. 646-648.

[PfSp2002] *Pfefferli, H.; Springer, G.:* Lieferantenqualifikation: die Basis für Wettbewerbsfähigkeit und nachhaltigen Erfolg. Bd. 622, expert-Verlag, Renningen 2002.

[Pfei2001] *Pfeifer, T.:* Qualitätsmanagement. Strategien, Methoden, Techniken. Bd. 3, Hanser, Aachen 2001.

[Pico1991] *Picot, A.:* Ein neuer Ansatz zur Gestaltung der Leistungstiefe. In: Zeitschrift für betriebswirtschaftliche Forschung (zfbf) 4 (1991) 43, S. 336-357.

[Pico2001] *Picot, A.:* Die Bedeutung von Standards in der Internet-Ökonomie. In: *H. Schmidt (Hrsg.)*: Die Potentiale der Internet-Ökonomie. Neue Regeln bestimmen die digitale Wirtschaft. Frankfurt am Main 2001, S. 23-29.

[PiRW1998] *Picot, A.; Reichwald, R.; Wigand, R. T.:* Die grenzenlose Unternehmung : Information, Organisation und Management. 3. Aufl., Gabler, Wiesbaden 1998.

[PiSL1989] *Picot, A.; Schneider, D.; Laub, U.:* Transaktionskosten und innovative Unternehmungsgründung. Eine empirische Analyse. In: Zeitschrift für betriebswirtschaftliche Forschung (ZfB) 41 (1989) 5, S. 358-387.

[Piep2000] *Pieper, J.:* Vertrauen in Wertschöpfungspartnerschaften: eine Analyse aus Sicht der Neuen Institutionenökonomie. Dissertation, Deutscher Universitätsverlag. Wiesbaden, 2000.

[Pill2001] *Piller, F.:* Mass Customization: ein wettbewerbsstrategisches Konzept im Informationszeitalter. 2. Aufl., Gabler, Wiebsaden 2001.

[PiSc1999] *Piller, F.; Schoder, D.:* Mass Customization und Electronic Commerce - Eine empirische Einschätzung zur Umsetzung in deutschen Unternehmen. In: Zeitschrift für Betriebswirtschaft 69 (1999) 10, S. 1111-1136.

[Pill1998] *Piller, F. T.:* Kundenindividuelle Massenproduktion: die Wettbewerbsstrategie der Zukunft. 1. Aufl., Hanser Verlag, München 1998.

[Pill2001a] *Piller, F. T.:* CRM durch Mass Customization. In: HMD-Praxis der Wirtschaftsinformatik 38 (2001) 221, S. 47-57.

[Pill2003] *Piller, F. T.:* Mass Customization – Ein wettbewerbsstrategisches Konzept im Informationszeitalter. 3. Aufl., Deutscher Universitätsverlag, Wiesbaden 2003.

[Pill2003] *Piller, F. T.:* Mass Customization – Ein wettbewerbsstrategisches Konzept im Informationszeitalter,. 3. Aufl., Deutscher Universitätsverlag, Wiesbaden 2003.

[Pill2006] *Piller, F. T.:* Mass Customization: ein wettbewerbsstrategisches Konzept im Informationszeitalter. 4. Aufl., Dt. Univ.-Verl., Wiesbaden 2006.

[Pine1991] *Pine, B. J.:* Paradigm shift--from mass production to mass customization. Dissertation, Massachusetts Institute of Technology. Boston, 1991.

[Pine1993] *Pine, B. J.:* Mass Customizing products and services. In: Planning Review 21 (1993) 4, S. 6-13.

[PiGi1997] *Pine, B. J.; Gilmore, J. H.:* The Four Faces of Mass Customization. In: Harvard Business Review 75 (1997) 1, S. 91-101.

[PiVB1993] *Pine, B. J.; Victor, B.; Boynton, A.:* Making mass customization work. In: Harvard Business Review 71 (1993) 5, S. 108-119.

[Pine1993b] *Pine, J. B. I.:* Mass customization: The New Frontier in Business Competition. In: Harvard Business School Press, Boston (1993), S. 1-333.

[PiSa1985] *Piore, M. J.; Sabel, C. F.:* Das Ende der Massenproduktion. Studie über die Requalifizierung der Arbeit und die Rückkehr der Ökonomie in die Gesellschaft. 1. Aufl., Wagenbach, Berlin 1985.

[Popp1994] *Popper, K. R.:* Logik der Forschung. Bd. 4, 10. Aufl., Mohr, Tübingen 1994.

[Popp1995] *Popper, K. R.:* Alles Leben ist Problemlösen: Über Erkenntnis, Geschichte und Politik. 6. Aufl., Piper, München u.a. 1995.

[Port1992] *Porter, M. E.:* Wettbewerbsvorteile (Competitive advantage): Spitzenleistungen erreichen und behaupten. 3. Aufl., Campus Verlag, Frankfurt/Main u.a. 1992.

[Port1992] *Porter, M. E.:* Wettbewerbsvorteile = (Competitive advantage) : Spitzenleistungen erreichen und behaupten. 3. Aufl., Campus-Verl., Frankfurt/Main u.a. 1992.

[PrSc1984] *Probst, G. J. B.; Scheuss, R. W.:* Die Ordnung von sozialen Systemen: Resultat von Organisieren und Selbstorganisation. In: Zeitschrift für Organisation 8 (1984), S. 480-488.

[Raff1995] *Raffée, H.:* Grundprobleme der Betriebswirtschaftslehre. Bd. 97, 9. Aufl., Vandenhoeck & Ruprecht, Göttingen 1995.

[Rapp2000] *Rapp, R.:* Customer-Relationship-Management: das neue Konzept zur Revolutionierung der Kundenbeziehungen. Campus-Verlag, Frankfurt/Main 2000.

[RaTT2002] *Rautenstrauch, C.; Tangermann, H.; Turowski, K.:* Manufacturing Planning and Control Content Management in Virtual Enterprises Pursuing Mass Customization. In: *C. Rautenstrauch; R. Seelmann-Eggebert; K. Turowski (Hrsg.)*: Moving into mass customization: information systems and management principles. Springer, Berlin, Heidelberg 2002, S. 103-118.

[RaSc2003] *Rautenstrauch, K.; Schulze, T.:* Informatik für Wirtschaftswissenschaftler und Wirtschaftsinformatiker. Springer, Berlin 2003.

[RePi2002] *Reichwald, R.; Piller, F.:* Der Kunde als Wertschöpfungspartner. In: *H. Albach (Hrsg.)*: Wertschöpfungsmanagement als Kernkompetenz. Gabler, Wiesbaden 2002, S. 27-52.

[RePi2002] *Reichwald, R.; Piller, F.:* Formen und Prinzipien einer Integration der Kunden in die unternehmerische Wertschöpfung. Nr. 26, Lehrstuhls für Allgemeine und Industrielle Betriebswirtschaftslehre der Technischen Universität München, München 2002.

[RePi2000] *Reichwald, R.; Piller, F. T.:* Produktionsnetzwerke für Mass Customization - Potentiale, Arten und Implementation. In: *B. Kaluza; T. Blecker (Hrsg.)*: Produktions- und Logistikmanagement in Virtuellen Unternehmen und Unternehmensnetzwerken. Springer, Stuttgart 2000, S. 598-628.

[ReRu1992] *Reichwald, R.; Rupprecht, M.:* Einsatzmöglichkeiten von Informations- und Kommunikationstechnologien im Rahmen zwischenbetrieblicher Kooperation. In: *V. Flegel (Hrsg.)*: Handbuch des Electronic Marketing. C.H. Beck, München 1992, S. 407-428.

[ReSP2005] *Reichwald, R.; Stotko, C. M.; Piller, F. T.:* Dezentrale Minifabrik-Netzwerke als Form des Real-Time Enterprise: Konzeption, Flexibilitätspotenziale und Fallstudien. In: *B. Kuhlin; H. Thielmann (Hrsg.)*: Real-Time Enterprise in der Praxis - Fakten und Ausblick. Springer, Berlin, Heidelberg 2005, S. 449-482.

[RDHS1999] *Reinhart, G.; Dürrschmidt, S.; Hirschberg, A.; Selke, C.:* Wandel - Bedrohung oder Chance? In: ioManagement 5 (1999), S. 20-24.

[Rich1994] *Richter, R.:* Institutionen ökonomisch analysiert: zur jüngeren Entwicklung auf einem Gebiet der Wirtschaftstheorie. Mohr, Tübingen 1994.

[Rits2004] *Ritsch, K.:* Wissensorientierte Gestaltung von Wertschöpfungsnetzwerken. Dissertation, Technische Universität Graz. Graz, 2004.

[Ropo1999] *Ropohl, G.:* Allgemeine Technologie. Eine Systemtheorie der Technik. 2. Aufl., Hanser, München 1999.

[Rößl1990] *Rößl, D.:* Die Entwicklung eines Bezugsrahmens und seine Stellung im Forschungsprozess. In: Journal für Betriebswirtschaft 40.Jg. (1990) 2, S. 99-110.

[ScMc1993] *Scala, S.; McGrath, R. J.:* Advantages and Disadvantages of Electronic Data Interchange. An Industry Perspective. In: Information and Management 25 (1993), S. 85-91.

[Scha2003] *Schackmann, J.:* Ökonomisch vorteilhafte Individualisierung und Personalisierung; Eine Analyse unter besonderer Berückscihtigung der Informationstechnologie und des Electronic Commerce. Verlag Dr. Kovac, Hamburg 2003.

[Scha1980] *Schaefer, F. W.:* System zur Planung und Nutzung der Flexibilität in der Fertigung. Dissertation. Aachen, 1980.

[Scha1991] *Schanze, E.:* Symbiotic Contracts: Exploring Long-Term Agency Structures Between Contract and Corporation. In: *C. Joerges (Hrsg.)*: Franchising and the Law: Theoretical and Comparative Approaches in Europe and the United States. Nomos, Baden-Baden 1991, S. 67-89.

[Sche1992] *Scheer, A. W.:* Architektur integrierter Informationssysteme. Grundlagen der Unternehmensmodellierung. 2. Aufl., Springer, Berlin u.a. 1992.

[Sche1990] *Scheer, A.-W.:* Wirtschaftsinformatik - Informationssysteme im Industriebetrieb. 3. Aufl., Springer, Berlin et al. 1990.

[ScLo2001] *Scheer, C.; Loos, P.:* Internetbasierte Geschäftsmodelle. Neue Möglichkeiten der Wertschöpfungsorganisation in der Internetökonomie. In: *R. Silverston (Hrsg.)*: Die Internet-Ökonomie. Strategien für die digitale Wirtschaft. Springer, Berlin et al. 2001, S. 27-38.

[ScLo2002] *Scheer, C.; Loos, P.:* Internetbasierte Geschäftsmodelle - Neue Möglichkeiten der Wertschöpfungsorganisation in der Internet-Ökonomie. In: *W. Dangelmaier; A. Emmrich; D. Kaschula (Hrsg.)*: Modelle im E-Business. ALB-HNI-Verlag, Paderborn 2002, S. 27-38.

[Schm1997] *Schmidt, D. O.:* Unternehmenskooperationen in Deutschland. Voraussetzungen und Verbreitung. Deutscher Universitätsverlag, Wiesbaden 1997.

[Schn1997] *Schnäbele, P.:* Mass Customized Marketing: Effiziente Individualisierung von Vermarktungsobjekten und Vermarktungprozessen. Dissertation, Deutscher Universitätsverlag. Wiesbaden, 1997.

[Schn2001] *Schneider, D.:* Betriebswirtschaftslehre, Bd.4, Geschichte und Methoden der Wirtschaftswissenschaft. 1. Aufl., Oldenbourg, München 2001.

[ScHE1999] *Schnell, R.; Hill, P. B.; Esser, E.:* Methoden der empirischen Sozialforschung. 6. Aufl., Oldenbourg, München u.a. 1999.

[Scho1995] *Scholz, C.:* Controlling im virtuellen Unternehmen. In: *A. W. Scheer (Hrsg.)*: Rechnungswesen und EDV. 16. Saarbrücker Arbeitstagung 1995. Aus Turbulenzen zum gestärkten Konzept? Physica-Verlag, Heidelberg 1995, S. 171-192.

[Schr1996] *Schräder, A.:* Management virtueller Unternehmungen: organisatorische Konzeption und informationstechnische Unterstützung flexibler Allianzen. Campus Verlag, Frankfurt/Main, New York 1996.

[ScKP2004] *Schütte, R.; Kenning, P.; Peters, M. L.:* State-of-the-art Bewertung von Kooperationsbeziehungen. Projektbericht Nr. 8, BMBF Projekt MOTIWIDI (Motivationseffizienz in wissensintensiven Dienstleistungsnetzwerken), Essen, Münster 2004.

[ScFr2000] *Schuh, G.; Friedli, T.:* Die virtuelle Fabrik: Konzepte, Erfahrungen, Grenzen. In: *F. Piller (Hrsg.)*: Produktionswirtschaft 2000: Perspektiven für die Fabrik der Zukunft. Bd. 1, Gabler, Wiesbaden 2000, S. 551.

[ScML1998] *Schuh, G.; Müller, S.; Levering, V.:* Agilität durch virtuelle Fabriken. In: Zeitschrift wirtschaftliche Fertigung (ZWF) 93 (1998) 4, S. 124-126.

[ScSc2001] *Schuh, G.; Schwenk, U.:* Produktkomplexität managen: Strategien - Methoden - Tools. Hanser, München 2001.

[Schw1989] *Schwaninger, M.:* Integrale Unternehmensplanung. Campus-Verlag, Frankfurt/Main 1989.

[Schw1996] *Schwarz, E. J.:* Industrielle Verwertungsnetze. In: *A. Hippe (Hrsg.)*: Management von Unternehmensnetzwerken - Interorganisationale Konzepte und praktische Umsetzung. Bd. 1, Gabler, Wiesbaden 1996, S. 350-377.

[Schw1994] *Schwarze, J.:* Einführung in die Wirtschaftsinformatik. 3. Aufl., Verlag Neue Wirtschafts-Briefe, Herne 1994.

[ScKr1996] *Schwarzer, B.; Krcmar, H.:* Wirtschaftsinformatik: Grundzüge der betrieblichen Datenverarbeitung. Schäffer-Poeschel, Stuttgart 1996.

[Schw1997] *Schweitzer, M.:* Planung von Puffern und Durchlaufzeiten: zeitbezogene Ansätze der Lagerhaltungstheorie. Deutscher Universitätsverlag, Wiesbaden 1997.

[Seff1996] *Seffinga, J.:* Electronic Data Interchange (EDI) - Stand und Potentiale. Studie über die Auswirkungen von EDI auf Geschäftsprozesse in schweizerischen Unternehmen der Konsumgüterindustrie. vdf Hochschulverlag, Zürich 1996.

[Selk2005] *Selk, B.:* Entwicklung einer integrativen Informationssystemarchitektur für CRM und SCM. Bd. 17, Kovac, Hamburg 2005.

[Sieb1996] *Siebel, W.:* Systematische Wahrheitstheorie : methodische und wissenschaftstheoretische Überlegungen zur Frage nach dem grundlegenden Einheitsprinzip. Lang, Frankfurt am Main u.a. 1996.

[Sieb1998] *Sieber, P.:* Virtuelle Unternehmen in der IT-Branche: die Wechselwirkung zwischen Internet-Nutzung, Strategie und Organisation. Bd. 19, Haupt, Bern 1998.

[Simo1996] *Simon, H. A.:* The sciences of the artificial. 3. Aufl., MIT Press, Cambridge 1996.

[Sinz1996] *Sinz, E. J.:* Ansätze zur fachlichen Modellierung betrieblicher Informationssysteme. Entwicklung, aktueller Stand und Trends. In: *H. Heilmann; L. J. Heinrich; F. Roithmayr (Hrsg.)*: Information Engineering. Oldenbourg, München 1996, S. 123-143.

[Slac1983] *Slack, N.:* Flexibility as Manufacturing Objective. In: International Journal of Operations & Production Management 3 (1983) 3, S. 4-13.

[Smit2006] *Smith, A.:* Der Wohlstand der Nationen : [eine Untersuchung seiner Natur und seiner Ursachen]. Bd. 2, 1. Aufl., FinanzBuch-Verlag, München 2006.

[Somb1967] *Sombart, W.:* Die drei Nationalökonomien. Geschichte und System der Lehre von der Wirtschaft. Zeller Verlag, 1967.

[StSc2000] *Steinmann, H.; Schreyögg, G.:* Management : Grundlagen der Unternehmensführung: Konzepte, Funktionen, Fallstudien. Bd. 5, Gabler, Wiesbaden 2000.

[Sten1999] *Stengel, R. V.:* Gestaltung von Wertschöpfungsnetzwerken. Wiesbaden 1999.

[Step2001] *Stephens, S.:* The Supply Chain Council and the Supply Chain Operations Reference Model. In: Suply Chain Management 1 (2001) 1, S. 9-13.

[Stör2002] *Störmer, O.:* Neue Wege in der eEconomy: Joint Ventures von Beratungs- und Kundenunternehmen Synergie im Supply-Chain-Management-Modell 'Fourth Party Logistics'. Bd. 127, Hamburg 2002.

[Stra2008] *Straschu (Hrsg.):* Kriterien zur Lieferantenbewertung der straschu Industrie-Elektronik-GmbH. http://www.straschu-ie.de/Kontakt/Einkauf/Lieferantenbewertung.html, Abruf 02.04.2008.

[Stüt2002] *Stützle, R.:* Wiederverwendung ohen Mythos: Empirisch fundierte Leitlinien für die Entwicklung wiederverwendbarer SoftwareTU München. München, 2002.

[SCC2006] *Supply-Chain-Council:* Supply Chain Operations Reference Model. Overview over SCOR Version 8.0. SCC, Pittsburgh 2006.

[Swam2001] *Swaminathan, J. M.:* Supply Chain Management - Enabling Customization Using Standardized Operations. In: California management review 43 (2001) 3, S. 125-135.

[Sydo1992] *Sydow, J.:* Strategische Netzwerke: Evolution und Organisation. Gabler, Wiesbaden 1992.

[Sydo2001] *Sydow, J.:* Zwischenbetriebliche Kooperation. In: *P.-J. Jost (Hrsg.)*: Der Transaktionskostenansatz in der Betriebswirtschaftslehre. Schäffer-Poeschel, Stuttgart 2001, S. 526.

[Sydo2006b] *Sydow, J.:* Management von Netzwerkorganisationen - Zum Stand der Forschung. In: *J. Sydow (Hrsg.)*: Management von Netzwerkorganisationen - Beiträge aus der Managementforschung. Bd. 4, Gabler, Wiesbaden 2006, S. 472.

[Sydo2006a] *Sydow, J.:* Management von Netzwerkorganisationen : Beiträge aus der Managementforschung. 4. Aufl., Gabler [u.a.], Wiesbaden 2006.

[SyWi1994] *Sydow, J.; Windeler, A.:* Über Netzwerke, virtuelle Integration und Interorganisationsbeziehungen. In: *A. Windeler (Hrsg.)*: Management interorganisationaler Beziehungen. VS Verlag für Sozialwissenschaften, Opladen 1994, S. 1-21.

[SyWi1997] *Sydow, J.; Windeler, A.:* Komplexität und Reflexivität in Unternehmungsnetzwerken. In: *R. Königswieser (Hrsg.)*: Komplexität managen. Gabler, Wiesbaden 1997, S. 147-162.

[Tang1999] *Tang, C. S.:* Supplier Relationship Map. In: International Journal of Logistics: Research & Applications 2 (1999) 1, S. 39-56.

[Taub2001] *Taubner, D.:* Software-Entwicklung im industriellen Maßstab. In: *J. Desel (Hrsg.)*: Das ist Informatik. Springer, Berlin 2001, S. 85-104.

[Temp2006] *Tempelmeier, H.:* Material-Logistik. Modelle und Algorithmen für die Produktionsplanung und -steuerung in Advanced Planning-Systemen. 6. Aufl., Springer, Berlin 2006.

[Teub2001] *Teubner, G.:* Das Recht hybrider Netzwerke. In: ZHR - Zeitschrift für das gesamte Handelsrecht und Wirtschaftsrecht 165 (2001), S. 550-575.

[Thal2003b] *Thaler, J.:* Virtuelle Unternehmen: rechtliche Analyse einer mittelständischen Kooperationsform. Dissertation, Universität Hamburg. Hamburg, 2003.

[Thal2003] *Thaler, K.:* Supply-chain-Management: Prozessoptimierung in der logistischen Kette. 4. Aufl., Fortis Verlag, Köln 2003.

[ThLo2004] *Theling, T.; Loos, P.:* Determinanten und Formen von Unternehmenskooperationen. Johannes Gutenberg Universität Mainz-ISYM-Lehrstuhl für Wirtschaftsinformatik und BWL, Mainz 2004.

[Theu2001] *Theurl, T.:* Die Kooperation von Unternehmen: Facetten der Dynamik. In: *D. Ahlert (Hrsg.)*: Handbuch Franchising and Cooperation. Das Management kooperativer Unternehmensnetzwerke. Luchterhand (Hermann), Neuwied 2001, S. 391.

[Thor1986] *Thorelli, H. B.:* Networks: Between Markets and Hierarchies. In: Strategic Management Journal 7 (1986) 1, S. 37-51.

[Tiet1981] *Tietzel, M.:* Die Ökonomie der Property-Rights: Ein Überblick. In: Zeitschrift für Wirtschaftspolitik 30 (1981), S. 207-243.

[Toff1970] *Toffler, A.:* Future Shock. Random House, New York 1970.

[Tran2002] *Transfield, D.:* Future Challenges for Management Research. In: European Management Journal 20 (2002) 4, S. 409-413.

[TrHo2004] *Trumpfheller, M.; Hofmann, E.:* Supply Chain Relationship Management - Beziehungskompetenz als konstitutives Element der Netzkompetenz in Supply Chains. In: *H. C. Pfohl (Hrsg.)*: Netzkompetenz in Supply Chains. Bd. 1, Gabler, Wiesbaden 2004, S. 69-91.

[Trux1972] *Trux, W. R.:* Einkauf und Lagerdisposition mit Datenverarbeitung: Bedarf, Bestand, Bestellung, Wirtschaftlichkeit. 2. Aufl., Verlag Moderne Industrie, München 1972.

[Turo2001] *Turowski, K.:* Fachkomponenten: Komponentenbasierte betriebliche Anwendungssysteme. Habilitationsschrift, Otto-von-Guericke-Universität Magdeburg. Magdeburg, 2001.

[Turo2002] *Turowski, K.:* Vereinheitlichte Spezifikation von Fachkomponenten: Memorandum des Arbeitskreises 5.10.3 Komponentenorientierte betriebliche Anwendungssysteme. Universität Augsburg, Augsburg 2002.

[Ulri1970] *Ulrich, H.:* Die Unternehmung als produktives soziales System: Grundlagen der allgemeinen Unternehmungslehre. 2. Aufl., Haupt, Bern, Stuttgart 1970.

[UlPr1988] *Ulrich, H.; Probst, G. J. B.:* Anleitung zum ganzheitlichen Denken und Handeln: ein Brevier für Führungskräfte. Haupt, Bern, Stuttgart 1988.

[Ults2001] *Ultsch, A.:* Eine Begründung der Pareto 80/20 Regel und Grenzwerte für die ABC- Analyse. Technical Report Nr. 30, Departement of Computer Science, University of Marburg, Marburg 2001.

[Upto1994] *Upton, D. M.:* The management of manufacturing flexibility. In: California Management Review 36 (1994) 2, S. 72-89.

[AsPW2005] *van Asperen, E.; Pinchetti, S.; van Wezel, M.:* IT-support for mass customization. Econometric Institute Report Erasmus Universität Rotterdam, Rotterdam 2005.

[Vari1998] *Varian, H. R. (Hrsg.):* Markets for Information Goods. http://people.ischool.berkeley.edu/~hal/Papers/japan/japan.pdf, Abruf 31.03.2008.

[Veil2002] *Veil, T.:* Internes Rechnungswesen zur Unterstützung der Führung in Unternehmensnetzwerken. Dissertation, Universität Göttingen. Göttingen, 2002.

[ViBo1998] *Victor, B.; Boynton, A.:* Invented here: Maximizing your organization´s internal growth and profitability. In: Harvard Business School Press, Boston (1998).

[Voge1992] *Vogel, F.:* Beschreibende und schließende Statistik. 13. Aufl., Oldenbourg, München 2003.

[VoSS2007] *Voigt, K.-I.; Saatmann, M.; Schorr, S.:* Revenue Management in der Automobilindustrie - Ein Ansatz zur gezielten Steuerung von Flexibilitätsbedarfen von Endkunden. In: *W. A. Günthner (Hrsg.)*: Neue Wege in der Automobillogistik - Die Vision der Supra-Adaptivität. Bd. 1, Springer, Berlin, Heidelberg 2007, S. 63-86.

[Vorn1994] *Vornhusen, K.:* Die Organisation von Unternehmenskooperationen: Joint-ventures und strategische Allianzen in Chemie- und Elektroindustrie. Bd. 1542, Lang, Frankfurt am Main u.a. 1994.

[Wagn1994] *Wagner, R.:* Die Grenzen der Unternehmung - Beiträge zur ökonomischen Theorie der Unternehmung. Physica Verlag, Darmstadt 1994.

[WaNi2002] *Wannenwetsch, H. H.; Nicolai, S.:* E-Supply-Chain-Management. Grundlagen – Strategien – Praxisanwendungen. Gabler, Wiesbaden 2002.

[Warn1999] *Warnecke, H. J.:* Unternehmensmanagement im Wandel. In: *J. Braun (Hrsg.)*: Vom Fraktal zum Produktionsnetzwerk: Unternehmenskooperationen erfolgreich gestalten. Springer, Berlin 1999, S. 193.

[WaSc1999] *Watson, E. E.; Schneider, H.:* Using ERP Systems in Education. In: CAIS - Communications of the AIS 1 (1999) 2, S. 48.

[Webe1988] *Weber, M.:* Die "Objektivität" sozialwissenschaftlicher und sozialpolitischer Erkenntniss. In: *J. Winckelmann (Hrsg.)*: Gesammelte Aufsätze zur Wissenschaftslehre. Winckelmann, J., Tübingen 1988, S. 146-214.

[Webe2002] *Weber, S.:* Vernetzung als Prozes entwerfen mit Großgruppenverfahren. In: Organisationsentwicklung 20 (2002) 2, S. 60-73.

[WeWi1997] *Wehrl, H. P.; Wirtz, B.:* Mass Customization und Kundenbeziehungsmanagement. In: Jahrbuch der Absatz und Verbrauchsforschung 43 (1997) 2, S. 116-138.

[WeWi1997] *Wehrli, P.; Wirtz, B. W.:* Mass Customization und Kundenbeziehungsmanagement. In: Jahrbuch der Absatz- und Verbrauchsforschung 50 (1997) 2, S. 116-138.

[Wein2001] *Weinberg, P.:* Relevance of MIS Research to the Business. In: Communications of the Association for Information Systems 6 (2001) 25.

[WeHB2001] *Weitzel, T.; Harder, T.; Buxmann, P.:* Electronic Business und EDI mit XML. dpunkt Verlag, Heidelberg 2001.

[Well2001] *Well, B. v.:* Standardisierung und Individualisierung von Dienstleistungen: zur Organisation wissensintensiver Unternehmungsnetzwerke. 1. Aufl., Deutscher Universitätsverlag, Wiesbaden 2001.

[WeTe1988] *Wenger, E.; Terberger, E.:* Die Beziehung zwischen Agent und Prinzipal als Baustein einer ökonomischen Theorie der Organisation. In: Wirtschaftswissenschaftliches Studium 17 (1988) 10, S. 506-514.

[Wern2002] *Werner, H.:* Supply Chain Management: Grundlagen, Strategien, Instrumente und Controlling. 2. Aufl., Gabler, Wiesbaden 2002.

[WeWi1993] *Westbrook, R.; Williamson, P.:* Mass Customization. In: European Management Journal 11 (1993) 1, S. 38-45.

[West1997] *Westkämper, E.:* Produktion in Netzwerken. In: *G. Schuh; H. Wiendahl (Hrsg.)*: Komplexität und Agilität. Springer, Berlin 1997, S. 277-291.

[WiRu2005] *Wikner, J.; Rudberg, M.:* Integrating production and engineering perspectives on the customer order decoupling point. In: International journal of operations & production management 25 (2005) 7, S. 623-641.

[WiHe2006] *Wilde, T.; Hess, T.:* Methodenspektrum der Wirtschaftsinformatik: Überblick und Portfoliobildung. Arbeitsbericht Nr. 2/2006, Institut für Wirtschaftsinformatik und Neue Mediender Ludwig-Maximilians-Universität München, München 2006.

[WiHe2007] *Wilde, T.; Hess, T.:* Forschungsmethoden in der Wirtschaftsinformatik. In: Wirtschaftsinformatik 49 (2007) 4, S. 280-287.

[Wild1996] *Wildemann, H.:* Management von Produktions- und Zuliefernetzwerken. In: *H. Wildemann (Hrsg.)*: Produktions- und Zuliefernetzwerke. TCW Transfer-Centrum Verlag, München 1996, S. 13-45.

[Wild1997] *Wildemann, H.:* Koordination in Unternehmensnetzwerken. In: Zeitschrift für Betriebswirtschaft 67 (1997) 4, S. 417-439.

[Wild2005a] *Wildemann, H.:* Wertorientierte Supply Chain Collaboration. In: *M. Eßig (Hrsg.)*: Perspektiven des Supply-Management, Festschrift für Ulli Arnold. Bd. 1, Springer, Berlin, Heidelberg, New York 2005, S. 551.

[Wild2005b] *Wildemann, H.:* Wertorientierte Supply Chain Collaboration. In: *M. Eßig (Hrsg.)*: Perspektiven des Supply Chain Management. Springer, Heidelberg, Berlin 2005, S. 501-521.

[Will1975] *Williamson, O. E.:* Markets and hierarchies: analysis and antitrust implications: a study in the economics of internal organization. The Free Press, New York 1975.

[Will1985] *Williamson, O. E.:* The economic institutions of capitalism: firms, markets, relational contracting. Free Press [u.a.], New York u.a. 1985.

[Will1990] *Williamson, O. E.:* The Firm as a Nexus of Treaties: an Introduction. In: *O. E. Williamson (Hrsg.)*: The Firm as a Nexus of Treaties. Sage Publ., London 1990, S. 1-25.

[Will1991] *Williamson, O. E.:* Comparative Economic Organization: The Analysis of Discrete Structural Alternatives. In: Administrative Science Quarterly 36 (1991), S. 269-296.

[Winn2006] *Winnewisser, C.:* Orientierungsrahmen für die Planung, Gestaltung und Analyse der unternehmensübergreifenden Föderierung der Leistungserstellung in Wertschöpfungsnetzen durch Interorganisationssysteme. WiKu-Verlag, Berlin 2006.

[Wirt2001] *Wirtz, B. W.:* Electronic Business. 2. Aufl., Gabler, Wiesbaden 2001.

[Wohl2002] *Wohlgemuth, O.:* Management netzwerkartiger Kooperationen: Instrumente für die unternehmensübergreifende Steuerung. 1. Aufl., Deutscher Universitätsverlag, Wiesbaden 2002.

[Wolf2001] *Wolf, S.:* Wissenschaftstheoretische und fachmethodische Grundlagen der Konstruktion von generischen Referenzmodellen betrieblicher Systeme. Shaker, Aachen 2001.

[Wolf1995] *Wolff, B.:* Organisation durch Verträge. Bd. 1, Gabler, Wiesbaden 1995.

[Wurc1994] *Wurche, S.:* Vertrauen und ökonomische Rationalität in kooperativen Interorganisationsbeziehungen. In: *A. Windeler (Hrsg.)*: Management interorganisationaler Beziehungen - Vertrauen, Kontrolle und Informationstechnik. Westdeutscher Verlag, Opladen 1994, S. 142-159.

[WyWe2004] *Wysocki, J.; Weidemann, M.:* Wandel zum vernetzten unternehmerischen Handeln: PRODCHAIN. In: *H. Luczak; V. Stich (Hrsg.)*: Betriebsorganisation im Unternehmen der Zukunft. Springer, Berlin 2004, S. 79-91.

[Youn1992] *Young, S. M.:* A frmework for successful adoption and performance of Japanese manufacturing practices in the United States. In: Academy of Management Review 17 (1992) 4, S. 677-700.

[ZäHN2004a] *Zäh, M. F.; Habicht, C.; Neise, P.:* Classification and Parameterization of Bilateral Supply Chain Cooperations. Proceedings of CIRP Design. Seminar "Designing the global village". Kairo 2004.

[ZäHN2004b] *Zäh, M. F.; Habicht, C.; Neise, P.:* Modeling Supply Networks by Means of Building Blocks. 4. Chemnitzer Tagung "Vernetz Planen und Produzieren" (VPP). Chemnitz 2004.

[Zäpf1996] *Zäpfel, G.:* Grundzüge des Produktions- und Logistikmanagement. Walter-de Gruyter, Berlin 1996.

[Zell2003] *Zeller, A. J.:* Controlling von Unternehmensnetzwerken: Bestandsaufnahme und Lückenanalyse. FORWIN-Bericht Nr. 2003-002, Bayrischer Forschungsverband Wirtschaftsinformatik, Bamberg 2003.

[ZeMe2004] *Zeller, A. J.; Mertens, P.:* Thema: Materialfluss - Controlling von Liefernetzen -- eine Bestandsaufnahme. In: Industrie-Management (2004) 3, S. 17-20.

[ZeSM2005] *Zentes, J.; Swoboda, B.; Morschett, D.:* Kooperationen, Allianzen und Netzwerke. Bd. 2, Gabler, Wiesbaden 2005.

[Zerd2001] *Zerdick, A.:* Die Internet-Ökonomie: Strategien für die digitale Wirtschaft. 3. Aufl., Springer, Berlin 2001.

[Zeuc2002] *Zeuch, M. P.:* Kennzahlen zur Bewertung von Supply-Chain-Management-Geschäftsmodellen. In: *A. R. Voegele; M. Zeuch (Hrsg.)*: Supply Network Management. Mit Best Practice der Konkurrenz voraus. Gabler, Wiesbaden 2002, S. 153-169.

[ZiBM2007] *Zimmerli, W. C.; Bagusat, O.; Müller, A.:* Bildung als Instrument eines globalen Integrationsmanagements. In: *F. J. Garcia Sanz; K. Semmler; J. Walther (Hrsg.)*: Die Automobilindustrie auf dem Weg zur globalen Netzwerkkompetenz. Effiziente und flexible Supply Chains erfolgreich gestalten. Springer, Berlin 2007, S. 77-89.

[Zoll2001] *Zollondz , H. D.:* Lexikon Qualitätsmanagement. Oldenbourg, Wiesbaden 2001.